제4차 산업혁명과 함께 하는

발명 및 창의공학설계 수업의 실제

김성일 지음

KYOWOO

P·R·E·F·A·C·E 머리말

2016년 1월 다보스에서 개최된 46차 세계 경제 포럼(World Economic Forum, WEF) 에서부터 '4차 산업혁명'에 대한 논의가 시작되어 전 세계적으로 기술 혁명에 대한 관심이 고조되고 있으며 교육현장에서도 이에 대비한 연구와 교육이 활발히 진행되고 있다. 또한 생산 및 제조업 분야에서는 독일의 인더스트리(Industry) 4.0, 한국의 제조업 3.0 의 추진으로 기술 혁신이 진행되고 있다.

이러한 기술 혁신 시점에 각 회사나 연구소에서 지식재산권의 등록은 회사의 성장에 많은 기여를 하고 있다. 지식재산권이 없으면 료얄티를 지불하여야 하며, 과다한 료얄티 지출은 회사의 성장에 많은 영향을 끼치고 있어 각 회사들은 지식재산권 획득을 위한 연구개발에 많은 투자를 하고 있다.

따라서 우리나라의 교육 방향도 창의성과 문제해결력 향상을 위한 교육에 집중하고 있다. 창의성과 문제 해결 능력의 향상을 위해서 우리의 교육은 교수·학습법에서의 변화와 4차 산업혁명시대에 발맞춘 교육으로의 변화를 시도하고 있다. 이 교재는 초·중·고에서의 발명 및 영재교육, 대학·대학원·연구소·회사 등에서 발명 및 기술 혁신 제품 개발에 도움이 될 수 있어 다양한 곳에서 활용할 수 있도록 정리하였다.

1장에서는 4차 산업혁명시대의 기술이 무엇인지 알고 외국과 우리나라의 유망기술과 그 내용을 이해할 수 있도록 하여 발명과 창의공학설계(캡스턴 디자인) 수업에서 도움이 되도록 하였다.

2장에서는 기술혁신을 위한 발명과 창의공학설계의 개념, 국내 외의 발명 및 창의공학설계 교육 내용과 교육 방향, 역사 속의 우리나라 전통기술을 알아본다. 또한 발명 및 창의공학설계 수업의 아이디어 구상과 선정에서 도움이 되는 다양한 아이디어 구상을 위한 확산적 사고기법 소개와 실습, 다양한 아이디어 중에서 최적의 아이디어를 선정하기 위한 수렴적 사고기법의 소개와 실습 예를 보여준다.

3장은 발명과 지식재산권에 대한 내용으로 발명과 지식재산권 등록의 필요성, 지식 재산권의 종류와 특허 검색 방법, 명세서와 요약서 작성방법, 전자출원방법, 특허분쟁사례를 살펴본다.

4장에서는 창업에 관련된 내용으로 지식 재산권의 등록과 창업절차, 4차 산업혁명 시대의 창업 분야, 창업에 도움이 되는 유관기관, 창업 사업화지원 사업계획서 등을 소개한다.

5장에서는 발명과 창의공학설계 수업에서 학생들이 흥미를 가질 수 있도록 하는 교수·학습법인 프로젝트법, 문제해결법, 공학설계, 디자인싱킹, 트리즈(TRIZ)등의 절차와 내용을 소개한다.

6장에서는 발명 및 창의공학설계를 위해서 아이디어 스케치, 개념설계, 상세설계, 도면 작성에 도움이 되는 KS규격 등 기초적인 제도법을 소개한다.

7장에서는 제도법을 기초로 하여 컴퓨터를 이용한 도면 작성(CAD)에 도움이 되는 2차원 캐드를 소개한다. 회사에서 2차원 CAD를 활용한 설계 경험을 바탕으로 편집하여 초보자들도 빠르게 접근할 수 있도록 하였다.

8장에서는 3D 프린터의 보급으로 3차원 설계가 확산되고 있어 회사나 연구소에서 사용하는 것이 아닌 일반인들이나 학생들이 쉽게 접근하여 그릴 수 있는 팅커캐드(ThinkerCAD)를 이용하여 물체를 3차원 모델링(3차원으로 그리는 법) 따라하기 방식으로 내용을 구성하여 초보자들도 쉽게 접근할 수 있도록 하였다. 또한 3차원 모델링의 종류와 3D 출력을 위한 슬라이서(Slicer)프로그램 이용방법 안내, 3D 출력을 위한 재료, 3D 프린터의 종류, 4D 프린터, 최근 3D 프린터로 출력한 제품의 후처리 가공, 프린팅과 가공을 융합한 첨단 공작기계 등을 설명하고 있다. 초중고 학생들과 교사, 대학생들의 3차원 교육에 활용하면 많은 도움이 될 것이다. 또한 3차원 모델링 데이터는 3D 프린터에서 바로 출력할 수 있으므로 교사와 학생들 모두 아주 즐거운 수업이 될 것이라고 생각된다.

9장에서는 4차 산업 혁명에서 활발하게 교육을 진행하고 있는 사물인터넷(IoT)를 활용한 발명과 창의공학설계 수업의 사례를 설명한다. 수업 진행 단계 및 보고서 작성 방법, 평가방법 등 실제 수업에 활용할 수 있도록 정리하였다. 특허 출원서 작성과 대기업 연구소에서의 특허 출원 및 등록 경험, 특허 출원 교육을 실시한 경험으로 수업 진행 단계를 소개하였다. 또한 학생들의 경험을 피드백 받아 수정 보완한 내용으로 교육 방법을 제시한다.

이 교재가 도움이 될 수 있는 곳은 초중고 학생들의 발명 및 영재교육 참고 도서, 초중고등학교 기술 및 과학, 지식재산일반 담당교사, 자유학기제 발명 담당교사, 창의 공학설계 담당 교사 및 연구원 교재, 대학의 발명 및 창의공학설계(캡스턴 디자인), 공학설계 교재, 제도 및 CAD 교재, 예비기술교사 수업 교재 등이다.

LG전자(주)에서 설계 및 개발 업무를 맡은 연구원으로 재직하면서 배운 CAD 및 설계, 제품 개발 절차 및 특허 출원, 자동차 분야 사업단, 해양레저선박센터, 기술표준원 평가위원, 공학인증 평가위원, 교원양성기관 평가 위원, 발명 교육 및 3D 모델링 교육, 3D 프린터 교육 강사, 발명 및 지식재산권 교재 연구를 통해서 얻은 경험을 바탕으로 교재를 집필하게 되었다.

지도해 주신 은사님과 기술교육과에 함께 있으면서 이 책의 집필에 도움을 준 학과 교수님들 및 희망을 준 동료 교수님, 힘든 시간을 참아준 아내와 딸, 아들에게 고마움을 전합니다.

이 또한 지나가리라는 지혜를 생각하며..

세한대 영산강이 보이는 연구실에서
김 성 일

C·O·N·T·E·N·T·S 목차

목차 C·O·N·T·E·N·T·S

C·O·N·T·E·N·T·S 목차

chapter Ⅴ. 발명과 창의공학설계 수업을 위한 교수·학습법

chapter Ⅵ. 기초제도

목차 C·O·N·T·E·N·T·S

chapter Ⅷ. 발명 및 창의공학설계 작품 3D 모델링, 3D 프린터 출력

목차 C·O·N·T·E·N·T·S

C·O·N·T·E·N·T·S 목차

제4차 산업혁명

1. 제4차 산업혁명(Fourth Industrial Revolution)에 대한 이해

제4차 산업혁명에 대한 논의가 시작된 것은 2016년 1월 다보스에서 개최된 46차 세계 경제 포럼(World Economic Forum, WEF)의 주제를 '4차 산업혁명의 이해'로 내세우면서부터이다.

1차 산업 혁명의 핵심은 농경사회에서 수력 및 증기 기관 개발과 함께 기계식 생산 설비였고, 2차 산업 혁명의 핵심은 철강, 석유 및 전기 분야 등 전기를 통한 대량 생산이었다. 3차 산업 혁명의 핵심은 전자기술과 IT를 통한 개인용 컴퓨터, 인터넷 및 정보 통신 기술 (ICT)을 포함한 디지털 기술의 융합이다. 제4차 산업 혁명의 핵심은 "3차 산업혁명을 기반으로 초연결성, 초지능성, 예측 가능성을 가진 디지털과 바이오산업, 물리학 등의 경계를 융합하는 기술 혁명"이다. <표 1>은 세계 주요 국가의 미래 사회 유망 기술과 우리나라의 미래 유망 기술을 보여주는 것으로 제 4차 산업 혁명에 대한 기술을 언급하고 있다.

〈표 1〉 국가별 미래사회 유망기술

국가별	미래 유망 기술
독일	빅 데이터, 로봇, 자율주행 물류자동차, 스마트 공급망, 자가조직화(self-organizing) 기술 등
영국	바이오 및 나노 테크놀로지, 차세대 컴퓨터, 가상현실, 홀로그램, 3D 프린팅 등
미국	클라우드, 자동화기술, 센서 및 커뮤니케이션 기술, 3D프린팅, 소프트웨어, 사물인터넷, 자율주행자동차 등
호주	클라우드, 사물인터넷, 빅데이터, 인공지능, 로봇 등
대한민국	웹기반 빅데이터 수집·분석 패키지, 스마트 의류(Smart Clothing), 자율주행 자동차 부품, 3D 수리모델링 소프트웨어, 바이오잉크, 바이오프린팅으로 제작된 인공장기/조직, 착용형 보조 로봇(외골격로봇), 고령자 돌보미 로봇, 휴먼 마이크로바이옴 분석, 개인 유전자 분석 서비스

※ 출처 : 김진하(2017), 한국과학기술정보연구원(KISTEP, 2017) 자료 인용

세계 경제 포럼(World Economic Forum, WEF)에서는 **제4차 산업혁명 기술**로 3D 프린팅(3D printing), 사물인터넷(IoT, Internet of Thing), 로봇공학(RT, Robot Technology), 무인 운송 수단(무인 항공기, 무인 자동차, 무인 드론), 빅 데이터 분석(Big Data Statistical Analysis), 인공지능(AI, Artificial Intelligence), 나노 기술(NT, Nano Technology)분야 등을 소개한다. 또한 다양한 국가에서는 온라인기반 오프라인 서비스(O2O, Online to Offline), 가상현실(VR), 증강현실(AR), 스마트워치(인체의 정보를 디지털 세계에 접목하는 기술)과 모바일 헬스케어(스마트 밴드를 이용하여 건강 체크)기술도 4차 산업혁명 기술로 보고 있다. 내용을 정리하면 <표 2>와 같고, <표 3>은 우리나라의 10대 미래유망기술 선정 결과이다.

〈표 2〉 4차 산업혁명 기술 분야와 설명

4차 산업혁명 기술 분야	설명
3D 프린팅 (3D printing)	모델링한 제품을 3D 프린터로 재료(플라스틱 등)를 용융한 뒤 압출하여 출력하는 기술(시제품 제작 및 각종 부품 제작에 많이 이용됨)
사물 인터넷 (IoT, Internet of Thing)	가전제품, 모바일 장비 등 각종 사물에 센서와 통신 기능을 갖추고 인터넷을 통해 실시간으로 데이터를 주고받아 활용하는 것
로봇공학 (RT, Robot Technology)	생산현장의 부품 조립 로봇, 인간을 도와주는 로봇(예 : 안내 로봇, 청소 로봇, 노인 보조 로봇 등)
무인 운송 수단	무인으로 이동할 수 있는 수단 개발(무인 항공기, 무인 자동차, 자율주행차, 드론 등)
빅 데이터(Big Data)	인터넷 상의 많은 양의 데이터를 분석하고, 분석 결과를 활용하여 정보를 얻는 기술
인공지능 (AI, Artificial Intelligence)	컴퓨터를 이용하여 사람의 뇌와 같은 지능을 가질 수 있도록 하는 기술(예 : 인공지능을 이용한 알파고(바둑), 인공지능 비서)
나노 기술 (NT, Nano Technology)	의학, 생체 재료학, 에너지 분야 등 에서 새로운 물질과 기계를 만들 수 있는 기술.
증강현실 (AR, Augmented Reality)	컴퓨터를 이용해 현실 배경에 현실과 같은 풍경, 기울기 등 다양한 위치정보를 활용하여 내가 현실공간에서 가상의 세계를 볼 수 있도록 하는 기술이다. 자동차의 앞 유리창에 내비게이션 정보가 보이는 기술 등이 있다.

4차 산업혁명 기술 분야	설명
가상현실 (VR, Virtual Reality)	체험자가 VR기기를 이용하여 가상의 공간에서 현실의 세계를 체험하도록 도와주는 기술이다. 자동차 모의 운전, 모의 수술 연습 등 교육 훈련 연습에 사용한다.
스마트 워치	스마트워치는 원형이나 사각의 본체에 시계 줄이 달려있는 시계처럼 생긴 제품이다. 액정과 본체가 크기 때문에 다양한 기능에 내장되어 있다.
모바일 헬스 케어	모바일을 사용하여 건강을 체크할 수 있는 것으로, 스마트밴드는 손목밴드처럼 얇은 밴드모양이며 그 중앙에 액정이 작거나 없는 경우도 있다.

※ 출처 : 클라우스 슈밥 저. 송경진 역. 《클라우스 슈밥의 제4차 산업 혁명》, 한국과학기술기획평가원(2017) 자료 재구성, https://www.kistep.re.kr/c3/sub2_2.jsp?

〈표 3〉 우리나라 10대 미래유망기술 선정 결과

4차 산업혁명 기술	설명
반응형 주택 기술	- 사물인터넷(IoT)을 기반으로 한 지능형 바닥재, 능동형 센서 및 디스플레이 기술을 활용하여 외부로부터의 위험 감지 및 공간 이용자의 요구에 대하여 능동적 대처가 용이하도록 공간·기능·조명 등을 변경할 수 있는 친환경적 주택.
라이프로그 (Life Log) 개인비서 소프트웨어 기술	- 개인의 일상, 건강상태 및 행동패턴 등을 스마트기기에 기록(라이프로그)하여 데이터로 저장하고, 처리함으로써, 지식을 구축하고, 이를 통하여 개인화된 서비스를 제공하는 지능형 개인비서(Intelligent Virtual Assistant) 소프트웨어 기술(라이프로그(Life Log) : 삶의 기록).
커넥티드카(Connected Car) 기술	- 기존의 기계 중심에서 첨단센서, 정보통신, 지능제어 등을 융합한 미래 모빌리티(이동성) 기술로 차량이 스스로 주변 환경을 인식, 위험상황을 판단, 차량거동을 조작하여 운전자의 주행조작을 최소화하며 스스로 안전주행 및 커넥티드 서비스(항상 인터넷이 연결되어 정보를 제공하는 서비스)가 제공이 가능한 인간친화적 차량 :인프라 융합기술.
모듈형 대중교통 시스템	- IoT, 원격조정, 자율주행 등의 스마트 기술을 기반으로 운행되는 자동 대중교통 시스템.
무선전력전송 기술	- 공간 내의 고정 및 이동형 전자기기에 전기선 없이 와이파이(Wi-Fi)와 같이 무선전력전송 핫스팟을 통하여 전기에너지를 무선으로 전달하는 기술.

4차 산업혁명 기술	설명
스마트 타투 기술	- 신체 상태를 확인하는 센서와 메모리 등을 포함한 얇은 전자회로막으로, 피부에 부착하여 생체 정보 모니터링이 가능한 효과적인 신체 부착형(패치형, 문신형) 센서
소프트 로봇(Soft Robot) 기술	- 전통적인 로봇의 외형 소재가 딱딱하고(hard)하고 경직성(rigid)이 있는 재질로 제작된 데 비하여 소프트 로봇은 이와는 달리 부드럽고(soft) 유연성(flexible)을 갖춘 소재로 제작된 로봇
스마트팜(Smart Farm) 기술	- 정보통신기술(ICT)을 기반으로 농 · 축 · 수산업 생산 · 유통 · 소비의 전과정을 지능적으로 제어하고 생산성과 효율성 및 안전성을 높이는 기술
인공지능 보안기술	- 데이터를 자동으로 수집하고 분석하여 보안 취약점을 찾아내거나 공격을 막아내는 인공지능 수준의 보안시스템 및 AI를 감시하는 보안기술
혼합현실 기술(MR)	- 실제 환경의 객체에 가상으로 생성한 정보, 예를 들어 컴퓨터 그래픽 정보나 소리 정보, 햅틱(Haptic) 정보(입력장치를 통하여 촉각과 힘 등을 느끼게 해주는 기술), 냄새 정보 등을 실시간으로 혼합해 사용자와 상호작용 하는 기술

※ 출처 : 10대 미래유망기술, 연구보고 2018-062 내용 재구성, 한국과학기술기획평가원, 125~278

➲ 제4차 산업 혁명과 미래 기술와 관련된 용어 해설 보충

- O2O (**온라인 기반 오프라인 서비스**, Online to Offline)
  온라인을 기반으로 한 모바일이나 인터넷에서 주문하고 오프라인으로 받는 것(예, 음식배달 앱(app)으로 주문하고 오프라인으로 음식을 받는 것)

- **클라우드 컴퓨팅**(Cloud)
  인터넷 기반 컴퓨팅의 일종으로 자신의 컴퓨터가 아닌 인터넷에 접속하여 자료나 프로그램을 언제 어디서나 이용할 수 있는 것으로 인터넷에 연결된 다른 컴퓨터로 처리하는 기술을 의미한다.

- **스마트 공장**(Smart factory)
  기존 제조업에 ICT 기술을 접목해 모든 생산 공정, 조달, 물류관리, 서비스까지 통합적으로 관리하는 개념을 지칭한다. 국외에선 독일 '인더스트리(Industry)4.0', 우리나라에서는 제조혁신 3.0(융합 신산업 선도형 전략)이라는 이름으로 IT, S/W를 융합한 한국형 스마트 공장 기술 개발과 시범 구축사업이 진행되고 있다.

인더스트리 4.0(Industry 4.0)

인더스트리 4.0(industry 4.0)은 독일 총리가 주도하여 진행한 산업관련 정책이다. 이 정책의 내용은 제조업과 같은 전통 산업에 IT 시스템을 결합하여 생산 시설들을 네트워크화하고 지능형 생산 시스템을 갖춘 스마트 공장(Smart Factory)으로 전환하고자 한다.

제조업 혁신 3.0

IT·SW 융합으로 융합 신산업을 창출하여 새로운 부가가치를 만들고, 선진국 추격형 전략에서 선도형 전략으로 전환하여 우리나라의 제조업 혁신을 통한 제조업의 경쟁우위를 확보해 나가고자 하는 계획이다.

2. 제4차 산업혁명시대의 교육 방향

4차 산업 혁명시대의 교육 분야에서는 창의적이고 융합적인 역량을 갖춘 인재를 양성하기 위해서는 기존의 지식 습득 교육에서 벗어나 '창의성', '융합성' 및 '문제해결능력' 등과 같은 "역량 키우기" 중심의 창의적·융합적 인재 육성에 초점을 맞춘 교육시스템으로 전환이 필요하다.

4차 산업혁명을 이끌어갈 창의융합인재 양성을 위해 각급 학교에서 'STEAM' 교육을 실시하고 있다. STEAM(Science, Technology, Engineering, Arts, Mathematics)교육은 과학·기술·공학·예술·수학을 융합하여 가르치는 것이다. 유럽이나 미국 등 선진국에서 창의적 프로젝트로 진행되는 과학과 예술의 접목을 SciArt(사이아트)라고도 한다.

세계경제포럼(WEF)에서는 4차 산업혁명으로 인해 가장 급속하게 시스템 재편이 이루어지고 있는 분야 중의 하나로 교육 분야를 강조한다. 점차적으로 육체노동 관련 기술은 감소하고, 분석적이고 대인관계 기술을 요구하는 직업의 수가 증가하고 있으나, 현재의 교육 시스템은 이러한 역량을 갖춘 인력을 선발하는데 어려움이 있다.

따라서 미래에 대비할 인재 양성을 위해서는 특정 기능 역량(functional skills)보다는 사회적 역량, 자원관리 역량, 시스템 역량, 문제해결 역량, 과학기술 역량과 같이 다 기능 역량(cross-functional skills)이 강조된다. Schwab(2016: 251-252) 역시 4차 산업혁명사회에 걸맞는 능력과 역량(상황 맥락적 지능, 정서 지능, 영감 지능, 신체지능 등)을 갖추어야 한다고 한다.

4차 산업혁명사회는 우리 교육에 혁신적인 변화를 요구하고 있으며, 중등교육뿐만 아니라 초·중등 교육에서도 인문 교과와 자연 교과의 통합, 일반 교과와 예체능 교과의 통합 등 교과 간의 통합도 이루어질 것이다. 교수법에서도 교사 혼자서 가르치던 방식에서 벗어나 팀티칭 방식이 일반화되고, 다양한 방식의 팀을 구성하여 수업을 진행할 것이다. 현재에도 자유학기제(자유학년제) 등 미래지향적 교육정책에서는 통합 및 융합수업을 강조하고 있으며, 교사들의 팀티칭도 확대되고 있는 추세이다.

필란드 정부는 4차 산업혁명을 대비하기 위해 교육과정을 개편하여 미래 세대를 대상으로 한 '4C'교육(대화와 소통(Communication), 창의력(Creativity), 비판적 사고력(Critical Thinking), 협업과 협력정신(Collaboration))을 기획하였다(박경식, 2017).

World Economic Forum(2016)이 예측하는 미래 인재의 핵심역량을 살펴보면 <표 4>와 같이 요약할 수 있다.

〈표 4〉 미래 인재 핵심역량

능력(Abilities)	기본 역량(Basic Skills)	다 기능 역량(Cross-functional Skills)	
인지 능력 • 유연한 인지 • 창의성 • 논리적 추리력 • 문제 민감성 • 수학적 추리력 • 시각화 능력	직무내용 역량 • 능동적 학습 • 발표력 • 독해력 • 문장력 • ICT 역량	사회적 역량 • 협업능력 • 감정지능 • 협상력 • 설득력 • 서비스 지향성 • 교수력(teaching)	자원관리 역량 • 재무관리 • 재물관리 • 인적자원관리 • 시간관리
신체 능력 • 육체적 힘 • 손재주	직무처리 역량 • 경청 • 비판적 사고 • 모니터링 역량	시스템 역량 • 의사결정 • 시스템 분석	과학기술 역량 • 장비 유지, 보수 • 장비 운영, 제어 • 프로그래밍 • 품질관리 • 테크놀로지 및 사용자 경험 디자인 • 기술 문제해결
		문제해결 역량 • 복잡한 문제해결	

※ 출처 : 임종헌, 유경훈, 김병찬 (2017), World Economic Forum(2016: 21) 내용 재인용 정리.

3. 제4차 산업혁명 시대의 발명, 창의공학설계 교육 및 체험 활동 분야

4차 산업혁명 시대의 교육 분야는 기술의 중심이 되고 있는 사물인터넷(IoT), 3D프린터 교육, STEAM 교육 확산, 개인 맞춤형 교육, 디지털 교육 혁신, S/W의 활성화, 클라우드, 모바일, 드론, 로봇, 빅데이터, 자율주행차 등의 융합교육의 활성화가 필요하다.(관계부처 합동 보고서, 2017). 따라서 미래 유망 기술에 대한 발명과 창의공학설계 교육이 필요하다.

1) 사물인터넷(IoT)

사물인터넷이란 기존의 인터넷을 기반으로 네트워크 기술(Bluetooth, ZigBee 등)을 활용하여 모든 사물을 연결하여 사람과 사물, 사물과 사물 간에 정보를 상호 소통하는 지능형 기술 및 서비스를 말하며 주로 '아이오티(IoT : Internet of Things)'라고 한다. 사물인터넷은 1999년에 케빈 애슈턴(Kevin Ashton)에 의해 처음 소개되었으며, 그 후 닉 웨인라이트(Nick Wainwright)에 의해 물리적 대상물인 제어기, 센서, 액추에이터와 데이터 네트워크 및 서비스를 통합하는 기술로 일컬어지게 되었다. 사물인터넷 서비스는 스마트 헬스케어 분야, RFID 방식의 교통카드, 편의점에서 가격 정보를 읽는 바코드, 택배 배송 추적 시스템, ATM 기기, 내비게이션, 산업 현장에서의 가로등 원격 제어, 교량/댐 안전 관리, 공장/설비 관리 시스템 등이 있다(조준동, 2015; 전홍배, 2015; 진보영, 2014)

사물인터넷 기기는 인터넷으로 사람의 도움 없이 정보를 주고 받을 수 있으며, 블루투스나 근거리무선통신(NFC), 센서데이터 등의 기술이 활용된다. 이를 연결하는 것은 인터넷으로 연결된 가상의 서버인 클라우드(Cloud)이다.

근거리 무선통신기술인 지그비 & 지웨이브(Zigbee and Z-Wave)는 전력 소모량이 적고, 값이 저렴하며 디바이스 간 정보전달이 가능하다. 사물 인터넷이 발전함으로써 기존 네트워크에 새로운 서비스를 제공하여 고부가가치 서비스를 구축할 수 있게 되었고, 주요 기술로는 센서를 이용하여 온도, 습도, CO_2 등의 환경 정보를 측정하는 기술, 특정한 기능을 수행하는 서비스들과 연동하는 인터페이스 기술, 다양한 사물들을 연결하기 위한 유·무선 네트워크 기술이 있다(채철주, 조한진, 2016).

교육부(2015)에서는 창의력과 문제 해결 능력을 향상시키고자 중학교 교육과정 중 다양한 직·간접 체험 활동을 강화하고, 실습·프로젝트 수행 등 학생 참여 중심으로 수업을 개선하고, 사물인터넷 교육을 강조하고 있다.

(1) 스마트 홈

집안에 있는 모든 기기를 연결하여 제어하는 기술로 가전제품, 수도, 청소기, 전기, 냉난방장치 등을 제어하는 기술이다. 예를 들면 집에 들어가기 전에 로봇 청소기, 보일러, 전등 등을 스마트 폰으로 제어하는 기술이 해당된다. 스마트 폰을 이용하여 간단하게 가전 제품(예, 선풍기)을 만들어 제어해 보는 체험활동도 스마트 홈을 이해하는데 도움이 될 것이다.

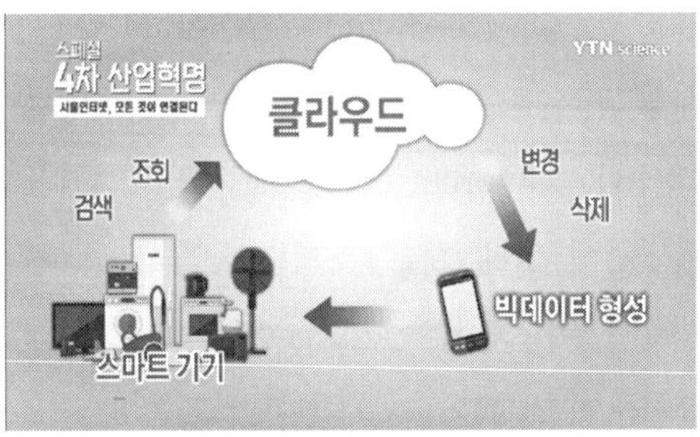

※ 출처 : YTN 사이언스

(2) 스마트 팜(Smart farm)

스마트 농장이란 비닐하우스·축사 등의 생육 및 환경 데이터를 원격·자동으로 유지·관리하여 생산성을 향상시키기 위한 농장이다. 이 스마트 농장 운영에 필요한 S/W기술은 스마트 팜으로 유지 관리하기 위한, 온도, 습도, CO_2 양 등을 측정하고, 이를 자동으로 관리할 수 있도록 하는 기술이며, 원격으로 관리할 수 있는 기술이다. H/W기술은 스마트 팜의 온도, 습도를 조절하기 위한 냉난방기, 창문 및 창문개폐 장치 등 다양하다(스마트 팜 정보공유 시스템, 2018).

2) 3D 프린터

4차 산업혁명 시기를 맞이하여 3D 프린터는 학교에서 뿐만 아니라 연구소, 회사 등 다양한 곳에서 활용되고 있다. 초기에는 시제품 제작에 이용되었으나 현재는 다양한 제품을 생산하는 곳에도 활용되고 있다. 각 학교에서는 발명품 제작, 창의공학설계 시제품 제작에 활용되고 있고, 여러 회사에서도 시제품 제작, 산업 부품 제작에 활용이 되고 있다.

3D 프린팅은 3D로 모델링을 한 후 이 데이터를 온라인으로도 전송하여 제품을 출력할 수 있어 개인 맞춤형 제품을 제조하는 1인 창업도 가능하다. 또한 3D 프린팅 기술은 정보통신기술(ICT) 기술과 사물인터넷(IoT), 스마트센서 등이 융합하여 국내외 핵심 산업 분야로 성장하고 있다.

3) 로봇

국제로봇협회(IFR:International Federation of Robotics)에서는 로봇을 분류하면서 산업 생산에 참여하는 산업용 로봇과 서비스용 로봇(인간을 도와주는 로봇, 화재나 지진 시 활용할 수 있는 로봇, 학습 도우미 로봇) 등으로 분류하고 있다(IFR 홈페이지). 우리가 집에서도 볼 수 있는 로봇으로는 '로봇 청소기'가 있다.

발명, 창의공학설계 수업 및 제작에 이용할 수 있는 로봇 교육은 간단한 로봇의 기능 체험, 간단하게 로봇을 제작해 보는 것이다. 시판되고 있는 레고 키드 등이 교육현장에서 다양하게 활용할 수 있으며, STEAM 교육(과학·기술·공학·미술·수학)을 위해 모둠(팀)을 조직하여 학습자가 로봇을 직접 설계·조립·제작·프로그래밍 함으로써 창의성·협동성·문제해결력·의사 소통 능력을 향상시킬 수 있다.

교육에 로봇이 활용되고 있는 곳은 인문계 고등학교에서의 기술 교과 및 동아리, 중학교의 자유학기제 활동 등, 마이스터 고등학교 및 일부 실업계 고등학교의 로봇학과, 초등학교에서의 방과 후 '발명 및 로봇 활용' 교육 등이 있다.

4) 자율 주행차

자율주행 자동차(Autonomous Vehicle)와 무인자동차(Unmanned Vehicle, Driverless Car)의 용어는 혼재되어 사용하지만 자율 주행 자동차(Autonomous Vehicle)란 운전자가 없어도 주변 환경을 인식하고 주행 상황을 판단해 차량을 제어함으로써 스스로 주어진 목적지까지 주행하는 자동차를 말한다. 무인자동차(Unmanned Vehicle, Driverless Car)는 운전자가 없는 자동차를 말한다.

무인 이동체란 자율(무인)주행차, 무인항공기, 무인 잠수정 등과 같이 외부 환경을 인식하고 스스로 상황을 판단하여 이동하거나, 필요하면 원격 조정으로 동작이 가능한 이동체를 말한다. 교육 현장에서는 자율주행차 이전에 리모콘의 작동하는 RC(Remote Control)카, 흰바탕에 검정선을 따라가는 라인트레이서(Line tracer), 레고 자동차, 아두이노를 활용한 자동차 제어, 자작 자동차 경주대회 등 다양한 발명 및 창의적인 자동차 설계, 자동차 제작, 자동차 경주대회 등을 실시하고 있다.

5) 드론

드론(drone)은 조종사 없이 무선 전파의 유도에 의해서 비행하거나, 조종할 수 있는 비행기나 헬리콥터 형태이다. 과거 군사용으로 개발되었으나, 최근에는 방송, 농업, 측량 등 다양한 분야에서 빠르게 확산되고 있다. 교육 분야에서는 드론을 교육하는 학과(전공)가 있으며, ICT와 융합하여 드론의 조정 교육 뿐만 아니라, 드론 제작, 드론 코딩(프로그램) 교육을 실시하고 있다.

REFERENCE 참고문헌

과학기술정보통신부(구 미래창조과학부, 2014). 초연결 디지털 혁명의 선도국가 실현을 비전으로 사물인터넷 국가전략 수립 보고서.

관계부처합동보고서(2017). 혁신 성장을 위한 사람중심의 4차 산업혁명 대응 계획.

권소영 외(2018). 2018년 KISTEP 미래유망기술 선정에 관한 연구 : 사람 중심의 스마트 소사이어티 구현을 위한 10대 미래유망기술, 연구보고 2018-062, 한국과학기술기획평가원, 125-278.

교육부(2015). 고등학교 교육과정(Ⅰ,Ⅱ,Ⅲ) 실과(기술·가정), 교육부 고시 제2015-74호[별책 4], 637-642.

국가평생교육진흥원(2016). 4차 산업혁명의 시대에서 묻는 교육의 미래. 글로벌 평생교육 동향. 2, 1-15.

김진하(2017). 제 4차 산업혁명 시대, 미래 사회 변화에 대한 전략적 대응 방안 모색. 한국과학기술정보연구원(KISTEP) R&D InI, 3(15), 45-58.

대통령직속 4차 산업혁명위원회(2018). https://www.4th-ir.go.kr/에서 검색함(2018. 12. 12.)

로봇분류 IFR 홈페이지(2018). http://www.ifr.org/에서 검색함(2018. 12. 12.)

로봇의 교육적 활용 (2018). http://edzine.kedi.re.kr/2016/summer/article/world_02.jsp에서 검색함(2018. 12. 12.)

로봇활용교육(2018). http://www.irobotnews.com/news/articleView.html?idxno=714에서 검색함(2018. 12. 12.)

무인이동체(2018). http://www.software.kr/um/um02/um0201/um020104/um020104View.do?postId=27920&cpage=2에서 검색함(2018. 12. 12.)

박경식(2017). 준비하고 계십니까? 제 4차 산업혁명. 한국과학기술정보연구원(KISTI) ASTI 27, 4-5.

박철우(2017). 4차 산업혁명과 융합인재 그리고 교육혁신. 월간 과학과 기술, 30.

스마트 공장(2018). http://www.bloter.net/archives/227257에서 검색함(2018. 12. 12.)

스마트 과학관(2018). http://terms.naver.com/list.nhn?cid=58369&categoryId=58369에서 검색함(2018. 12. 12.)

스마트팜 정보공유 시스템(2018). http://www.smartfarmkorea.net/main.do에서 검색함(2018. 12. 12.)

이영석 외 (2007). 로봇의 교육적 활용 방안 및 적정 기능 연구. 한국교육학술정보원.

인공지능(2018). https://ko.wikipedia.org/wiki/%EC%9D%B8%EA%B3%B5%EC%A7%80%EB%8A%A5에서 검색함(2018. 12. 12.)

인더스트리 4.0(Industry 4.0)(2018). https://ko.wikipedia.org/wiki/%EC%9D%B8%EB%8D%94%EC%8A%A4%ED%8A%B8%EB%A6%AC_4.0에서 검색함(2018. 12. 12.)

임종헌·유경훈·김병찬(2017). 4차 산업혁명사회에서 교육의 방향과 교원의 역량에 관한 탐색적연구. 한국교육, 44(2), 5-32.

전홍배(2015). 사물인터넷 기술의 개념, 특징 및 전망. Entrue Journal of Information Technology, 14(1), 7-19.

제4차 산업혁명(2018). http://www.newsquare.kr/issues/1206/stories/4919에서 검색함(2018. 12. 12.)

제4차 산업혁명(2018). https://ko.wikipedia.org/wiki/%EC%A0%9C4%EC%B0%A8_%EC%82%B0%EC%97% 85%ED% 98%81%EB%AA%85에서 검색함(2018. 12. 12.)

제4차 산업혁명(2018). http://www.mobiinside.com/kr/index.php/2016/01/25/fourth-revolution/에서 검색함(2018. 12. 12.)

제조업 혁신 3.0(2018). http://www.motie.go.kr/motie/py/brf/motiebriefing/motiebriefing11.do?brf_code_v=11#header에서 검색함(2018. 12. 12.)

조준동(2015). 창의융합 프로젝트 아이디어북. 한빛아카데미(주) : 서울.

조혜경 외 (2008). 교육+로봇 : 비전과 액션 플랜. 정보과학회지, 26(4), 55-64.

진보영(2014). 사물인터넷(IoT: Internet of Things)의 적용 사례 및 시사점. 전기산업, 9, 1-9.

채철주, 조한진(2016). 사물 인터넷 기반의 농업 융·복합 연구. 한국융합학회논문지, 7(6), 49-54.

최연구(2017). 4차 산업혁명시대의 미래교육 예측과 전망. 미래연구포커스. 33, 32-35.

클라우드 컴퓨팅(Cloud) (2018). 위키백과 https://ko.wikipedia.org에서 검색함(2018. 12. 12.)

클라우스 슈밥 저. 송경진 역(2017). 클라우스 슈밥의 제4차 산업 혁명. 새로운 현재: 서울.

한국과학기술정보연구원(2017). 4차 산업혁명과 미래유망기술. 2017 미래유망기술세미나.

4차 산업 혁명 사진(2018). YTN 사이언스. http://science.ytn.co.kr/에서 검색함.

Johnson, L., Adams Becker, S., Estrada, V., & Freeman, A. (2015). NMC Horizon Report: 2015 K-12 Edition. Austin, Texas: The New Media Consortium. (한국어 번역: 서정희 책임 연구원(한국교육학술정보원))

O2O(2018). https://terms.naver.com/entry.nhn?docId=3579046&cid=59088&categoryId=59096에서 검색함(2018. 12. 12.)

Schwab, K.(2016). The Fourth Industrial Revolution. Colony/Geneva: World Economic Forum. 송경진(역). 제4차 산업혁명. (2016). 서울: 새로운 현재(메가스터디)

World Economic Forum.(2016). The Future of Jobs: Employment, Skills and Workforce Strategy for the Fourth Industrial Revolution. Colony/Geneva: World Economic Forum. January 2016.

CHAPTER II

발명 및 창의공학설계

1. 발명 및 창의공학설계의 개념

제 4차 산업 혁명 시기를 맞이하여 '기술혁신' 제품 개발과 기술 혁신을 위한 교육의 필요성이 대두됨에 따라 국내외, 정부, 연구소, 회사, 대학 및 중등학교에서 발명과 창의공학설계에 대한 관심이 많아지고 있다. **발명**은 새로운 기술이나 새로운 것을 만들어 내는 것을 말하며, 창의 공학 설계는 창의적인 아이디어 + 공학 + 설계의 개념이다.

설계(Design)는 제도, 디자인이라는 명칭으로 부르기도 하는데 이는 **컴퓨터를 이용한 제도(CAD, Computer Aided Design)**의 명칭에서 제도의 개념을 디자인이라고도 한다. 제도(Drafting)와 설계(Design)를 혼동하기도 하는데 **제도(Drafting)**는 제품의 형상을 그림과 치수로 표현하는 것으로, 공간이나 제품의 형태를 구체화하기 위해 도면을 작성하는 것을 일반적으로 제도라 하며 기계, 건축과 토목 등 여러 학문에서 사용하는 기초적인 작업이다. 그러나 컴퓨터를 사용하면서 제도의 개념을 설계와 같이 혼용하여 사용하고 있다. 따라서 제도와 설계는 엄밀히 다르지만 일반적으로 설계라 함은 제도를 포함하고 있다. 개념을 정리하면 <표 1>과 같다.

〈표 1〉 발명 및 창의공학설계에 대한 개념

용어	내용
창의성 (創意性, Creativity)	- 새로운 생각이나 개념을 찾아내거나 기존에 있던 생각이나 개념들을 새롭게 조합해 내는 과정이며, 사회·문화적 맥락에서 가치있고 실현 가능한 독창적 사고나 산출물로서 문제를 해결할 수 있는 능력이다(한국교육개발원, 2002).
발명(Invention)	- 자연 법칙을 이용한 창작으로 아직까지 없었던 것을 개발하고 개선하는 과정이다.
제도(Drafting)	- 제품의 형상을 그림과 치수로 표현하는 것으로, 공간이나 제품의 표현을 구체화하기 위해 도면을 작성하는 것이다.
설계(Design)	- 우리 생활에 필요한 제품 및 기계, 장치 등을 생산할 때, 사용목적에 만족하도록 형상, 크기, 그 밖에 제작에 관한 일체의 것을 계획하고 결정하는 것이다.

용어	내용
창의설계 (Creative Design)	- 기존의 설계개념에서 벗어나 창의성을 더한 설계로 창의적인 설계제품을 만들고자 할 때 많이 사용되고 있다.
디자인(Design)	- 설계된 목적에 맞으며, 심미성을 더하여 제품의 형상을 표현하는 것을 말한다.
창의공학설계 (Creative Engineering Design)	- 기존의 설계 개념에 창의성을 더하고 공학적인 설계를 포함한 요소를 말하며, 기술 혁신을 위한 제품 설계 교육에 많이 사용되고 있는 설계 방법이다.

디자인(設計, design)이란 설계된 목적에 맞으며 심미성을 더한 것을 말하며, 산업에 필요한 산업디자인(industrial design), 시각적인 요소를 강조하는 시각디자인(visual design), 제품의 제작에 디자인을 강조하는 제품디자인(product design), 생활의 공간 및 환경을 조성하는 환경디자인(environment design) 등으로 나눌 수 있다.

소비자의 욕구와 이를 해결하기 위한 기술 혁신으로 창의적인 제품들의 발명과 기술 개발이 꾸준하게 이루어지고 있다. 이러한 기술 혁명 시대에 대비하기 위해서는 어릴 때부터 창의적인 아이디어 구상을 통한 디자인과 발명, 창의공학설계 교육이 필요하다. 따라서 각급 학교에서는 창의성과 문제해결 능력 향상을 위한 교육에 집중하고 있다.

발명, 창의 설계나 창의공학설계, 영재 교육 등은 창의적인 아이디어 발상기법을 기반으로 아이디어를 구상하고 창의적 문제 해결 방법을 통해 제품을 제작하는 과정으로 진행한다. 작품을 제작한 뒤에는 그 결과를 경진 대회에 참석하거나 전시회를 통해, 또한 결과 보고서를 통해 발표한다. 이러한 발명과 창의공학설계에 대한 경험은 4차 산업 혁명 시기의 창의적인 아이디어 구상 및 문제 해결 활동에 많은 도움을 될 것이다.

2. 발명 및 창의공학설계 교육

1) 국내외 발명 교육의 목표

영국의 발명교육은 초등학교부터 고등학교까지 국정 교과 과정 내에서 수학이나 과학이 아닌 각 단계별로 기술 중심의 다자인 교육과 관련한 교육을 실시한다. 미국의 경우는 기술교육의 세부 영역을 중점으로 다루어지고 있으며, 국제기술공학교육협의회(ITEEA)의 STEAM 센터에서는 모든 학년을 대상으로 기술 이해능력을 향상시키기 위한 국가 표준 모델을 개발하여 교육하고 있다.

우리나라의 초등학교 발명 교육 수준은 발명의 기초가 되는 분야의 지식과 발명 기법을 습득하고, 발명에 긍정적, 적극적 태도를 가지며, 간단한 발명 문제를 해결할 수 있다는 것이 목표이다. 중학교는 발명의 역사와 성격을 이해하고, 문제를 해결하는 데 필요한 다양한 발명 기법을 익히며, 일상생활의 불편을 해결하려는 적극적 태도와 지식 재산에 대한 이해를 주 목표로 한다. 고등학교의 경우는 문제해결을 위한 심화된 발명 기법을 학습하고, 해결안을 도출하고, 창업과 관련짓거나 지식재산권을 출원하는 등 발명의 결과를 활용하고자 한다. 대학 과정에서는 창의성과 문제해결을 위한 발명 기법과 실생활에서의 필요한 발명, 기술 개발을 위한 발명 및 창의공학설계를 통한 발명 등을 통해 지식재산권 등록과 창업까지의 교육을 실시한다.

발명교육 내용 수준은 발명의 기초와 실제, 발명의 활용으로 구분하며 교수 방법은 연령이 낮을수록 활동 중심, 높을수록 강의 및 토론 중심의 교수학습 방법을 활용하고 있다(이윤조 외, 2014).

<표 2>는 초등학교 및 중학교 실과(기술·가정)교과 발명 관련 교육과정 요약이고, <표 3>은 고등학교 '지식재산 일반' 교육과정 요약이다.

〈표 2〉 초등학교 및 중학교 실과(기술·가정)교과 발명 관련 교육과정 요약

구분		내용
단원명		(5) 기술 활용
단원 학습 목표	초·중등학교	기술에 대한 이해를 기초로 기술적 문제를 창의적으로 해결하고 일상생활에 적용할 수 있는 기술적 문제 해결 능력과 기술 활용 능력을 기른다.
성취 기준	초등학교	[6실05-03] 생활 속에 적용된 발명과 문제해결의 사례를 통해 발명의 의미와 중요성을 이해한다. [6실05-04] 다양한 재료를 활용하여 창의적인 제품을 구상하고 제작한다. [6실05-05] 지식 재산 보호의 의미를 알고 생활 속에서 실천한다.
	중학교	[9기가05-03] 일상생활에서 사용되는 제품들이 기술적 문제 해결 과정을 통해 개발되고 발전하고 있음을 이해한다. [9기가05-04] 발명의 개념, 특징을 이해하고 발명이 사회 변화에 미친 영향을 설명한다. [9기가05-05] 특허의 개념을 이해하고 지식재산권 침해 사례를 분석하고 발표한다. [9기가05-06] 생활 속 문제를 찾아 아이디어를 구상하고 확산적·수렴적 사고 기법을 활용하여 창의적으로 해결한다.

성취 기준 해설	초등학교	[6실05-03] 발명에 사용되는 더하기·빼기·용도 바꾸기·반대로 하기 등의 다양한 발명 기법을 이해하고, 일상생활 속에서 사용하는 물건을 선정하여 발명 이유, 해결된 문제, 적용된 발명 사고 기법 등을 탐색하여 발명의 의미와 중요성을 강조한다.
	중학교	[9기가05-03] 인간이 생활하면서 발생하는 다양한 기술적 문제들을 인식하고, 기술적 문제 해결과정을 통해 해결해 나가는 과정에서 기술이 발전하고 있음을 이해한다.
교수 학습 방법	초등학교	- 발명과 문제해결을 지도할 때에는 생활 속에서 활용되는 용품을 사례로 하여 발명 기법의 적용과 효과를 이해할 수 있도록 하며, 문제 이해, 연구와 개발, 실현, 평가의 기술적 문제해결과정을 경험할 수 있도록 한다. - 지식 재산 보호의 중요성과 보호 방법에 대해 지도할 때에는 신문 기사나 뉴스 등 실제 사례를 중심으로 탐색해 보고 토의 등을 통해 실천 방안을 도출할 수 있도록 한다.
	중학교	- 문제 해결을 통한 발명 아이디어 구체화 과정을 경험하게 하여 학생들의 창의력을 계발하고, 발명에 대한 긍정적이고 적극적인 태도를 갖게 한다. 다만 학교와 학생의 여건을 고려하여 발명품을 만들어 보게 하되 완성에 지나치게 비중을 두지 않도록 유의한다.
평가 방법	초등학교	- 창의적인 제품 만들기는 기능성, 창의성, 실용성, 경제성, 심미성 등을 중심으로 문제해결과정과 결과를 종합적으로 평가하도록 하며, 평가의 요소 및 기준은 학교의 여건에 따라 달리 할 수 있다. - 지식 재산 보호에 대한 기본적인 기준과 절차에 대해 체크리스트를 구성하여 자신의 이해 여부와 노력 정도를 평가해 보도록 한다.
	중학교	- 개인 또는 소집단 활동 결과를 종합하여 평가하며, 평가 기준표에 따른 체크리스트를 활용하되, 참여도, 수준, 태도 등을 종합적으로 평가하기 위하여 교사 평가, 동료 평가, 자기 평가 등을 통하여 적절한 평가가 이루어지도록 한다.

※출처 :교육부(2015). 실과(기술·가정)/정보과 교육과정. 교육부 고시 제2015-74호. [별책 10]. pp. 5-61.

〈표 3〉 고등학교 '지식재산 일반' 교육과정 요약

구분	내용
학습목표	- 지식 재산과 관련한 이해를 바탕으로 실생활과 직업 생활에서 새로운 가치를 창출할 수 있는 창의적 사고력과 태도를 기르도록 한다. 그리고 지식 재산 이해, 지식 재산 창출, 지식 재산 보호, 지식 재산 활용을 중심으로 지식 재산에 대하여 전반적으로 이해하고, 지식 재산창출의 체험을 물론 지식 기반 사회에서 요구하는 지식 재산을 보호, 활용하는 역량과 태도를 기른다.

구분	내용
영역	지식 재산가치, 지식 재산권 이해.
	지식 재산 창출, 지식 재산 권리화.
	지식 재산 보호, 지식 재산 활용.
교수·학습방법	- 발명과 지식 재산에 대한 기초적 지식 이해, 사고 능력 계발, 수행 능력에 초점을 두고 지식 재산과 관련된 소양과 능력을 기르도록 다양한 교수·학습 방법을 사용하여 지도한다. 또한, 창의적이면서도 진취적이고 합리적인 문제해결 능력을 배양할 수 있도록 다양하고 구체적인 사례 및 문제를 설계하고 제시하여 학생들이 능동적으로 수업에 참여할 수 있도록 지도한다.
평가방법	- 발명 문제해결과정은 프로젝트 보고서나 활동지를 평가하되, 포트폴리오 평가를 적극적으로 활용할 필요가 있다. 이때 포트폴리오의 질적 수준까지 평가에 포함한다. - 발명이나 지식 재산 관련 연구소나 기관을 견학한 후에는 보고서를 제출하여 평가에 반영할 수 있다.

※ 출처 :교육부(2015). 실과(기술 · 가정)/정보과 교육과정. 교육부 고시 제2015-74호, [별책 10], pp. 84-95.

2) 역사 속의 발명품

역사속의 우수 발명품들은 많이 있지만, 몇 가지를 소개하면 <표 4>와 같다.

〈표 4〉 역사속의 발명품

우수 발명 품		내용
우리나라의 우수 발명품	최무선	우리나라에서 화약과 화약을 이용한 무기를 처음으로 제작하고 사용하였다.
	세종대왕	훈민정음 28자를 제정하여 반포하였다.
	장영실	혼천의, 물시계인 자격루, 갑인자 주조, 천체관측용 대·소간의, 해시계인 천평일구, 앙부일구, 일성정시의 및 태양의 고도를 측정하는 규표 등을 제작 감독하였다. 세계 최초의 우량계인 측우기와 수표를 발명하였다.
	정약용	배다리(舟橋) 준공, 거중기(거중기는 40근의 힘으로 무려 625배나 되는 2만5000근이나 되는 돌을 들어 올려 주위 사람들을 놀라게 하였다.)를 발명하였다.
세계의 우수 발명품		나침반, 총, 금속활자, 종이, 기계식계산기, 베이글빵, 전구, 트랜지스터, 인공위성, 복제양 돌리 등.
		우리나라에서 발명한 세계의 우수 발명품은 무엇일까요? ( )

※ 출처 : 발명교육포털사이트 재구성

■ 세계최초의 금속활자 인쇄(직지)과정

직지는 1377년 고려의 청주에서 인쇄된 현존하는 세계 최초의 금속 활자본으로 현재 프랑스 국립도서관에 소장되어 있다. 「직지」는 2001년에 유네스코 세계기록유산에 등재되어 세계적으로 가치를 공인받게 되었다. 아래는 금속활자의 인쇄 과정을 보여준다.

〈직지 금속활자 인쇄 과정〉

1. 글자본 선정
2. 자본 붙이기
3. 어미자 만들기
4. 밀랍가지 만들기
5. 주형 만들기
6. 쇳물 붓기
7. 완성된 주조 활자
8. 활자 다듬기
9. 조판
10. 인쇄

(출처 : 청주고인쇄 박물관, http://cheongju.go.kr/jikjiworld/index.do)

■ **장영실이 만든 자격루, 앙부일구**

① 자격루

우리나라 최초의 때가 되면 시각을 알려주는 물시계로 세종실록 65권 [보루각기]편에 자격루의 원리를 설명되어 있다. 파수호와 수수호가 있는데 물을 흘려보내는 항아리를 파수호라 하고 물을 받는 항아리를 수수호라 한다. 물을 내보내는 파수호와 물을 받는 수수호 사이에는 물을 일정하게 공급하는 두 개의 관이 연결되어 있다. 물을 받는 원통형의 수수호는 부력에 의해 물의 양이 많아질수록 긴 막대가 뜰 수 있도록 설계하였다. 부력에 의해 떠오르는 긴 막대를 살대(잣대)라 한다. 살대(잣대)는 부력으로 떠오르면서 격발 장치를 건드려 쇠구슬을 떨어뜨리게 된다. 떨어뜨린 쇠구슬은 지레의 원리에 따라 인형을 움직여 종, 북, 징을 치는 횟수로 시간을 알리며, 해당시간에 12지신 인형이 나타나도록 설계되어 있다.

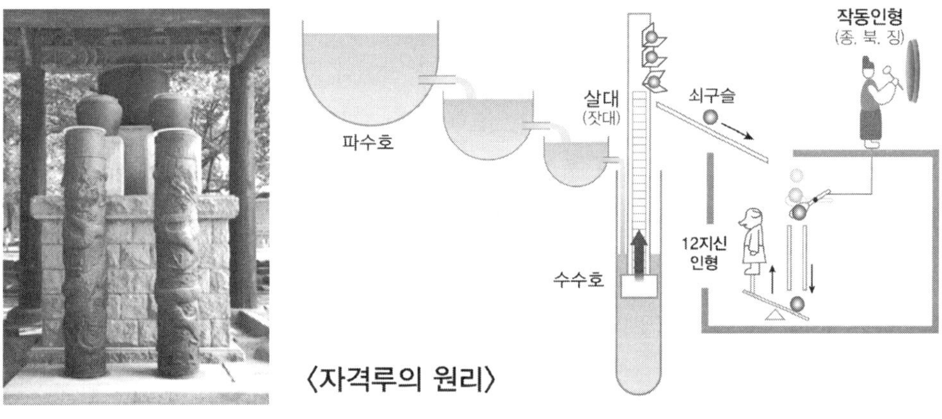

〈자격루의 원리〉

(출처 : 국립과천과학관, 사이언스올 https://www.scienceall.com)

② 앙부일구

햇빛의 그림자 원리를 이용해 시각을 알아보는 우리나라 고유의 발명품 해시계로 마치 가마솥이 하늘을 바라보는 모양과 같다 해서 그 명칭이 붙여졌다. 끝이 뾰족한 영침의 그림자를 보고 가로선은 계절을 세로선은 시각을 알 수 있다. 「실록」에는 세종 때 만들어진 해시계를 일반 백성이 많이 다니는 대로변에 설치했으며, 글자를 모르는 백성들도 쉽게 알아볼 수 있게 (12지신) 그림으로 시각을 표시하였다고 기록되어 있다(출처: 네이버 지식백과).

앙부일구 (출처 : 천문학습관)

■ **수원화성에 건설에 사용한 거중기, 녹로, 유형거**

세계문화유산 수원화성 축성 당시 사용한 거중기, 녹로, 유형거 등이 전시되어 있다.

① 녹로

도르래를 이용하여 무거운 물건을 들어 올리는데 쓰이던 기구이다. 각목으로 네모난 틀을 만들고 틀의 앞쪽으로 긴 지주 구실을 하는 간목 둘을 비스듬히 세운 다음, 간목 꼭대기에는 도르래를 달고 나무틀의 뒤쪽에는 얼래(줄을 감는데 쓰이는 기구)를 설치하여 동아줄을 얼래와 도르래에 연결하고 줄의 반대쪽에 있는 물건을 달아맨 뒤, 얼래를 돌려 줄을 감으면서 물건을 들어올리도록 한 것이다. 1796년(정조20)수원성을 쌓을 때에는 두 틀을 만들었다고 한다(내용 및 사진 출처 :http://hsmuseum.suwon.go.kr/ 수원화성박물관).

녹로

거중기

(출처 : http://hsmuseum.suwon.go.kr/ 수원화성박물관)

② 거중기

정약용이 도르래의 원리를 이용하여 작은 힘으로 무거운 물건을 들어 올릴 수 있도록 고안한 장치이다. 거중기는 정조 때인 1796년에 정약용이 수원성을 쌓는 사업을 지휘하면서 수원 성곽을 쌓는 데 이용하기 위하여 만들었다. 정약용은 거중기를 만들 때, 서양의 여러 가지 기계에 대하여 해설한 책인 스위스인 선교사 J. 테렌츠가 쓴 「기기도설」을 참고로 연구하여 만들었다. 거중기는 현재 도량형으로 7톤을 들어 올릴 수 있는 기능이 있었으며 주로 채석장에서 무거운 돌을 실어 올리는 역할을 했다. 「화성성역의궤」에는 거중기 전체도 및 부분도가 상세히 그려져 있으며 축성시 1대가 사용되었다고 전해진다.

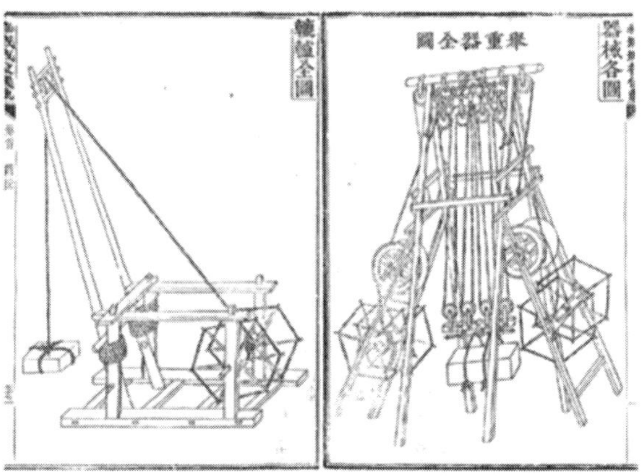

(출처 : 사이언스올 https://www.scienceall.com)

③ 유형거(遊衡車)

수원 화성을 만들 때 이용한 돌, 목재 등 건설 자재를 나르는 수레였다. 바퀴가 작고, 열십자 모양인 버팀대를 박아 바퀴가 튼튼하다. 바퀴와 짐대 사이에 반원 모양의 복토를 덧대어 수레 바닥의 높이가 높고, 수레가 앞뒤로 오르내릴 수 있도록 만들었다. 저울의 원리를 이용한 복토는 수레의 무게중심을 평형으로 유지시켜 수레가 비탈길에서도 사용할 수 있게 만들었다.

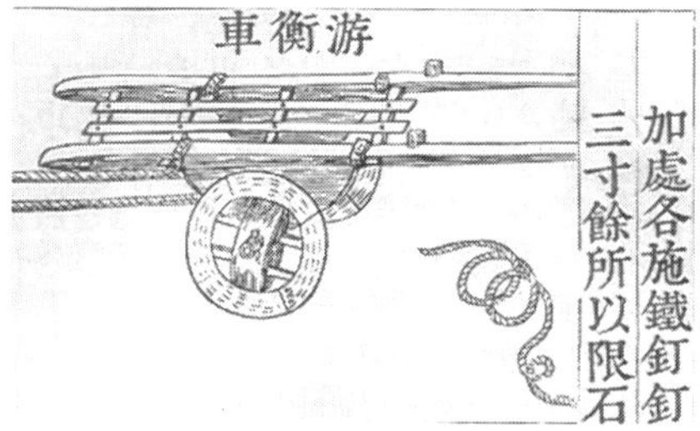

(출처 : 위키피디어 https://ko.wikipedia.org/,
http://blog.naver.com/PostView.nhn?blogId= sato721&logNo=130168275544)

■ 신기전

고려말 최무선이 연구해 놓은 것을 바탕으로 아들 최해산과 장영실이 세종때 신기전을 만들었고 그 후 문종때 신기전 화차를 만들었다. 한번에 100발의 화살이 발사되었다

(출처 : 한국민족문화대백과)

■ 비거

비거의 역사적 유래 비거(飛車)는 사람을 태울 수 있는 비행기로, 조선 시대 임진왜란 시기에 만들어진 것으로 전해진다. 실학자 이규경은 「오주연문장전산고」에, “임진왜란 당시 정평구란 사람이 비거를 만들어 진주성에 갇힌 사람들을 성 밖으로 데리고 나왔는데 그 비거는 30리를 날았다.”고 기록하며, 비거의 모습을 글로 묘사했다.

(출처 : 국립 과천 과학관)

■ **판옥선**

판옥선은 위 갑판(판옥)과 아래 갑판 등 2층 구조로 되어 있었다. 아래 갑판에서는 노를 젓는 곳이고, 위 갑판에서는 병사들이 적의 선박을 내려다보며 공격할 수 있었다. 판옥은 배의 갑판 네 귀퉁이에 기둥을 세우고, 기둥의 사면을 판자로 둘러 가린 다음, 그 위에 판판한 나무를 덮어 만든 옥상을 뜻한다. 판옥선이라는 이름도 판자로 옥상을 만든 배라는 뜻에서 붙인 것이다(출처 : 네이버 지식백과, 문화콘텐츠닷컴, 한국콘텐츠진흥원).

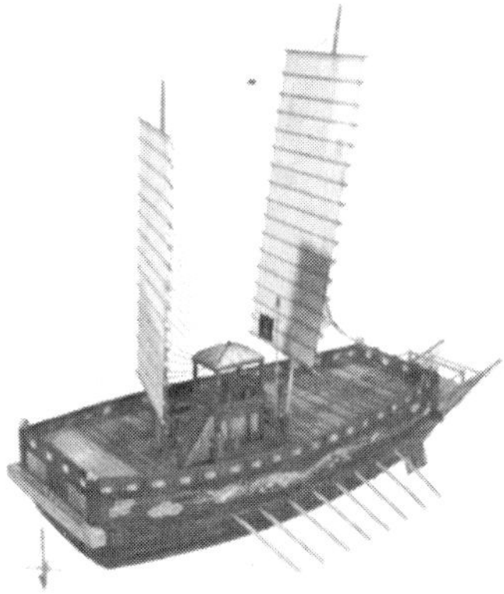

(출처 : 문화콘텐츠닷컴)

■ **거북선**

거북선의 구조 이순신 장군이 사용한 거북선은 『조선왕조실록』에서 알 수 있듯이, 그 규모나 기본 구조는 판옥선 위에 덮었던 평평한 상갑판을 거북이 등 모양으로 둥글게 변형해서 씌우고, 그 위에 송곳과 창날을 촘촘히 박아서 적이 아군의 배 위로 기어오르지 못하도록 만들었다. 현재 그 구조와 제원을 확인할 수 있는 것은 『이충무공전서』에 실린 통제영 거북선뿐이다.

(출처 : 한국민족문화대백과 http://encykorea.aks.ac.kr/, 국립과천과학관)

거북선은 두 개의 돛을 사용하였다. 포를 쏠 때는 돛을 내리거나 돛대마저 내리고, 항해할 때에만 돛을 올려서 배를 움직인다. 이 돛은 역풍이 불어도 다닐 수 있게 만들었다. 바람이 앞에서 불어오면 직진 항해는 불가능하지만, 진행 방향에서 갈 지(之)자 모양으로 약간 비스듬히 횡방향으로 갔다가 반대 방향으로 움직임으로써 가고자 하는 목표물을 향해 항해한다. 돛대가 2개라서 더 빠른 속력을 낼 수 있었다.

➲ 만원지폐와 전통기술에 대해 알아보자.

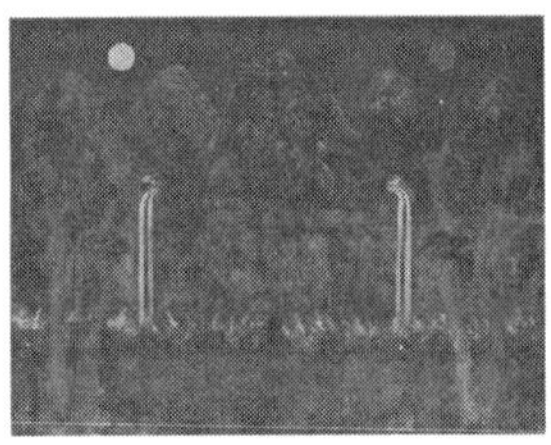

일월오봉도

(출처 : 한국민족문화대백과)

앞면 : 세종대왕

용비어천가

일월오봉도(세종대왕 뒤에 있는 그림) : 해와 달 그리고 다섯 개의 산봉우리가 있으며 왕의 권위를 상징하여 왕이 앉는 어좌나 초상화 뒤에 설치했다.

뒷면 :

천상열차분야지도

혼천의
(출처 : 국립과천과학관)

■ 천상열차분야지도(天象列次分野之圖)를 우리말로 풀이해 보면
천상(天象) : 하늘에 있는 모든 천문 현상.
열차(列次) : 하늘의 적도 부분을 세로로 12영역으로 구분하여 펼쳐 놓음.
분야(分野) : 국가처럼 영역을 나누어 놓음.
지도(之圖) : 하늘의 적도를 12영역으로 나누어 천문 현상(별, 행성, 은하수)을 그려 놓은 별자리 그림.

■ 혼천의 : 천체의 운행과 그 위치를 측정하는 천문 관측기. 세종 때(1433년)는 중국 것보다 더 훌륭한 혼천의를 제작하였다고 하며, 이천, 장영실 등의 감독으로 제작되어 조선 시대 천문 역법의 표준 시계와 같은 구실을 하였다. 혼천의에는 지구의 대신 앞뒤로 구멍이 뚫린 규형이 달려 있습니다. 이 구멍을 통해 별을 관찰하고, 다른 환을 통해 그 별의 위치를 측정할 수 있었다.

■ 보현산 천문대 천체망원경.

3) 국내 발명 교육 현황 및 관련 홈페이지

발명진흥법과 발명진흥법 시행령, 교육부의 교육과정 등을 통해 정규 발명 교육은 초등학교의 실과, 중학교의 기술, 고등학교의 기술, 지식재산, 각 대학에서 발명 교육을 진행하고 있다. 또한 초·중등 학생들에게는 방과 후, 주말, 방학 중, 창의적 체험활동, 자유학기제 등의 시간을 활용하여 교육을 실시하고 있다. 또한 대학 및 교사들에게는 발명대회, 지식재산 선도대학, 발명교사 인증제 등 다양한 교육 및 지원을 통해 발명 및 지식재산 교육을 실시하고 있다.

일반인뿐만 아니라 회사·연구소·유관기관의 교육은 특허청, 발명진흥회와 지식재산연수원, 지식재산센터 등에서 다양한 교육을 실시하고 있다. <표 5>는 특허청/국제지식재산연수원, 발명진흥회/지식재산센터, 각 발명교육센터, 과학 교육원 등 각 기관들의 발명교육 역할과 기능을 보여준다. 각 발명교육 관련 홈페이지는 <표 6>과 같다.

〈표 5〉 각 기관들의 발명교육 역할과 기능

기관	역할 및 기능
특허청/국제 지식재산연수원	- 발명교육 정책 개발 및 기획 - 일반인·회사·연구소·유관기관의 발명교육 지도자 및 관리자 연수 지원
발명진흥회/ 지식재산센터	- 각종 발명대회 개최, 자료개발 및 발명 장학금 지원 - 발명교육센터 지원, 발명유공자 해외 연수 및 유공자 포상 - 지식재산 선도 대학, 발명 교사 인증제 지원
각도 교육청	- 발명교육 운영 계획 수립 및 지침 시달 - 발명교육센터 설치 및 운영 예산 수립·지원 - 발명교육 연구학교 지정 및 지도, 발명 연구회 및 동아리 지정 지원
지역별 과학 교육원	- 발명센터 운영, 발명교육 연구학교 지도점검 - 학생과학발명품경진대회 개최 및 매뉴얼 제작보급 - 발명교육 지도교사 직무연수 실시
교육지원청	- 발명교육센터 및 발명영재학급 운영 및 프로그램 계획추진 - 발명교육센터 대상자 선발지원 및 발명영재학급 대상자 선발 - 초·중등 교원 및 학부모 연수 지원 - 각종 발명대회 개최 및 참가 지원
학교	- 발명교육센터 운영 및 발명교육 대상자 선발 - 발명교육과정 계획 수립 및 운영 - 자유학기제에서의 발명 교육 및 각종 발명대회 참가

※ 출처 : 경상남도교육청(2017) 발명교육운영계획 p.4 재구성

〈표 6〉 발명 관련 기관과 홈페이지

발명교육 기관	홈페이지	발명교육기관	홈페이지
특허청	http://www.kipo.go.kr	발명교육포털사이트	www.ip-edu.net
한국발명진흥회	https://www.kipa.org	아이피티처	https://www.ipteacher.net

발명교육 기관	홈페이지	발명교육기관	홈페이지
국제지식재산연수원	http://iipti.kipo.go.kr	국립중앙과학관	https://www.science.go.kr
지역지식재산센터	https://www2.ripc.org/	국가지식재산교육포털	http://www.ipacademy.net
영재교육종합데이터베이스	https://ged.kedi.re.kr	각 지역 과학교육원	각 지역 과학교육원

4) 국내외 공과 대학의 창의공학설계 수업 운영 현황 및 교육 내용

기술 혁신 시대에 발맞추어 국내외 공과대학들은 창의적인 인재 양성을 위해 창의적 공학 인재 양성을 위해 노력하고 있다. 1980년대 미국에서는 미국공학교육인증원(ABET)이 설립하고 공학 교육 및 연구 강화를 위해 공학교육 인증 프로그램 및 공학 교육 인증 기준을 마련하였다. 미국 공과대학에서는 공학교육 인증 기준에 가장 중요한 교과목으로 기초설계, 공학설계 또는 캡스톤 디자인 과목을 개설·운영하고 있다.

우리나라의 경우는 1994년 서울산업대학교에서 처음으로 정규 과목으로 개설하였다. 우리나라에서도 한국공학교육인증원(ABEEK)을 설립하고, 공과대학의 학과들은 공학 인증을 받기 위해 가장 중요한 교과목으로 기초설계, 종합설계, 캡스턴 디자인 등의 설계과목을 개설하여 운영하고 있다.

공과 대학의 인증 평가 기관인 한국공학교육인증원(ABEEK)의 공학 인증 평가의 중요한 항목은 창의성 설계 능력과 문제 해결 능력을 강조하는 창의공학설계, 즉 종합 설계, 캡스턴 디자인 교과목의 운영이며, 종합설계에서는 전문 지식과 의사 소통 능력, 팀워크, 문제 해결 능력을 강조하고 있다(한국공학교육인증원, 2018).

공학교육인증에서 공학설계에 관한 요구 사항은 졸업생의 현장 적응력을 높이기 위하여 저학년에서는 창의력을 기르기 위한 기초 설계(또는 입문 설계) 교과목과 고학년에서는 저학년에서 배운 지식과 기술을 기초로 하여 학제 간 융합을 통한 설계 경험을 아우르는 종합설계 교과목(캡스톤 디자인)을 수행할 수 있도록 학습 내용을 구성하는 것이다(<표 7>참조). 따라서 공학 설계는 다양한 창의적 문제해결 방법 등을 포함한 체계적인 교육을 실시하고 있다.

〈표 7〉 공과대학의 공학설계교육 요구 사항

구분	교과목 명	교육 목표
저학년	기초설계	창의력배양
고학년	종합설계	지식, 기술, 설계 경험의 조합

창의공학설계를 위한 교과목으로는 창의 공학 설계, 캡스턴 디자인이 있으며, 기초 설계와 종합 설계에 창의성 향상을 목적으로 하는 교육 과정의 편성 여부와 교육 방법이 공학인증 평가에 중요한 항목이 되었다.

공과 대학의 창의공학설계 교과목은 담당 교수에 따라 약간의 차이는 있으나 공학설계 능력 향상을 위하여 문제 확인 기법과 확산적 사고기법, 수렴적 사고기법 등과 같은 체계적인 문제 해결 방법을 배움으로써 창의적인 문제 해결을 위해 흥미를 유발시키고, 창의적인 발상을 통해 성취감을 느끼게 하는 과정에서 아이디어를 현실화 할 수 있는 기회와 능력을 제공하는 것이다. 또한 창의성 및 문제 해결의 다양한 능력을 향상시키기 위한 학문의 융합을 접목시킨 작품 및 장치를 설계하고 제작하는 것이다. 이를 위해 창의적 문제 해결 방법 소개, 소그룹 프로젝트, 팀 구성, 의사 소통 방법(구두, 보고서 작성 등), 문제의 정의, 아이디어 창출 기법 및 아이디어 평가(확산적 사고 기법과 수렴적 사고 기법)교육 및 실습, 아이디어 분석 및 개념 설계, 상세 설계 등을 통하여 완성되고, 중간 점검 및 발표, 최종 평가 시 보고서 제출 및 발표로 구성되어 있다. 그러나 수년간 교육해 온 공과 대학에서도 다양한 설계 과제를 위해 많은 노력을 기울이고 있다.

5) 대학, 초·중등학교 기술교육에서의 창의공학설계 교육

예비기술교사를 양성하는 대학의 기술교육과 교육과정의 창의공학설계 교육 목표는 문제 해결 능력과 창의력 향상이고, 교육 범위는 아이디어 구상, 설계와 제작이며, 수행평가에서는 다양한 평가 방법을 선호한다. 대학 수업에서 창의공학설계에 대한 만족도를 높이기 위해서는 수업 전에 작품 구상을 위한 사고 기법 교육, 시간 부족과 전공지식의 부족에 도움을 줄 수 있는 방안, 실습 재료비의 준비가 필요하다(김성일, 2014).

초등학교의 창의공학설계 교육에 대한 성취기준은 생활 속에서 로봇이 활용된 예를 찾아 어떻게 작동하는지를 분석하고, 다양한 로봇의 활용 분야에 대해 조사하여 작성한 연구 보고서를 대상으로 평가한다. 또한 로봇에 사용되는 센서와 인체 구조를 비교하여 이해하고 센서를 장착한 로봇을 제작하여 구동시켜 봄으로써 로봇의 작동 원리를 강조한다. 평가는 창의적인 제품 만들기는 기능성, 창의성, 실용성, 경제성, 심미성 등을 중심으로 문제해결과정과 결과를 종합적으로 평가하고, 생활 속에서 로봇이 활용된 예를 찾아 어떻게 작동하는지를 분석하고, 다양한 로봇의 활용 분야에 대해 조사하여 작성한 연구 보고서를 평가한다.

중학교 교육과정에서의 창의공학설계의 방향은 "인간이 생활하면서 발생하는 다양한 기술적 문제들을 인식하고, 기술적 문제 해결과정을 통해 해결해 나가는 과정에서 기술이 발전하고 있음을 이해한다."이다. 실과 및 중등 기술 교육에서의 창의공학설계 수업은 초기 단계이므로 교육 목표, 교육(수업) 범위, 교수·학습 방법, 운영, 평가 등 다양한 교육 자료가 필요하다. 중등학교 기술과 교육은 창의성 향상과 설계과정(design process)을 포함한 문제해결을 위해 중요시하고 있다. 특히 기술은 공학적인 요소를 많이 포함하고 있고, 공학적인 사고방식에 다양한 학문을 융합하여 교육하고자 한다.

교육과정 중 학습 내용별 성취 기준은 "공학 설계를 위한 기초적인 제도 방법, 제도 통칙, 투상법 등을 이해하고, 이를 토대로 창의적 제품을 구상하고 설계할 수 있으며, 간단한 창의공학설계 프로젝트 수행"이다. 교수·학습 방법은 "기술의 기초 원리를 실생활의 문제에 어떻게 적용하여 창의적으로 문제를 해결하였는지를 살펴봄으로써 기술 자체의 속성인 문제해결 과정을 탐색하고 체험하도록 하고, 이를 통해 창의 설계 능력과 문제해결 능력을 기르도록 한다. 실험·실습 수업은 기술적 사고와 문제 해결 절차를 따라 지도하되, 학생들이 안전 수칙을 잘 지킬 수 있도록 유의하여 지도하며, 현대 기술의 문제점을 조사하고 탐구하는 과정을 통해 창의공학설계의 개념을 이해하고 그 과정을 체험하는 것"이다(교육부, 2011, pp. 30-32).

2009 개정 교육과정 이후의 2015 개정교육과정도 제 4차 산업혁명 교육의 중요성을 인식하여 창의공학설계 수업에 대한 중요성을 반영하여 수업을 지속하고 있다. 또한 창의공학설계는 자유학기제, 자유학년제의 융합교육으로 많이 활용되고 있다. 2015 교육과정에서 제시된 고등학교 기술·가정 교과 '창의공학설계'와 관련한 내용을 살펴보면 다음과 같다(<표 8>참조).

〈표 8〉 고등학교 기술·가정교과 창의공학설계 관련 교육과정 요약

구분	내용
단원명	(5) 기술 활용
단원학습목표	생활 속에서의 기술 활용 사례를 적응, 혁신, 지속가능과 관련하여 살펴보고 기술 활용 체험 과정을 통해 기술적 문제 해결 능력 및 기술 활용능력을 함양한다.
성취기준	[12기가05-04] 기술 혁신을 위한 창의공학설계를 이해하고, 제품을 구상하고 설계한다.
성취기준 해설	[12기가05-04] 제품 개발을 위해서 설계의 기초를 이해하고 구상도와 투상도 등을 활용하여 창의적인 아이디어를 표현한다.
교수·학습방법	관련 내용에 따라 실천적 문제 해결학습, 프로젝트법, 문제 중심 수업, 실험·실습, 토의·토론법, 역할 놀이, 협동 학습 등 다양한 방법을 활용하되, 특히 활동이나 실제 사례에 초점을 두어 교육할 수 있도록 한다.
평가방법	교육과정에 제시된 성취기준의 범위와 수준에 근거하되, 다양한 교수·학습 과정과 결과에서 산출된 자료를 활용하여 교수·학습과의 연계를 강화하며, 실험·실습의 평가는 세부적인 평가 기준을 사전에 제시하고 평가하되, 산출물 평가뿐만 아니라 포트폴리오, 관찰용 점검표, 학생용 자기 평가, 동료 평가 등을 활용하여 과정 중심 평가 및 수행 능력을 평가하고, 다양한 형태의 자료를 수집하여 평가하는 질적 평가를 적절하게 활용한다.

※ 출처 :교육부(2015). 고등학교 교육과정, 교육부 고시 제2015-74호[별책 4], pp. 629-642.

또한 고등학교 공학 일반 과목에서도 '공학의 기초' 단원에 '창의공학설계 및 창의공학 문제 해결'내용이 있어 공학기술 관련 창의적 문제 해결 체험을 통해 공학에 대한 흥미와 관심으로 공학관련 진로를 결정하는데 많은 도움이 줄 수 있을 것이다(교육부, 2015, pp. 54-61, <표 9> 참조). 2015 개정교육과정에서 공학 일반 과목에서의 공학 설계 교육은 공학적 문제에 대한 다양한 해결책을 구상하는 설계 과정을 통해서 융합적 문제를 해결하는데 도움이 된다.

〈표 9〉 고등학교 '공학일반' 교과목의 교육과정 요약

영역	핵심개념	일반화된 지식	내용요소
공학의 기초	공학소양	공학적 소양은 공학의 특징, 공학과 경영, 공학적 사고, 공학 문제해결의 지식 재산 창출, 보호, 활용에 기여한다.	- 공학의 개요 및 공학 소양 - 공학 문제 해결과 사고 - 공학과 지식 재산
	공학설계	공학 설계는 공학적 문제에 대한 다양한 해결책을 구상하는 설계 과정을 통해서 융합적 문제를 해결하는데 도움이 된다.	- 창의공학설계 - 창의 융합 문제 해결
공학의 세계	융합 공학	공학은 다양한 학문이 융합된 형태로 발전되며 정보통신, 생명공학 등이 중심이 된다.	- 융합과 공학 - IT 기반 융합 공학 - 바이오 기반 융합 공학
공학과 진로	공학과 진로	자신의 흥미, 적성, 능력 등을 고려한 진로 탐색은 공학의 세계를 이해하는데 도움이 된다.	- 공학의 전망 - 공학 진로 탐색
교수·학습방법	- 공학 분야의 프로젝트 학습 활동을 통하여 다양한 공학 분야의 실제적이고 창조적인 산출물을 지속적으로 생산하고 새로운 융합 분야에 대한 시각을 갖추게 하고 그 과정과 결과에서의 공학의 이해와 정서적 자존감, 자신감, 성취감을 갖도록 배려하여야 할 것이다. - 각 공학 영역의 기본적인 원리를 지도할 수 있도록 다양한 종류의 자료를 활용하고, 각 공학 영역과 관련한 구상하기, 제품 만들기 등의 문제해결 과제는 반드시 문제 해결 절차에 따라 창의적인 생각과 문제 해결 활동, 그리고 평가가 전체적이고 통합적으로 수행되게 지도한다.		
성취기준	[12공학01-01] 공학 개념을 이해하고, 공학의 역사 및 공학과 사회의 관계를 탐색한다. [12공학01-02] 공학에서 팀워크나 윤리, 경영 등 공학과 관련된 기초 소양을 개발한다. [12공학01-03] 공학 관련 문제 상황에 대해 문제 해결을 위한 공학적 사고를 개발한다. [12공학01-04] 공학과 관련된 지식 재산권의 의미를 이해하고, 이에 대한 실천 방안을 탐색한다.		
평가방법	- 교수·학습을 통하여 학습하게 되는 기본적 개념 및 원리, 이에 근거한 문제해결과정을 통해 습득하는 고등 사고 능력 및 핵심 역량 등을 고려하여 평가해야 한다.		

※출처 : 교육부(2015). 고등학교 교육과정, 교육부 고시 제2015-74호[별책 10], pp. 54-61.

이상의 내용을 정리하면 공학 및 기술 교육에서 지향하는 창의공학설계의 핵심 개념은 '기술 혁신'이며, 이를 위하여 제품의 구상, 설계(design) 체험과 제작 활동이다.

3. 발명 및 창의공학설계 아이디어 구상을 위한 사고기법

많은 사람들은 발명이나 창의공학설계 교육에서 문제를 해결하는데 어려워하는 이유는 자신이 알고 있는 한정된 지식의 범위나 전공 분야에서 문제를 해결하려는 경향이 많기 때문이다. 다양한 아이디어 구상을 위해 도움을 줄 수 있는 방법은 창의성과 문제 해결 능력을 향상시키는데 도움이 되는 확산적 사고기법을 활용하는 것이다. 확산적 사고기법을 통해 얻어진 다양한 아이디이에서 최적의 아이디어를 찾기 위해서는 아이디어를 평가하여 수렴하는데 도움이 되는 수렴적 사고기법을 활용하는 것이다. 따라서 발명 및 창의공학설계 교육을 위해서 확산적 사고기법과 수렴적 사고기법을 배워보자.

또한 많은 아이디어 중에서 최적의 아이디어를 선정할 때는 수렴적 사고기법을 활용하면 보다 객관적으로 평가할 수 있어 도움이 된다. 확산적 사고기법의 종류와 활용 예, 실습과 수렴적 사고기법의 종류와 활용 예를 보고 같이 실습을 해보자.

1) 확산적 사고기법의 종류와 진행 절차

발명이나 창의적으로 문제를 해결하기 위해서는 먼저 문제가 무엇인지를 확인할 수 있는 문제를 정의하는 방법을 배우는 것이 중요하다. 또한 발명 교육 및 창의공학설계 교육에서 아이디어를 얻기 위한 방법으로 도움이 되는 확산적 사고기법이다. 확산적 사고기법 교육은 아이디어 창출, 문제해결능력을 향상시킬 수 있어 많은 도움이 되고 있다.

4차 산업혁명 시기를 맞이하여 연구소, 회사 등 많은 곳에서 창의적인 제품 개발 및 개선을 위한 문제해결 능력 향상에 노력하고 있다. 그리고 교육 현장인 초등 및 중등학교, 대학에서도 창의성과 기술적 문제해결능력 향상을 위한 교육을 위해 노력하고 있다. 이러한 교육이 필요한 이유는 혁신적인 제품 개발을 통해 우리의 미래를 준비하고자 하는 것이다. 우리나라는 수출 위주로 성장하고 있기 때문에 발명을 또한 신제품 개발 및, 지식재산권 획득, 창의적 아이디어 발굴을 통한 제품의 개발 및 개선에 노력하고 있는 것이 현실이다. 따라서 창의성과 기술적 문제해결 능력을 향상하기 위하여 교육의 중심에 발명교육, 창의공학설계 교육에 많은 노력을 기울이고 있다.

확산적 사고기법의 활용 목적은 발명이나 창의공학설계에서 많은 사람들이 아이디어 창출에 어려움을 겪고 있어 이를 해결하는데 도움을 주고자 하는 것이다.

확산적 사고기법의 종류로는 브레인스토밍(Brainstorming), 브레인라이팅(Brainwriting), 스캠퍼(SCAMPER), 여섯 색깔 사고모자, 마인드 맵, 강제 결합법, 특성 열거법, 희망열거법, 결점 열거법 등이 있으며 자세한 설명은 아래와 같다.

(1) 브레인스토밍(Brainstorming)

브레인스토밍이란 정해진 문제나 주제에 대하여 두뇌에서 폭풍이 몰아치듯 떠오르는 아이디어를 기록하여 가능한 한 많은 아이디어를 얻는 방법이다. 문제의 개선 및 해결 방안을 위해 여러 사람이 모여서 아이디어를 모으는 토의 방식으로, 광고 아이디어를 내기 위해 1941년 미국의 알렉스 F. 오즈번이 고안한 회의 기법이다. 모인 집단에서 다양한 아이디어를 얻는 데 목적이 있다. 개인, 2-3인, 4-6인, 12명 내외 진행할 수 있다.

브레인스토밍을 잘 하기 위해서는 4가지(판단 금지, 자유 분방, 질보다 양, 결합 개선) 규칙을 잘 지키도록 한다. 진행 절차는 <표 10>과 같다.

〈표 10〉 브레인스토밍 진행 절차

진행단계	내용
모둠 편성 및 준비	- 먼저 브레인스토밍 할 주제를 정하고 사회자와 기록자를 정한다. - 모둠원은 10명 이내로 하고, 여러 모둠이 우호적으로 경쟁하도록 하면 효과가 좋다. - 종이(포스트 잇 등)와 펜, 칠판(화이트보드) 준비.
↓	
사회자, 기록자 선정	- 사회자는 발언한 아이디어를 비판 금지, 골고루 발언 기회 제공과 아이디어가 나오지 않을 때는 힌트를 주는 등 분위기를 조성한다. - 기록자는 기록할 종이(또는 칠판)를 준비한다.
↓	
토론할 주제 또는 문제 설명	- 모둠원들은 원형이나 U자형으로 앉는다. - 주제는 아이디어를 내기 쉽도록 한 가지로 하고, 구체적이라야 한다. - 사회자는 팀원들에게 브레인스토밍 4원칙을 설명하고 발언기회를 골고루 돌아가도록 한다.

아이디어 기록	- 옆 사람과 대화하지 않도록 한다. - 아이디어를 부르면 기록자는 계속 기록한다. - 시간은 20분 전후로 하는 것이 좋다. - 포스트 잇(Post-it)에 기록하여 붙이는 방법은 시간을 절약할 수 있다. - 아이디어가 없을 때에는 자유 발언하여 여러 가지 아이디어를 발표할 기회를 주어도 된다.

아이디어 평가	- 먼저 아이디어가 많이 나온 모둠에게 창의성이 있다고 칭찬을 하며 박수를 유도한다. - 다른 모둠이 평가하는 방안도 좋을 수가 있다. - 모두다 실행가능한 아이디어가 아님으로 실행가능 아이디어를 선정한다. - 아이디어가 유사하거나 표현의 차이가 있는 경우는 동의를 얻어 하나의 아이디어로 통합한다. - 아이디어를 평가하면서 개선된 방안이 나올 수 있어 여백을 남겨놓는 것이 좋다. - 아이디어가 몇 가지를 선정한 후, 최적의 아이디어를 선정하기 위하여 수렴적 사고기법을 활용하여 선정하도록 안내한다.

실 습 해 보 기

■ **주제나 물건을 정하고 실습해보자. (주제나 물건 예 : 페트(PET)병을 어디에 활용할 수 있을까?)**

모둠	모둠 1	모둠 2	모둠 3	모둠 4
아이디어 기록				
아이디어 갯수	개	개	개	개

(2) 스캠퍼(SCAMPER)

Eberle(에버르, 1971)가 창안한 기법으로 기존의 형태 개선, 품질개선 등 아이디어를 계발하는 사고 기법으로 SCAMPER는 대치하기(Substitute), 결합하기(Combine), 맞도록 고치기(Adapt), 수정-확대-축소하기(Modify-magnify-minify), 다른 용도로 사용하기(Put to other use), 제거하기(Eliminate), 재배치하기-거꾸로 하기(Rearrange-reverse)의 영단어 첫 글자를 합한 것이다. 스캠퍼 연습은 <표 11>과 같은 시트를 만들어서 진행하면 도움이 된다.

〈표 11〉 스캠퍼 연습 (페트병으로 연습해보자)

단계	질문	결과 예시
대치하기(Substitute)	다른 재료?	유리로 대체
결합하기(Combine)	아이디어를 조합시키면?	모래를 넣어서
맞도록 고치기(Adapt)	맞도록 고친다면?	잘라서 깔때기로 사용
수정-확대-축소하기 (Modify-magnify-minify)	수정하면? 확대시키면? 축소하면?	소형 또는 대형으로 제작
다른 용도로 사용하기 (Put to other use)	다른 용도로 사용?	곡식을 담는 용기
제거하기(Eliminate)	제거하여 사용할 수 있는 것은?	반절을 잘라서 용기로 사용
재배치하기-거꾸로하기 (Rearrange-reverse)	반대로 하면? 위치를 바꾸면?	뒤집어서 가습기 물통

실 습 해 보 기

■ **주제나 물건을 정하고 실습 해보자(주제 또는 물건 :   )**

단계	질문	결과 예시
대치하기(Substitute)	다른 재료?	
결합하기(Combine)	아이디어를 조합시키면?	
맞도록 고치기(Adapt)	맞도록 고친다면?	

단계	질문	결과 예시
수정-확대-축소하기 (Modify-magnify-minify)	수정하면? 확대시키면? 축소하면?	
다른 용도로 사용하기 (Put to other use)	다른 용도로 사용?	
제거하기(Eliminate)	제거하여 사용할 수 있는 것은?	
재배치하기-거꾸로하기 (Rearrange-reverse)	반대로 하면? 위치를 바꾸면?	

(3) 브레인라이팅(Brainwriting: BW)

브레인라이팅은 독일의 홀리거(Holiger) 개발한 '침묵한 상태의 브레인스토밍'이라는 집단 발상법이다. 참가자들이 발상 결과를 말하지 않고, 자신의 생각을 종이에 돌려가면서 기록한 다음에 발표하는 형식이다. 진행절차는 <표 12a>와 같고, 브레인라이팅 용지는 <표 12b>와 같이 만들어 사용하면 된다.

➲ 특징

① 발표를 꺼리는 성격의 참가자들도 소집단 활동에 적극적으로 참여하게 할 수 있는 장점이 있다.
② 아이디어 발상속도에 맞춰 진행할 수 있고, 혼자나 집단인원이 많을 때도 사용이 가능하다.
③ 참가자의 상하지위와 관계없이 발상할 수 있고, 첫 대면에서, 소극적인 참가자에도 도움이 된다.
④ 용지가 아닌 포스트잇을 사용해도 도움이 된다.
⑤ 주제(아이디어)가 2개 이상이면 아이디어란을 늘리거나 시간을 늘리면 된다.

〈표 12a〉 브레인라이팅 진행 절차

브레인라이팅(BW)용지를 모둠별로 배분한 후 시간을 정해서 (1~3분 간) 첫 줄에 기록한다.

↓

정해진 시간이 지나면 용지를 왼쪽사람 또는 방향을 정해서 전달한다.

↓

전달해 준 용지의 두 번째 줄에 1~3분간 아이디어를 기입한다.

↓

각자 먼저 기입한 아이디어를 보면서 참고하여 아이디어를 기입해도 된다.

↓

시간이 경과하면 다시 용지를 전달하고, 세 번째 줄에 아이디어를 기입한다.
=> 계속 반복한다.

↓

발상이 마치면 결론을 내고 정리한다.
정리 : 모든 발상이 마치면 용지의 아이디어를 참가자에게 평가하게 하여 좋은 아이디어 1~3개 정도 선택하고 다른 참가자들과 상의하면 더 좋은 아이디어가 나올 수 있다.

실 습 해 보 기

■ **환경오염을 방지하기 위한 플라스틱 줄이는 방법 (방향을 정해서 순서대로 전달)**

〈표 12b〉 브레인라이팅 용지(예)

단계	아이디어
1	
2	
3	
4	
5	
6	

(4) 기회의 원(Circle of opportunity)

확산적 사고 기법에 속하는 기회의 원(Circle of Opportunity)은 임의의 문제의 속성을 선택하고, 임의로 선택된 속성들을 결합하여 아이디어를 얻는 기법이다. 미국의 전문 창의성 컨설턴트인 미켈코가 1991년에 개발하였다. 소요시간은 긴 편이지만 뜻밖의 많은 아이디어를 낼 수 있다는 장점이 있다. <표 13>과 같은 절차로 진행한다. 기회의 원 그림은 그림 1과 같이 원을 그린 후 12개의 속성을 기록하면 된다.

〈표 13〉 기회의 원 기법으로 셀카봉을 개선하기 위한 진행 절차

문제를 기술(예, 셀카봉)
↓
원을 그리고, 원 안에 시계처럼 12개의 숫자를 쓴다.
↓
문제의 속성을 번호 옆에 하나씩(12개) 적는다.
↓
주사위 한 개를 던져 번호의 속성을 선택한다.
↓
두 개의 주사위를 던져 두 수의 합에 해당하는 다른 속성을 선택한다.
↓
각각의 속성에 대해 자유 연상한다. 두 속성을 결합하여 다시 자유 연상한다. 어떤 연관성이 있는지 생각하면서 아이디어나 해결책을 찾는다.

➲ **따라하기 : 주제를 가지고 오른쪽 12번까지 내용을 넣고 실습해보자.**

예 1) 주사위 한 개를 던져 1(색상)이 나오고, 두 개를 던져 주사위 2개의 점의 합이 9이다 (삼각대 기능). 1번과 9번을 결합하면?

결과 색상과 삼각대 기능을 결합하면?

예 2) 주사위를 여러 번 던진 결과를 종합하면

결과 가벼운 재질로 일반 카메라도 고정할 수 있으며, 삼각대 기능이 있는 셀카 봉

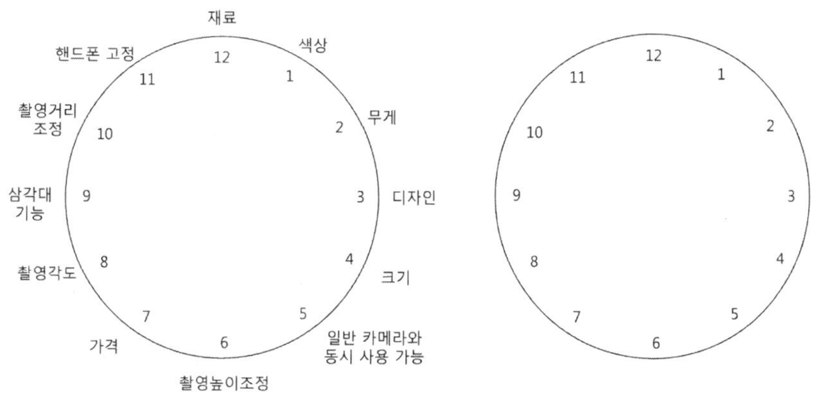

그림 1. 기회의 원

실 습 해 보 기

■ **주제를 가지고 오른쪽 12번까지 내용을 넣고 실습해보자.**

순서 1) 주사위 2개 준비, 기회의 원에 내용 쓰기.

순서 2) 주사위를 먼저 1개 던진 후 숫자 확인, 주사위 2개 같이 던져서 숫자 합산하기.

순서 3) 주사위 1개 숫자 내용과 주사위 2개의 숫자 내용을 조합하여 아이디어 내기.

순서 4) 여러 번 던져 후 아이디어를 종합한다.

결과

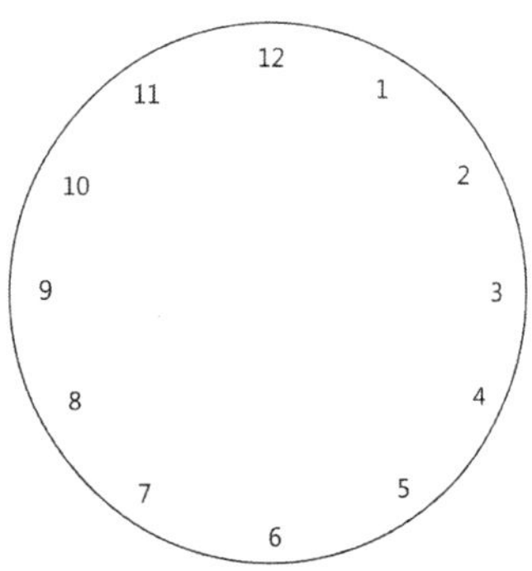

____

____

(5) 여섯 색깔 생각 모자

- 영국의 심리학자 드 보노(Edward de Bono, 1985)가 창안한 사고 기법이다.
- 모둠원 6명이 각기 다른 색의 모자를 쓴다. <표 14>는 여섯 색깔 사고모자의 의미이다.
- 자기의 생각 대신에 자기가 쓰고 있는 모자 색깔의 생각만을 말한다.
- 모자 색깔의 생각을 통해 다양한 사고력을 가질 수 있게 하는 기법이다.
- 아이디어를 생성하고자 할 때는 백색모자 → 초록모자 → 노란모자 → 검은모자 → 빨간모자 → 파란모자 순서로 하면 도움이 된다.
- 마지막에는 토론 내용을 분석하여 발표하도록 한다.

<표 14>는 여섯 색깔 시고 모자의 의미이고 <표 15>는 진행 절차이다.

〈표 14〉 여섯 색깔 사고 모자의 의미

색깔	사고의미
백색모자	흰색은 순수한 색 : 중립적이고 객관적인 사실이나 정보에 의한 사고.
초록모자	초록색은 풍부한 자연색 : 창의적인 아이디어와 대안을 생성하는 사고.
노란모자	노란색은 밝고 적극적인 색 : 긍정적·낙관적인 측면의 사고.
검은모자	검은색은 어둡고 긴장감을 주는 색 : 비관적이고 부정적인 사고.
빨간모자	빨간색은 정열적인 색 : 감정, 느낌이나 영감, 직관적 사고.
파란모자	파란색은 조절 및 통제의 색 : 통제하고 냉정함을 가진 사고(사회자).

〈표 15〉 여섯 색깔 사고모자 진행 절차

주제를 정한다(주제 예 : 우리 생활 속에서 플라스틱으로 인한 환경 오염 줄이는 방법).
↓
백색모자 : 객관적 사실을 말한다(예, 미세플라스틱으로 오염되어 있다).
↓
초록모자 : 제안 및 대안 탐색(이런 아이디어는 어때?) (예 : 플라스틱 재활용방법이나 플라스틱 제품 줄이기)
↓
노란모자 : 아이디어 실행 방법, 긍정적으로 실행(우리 생활 속에 플라스틱 사용을 줄이는 방법이 있을 텐데? 비닐 사용 줄이기 등, 어떤 방법으로 줄일 수 있을까?) : (예 : 플라스틱을 재활용할 수 있는 재료로 바꾸기(비닐에서 종이로)

검은모자 : 문제점, 어려운 점 탐색(무거운 것은 어떻게 하지?, 상품 포장은?)
(예 : 대안을 제시해야, 재료를 바꾸어야 하지 않을까?)

빨간모자 : 아이디어에 대한 느낌 말하기(그 의견은 **하다) (예 : 힘들 것 같은데~~)

청색모자 : 결론 (우리 생활에서 플라스틱은 다양하고 편리하게 사용하고 있지만 플라스틱으로 인한 피해가 있어 줄이는 방법을 이야기 하였는데 바로는 줄이지 못하더라도 플라스틱 대신 재활용할 수 있는 *** 방법이나 줄일 수 있는 ** 방법을 실천해보면 도움이 될 것 같다.

실 습 해 보 기

■ 실습한 뒤에 결론을 써보자.

(6) 마인드 맵핑(Mind Mapping)

마인드 맵핑은 그림 2와 같이 문제를 중심에 위치시킨 후 중심 문제를 기준으로 문제와 관련된 상호 연결 상태를 선으로 연결하여 전체 내용을 한꺼번에 볼 수 있도록 시각적으로 아이디어를 정리하는 학습기법이다. 창의공학설계에서는 필요한 재료와 제작방법, 설계 방법 등 다양한 문제를 정리하면 도움이 된다.

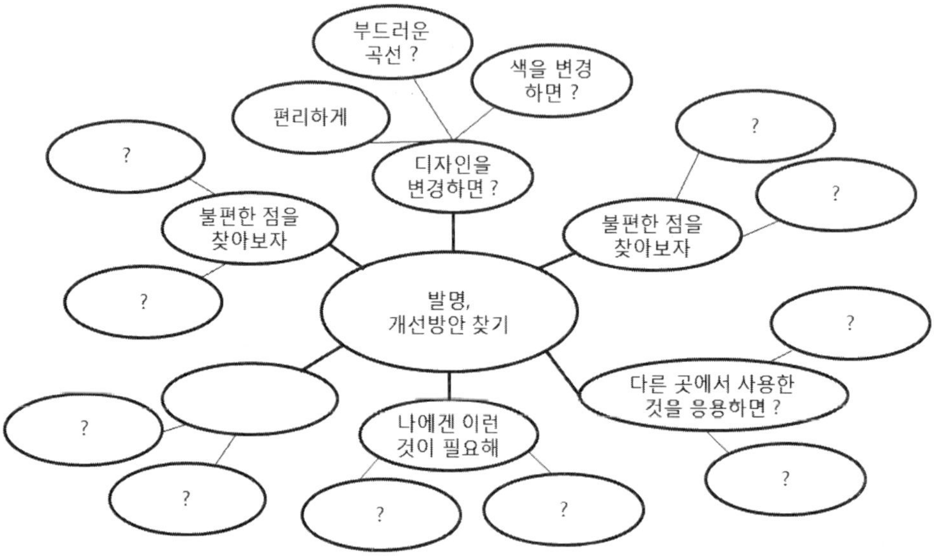

그림 2. 마인드 맵 작성법

실 습 해 보 기

■ **실습한 뒤에 결론을 써보자.**

(7) 희망 연결법과 결점연결법

미국의 핫포인트 회사에서 고안한 기법으로 제품에 대한 희망과 결점을 분석하여 개선할 수 있는 발상법이다. 희망사항 열거법과 결점 열거법(특허청·한국발명진흥회, 2018)은 브레인스토밍을 확장한 기법이며, 미국의 '핫 포인트'라는 회사에서 고안한 기법이다. 희망사항 열거법과 결점 열거법은 혼자 할 수도 있지만 5-6명에서 10명 이하의 팀 활동으로 진행하는 것이 좋다.

① 희망연결법 : 희망열거법은 '이렇게 되었으면 좋겠다'는 꿈과 희망을 열거해봄으로써 문제해결 및 개선 방법을 찾아가는 것이다. 한 예로 '핸드폰에 이런 기능이 있었으면 좋겠다'는 희망을 가지고 제품을 개발할 때 반영하면 된다. 이 기법은 핫 포트사에서 고안한 기법으로 즐겁게 상상하면서 아이디어를 발상하는 것이 강점이다.

② 결점 열거법 : 주제(대상)에 대한 결점을 적고, 분석한 후, 결점을 개선하기 위한 방안을 찾는 기법이다.

■ **진행 절차**

① 모둠 리더는 희망사항과 결점내용을 적고, 개선사항도 같이 찾는다.

② 마지막에는 개선사항 및 개선 방안에 대한 의견을 작성한다.

③ 장점 : 주제(대상)에 대한 이해가 쉬워 초등학생에서 대학생까지, 또한 비전문가도 충분히 할 수 있어 재미있어 한다.

④ 단점 : 다양한 의견이 많이 나와 시간이 길어질 수 있어 제어가 필요하다.

<표 16>은 희망연결법과 결점연결법 진행 절차이고 <표 17>은 희망연결법과 결점연결법 기록지의 예이다.

〈표 16〉 희망연결법과 결점연결법 진행 절차

주제 또는 대상 제시	➧	브레인스토밍으로 희망 사항, 결점 내용을 말하고 기록하기	➧	희망 사항과 결점 내용 선별	➧	개선방안을 찾기 위한 브레인 스토밍 실시

실 습 해 보 기

■ **주제를 정하여 실습해보기(예 : 여행 가방)**

〈표 17〉 희망연결법과 결점연결법 기록지

주제(대상) :		
구분	내용(희망사항, 결점 내용)	개선사항
희망 연결법		
결점 연결법		
개선사항 및 개선방안 의견		

(8) 체크리스트법

알렉스 오스본이 "새로운 것은 모두 이미 존재하는 것에 무언가를 추가하거나 수정을 가한 것이다"라는 개념을 바탕으로 고안해 낸 체크리스트법에 대하여 알아보자. 새로운 아이디어를 내기 위해 도움이 되는 체크 포인트 자료를 준비해서 기존 제품의 개선이나 신제품 개발 시 하나씩 순서대로 체크해 나가는 방법이다. 체크해 나가면서 빠뜨리는 일이 없도록 하는데 도움이 된다. <표 18>은 9가지 체크리스트를 보여준다.

〈표 18〉 9가지 체크리스트

1.	용도전환? (Put to other uses) : 다른 용도로 사용할 수는 없는가? 다듬거나 고쳐서 다른 용도로 사용할 수는 없는가?
2.	응용/모방 해본다면? (Adapt) : 비슷한 것이 있는지? 모방할 수 있다면?
3.	수정(변경)해 본다면? (Modify) : 크기, 형태, 색, 소리 등을 수정(변경)해 본다면?
4.	확대해 본다면? (Magnify) : 시간, 횟수, 빈도, 크기 등을 늘려 본다면?
5.	축소해 본다면? (minify) : 제거?, 축소?, 소형화?, 분할?, 압축?, 얇게?

6.	다른 것으로 대체(대용)해 본다면? (Substitute) 다른 것으로 대체, 다른 장소에 적용?
7.	바꾸어(교체) 본다면? (Rearrange) 순서를 바꾸면?, 원인과 결과를 바꾸면?
8.	반대로 해 본다면? (Reverse) : 상하로, 좌우로, 역할을 전환?
9.	결합(조합)시켜 본다면? (Combine): 아이디어를 합해본다. 묶는 단위를 바꾸어 본다.

2) 수렴적 사고기법의 종류와 진행 절차

발명이나 창의공학설계 교육에서 다양한 아이디어를 구상한 뒤 모두 다 진행할 수 없음으로 최적의 아이디어를 선정해야 한다. 이 때 아이디어를 평가하기 위하여 수렴적 사고기법을 활용하면 보다 객관적으로 평가할 수 있어 도움이 된다.

수렴적 사고기법의 종류와 활용 예를 보고 실습을 해보자. 수렴적 사고기법에는 ALU (Advantage, Limitation and Unique Qualities)기법, PMI(Plus, Minus, Interesting), 평가행렬표, 쌍비교 분석법, 역 브레인스토밍 기법, 히트 기법, 하이라이팅 기법 등이 있다.

(1) 평가 행렬법(Evaluation Matrix)

미리 정해 놓은 준거에 따라 제안된 아이디어들을 체계적으로 평가하기 위한 수렴적 사고기법이다. 체계적으로 분석하는 기법이지만 시간이 다소 소요된다. 절차는 <표 19>와 같다.

〈표 19〉 평가 행렬법으로 창의공학설계 제품 아이디어를 선정하는 절차

- 평가하려는 아이디어들은 세로축, 평가 준거는 가로축에 적어 행렬표를 만든다.
- 평가 준거는 발명 및 창의공학설계 프로젝트 평가 준거에 맞게 정한다.
- 각 준거를 기초로 모든 아이디어를 판정한다.

평가준거 / 아이디어	실용성	제작가능성	창의성	총점
아이디어 1 :	10	8	8	26
아이디어 2 :	8	8	8	24
아이디어 3 :	6	6	6	18
아이디어 4 :	8	10	6	24

평정척도를 정하고 척도(상·중·하)에 따라 점수를 기입하여 행렬표를 완성한다.
평점척도 예) 10점(상(10점), 중(8점), 하(6점))

점수 결과를 분석한다.

(2) 쌍비교 분석법(PCA, Paired Comparison Analysis)

아이디어들의 우선 순위를 정하고자 할 때 서로의 아이디어를 비교하여 점수를 산정하여 순위를 정하는 기법이다. 평가준거를 3가지(창의성, 실용성, 완성도)로 하였을 때 <표 20>은 창의성 부분에 대한 아이디어 평가 질차를 보여준다. 평가준거가 많으면 비교분석이 더 자세해지나 시간이 많이 걸리는 단점이 있다.

〈표 20〉 쌍비교 분석법 진행절차 : 예) IoT를 활용한 작품 아이디어 A, B, C, D 에 대한 평가 (창의성 평가)

PCA 자료에 아이디어 4개를 기입한다.

	A	B	C	D	점수계	척도
아이디어 A		$A1$	$A2$	$A1$	$A=4$	1: 약간 좋음 2: 좋음 3: 아주 좋음
아이디어 B			$C2$	$D3$	$B=0$	
아이디어 C				$D3$	$C=2$	
아이디어 D					$D=6$	

척도에 따라 서로의 아이디어를 비교하여 아이디어의 윗첨자로 기입한다.
예) A와 B를 비교하여 A가 '약간 좋음'이면 '$A1$'으로 기입한다.

점수 결과를 분석한 후 결정한다.(서로 비교해본 결과 아이디어 D가 가장 높은 점수인 8점이 나왔다. 그 다음으로는 4점이 나온 아이디어 A이다.

창의성 부분에서의 비교 결과는 '아이디어 *D*'가 가장 창의적이다. 실용성 부분에서의 비교 결과, 완성도 부분에서의 비교 결과를 확인해보자.

(3) ALU(Advantage, Limitation and Unique Qualities)

ALU 기법은 한개 또는 몇 개의 아이디어 중 깊이 있게 분석하여 대안이나 개선방향을 찾고자 할 때 활용할 수 있는 수렴적 사고기법이다. ALU는 강점(Advantage), 약점(Limitation) 그리고 독특한 특징(Unique qualities)의 첫 단어이다. 이 기법은 아이디어를 판단할 때 "강점과 긍정적인 면은?, 약점과 문제점은?, 독특한 특성은?" 3 가지를 평가기준으로 정한다. <표 21>은 ALU기법의 진행 절차를 보여준다.

〈표 21〉 ALU기법은 진행절차 : 예) 발명 아이디어 1, 2에 대한 평가

① ALU 기법의 의미를 모둠원들에게 설명한다.
② ALU 기법 절차에서 A를 기록할 때는 A만 생각하고, L과 U에 신경 쓰지 않도록 안내한다.

↓

평가하고자 하는 아이디어를 가로축에 기입한 후 각각의 아이디어에 대한 ALU를 기입한다.

구분	발명 아이디어 1	발명 아이디어 2
강점(Advantage)		
약점(Limitation)		
독특한 특징 (Unique qualities)		

↓

ALU 결과를 발표하고, 논의한다.

(4) PMI(Plus, Minus, Interesting)

발명 교육이나 창의공학설계 교육에서 다양한 아이디어 중 최적의 아이디어를 선정하기 위해 장점, 단점, 흥미로운 점을 각각 기록해보고 최적의 아이디어 결정하는 수렴적 사고기법이다. <표 22>는 PMI 기법의 진행 절차를 보여준다.

① 강점/장점(Plus) : 제시된 아이디어의 강점/장점

② 약점/단점(Minus) : 제시된 아이디어의 약점/단점

③ 흥미로운 점(Interesting) : 제시된 아이디어를 흥미롭게 생각하는 점

〈표 22〉 PMI 기법의 진행 절차 : 예) IoT를 활용한 작품 아이디어 1, 2에 대한 평가

① PMI의 의미를 모둠원들에게 설명한다.
② PMI 절차에서 P를 기록할 때는 P에만 신경쓰게 하고 M과 I에 신경쓰지 않도록 안내한다.

↓

평가하고자 하는 아이디어를 기로축에 기입한 후 가각의 아이디어에 대한 PMI를 기입한다.

구분	IoT를 활용한 작품 1	IoT를 활용한 작품 2
Plus(장점)		
Minus(단점)		
Interesting(흥미로운 점)		

↓

PMI 결과를 발표하고, 논의한다.

(5) 역 브레인스토밍

역브레인스토밍은 확산적 사고기법(브레인스토밍 등)으로 산출된 각각의 아이디어를 비판하고, 개선 및 문제해결 방법을 찾아내는 기법이다. <표 23>은 역브레인스토밍을 활용한 해결 방안 시트를 보여준다.

〈표 23〉 역브레인스토밍을 활용한 해결 방안 시트

구　분	아이디어 비판	개선 및 문제해결 방안
작품 아이디어 1		
작품 아이디어 2		
작품 아이디어 3		

최적의 아이디어 선정 및 해결방안 :

■ 내용 요약 및 정리하기

참고문헌

REFERENCE

거북선(2018). 국립과천과학관. 한국민족문화대백과 http://encykorea.aks.ac.kr/에서 검색함(2018.12.12.)

경상남도교육청(2017). 미래를 여는 창의 인재 양성을 위한 발명 교육 운영 계획. 경상남도 교육청.

고려청자 박물관(2018). http://www.celadon.go.kr/main.do?site=celadon 에서 검색함(2018.12.12.)

국제기술공학교육협의회(ITEEA). https://www.iteea.org/ 에서 검색함(2018.12.12.)

금속활자 인쇄과정(2018). 청주고인쇄 박물관. http://cheongju.go.kr/jikjiworld/index.do에서 검색함(2018.12.12.)

교육부(2011). 실과(기술·가정) 교육과정. 교육과학기술부 고시 제 2011-361호, 30-32.

교육부(2015). 실과(기술·가정)/정보과 교육과정. 교육부 고시 제2015-74호 [별책 10], 5-28, 54-61, 84-95.

교육부(2015). 고등학교 교육과정(I, II, III). 교육부 고시 제 2015-74호 [별책 4], 629-642.

김성일(2014). 예비 기술 교사들의 창의공학설계 수업에 대한 인식 연구. 한국기술교육학회, 14(1), 91-110.

김성일, 임윤진(2016). 고등학교 기술·가정 교과 창의공학설계 단원 수업에 대한 교수학습 운영 실태 분석 및 개선 방안. 대한공업교육학회지, 41(1), 128-146.

김지숙(2014). 기술학에서의 융합교육(STEAM) 실현. 한국실과교육학회 학술대회논문집, 69-88.

녹로, 거중기, 유형거(2018). 수원화성박물관. http://hsmuseum.suwon.go.kr/ 에서 검색함(2018.12.12.)

녹로, 거중기 설계도, 자격루 원리(2018). 사이언스올. https://www.scienceall.com/ 에서 검색함(2018.12.12.)

류창렬(2010). 기술교육원론. 충남대학교출판부 : 대전.

비거, 자격루, 혼천의, 천상열차분야지도(2018). 국립과천과학관. http://www.sciencecenter.go.kr/scipia/에서 검색함(2018.12.12.)

서울시립과학관(2018). http://science.seoul.go.kr/program/roadmap?menuId=14 에서 검색함 (2018.12.12.)

송동주(2010). 서언: 창의적, 체계적인 공학설계 교육의 필요성. 공학교육, 17(1), 17.

신기전, 일월오봉도(2018). 한국민족문화대백과.

앙부일구(2018). 국립 고궁 박물관. http://www.gogung.go.kr/perm.do?viewName=perm_ex10 에서 검색함 (2018.12.12.)

앙부일구(2018). 네이버지식백과. https://terms.naver.com/entry.nhn?docId=3347288&cid=62039&categoryId=62039 에서 검색함 (2018.12.15.)

앙부일구(2018). 국립 민속박물관. https://www.nfm.go.kr/user/extra/home/totalSearch/totalSearch/jsp/Page.do 에서 검색함 (2018.12.12.)

앙부일구(2018). 천문학습관. https://astro.kasi.re.kr/learning/pageView/5385 에서 검색함 (2018.12.15.)

역사속의 발명품(2018). 발명교육 포털사이트(https://www.ip-edu.net/contents/history)에서 검색함(2018.12.12.)

유형거(2018). 위키피디어. https://ko.wikipedia.org/wiki/%EC%9C%A0%ED%98%95%EA%B1%B0에서 검색함 (2018.12.12.)

유형거(2018). http://blog.naver.com/PostView.nhn?blogId=sato721&logNo=130168275544에서 검색함 (2018.12.12.)

이윤조 외(2014). 국가수준 교육과정반영을 위한 초·중·고 발명교육 목표 및 내용체계 구축. 한국발명진흥회, 59-64.

이춘식 외(2010). 테크롤로지의 세계 I 교사용 지도서. 한국산업기술진흥원, 대한북스:경기.

이태식 외(2009). 공과대학 캡스톤 디자인(창의공학설계)교육과정 운영실태 및 학습 만족도 조사. 공학교육연구, 12(2), 36-50.

자격루의 작동원리(2018). 두산백과. https://terms.naver.com/entry.nhn?docId=1137243&cid=40942&categoryId=32354 에서 검색함(2018.12.12.)

자격루의 작동원리(2018). 서울특별시교육청과학전시관. http://www.ssp.re.kr/teacher/teacher_10.jsp?cd_menu=0210 에서 검색함(2018.12.12.)

창의성(2002). 창의성 계발 교수학습 모형 및 자료 개발 연구. 한국교육개발원 연구 보고, RR 2002-08, 81-82.최유현(2017). 기술교육론 II : 학습학적 이론과 실천. 형설출판사 : 서울.

특허청·한국발명진흥회(2018). 교사를 위한 발명과 지식재산 교육의 이해, 박문각출판:서울.

특허청·한국발명진흥회(2018). 교사를 위한 발명과 지식재산 교육의 실제, 박문각출판:서울.

판옥선(2002). 문화원형백과 한국의 배. 한국콘텐츠진흥원.

판옥선(2018). 네이버 지식백과, 문화콘텐츠닷컴, 한국콘텐츠진흥원.

한국공학교육인증원(2018). http://www.abeek.or.kr.에서 검색함(2018.12.12.)

National Academy of Engineering(2009). Engineering K-12 Education: understanding the status and improving the prospects. The National Academies Press.

발명과 지식재산권

1. 발명과 기술적 문제 해결의 정의

- 발명이란 자연법칙을 이용한 기술적 사상의 창작으로서 고도한 것을 말한다(특허법, 2018). 사전적인 정의는 '아직까지 없던 기술이나 물건을 새로 생각하여 만들어 냄' (국립국어원, 2018)이다. 즉 이전에 없던 것을 개발하고, 이를 개선하는 것을 말한다.
- 기술적 문제 해결이란 우리 생활 속에서, 공학이나 기술 분야에서 문제가 있을 때 또한 제품의 개발 과정, 생산 과정 등에서 기술적인 문제가 발생할 때 해결하는 것을 말한다.
- 발명이 필요한 이유는 제품의 발명을 통해서 우리의 생활이 편리해지고, 발명을 통해서 기술 혁신이 이루어지며 산업발전에도 많은 영향을 미치기 때문이다.

2. 지식재산권의 이해

1) 지식재산권

"지식재산권" 이란 법령 또는 조약 등에 따라 인정되거나 보호되는 지식 재산에 관한 권리이며, 문학, 예술, 연출, 공연, 음반, 방송, 발명, 공업 특허 등 지식 활동에서 발생하는 모든 권리를 말한다.

2) 지식 재산권의 필요성

(1) 시장에서 재산권의 소유로 소비자의 신뢰도 향상을 통한 매출 향상 및 독점적 지위 확보를 통한 판매 및 로열티 수입이 가능하다.

(2) 지식 재산권 확보로 인한 이익 창출로 지속적인 기술 개발비 회수 및 권리 확보로 분쟁 예방, 법적 보호를 받을 수 있다.

(3) 지식재산권을 보유하고 있는 경우, 자금 지원 및 세제 지원 혜택을 받을 수 있다.

(4) 지식 재산권 교육이 필요한 이유는 지식 재산권에 등록의 필요성을 인식하고, 권리를 법적으로 보호받아 기술 보호 및 산업 발전에 기여한다.

3) 지식 재산권의 종류

지식 재산권은 크게 분류하면 산업 재산권, 저작권, 신지식 재산권이다. 산업 재산권은 산업 활동에 대한 권리, 저작권은 학문과 예술 분야의 저작 권리, 신지식 재산권은 새롭게 등장하는 지적 창작물 권리로 분류할 수 있다.

산업 재산권은 크게 특허(patent), 실용신안(utility model), 디자인(design/industrial design), 상표(trademark)가 있으며, 저작권은 협의저작권, 저작인접권, 신지식재산권은 첨단 산업 저작권, 산업 저작권, 정보재산권, 기타 로 구분하며 자세한 설명은 그림 1과 같다. 자동차로 본 산업 재산권 분류는 그림 2와 같다.

구분	종류	내용
산업 재산권 등록을 통해 일정기간 독점적, 배타적으로 이용할 수 있는 산업에 이용할 수 있는 권리	특허	자연법칙을 이용한 기술적 사상의 창작으로써 발명수준이 고도화된 것. : 설정등록일로부터, 출원일 후 20년까지
	실용신안	자연법칙을 이용한 기술적 사상의 창작으로써 물품의 형상·구조·조합된 것. : 설정등록일로부터, 출원일 후 10년까지
	디자인	물품의 형상·모양·색채 또는 이들이 결합한 것으로써 시각을 통하여 미감을 느끼게 하는 것. : 설정등록일로부터 20년까지
	상표	타인의 상품과 식별되도록 하기 위하여 사용하는 기호, 문자, 도형, 입체적 형상 또는 이들을 결합한 것이거나 이들 각각에 색채를 결합한 것. : 설정등록일로부터 10년 (10년마다 갱신 가능, 반영구적 권리)
저작권 인간의 창작물인 '저작물' 에 대하여 창작자가 가지는 독점 · 배타적인 권리	협의 저작권	문학, 예술적 창작물. 저작인격권/저작재산권: 저작자가 생존하는 동안과 사망한 후 70년간 존속.
	저작 인접권	실연·음반 및 방송과 관련하여 보호하기 위하여 부여한 권리. : 다음 해부터 기산하여 70년(방송의 경우에는 50년)간 존속

신지식 재산권

산업재산권, 저작권에 속하지 않으면서 경제의 발전 및 변화와 함께 보호가 필요한 권리

구분	내용
첨단산업재산권	첨단산업에 의해 새롭게 개발된 가치를 보호하기 위한 재산권. 반도체 설계, 생명공학 등.
산업저작권	컴퓨터 프로그램 및 소프트웨어권.
정보재산권	정보산업에 새로이 대두되고 있는 재산권 (데이터 베이스, 뉴미디어 등.).
기타	프랜차이징, 지리적 표시, 캐릭터, 인터넷도메인네임, 맛, 소리 등.

그림 1. 지식 재산권의 분류

➲ 특허와 실용 신안을 구분하기가 힘들다고요?

특허권	실용신안권
발명에 대하여 부여함.	물품의 형상·구조 또는 조합에 관한 고안에 대하여 부여함(무형의 것은 해당이 안 됨).
발명 : 자연법칙을 이용한 기술사상의 창작으로서 고도(高度)한 것(대발명).	고안 : 자연법칙을 이용한 기술사상의 창작(소발명).

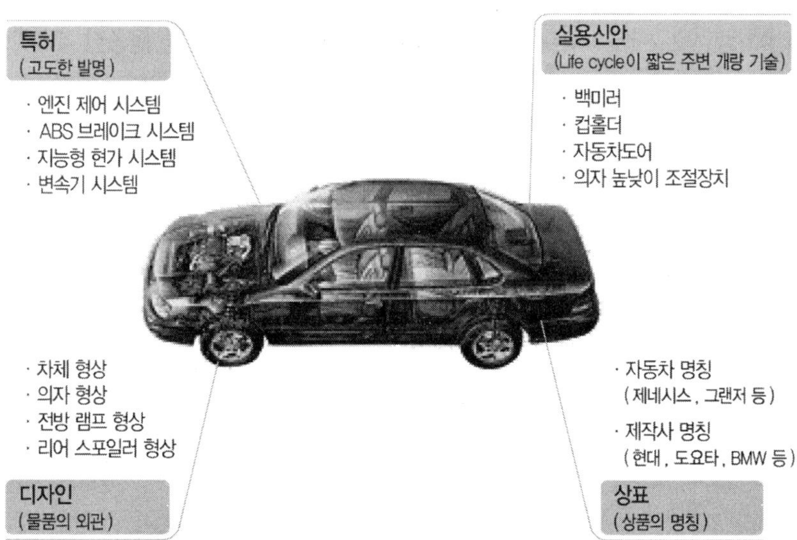

그림 2. 자동차로 본 산업 재산권 분류 (출처 : 특허청)

4) 산업 재산권 등록번호

- 특허 문헌 번호는 출원, 공개, 공고 및 등록번호를 말하고, 총 13자리로 이루어져 있다.
- 출원번호 체계는 권리의 구분을 의미하는 숫자(2자리)와 연도(4자리), 일련번호(7자리)로 구성(10-2018-1234567)되어 있다. 등록 번호는 <표 1>과 같으며 특허의 권리 번호(2자리)와 일련번호(7자리), 자릿값(4자리=0000)으로 구성(10-1234567-0000)되어 있다. 일반적으로 권리 번호(2자리)와 일련번호(7자리)를 사용한다.

〈표 1〉 산업 재산권 구분 및 등록 권리 번호

구분	권리번호	내 용
특허	10	아직까지 없었던 물건이나 그 물건을 만드는 방법을 최초로 발명한 것.
실용 신안	20	이미 발명된 것을 바꾸어서 보다 편리하고 쓸모 있게 만든 것.
디자인	30	보는 사람으로 하여금 아름다움을 느끼도록 모양을 만드는 것.
상표	40	제조회사가 자사 제품의 신용을 유지하고, 자기 상품을 다른 상품과 구별시키기 위해서 제품 및 포장에 표시하는 표장.

➲ 아이디어 상업화 사례 : 욕실 청소하다 아이디어 반짝…1인 창업 성공한 주부

집안을 청소하던 중 청소하는데 힘이 들어 어떻게 하면 좋을까 하며 떠오른 아이디어에서 힌트를 얻어 제품을 개발하여 사업화에 성공한 생활용품 전문 기업 '리△△△' 정OO 대표의 이야기다. 정 대표는 집에서 생활하면서 불편함을 느끼고 이를 개선하려는 노력이 있어 제품을 개발하고 스타트업에 뛰어들었다. 평범한 주부였던 정 대표는 욕실의 곰팡이를 제거하면서 곰팡이 제거가 쉽도록 부착이 가능한 청소용 OO시트를 발명하고 이를 사업화하기 위하여 1인 창조기업을 시작하였다.

1인 창조기업을 하게 된 동기는 아이를 키우기 위해 다니던 회사를 그만둔 '경단녀' 여서 취업이 힘들었다. 또한 고용 제의가 있어도 출퇴근 시간이 맞지 않아 거절해야 하는 어려움이 있어 시작한 것이 1인 창조기업이다.

이런 정 대표가 아이디어를 사업으로 이룰 수 있었던 것은 창의적인 아이디어로 상품화가 쉬운 생활발명을 발굴하고 출원, 디자인, 시제품 제작을 지원해 지식재산 기반의 여성창업을 촉진하는 사업이었던 특허청이 주최하고 한국여성발명협회가 주관하는 '생활발명코리아' 였다.

창의적인 아이디어를 얻을 수 있었던 이유는 평소 떠오르는 생각을 메모하던 습관이 었다. 이 OO시트는 화장실, 베란다의 곰팡이와 묵은 때를 청소하면서 보통 사람들이 하는 팔이 아플 정도로 문지르거나 휴지에 세제를 적셔 청소 부위에 올려놓아야 하는 불편에서 곰팡이 제거를 쉽게 할 수 없을까 ? 하는 고민에서 시작됐다. 다양한 방법을 시도하면서 시트를 붙여 곰팡이를 제거해야겠다는 것이 정 대표의 아이디어였다.

정 대표가 1인 창조기업으로 성장할 수 있었던 기반은 창업진흥원의 아이디어 시제품부터 마케팅, 유통 및 간접적인 수출지원, 서울시 여성창업보육센터, 여성벤처협회에서 사무실 임대를 지원해 주었기 때문이다. 종잣돈으로 시작한 리△△△은 창업 첫해에는 연구개발로 매출이 없었으나, 다른 1인 스타트업 기업들처럼 전시회를 통해 소비자의 반응을 파악하면서 매출이 증가하면서 급성장하게 되었다. 창업한 햇수가 지나갈수록 기술 개발 비용이 가장 절실한 것은 대부분의 성공한 스타트업 대표의 공통점이었다. 샤워하면서도 머리카락을 쉽게 청소할 순 없을까? 손에 음식물 쓰레기를 묻히지 않고 음식물 쓰레기를 버리는 방법은 없을까? 등 다양한 분야에 관심을 가지고 있고, 앞으로는 다양한 아이디어를 현실화한 제품을 선보일 계획이다.

정 대표의 목표는 바로 경단녀가 일할 수 있는 회사를 만드는 것이다.

〈출처 : 중앙일보 2018. 9. 30.〉

3. 특허 정보의 검색

특허정보검색을 하려면 그림 3과 같이 특허정보검색서비스(http://www.kipris.or.kr) 검색 창에 검색어를 입력하면 특허실용, 디자인 및 상표의 검색이 가능하다. 결과 내 검색을 실행할 수도 있다. KIPRIS 연산자를 사용하면 더 정확하게 검색할 수 있다(그림 4 참조).

그림 3. 특허 검색 웹사이트

(출처 : 특허청 키프리스 http://www.kipris.or.kr)

■ 검색 사례 : 전기자동차에 관한 특허를 검색하는 절차

전기 자동차에 대한 특허를 알아보고 싶으세요? AND 연산자인 * 를 사용하여 전기*자동차를 입력해 보세요.
'전기' 와 '자동차'라는 단어가 모두 들어간 특허 문서를 찾아줍니다.

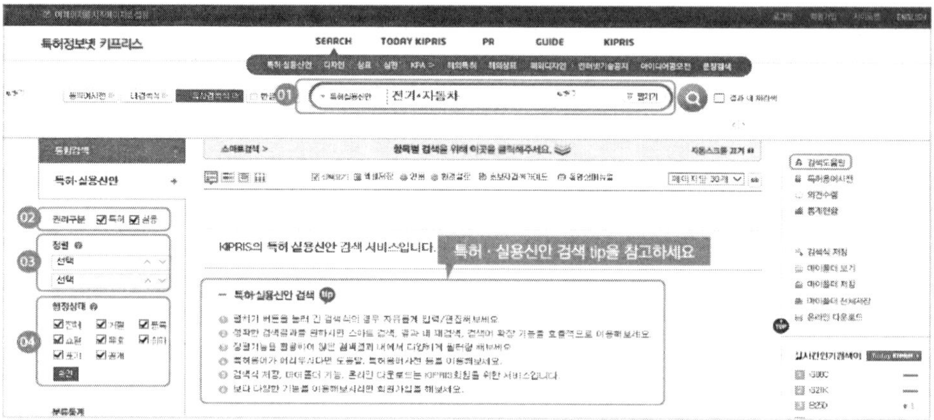

01 검색어를 입력하세요. 아래의 연산자를 활용하면 더욱 빠르고 정확하게 검색할 수 있어요.

검색 연산자	구분	연산자	입력 예	설명
	AND 연산	*	자동차*브레이크	'자동차' 와 '브레이크'를 모두 포함하는 문서를 찾아줍니다.
	OR 연산	+	자동차+차량	'자동차' 와 '차량' 중 하나라도 포함하는 문서를 찾아줍니다.
	NOT 연산	!	자동차!클러치	'클러치'를 포함하고 있지 않는 문서를 찾아줍니다.
	NEAR 연산	^n	자동차^3브레이크	첫 번째와 두 번째 검색어의 거리가 1단어(^1), 2단어(^2), 3단어(^3) 떨어진 것을 찾고자 할 경우

★ 위 연산자를 모두 익히셨나요? 고급 연산자도 활용해 보세요. 고급 연산자는 우측 칼럼의 (검색도움말) 을 클릭하면 확인할 수 있어요.

02 특허와 실용신안 중 원하는 권리를 선택할 수 있어요.

03 결과를 인명, 번호, 일자 등을 기준으로 정렬할 수 있어요.

04 등록, 거절, 공개 등 행정상태를 선택할 수 있어요.

그림 4. 특허 검색 방법
(출처 : 특허청 키프리스 http://www.kipris.or.kr)

4. 특허 명세서 및 요약서 작성

1) 명세서 작성

특허를 출원하려면 명세서를 작성해야 되는데 모범 명세서 사례는 특허로(http://www.patent.go.kr)에서 다운받아 볼 수 있으며, 그림 5는 특허청에서 제시한 명세서 사례이다. 다운받은 명세서를 내용을 살펴보면 그림 6과 같다.

그림 5. 명세서 작성 사례 안내
(출처 : http://www.patent.go.kr/)

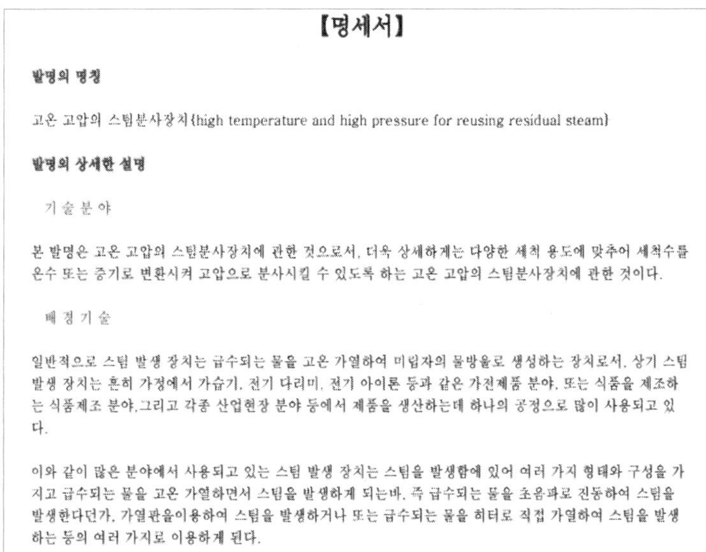

【명세서】

발명의 명칭

고온 고압의 스팀분사장치{high temperature and high pressure for reusing residual steam}

발명의 상세한 설명

기 술 분 야

본 발명은 고온 고압의 스팀분사장치에 관한 것으로서, 더욱 상세하게는 다양한 세척 용도에 맞추어 세척수를 온수 또는 증기로 변환시켜 고압으로 분사시킬 수 있도록 하는 고온 고압의 스팀분사장치에 관한 것이다.

배 경 기 술

일반적으로 스팀 발생 장치는 급수되는 물을 고온 가열하여 미립자의 물방울로 생성하는 장치로서, 상기 스팀 발생 장치는 흔히 가정에서 가습기, 전기 다리미, 전기 아이론 등과 같은 가전제품 분야, 또는 식품을 제조하는 식품제조 분야,그리고 각종 산업현장 분야 등에서 제품을 생산하는데 하나의 공정으로 많이 사용되고 있다.

이와 같이 많은 분야에서 사용되고 있는 스팀 발생 장치는 스팀을 발생함에 있어 여러 가지 형태와 구성을 가지고 급수되는 물을 고온 가열하면서 스팀을 발생하게 되는바, 즉 급수되는 물을 초음파로 진동하여 스팀을 발생한다던가, 가열판을이용하여 스팀을 발생하거나 또는 급수되는 물을 히터로 직접 가열하여 스팀을 발생하는 등의 여러 가지로 이용하게 된다.

그림 6. 명세서 작성 사례(고온 고압의 스팀분사장치) 첫 페이지
(출처 : http://www.patent.go.kr/)

- 특허 정보넷 키프리스(http://kportal.kipris.or.kr)에서 '고온 고압의 스팀 분사장치'의 다양한 명세서 작성 사례를 pdf 파일로 다운 받을 수 있다.
- 그림 7(a), (b)와 같이 출원번호(10-2007-0124567), 등록번호(10-0882024) 등 특허에 관련된 다양한 내용이 있으니 참고하여 작성하면 된다.
- **명세서**는 특허 제출에서 상세한 설명과 청구 범위를 작성하는 것으로 등록 가능성,

특허권의 보호 범위, 심판, 소송의 판단 기준과 특허권의 가치 평가를 판단하는 것이므로 처음부터 작성에 신중해야 한다. 특허 명세서의 구성은 그림 8과 같다.

등록특허 10-0882024

(19) 대한민국특허청(KR)
(12) 등록특허공보(B1)

(45) 공고일자 2009년02월04일
(11) 등록번호 10-0882024
(24) 등록일자 2009년01월29일

(51) Int. Cl.[9]
B08B 3/10 (2006.01) ***B60S 3/04*** (2006.01)
(21) 출원번호 **10-2007-0124587**
(22) 출원일자 **2007년12월03일**
심사청구일자 **2007년12월03일**
(56) 선행기술조사문헌
KR1020030034449 A*
*는 심사관에 의하여 인용된 문헌

(73) 특허권자
이
인천광역시

(72) 발명자
이
인천광역시

(74) 대리인
이

전체 청구항 수 : 총 2 항 심사관 : 장

(54) 고온 고압의 스팀분사장치

(57) 요 약

본 발명의 고온 고압의 스팀분사장치는 세척수를 공급하는 세척수 공급부와, 상기 세척수 공급부와 연결파이프로 연결되어 세척수를 공급받아 펌프막의 상하 운동에 의해 액체의 흡상 및 배출작용을 연속 작동하여 세척수를 정량 및 정압으로 제공하되, 멈춤 작동일 경우 제공 압력을 세척수 공급부로 회귀시키는 가압펌프와, 상기 가압펌프에 연결된 온수파이프가 마련되고, 상기 온수파이프 내부에 전열히터를 내장하여 압송되는 세척수의 온도를 상승시켜 세척수를 온수 및 증기압으로 전환시키는 가열공급부와, 상기 온수파이프의 전열히터 양단에 온도센서를 부착하여 온수파이프로 입수및 출수되는 세척수의 온도를 센싱하는 온도 감지부와, 상기 가열공급부의 전열히터 시작과 끝점에 설치한 전극을 통하여 전열히터로 전류를 제공하여 자체 발열되도록 하되, 온수 및 증기압의 선택적 분사를 위해 온도감지부에 의해 센싱된 온도를 파악하여 전류의 세기를 결정하여 제공하는 온도 조절부와, 상기 온수파이프 출수 입구 측에 설치되어 고압 고온의 온수 및 증기압을 외부로 분사시키는 분사기로 구성한다.

대 표 도 - 도2

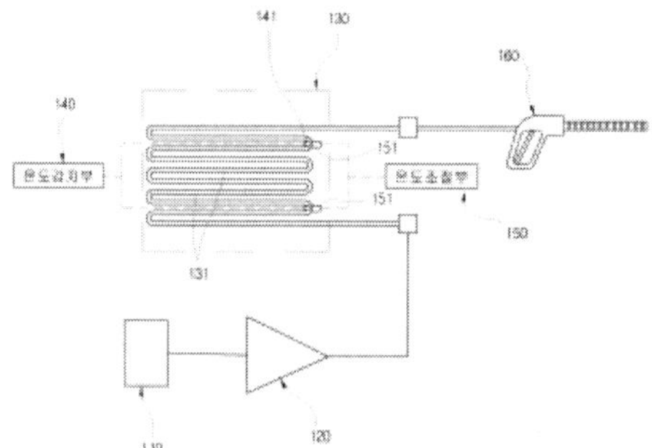

그림 7(a). 등록된 특허의 공고 전문 첫 페이지

(출처 : http://kportal.kipris.or.kr)

132 : 전열히터	140 : 온도 감지부
141 : 온도 센서	150 : 온도조절부
151 : 전극	160 : 분사기

도면

도면1

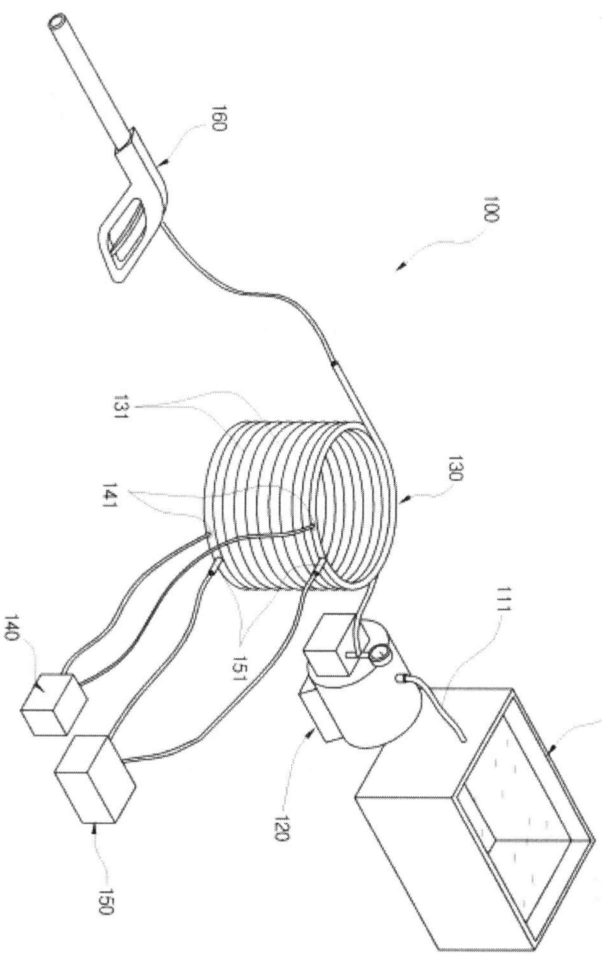

그림 7(b). 등록번호(10-0882024) 특허 도면과 번호 표기 방법 및 명칭

(출처 : http://kportal.kipris.or.kr)

【명세서】

(앞쪽)

【발명(고안)의 설명】
 【발명(고안)의 명칭】
 【기술분야】
 【발명(고안)의 배경이 되는 기술】
(【선행기술문헌】)
  (【특허문헌】)
  (【비특허문헌】)
 【발명(고안)의 내용】
  【해결하려는 과제】
  【과제의 해결 수단】
  【발명(고안)의 효과】
 【도면의 간단한 설명】
 【발명(고안)을 실시하기 위한 구체적인 내용】
  (【실시예】)
(【산업상 이용가능성】)
(【부호의 설명】)
(【수탁번호】)
(【서열목록 자유텍스트】)
【청구범위】
  【청구항 1】
(【서열목록】)

그림 8. 특허명세서의 구성

(출처 : 특허청 민원서식 http://www.kipo.go.kr/)

2) 요약서 작성

특허 등록을 위한 명세서 앞에 요약서가 있는데 요약서의 작성 사례 안내(그림 9)를 참조하고, 작성안내 아래에 있는 요약서 작성 사례를 찾아서 작성하면 도움이 된다(그림 10 참조).

【요약서】

【요약】

【대표도】

【특허 청구 범위】

그림 9. 요약서 작성 사례 안내

(출처 : 특허로. http://www.patent.go.kr/)

전기전자 : 잉크젯 프린팅 장치

주요특징 ▶ 요약서 글자수 기준에 부합하도록 간결하게 작성 ▶ 항목별 작성 방식에 따라 적절하게 작성

기술분야 / 해결과제

본 발명에서는 **압전방식과 정전방식을 함께 적용하여 각각의 단점을 보완할 수 있는 잉크젯 프린팅 장치**가 개시된다.

내용
해결하고자 하는 기술적 과제 및 과제를 해결하기 위한 수단이 명확하게 기재
※ 잉크젯 프린팅 장치의 발명 목적과 효과, 그 주요 구성을 기재

해결수단

개시된 **잉크젯 프린팅 장치는**, 그 내부에 잉크 공급을 위한 **매니폴드(153)**와, 매니폴드로부터 공급된 잉크가 채워지는 **압력 챔버(155)** 및 잉크의 토출이 이루어지는 **노즐(158)이 형성된 유로 플레이트**; 유로 플레이트의 상면에 마련되는 것으로, 순차적으로 적층된 **하부 전극(141)**, 압전막(142) 및 상부 전극(143)을 포함하는 **압전 액츄에이터(140)**; 및 유로 플레이트에 마련되는 **제1 정전 전극(161)**; 및 유로 플레이트의 하면에 이격되게 마련되어 그 위에 기록매체가 적재되는 **제2 정전 전극(162)**을 구비한다.

맞춤법
오탈자 등 국문법상 오류가 없도록 기재

용어
통일된 표준용어를 활용
※ 유로 플레이트, 정전 전극 등 요약서 내에서 통일된 용어 사용

기대효과

이에 따라, 초미세 액적을 구현함과 동시에 액적 속도를 일정 속도 이상으로 유지함으로써 **기록 매체 상의 원하는 위치에 초미세 액적을 정확하게 인쇄**할 수 있다.

형식
대표도에 기재된 인용부호 기재
※ 각 용어에 해당하는 대표도의 인용부호를 ( )안에 기재

길이
글자수 400자 이내로 기재
※ 총 글자수 348자로 기재

대표도

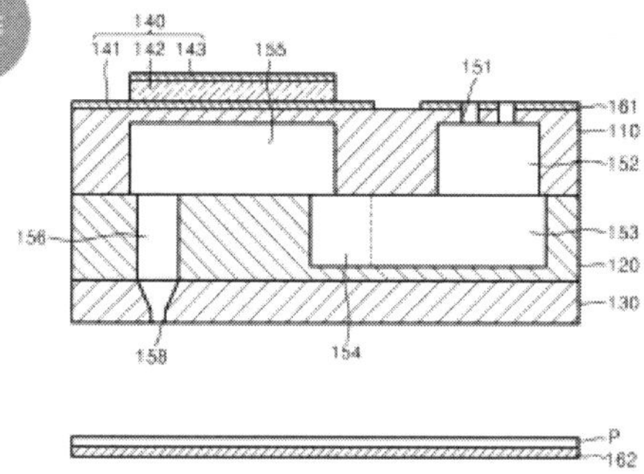

특허청

그림 10. 요약서 작성 사례(잉크젯 프린터 장치)
(출처 : 특허로, http://www.patent.go.kr/)

5. 전자 출원

특허 출원은 변리사를 통해 출원하기도 하지만, 직접 출원도 가능하다. 직접 전자출원을 하기 위해서는 먼저 특허로(http://www.patent.go.kr)에서 '전자출원 따라하기'를 찾아보자. 국내 출원 신청을 위해 먼저 전자 출원 SW를 다운로드 받은 후 프로그램을 설치한다.

1) 전자 출원 절차와 내용

국내에서 출원하고자 하는 특허·실용신안·상표·디자인을 신청하는 절차를 살펴보면 그림 11과 같다.

사용자등록 (특허고객번호 부여신청)	- 특허청에서 출원 등의 절차를 진행하기 위해 본인의 사용자 식별코드를 부여받는 단계이다. - 전자 출원을 하기 위해서는 반드시 사용자등록신청(특허고객번호부여신청)을 하여야 한다.
↓	
인증서 사용 등록	- 고객번호 부여신청 이후 온라인출원 및 전자문서교환을 위해 공인인증서를 등록하는 단계이다. - 기존에 등록하신 공인인증서를 분실하거나 만료한 경우에는 공인 인증서를 등록 취소 후, 다시 등록 하여야 한다.
↓	
문서작성 s/w설치	- 출원서 작성 전에 특허문서(명세서, 보정서, 의견서 등)와 첨부문서(위임장, 증명 등) 작성과 변환을 위하여 필요한 문서작성SW를 다운받아 내 PC에 설치합니다. - PCT국제출원서 작성을 위해서는 WIPO에서 개발 보급하는 서식작성기(PCT-SAFE) 또는 특허문서작성기와 특허청에서 개발보급하는 특허문서작성기 등을 다운로드 받아서 PC에 설치한다. - 중간 서류를 작성하기 위해 서식작성기(KEAPS) 또는 통합서식작성기(PKEAPS), 첨부서류입력기 및 서열목록작성기를 필요에 따라 내 PC에 설치해야 합니다.
↓	

명세서/ 서식 작성	① 명세서 등 특허문서작성 - 특허문서작성기(NK-Editor)를 실행하여 명세서, 보정서(도면) 등을 작성한다. - 필요에 따라 첨부 서류 입력기를 실행하여 출원서 제출시 필요한 위임장, 증명서 등을 스캔 및 변환하여 첨부한다. ② 출원서 등 서식작성 - 서식작성기(KEAPS) 또는 통합서식작성기(PKEAPS)를 실행하여 출원서 및 중간절차(의견서 등), 등록과 심판절차 등에 필요한 서식을 작성한다. - '특허로(www.patent.go.kr)'에서 개인 출원인이 쉽게 출원서를 작성하여 온라인 제출할 수 있도록 웹 출원을 지원한다.
⬇	
온라인 제출	작성된 전자문서를 특허청에 온라인 제출하고, 접수번호(납부자번호), 출원번호, 심판(취소신청)번호 등을 부여받는다.

그림 11. 전자 출원 절차와 내용

(출처 : 특허청 http://www.patent.go.kr)

2) 특허 출원 상세하게 따라 하기

개인이 직접 특허를 출원하는 순서와 상세한 절차는 그림 12와 같으며, 디자인과 상표로 같은 방법으로 출원하면 된다.

선행기술조사 ➡ 사용자 등록(특허고객번호 부여신청) ➡ 명세서/서식 작성 ➡ 제출 서류 준비 ➡ 접수/수수료 납부 ➡ 출원 공개 ➡ 심사 청구 및 심사 ➡ 등록료 납부

선행기술조사	출원서류 작성에 앞서 동 발명과 동일·유사한 발명의 선출원·선등록 여부를 특허청 홈페이지(www.kipo.go.kr) 검색창을 통해 특허 정보 검색을 하거나 한국특허정보원(www.kipris.or.kr)의 검색창을 통해 해당 출원의 사전등록 가능 여부를 조사한다.
⬇	
사용자 등록 (특허고객번호 부여신청)	특허청에 특허고객번호부여신청(반드시 인장날인 또는 서명)을 하여 특허고객번호를 부여받아야 한다. 온라인 또는 서면으로 신청이 가능하며, 전자출원을 이용하기 위해서는 공인 인증서를 등록해야 한다.

명세서/ 서식 작성	출원 서류를 작성할 때에는 특허출원서, 명세서, 요약서, 도면(필요시 단, 실용신안은 필수) 순으로 작성하고, 출원 서류에는 그 발명을 쉽게 실시할 수 있도록 명확하고 상세하게 기재하여야 한다. ※ 직접 작성하려면 등록되어 있는 특허공보를 견본으로 활용하여 작성한다. 변리사 등 전문가의 도움을 받아 작성해도 된다.
제출서류 준비	출원서(명세서, 요약서, 도면 포함) 1통, 수수료 감면대상인 경우 해당 증명서류 포함.
접수 및 출원 번호 통지서 수령	방문 접수는 현장에서 출원 번호 통지서와 납부고지서를 발급한다. 우편접수는 수수료를 통상환으로 교환한 후 출원 서류에 첨부하여 제출하며, 접수 후 약 1주일 이후에 출원 번호 통지서를 받을 수 있다. "특허로(www.patent.go.kr)→특허관리→특허보관함"에서도 인증서 로그인 후 확인이 가능하다.
수수료 납부	납입고지서를 이용하여 제출 당일 또는 다음날까지 납부하여야 하며, 특허로나 지로사이트(www.giro.or.kr)에서도 납부할 수 있다.
출원 공개	출원일로부터 18개월 경과 후 자동으로 공개된다. 본인의 신청에 의하여 조기 출원 공개를 신청할 수 있으며, 신청이 있은 후 3~4주 후 공개되지만 이로 인해 심사기간이 단축되는 것은 아니다. ※ 특허(실용신안등록)청구범위가 기재된 명세서가 첨부된 때에 한하여 조기공개를 신청할 수 있습니다.
심사 청구 및 심사	심사청구기간은 출원일부터 5년(실용신안등록출원은 3년)이며, 출원인이 심사청구를 하면 심사관은 심사청구 순서에 따라 등록여부를 결정하고, 거절이유를 발견한 때에는 출원인에게 의견제출통지서를 보낸다.
등록료 납부	특허(실용신안등록)결정서와 함께 발급되는 납입고지서를 이용하여 우체국 또는 금융기관에 해당 등록료를 납부하여야 합니다. 우편이나 지로사이트(www.giro.or.kr)에 접속하여 납부할 수도 있다.

그림 12. 특허 출원 절차 및 내용

(출처 : 특허청 http://www.patent.go.kr)

➲ 용어 해설 : 선행 기술 조사

선행 기술 조사는 "지식재산권, 특히 특허를 출원하려면 출원 서류 작성에 앞서 출원하고자 하는 발명과 동일·유사한 발명의 선출원·선등록 여부를 조사하여 자료를 작성하는 것"을 말한다(특허로, 2018). 이 조사를 통해 제품 내용, 특허 출원 및 등록 여부를 파악하여, 선행 기술을 회피하여 특허를 출원하는데 도움이 된다.

3) 특허·실용신안 등록요건 (모두에 해당되어야 함)

- 자연법칙을 이용한 기술사상인가?
- 산업 상 이용 가능한 것인가?
- 새로운 발명인가?
- 종전에 있던 발명보다 진보된 발명인가?
- 불 특허 사유에 해당되지 아니한 것인가?
- 명세서에 발명이 구체적으로 기재되고 청구범위는 명확한가?
- 다른 사람보다 먼저 출원하였는가?

4) 특허(등록)결정 받을 수 없는 발명

- 공공질서 또는 선량한 풍속을 문란하게 하거나 공중의 위생을 해할 염려가 있는 발명(지폐위조기, 도박에 필요한 기구, 아편흡입기구 등에 관한 발명)
- 국방상 필요한 경우(정부는 정당한 보상금 지급)

5) 특허출원 및 심사절차 흐름도

특허출원 및 심사 절차도는 그림 13과 같은 흐름으로 진행한다.

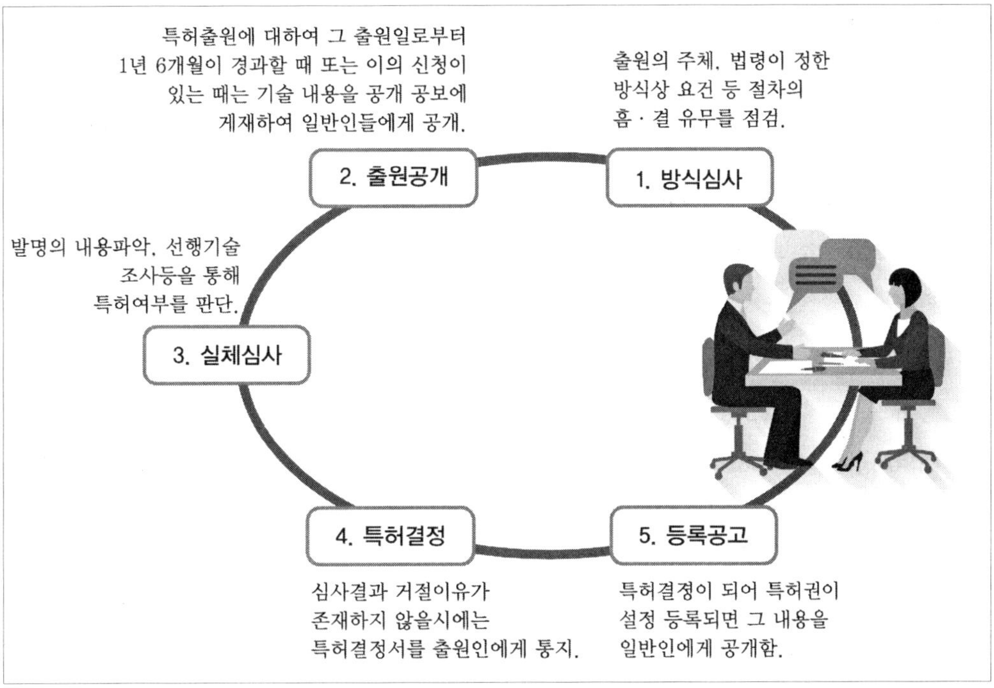

그림 13. 특허출원 및 심사절차도
(출처 : 특허청)

6. 특허 분쟁 사례

1) 특허 출원 시 유의사항

발명에 대한 특허권에 대한 기준으로 선출원주의와 선발명주의가 있으며, 우리나라는 선출원주의를 채택하고 있다.

(1) 선출원주의

동일한 발명에 대하여 가장 먼저 출원한 자에게 특허 권리를 주는 것이다. 즉, 동일한 발명 또는 고안에 대해서 하나는 특허출원, 하나는 실용신안등록출원일 경우에도 후출원은 특허 또는 등록될 수 없다. 다만, 동일인에 의하여 특허출원(실용신안)을 기초로 실용신안(특허)으로 이중 출원된 것인 경우에는 예외이다.

(2) 선발명주의

동일한 발명에 대해서 누가 먼저 출원했는지 와는 상관없이 누가 먼저 발명을 창작했느냐 여부에 따라 먼저 창안한 사람에게 특허를 부여하는데 이것을 '선발명주의'라고 한다.

(3) 특허 제출 시 유의사항

- 발명 완성 후 특허출원까지 비밀 유지 : 논문 발표/제품 출시에 앞서 특허출원이 우선이다.
- 최초명세서를 충실히 기재한다.
- 특허 품질 확보(포괄적 청구범위) 및 특허 포트폴리오 구축
- 해외시장을 고려하여 주요국에 특허출원(미국, 유럽, 중국 등) 여부 결정(1년 이내)

2) 특허 분쟁 사례

➲ 파○○ 특허분쟁, 한미 등 국내제약사 '졌지만 이겼다'(?)

결막염 치료 등에 쓰이는 점안제 '파ㅇㅇ'의 특허 분쟁에서 최근 오리지널사가 승리했지만 국내사들은 '졌지만 이긴' 상황이 됐다.

기존 특허를 이미 깬 상태에서 기존 특허의 연장선상에서 진 것 뿐, 실제로 국내 제ㅇㅇ의 판매권에는 영향을 크게 주지 못할 것으로 보이는 이유에서다.

특허 심판원은 최근 △△약품과 △△△제약이 청구한 '고농도 올로파타딘 안과용 조성물' 특허 무효심판에 대해 일부기각 및 일부 각하 심결을 내린 것으로 나타났다.

해당 특허는 2032년 5월18일 만료되는 알ㅇ의 점안제 '파ㅇㅇ△△0.7%점안액'의 조성물과 관련한 것으로 두 회사는 올해 3월 이에 대한 심판을 제기한 바 있다.

하지만 졌지만 두 회사는 '지지 않은', 흔치 않은 상황에 놓일 것으로 보인다. 판매권에 크게 영향을 주지 않기 때문이다. 이는 해당 특허가 기존 특허의 연장선상에 있는 특허인 탓이다. 시간은 지난 1월로 거슬러 올라간다. △△약품은 1월24일 △△△제약, △△약품, △△제약 등과 함께 조성물특허 무효심판을 진행하면서 첫 제ㅇㅇ을 허가받는데 성공했다. 알ㅇ은 이후 기존 조성물 특허 중 일부 특허를 쪼개 새로 등록하는 에버그리닝 전략을 내밀었다. 하지만 이미 심판은 진행중이었고 제ㅇㅇ마저 허가를 받은 상황. 여기에 4월 심판을 제기했던 국내사 네 곳이 일부성립, 일부각하 심결을 받으면서 특허를 회피한 상황이 됐다. 현행 허가특허연계제도상 첫 제ㅇㅇ 허가를 냈고 특허 역시 피한 ㅇㅇ약품이 우판권을 받는데 성공한 것이다.

즉 특허를 쪼개 등록했지만 이미 제ㅇㅇ 허가 이후 등록된 특허인지라 이들 두 회사가 이에 대한 불이익을 받을 가능성은 낮다는 것이다. 여기에 ㅇㅇ약품은 우판권마저 지킬 가능성이 매우 높은 상황이다. 한편 '파ㅇㅇ'는 20△△년 △월 식품의약품안전처로부터 허가를 받은 품목으로 20△△년 △월 급여화에 성공했으며 지난해 8억원의 원외처방액을 기록한 약물로 기존 '파타데이'의 올로파타

딘 함량을 0.2%에서 0.7%로 올린 제품이다. 금액은 적지만 파ㅇㅇ 대비 알레르기성 결막염과 관련한 눈과 눈꺼풀의 가려움증을 줄였다는 평가를 받고 있다.

〈출처 : 약사공론, 2018-08-31〉

➲ '다윗 vs. 골리앗'.. 토종 벤처, 애플 . 삼성에 특허소송

"스마트폰 화면 켜면서 동시에 지문인식 기술 애플 · 삼성이 특허 침해"
벤처기업 퍼스트페이스 "美 법원에 조만간 訴 제기"

국내 토종 특허벤처기업이 애플의 본거지인 미국 캘리포니아 북부연방지방법원에서 애플 및 삼성전자를 상대로 특허 침해소송을 한다고 밝혔다. 특허 침해소송 대상은 스마트폰 화면을 켜면서 동시에 지문인식을 하는 발명이다. 토종 벤처기업이 세계 1, 2위 스마트폰 제조업체를 상대로 미국 현지에서 글로벌 소송에 들어간 것은 극히 이례적인 일이다.

애플의 사용자가 단말기 버튼을 누르면 화면을 켬과 동시에 지문인증이 시작되어 사용자의 편의성과 보안성을 동시에 구현하는 애플이 자랑하는 대표적 사용자환경(UI/UX) 기술인 '터치아이디' 기술과 삼성전자에서 사용한 기술 역시 자사 보유 미국 특허 다수를 무단 사용했다는 입장이다. 벤처기업인 OOO페이스는 이 기술에 대한 미국 특허 3개를 보유 중이고, 지문을 이용한 사용자인증은 물론 얼굴인식, 홍채인식 등을 이용한 잠금화면 인증기술은 한국외 4개국의 원천특허를 보유하고 있다. 따라서 중국과 일본에서도 특허소송을 계획 중이다.

터치아이디 기술이 탑재된 모든 애플 · 삼성 스마트폰과 패드가 특허침해 대상인 만큼 소송가액은 천문학적인 금액이 될 가능성이 작지 않다.

스마트폰 사용자 인터페이스 기술 개발업체인 OOO페이스는 창업자인 정 대표는 지난 2011년 사용자-컴퓨터 인터페이스 기술 발명 및 특허출원 후 2012년 회사를 설립했다.

정 대표는 '아이디어짠'이라는 잠금화면 광고서비스를 제공했지만, 국내시장에 침해업체가 우후죽순으로 등장함에 따라 본격 대응을 위해 특허 벤처기업으로 변신하였다.

심△△교수는 "스마트폰 화면을 켜면서 지문인식을 동시에 시작하는 발명은 정 대표가 인류 역사상 최초로 한 것이다. 이에 대한 선행기술도 없는 것으로 보인다"면서 "애플이 원천특허를 보유하지 않았다고 생각하고 라이선싱을 요구했지만 애플 측이 무시해와 이번 소송을 진행하게 됐다"고 전했다.

〈출처 : 파이낸셜뉴스, 2018-04-18, http://www.fnnews.com/news/201804111710338835〉

■ 내용 정리하기

1. 발명이란 무엇이며, 지식재산권의 중요성을 알아보자.
2. 산업재산권 중 특허와 실용신안의 차이점을 알아보자.

3. 검색을 통해 선행기술조사서를 찾아보고 직접 작성해보자.
5. 특허 출원을 위한 명세서를 작성해 보자.
6. 특허정보 검색을 통해 특허, 실용신안, 디자인, 상표 등을 검색해 보자.
7. 명세서를 작성하고 전자출원을 따라 해보자.
8. 특허 분쟁 사례를 조사해보고, 대처방안에 대하여 토의해 보자.

직업탐구하기 변리사

■ 변리사는 무엇을 하는 직업인가요?

- 변리사는 시험을 통해 변리사 자격증이 있어야 한다.
- 개인이나 기업의 요청으로 특허/실용실안, 디자인, 상표 등의 권리 취득을 위한 법률적, 기술적인 상담과 지원을 한다.
- 특허/실용신안 출원을 위한 설계 도면, 요약서, 명세서, 제품 등을 선행기술조사를 통해 검토한다.
- 기존의 지식재산권과 출원하고자 하는 지식재산권에 대한 유사성과 침해여부에 대한 감정을 한다.
- 개인이 지식재산권 출원을 위해 문서를 작성할 수 도 있지만, 변리사에게 지식 재산권 문서를 작성하고 출원을 위임할 수도 있다.

■ 어떤 사람에게 적당한 직업인가요?

- 변리사는 지식 재산권 출원을 위해 문서 작성 능력이 요구되므로 논리적인 사고력이 필요하다.
- 특허 법률, 첨단과학기술(과학, 수학, 공학, 기술 등)에 대한 지식이 필요하고, 외국에 특허 출원을 위해서는 외국어 능력도 필요하다.
- 법률과 절차에 따라 진행해야 하므로 치밀하고 분석적인 성격의 사람에게 유리하다.

■ 어디에서 일하나요?

- 특허청이나 특허법률사무소 등에서 특허업무를 수행하는 변리사로 취업하는 경우가 많고, 경력이 쌓이면 개업하는 경우도 많다.

■ 변리사가 되려면 어떤 전공이 유리한가요?

- 특허출원/등록이 이공계 분야가 많기 때문에 이공계 관련 학과가 유리하고 법률을 다루므로 법학을 전공하면 유리하다. 시험을 보는 학력이나 나이 제한은 없다.

참고 : 한국직업능력 개발원 커리어넷
http://www.career.go.kr/cnet/front/base/job/jobView.do?SEQ=374#tab1

CHAPTER IV

창업 절차

1. 창업에 대한 정의

창업이란 새로이 회사를 설립하여 사업을 시작하여 운영하는 것을 말한다. 창업 기업의 유형은 중소기업 창업, 벤처기업 창업, 소기업/소상공인, 사회적 기업, 1인 창조기업 등으로 분류할 수 있다. 창업의 종류는 다양하게 있지만, 기술 창업이란 제조업 부분과 지식재산권을 기반으로 하는 창업, 기술을 기반으로 하는 창업을 의미한다.

2. 지식 재산권과 창업

1) 발명에서 창업까지의 절차

발명에서 시작하여 기술 창업까지의 일반적인 절차는 그림 1과 같다. 문제의 발견이 가장 먼저이고, 특허 출원, 사업계획서 작성, 창업 절차로 진행한다. 창업에 대한 지식과 절차를 이해하는 것은 4차 산업 혁명 시대와 미래의 혁신 기술 개발을 통한 창업에 도움이 된다.

1 단계	문제의 발견
2 단계	아이디어 착상
3 단계	특허정보 검색
4 단계	아이디어 구체화하기
5 단계	특허 출원하기
6 단계	투자계획서(지원금 신청) 작성하기
7 단계	사업계획서 작성하기
8 단계	창업하기

그림 1. 문제의 발견에서 창업까지의 절차

(출처 : 창업을 부르는 발명과 특허, p14)

2) 일반적인 제조업 창업 절차

창업은 수익 창출이 가능해야 하므로 창업에 적합한 분야인지를 우선 파악하고, 사업 아이디어를 검토하고 자본을 투자하여 인적·물적 자원을 동원하여 창업한다. 제조업 중심의 창업절차는 그림 2와 같다.

창업 예비 분석	창업자의 능력과 적성, 자원이 창업하기에 충분하지 검토한다.
⬇ 사업 목적 정의	창업의 목적, 사업 운영 방향을 명확히 해야 한다. 사업 목적이 이윤추구인지, 자아실현인지에 따라 업종 선택과 사업 활동이 달라진다.
⬇ 사업 분야 결정/사업 아이디어 모색	창업 성공은 사업 아이템의 유망성, 시장 상황에 따라 달라지므로 충분한 시장 조사가 필요하다. 창업 희망자는 적어도 하나의 기준을 만족시키는 제품을 찾으면 도움이 된다. 현재 만족되지 않은 소비자의 욕구를 만족시킬 수 있는 제품 시장에서 공급이 부족한 제품 기존 제품과 비교하여 가성비(가격대비 성능)가 높은 제품.
⬇ 사업성 분석	시장성, 기술성 및 수익성 분석이 필요하고, 공익관련 사업은 공익성 분석이 필요하다.
⬇ 인적/물적 자원의 조달 가능성과 구성	사업 계획을 세울 때 인적 자원의 구성 및 가능성, 물적 자원의 조달 가능성을 면밀히 검토해야 한다.
⬇ 사업계획서 작성/조직 구성	사업계획을 세울 때 제품 계획, 수익성 계획, 생산 계획 등을 철저히 세워야 하며, 인력 계획도 세워야 한다.
⬇ 사업 개시	토지, 공간, 설비, 생산, 광고 및 판매 활동, 제 투자 계획과 실행 등을 철저히 해야한다.

그림 2. 제조업을 중심으로 한 창업 절차

(출처 : 중소기업창업지원센터 재구성)

3. 4차 산업혁명 및 미래 기술 혁신 창업 분야

4차 산업 혁명 및 미래 기술 혁신 분야의 창업은 지식 재산권을 획득한 후 지식 재산권을 기반으로 컨설팅도 받고, 자금과 인력 지원을 받을 수 있어 창업성공 가능성이 높다. 4차 산업 혁명과 관련된 기술형 창업 적극 지원하고 있는 분야는 아래와 같다

- 4차 산업 혁명 시대 주요 기술 분야인 빅데이터, 사물인터넷, 가상현실 등 신기술을 접목한 기술형 창업.
- 생활 물류 기술형 창업 스타트업
- 창업 초기에는 주문 음식 배달 대행으로 시작해 세탁물, 원룸이사 등 다양한 생활편의 서비스를 제공하는 생활물류 스타트업이 최근 빅데이터, 사물인터넷 등 신기술을 접목해 기술형 창업으로 확산되고 있다.

➲ 4차 산업혁명 벤처, 사물인터넷-로봇 분야가 62% 해당… 자율주행-AI 1% 미만, 규제 내용 파악하고 창업 13%뿐

4차 산업혁명 관련 국내 벤처기업이 가장 많이 다루는 제품 및 서비스는 사물인터넷(IoT) 분야인 것으로 나타났다. 이들이 느끼는 가장 큰 어려움은 '시장 창출' 이었다.
중소기업연구원은 29일 이런 내용을 담은 '4차 산업혁명 관련 벤처기업의 현황과 향후 과제' 보고서를 발표했다. 중기연이 2016년 말 벤처로 인증받은 기업 중 4차 산업혁명 관련 생산품(제품 및 서비스)을 만드는 기업 864곳을 추려 분석한 결과 IoT 관련 기업이 39.4%로 가장 많았다. 이어 로봇(22.5%), 가상현실(VR) 및 증강현실(AR · 6.9%), 빅데이터(6.7%), 3차원(3D) 프린터(6.6%) 순이었다. 자율주행과 인공지능(AI)은 1% 미만으로 이 기술들은 상대적으로 대기업이 주도하고 있기 때문으로 보인다.

이들을 대상으로 창업 전에 규제 사항을 알고 사업을 시작했는지를 설문 조사한 결과 13.1%만이 그렇다고 답했다. 반면 제품 및 서비스 개발 중 알게 되는 경우가 21.0%, 인허가 단계에서 알게 되는 경우가 12.5%, 판매 단계에서 알게 되는 경우가 5.6%였다. 모름 · 무응답이 42.6%로 높았다. 애로사항으로는 시장 창출(41.3%), 전문인력 부재(39.0%), 과도한 규제 및 인증제도(23.6%) 등을 들었다. 스스로 4차 산업혁명에 대응을 못 하고 있다고 답한 기업은 36.3%로, 그 이유로는 투자자금 부족과 전문인력 부족 등을 꼽았다.

4차 산업혁명 관련 벤처기업의 평균 업력은 6.1년으로 전체 벤처기업 평균인 9.9년보다 짧았다. 특히 창업 3년 이하인 신생 벤처 비중이 46.6%로 높았다. 이 기업들의 특허 보유 건수는 평균 2.7건으로 일반 벤처기업(4.5건)보다 적었지만 출원 중인 특허는 4.2건으로 일반 벤처기업(0.8건)보다 많아 잠재력은 높은 것으로 평가됐다. 또 68.7%가 수도권에 위치해 수도권 집중도가 높았고 OO, OO,

> OO 지역 비중은 상대적으로 낮았다.
>
> 이OO 연구위원은 “창업가들이 창업이나 제품 개발 전에 규제 사항을 충분히 알 수 있도록 관련 교육 및 훈련을 받을 수 있게 해야 한다” 며 “인터넷 기반에서 성장한 젊은 세대들이 정책 디자인에도 적극 참여하도록 할 필요가 있다” 고 말했다.
>
> 〈출처 : OO일보 2018-07-30〉

4. 창업에 도움을 받을 수 있는 유관 기관

창업에 도움을 받을 수 있는 기관들이 많이 있는데 창업진흥원, 중소기업 창업지원센터, K-startup, 창조경제혁신센터 등에서 다양하게 지원을 받을 수 있다.

그림 3. 창업진흥원

(출처 : http://www.kised.or.kr/)

그림 4. 중소기업 창업지원센터

(출처: http://bizcommune.co.kr)

그림 5. 창조경제혁신센터

(출처: https://ccei.creativekorea.or.kr/)

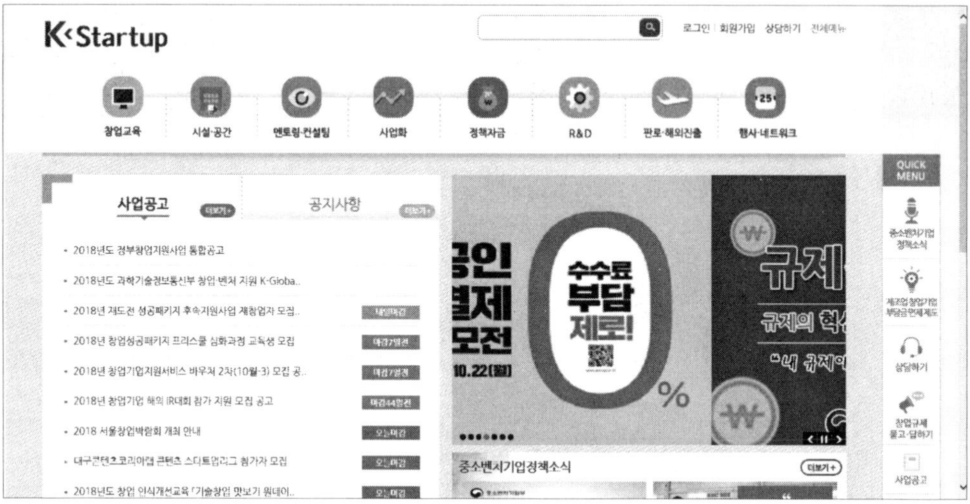

그림 6. K-startup
(출처: ttps://www.k-startup.go.kr)

5. 창업 사업계획서(창업아이템 대회 제안서) 작성 양식 샘플 예)

창업을 위해 사업계획서를 작성하는 것은 상당히 어려운 일이며 중요한 일이다. 중소벤처기업부(창업진흥원) '창업사업화 표준사업계획서 양식'을 참고하여 작성해보면 도움이 될 것이다. 학생들의 창업교육에서 발명 및 창의공학설계 교육을 통한 창업계획서(또는 창업 아이템 대회 제안서)를 간단하게 작성하는 것도 창업을 준비하는 젊은 청년들에게 도움이 될 것이다.

〈창업 사업화 지원 사업 사업계획서 작성 목차〉

항목	세부항목
□ 일반 현황	- 창업 아이템명 등 일반현황 소개
□ 창업아이템 개요(요약)	- 창업아이템 소개, 차별성, 개발경과, 사업화 전략, 성장 전략 등을 요약하여 기술

1. 문제인식 (개발동기) (Problem)	**1-1. 창업아이템의 개발동기** - 창업아이템의 시장 요구(사용자의 욕구) 및 부재로 불편한 점을 혁신적으로 해결하기 위한 방안 등을 기술 **1-2. 창업아이템의 목적(필요성)** - 창업아이템의 필요성 및 국내·외 시장 동향 등 창업아이템이 필요성에 대한 기술
2. 실현가능성 (Solution)	**2-1. 창업아이템의 사업화 전략** - 창업 아이템의 성공을 위한 사업화 전략(추진일정, 제작 등) 기술 **2-2. 창업아이템의 시장분석 및 경쟁력 확보방안** - 창업아이템의 다양한 측면(기능·효용·성분·디자인·스타일 등) 기존과 비교한 차별화 전략 등을 기술
3. 성장전략 (Scale-up)	**3-1. 자금소요 및 조달계획** - 자금의 필요성, 사업비(정부지원금+대응자금(현금))의 적정성을 판단할 수 있는 자금 소요 및 조달 계획 **3-2. 시장진입 및 성과창출 전략** - 내수시장 및 해외 시장 진출 전략 구상, 주 소비자층 분석 등 **3-3. 투자유치 방법, 사업 비 지원 방안 마련 등** - 투자유치 방법, 정부지원금, 창업 사업 비 마련 등 성장 전략을 위한 방안 기술
4. 팀 구성 및 역량 (Team)	**4-1. 창업원들의 역량** - 지식재산권, 경력, 기술력 등 기술 **4-2. 사회적 가치 실천계획** - 양질의 일자리 창출을 위한 사회적 가치 실천계획을 기재

■ 창업아이템 개요(요약)

창업아이템 소개	- 창업 아이템의 핵심기능, 주 소비자층, 아이템의 필요성 등을 중심으로 간략히 기술	
창업아이템의 차별성	- 창업아이템의 차별성 기술(기존의 제품과 비교하거나 없다면 차별화된 기술 설명) - 현재 단계 기술(예: 아이디어, 시제품 제작 중, 프로토타입 개발 완료 등)	
판매 전략	- 국내 외 주 소비층과 목표시장, 판매 전략 등을 간략히 기술	
참고 사진(그림) 또는 설계도	창업 아이템의 참고 사진(그림) 또는 설계도	창업 아이템의 참고 사진(그림) 또는 설계도
	창업 아이템의 참고 사진(그림) 또는 설계도	창업 아이템의 참고 사진(그림) 또는 설계도

출처 : 중소벤처기업부(창업진흥원) '창업사업화 표준사업계획서 양식' 재구성

창업아이템 대회 제안서 (10페이지 이내 작성)

아이디어 명칭	창업 아이템 명 (창업 하고자 하는 아이디어의 명칭, 간단명료하게 표현되는 핵심 명칭 기재)
관련분야	공학(기계, 전기전자, 4차산업혁명~~) 인문, 사회과학
개발 동기 및 창업 아이디어 개요	아이템 개발 동기, 아이템의 개요, 현재 기술의 문제점, 기존의 선행기술조사 내용, 아이디어의 특징을 나타낼 수 있는 스케치, 도면, 참고사진 삽입 등, 특허 출원 계획 등을 자유롭게 작성)
창업 아이템의 실현 가능성	창업 아이템의 실현 가능성(발명을 통한 창업시 기존 회사보다 우수한 효과), 아이템 제품의 경제적·산업적 효과(시장창출, 수입대체, 수출, 비용절감 등)를 객관적인 자료의 근거를 밝히고 작성.
기대효과 및 성장 전략	창업 시 기대 효과와 자금 소요 및 조달 계획(창업 자금, 운영자금 등)

참고문헌

REFERENCE

개인특허출원(2018). http://www.kipo.go.kr/kpo/service/flash/kipo.vm에서 검색함(2018.12.10.)

고온 고압의 스팀 분사장치(2018). 정보넷 키프리스(http://kportal.kipris.or.kr)에서 검색함(2018.12.12.)

디자인·상표등록(2018). http://www.patent.go.kr/jsp/ka/menu/guide/main/GuideMain0207.jsp)에서 검색함(2018.12.10.)

명세서 및 요약서 작성 사례(2018). 특허로. http://www.patent.go.kr/ 에서 검색함(2018.12.12.)

발명(2018). 국립국어원 표준국어대사전. http://stdweb2.korean.go.kr/search/List_dic.jsp에서 검색함(2018.12.12.)

발명(2018). 특허법 http://www.law.go.kr(특허법 [시행 2018.7.18.] [법률 제15582호, 2018.4.17., 일부개정])에서 검색함(2018.12.12.)

발명진흥회(2014). 창업을 부르는 발명과 특허. 발명진흥회, 14.

변리사(2018). 한국직업능력 개발원 커리어넷. http://www.career.go.kr/cnet/front/base/job/jobView.do?SEQ=374#tab1 에서 검색함(2018.12.12.)

산업재산권(2018). 특허청. http://www.kipo.go.kr/kpo/user.tdf?a=user.registration.BoardApp&c=1001&catmenu=m13_01_01_01 에서 검색함(2018.12.12.)

산업재산권 등록(2018). 특허청. http://www.kipo.go.kr/kpo/user.tdf?a=user.registration.BoardApp&c=1001&catmenu=m13_01_01_01 에서 검색함(2018.12.12.)

선행기술조사(2018). 특허로. http://www.patent.go.kr에서 검색함(2018.12.12.)

아이디어 상업화 사례(2018). 1인 창업 성공 사례. 중앙일보, https://news.joins.com/article/23007058에서 검색함(2018.12.10.)

아이디어 상업화 필요성(2018). http://general.ipacademy.net/servlet/BulletinController?cmd=5&sd=IP&ms=495&CNO =6&BNO=182&LNO=341917에서 검색함(2018.12.10.)

저작권법(2017). [시행 2017.3.21.] [법률 제14634호, 2017.3.21., 일부개정. http://www.law.go.kr/%EB%B2%95%EB%A0%B9/%EC%A0%80%EC%9E%91%EA%B6%8C%EB%B2%95에서 검색함(2018.12.12.)

전자출원 따라하기(2018). 특허로. http://www.patent.go.kr/jsp/ka/navigation/NaviStepA.jsp)에서 검색함(2018.12.10.)

전자출원 절차, 특허 출원(2018). 특허로. http://www.patent.go.kr/ 에서 검색함(2018.12.12.)

제조업을 중심으로 한 창업 절차(2018). 중소기업창업지원센터. http://bizcommune.co.kr 에서 검색함 (2018.12.10.)

중소기업 창업지원센터(2018). http://bizcommune.co.kr 에서 검색함(2018.12.10.)

지식재산권(2018). http://terms.naver.com/entry.nhn?docId=9941&mobile&categoryId=128에서 검색함 (2018.12.10.)

창업넷(2018). 창업진흥원의 창업넷 www.changupnet.go.kr에서 검색함(2018.12.10.)

창업사업화 표준사업계획서 양식(2017). 중소벤처기업부(창업진흥원) http://www.kised.or.kr/ 에서 검색함(2018.12.10.)

창업진흥원(2018). https://www.kised.or.kr/ 에서 검색함(2018.12.10.)

창업절차(2018). 중소기업 창업지원센터. http://bizcommune.co.kr에서 검색함(2018.12.10.)

창조경제혁신센터(2018) https://ccei.creativekorea.or.kr/에서 검색함(2018.12.10.)

체크리스트(2011). 순천대학교 교수학습지원센터 Teaching tips.

특허 검색 방법(2018). 특허청 키프리스. http://www.kipris.or.kr 에서 검색함(2018.12.12.)

특허명세서의 구성(2018). 특허청 민원서식. http://www.kipo.go.kr/ 에서 검색함(2018.12.12.)

특허분쟁 사례(2018). 약사공론. http://www.kpanews.co.kr/article/medipharm/show.asp?idx=196490 2018-08-31 에서 검색함(2018.12.10.)

특허분쟁 사례(2018). 파이낸셜뉴스, 2018-04-18, http://www.fnnews.com/news/20180411171033 8835> 에서 검색함(2018.12.10.)

특허/실용신안(2018). http://www.patent.go.kr/jsp/ka/menu/guide/main/GuideMain0207.jsp)에서 검색함 (2018.12.10.)

특허정보검색서비스(2018). 특허청 키프리스. http://www.kipris.or.kr 에서 검색함(2018.12.12.)

특허청(2018). www.kipo.go.kr/kpo/user.tdf?a=user.main.MainApp 에서 검색함(2018.12.10.)

특허 출원 및 심사절차 흐름도(2018). http://www.kipo.go.kr/kpo/user.tdf?a=user.html.HtmlApp&c=10001&catmenu=m04_01_01에서 검색함(2018.12.12.)

특허 출원 따라하기(2018). http://www.patent.go.kr/jsp/ka/menu/guide/main/GuideMain0207.jsp 에서 검색함(2018.12.12.)

희망연결법과 결점연결법(2018). http://www.bizforms.co.kr/magazine/view.asp?page=4&parent_category=5&depth=1&category= 5&view_type=list&export_type=v&number=4564에서 검색함 (2018.12.10.)

K-startup(2018). https://www.k-startup.go.kr에서 검색함(2018.12.10.)

4차 산업혁명 벤처, 사물인터넷-로봇 창업(2018). 동아일보 2018-07-30. http://news.donga.com/3/all/20180729/91297969/1에서 검색함(2018.12.10.)

CHAPTER V

발명과 창의공학설계 수업을 위한 교수·학습법

발명과 창의공학설계 교육에서 많이 활용되는 교수학습법으로는 프로젝트법, 문제해결법, 공학설계, 디자인 싱킹, TRIZ 등이 있다. 각각의 교수-학습법에 대한 소개와 진행 절차를 소개한다.

1. 프로젝트법(Project method)을 활용한 발명 및 창의 공학 설계 진행 절차

- 프로젝트법은 '목적 설정 → 계획 → 실행 → 평가 단계'로 이루어지는 학생 중심의 교수·학습 방법으로 학생 스스로 수행 과제를 선정하고, 실행하는 과정에서 만들어진 산출물을 평가한다(킬패트릭(W. Kilpatrick)의 프로젝트법).
- 프로젝트법은 학생이 문제를 선정하고, 그것을 해결하는 학습법으로 교사는 조력자의 역할을 한다.
- 발명 교육, 창의공학설계, 직업 교육 등에 널리 활용되는 교수·학습 방법이다.
- 프로젝트란 '앞으로 던지다'는 뜻에서 '생각한다', '구상한다'는 의미이다. 즉, 마음속으로 생각하고 있는 것(계획)을 구체적으로 실현하기 위해 수행하는 활동을 말한다.
- 학습자가 자신이 목적을 설정하고, 계획을 세워 그에 따라 실행하고, 결과를 평가하는 과정에서 새로운 지식과 기능을 습득하는 학습 방법이다(이무근, 김재식, 김판욱, 2006).

1) 프로젝트법의 장점

① 학습자 자신이 계획하고 진행함으로 학습에 확실한 동기가 이루어진다.
② 자신이 계획하고 실행하므로 책임감을 훈련시키는데 도움이 된다.
③ 문제 해결 학습 기회를 통해 학교 수업과 실제 생활을 결합시킬 수 있다.
④ 작업 수행을 끝까지 요구하므로 인내심과 수행 후 성취감을 갖게 한다.

2) 프로젝트법의 단점

① 자신의 계획에 의해서 실시되므로, 능력이 부족한 학생들은 힘든 시간이 된다.

② 문제 해결을 위하여 많은 자료와 정보가 필요하고, 부족하면 실패할 수도 있다.

③ 집단 프로젝트 학습의 경우, 일부 우수한 학생이 독점하므로 인하여 협동심을 저하시킬 수 있다.

④ 활동에 자유가 있지만, 무질서해질 수도 있다.

3) 프로젝트법의 진행시 유의점

① 학생의 흥미나 요구를 중요함으로 학습 과정에서 훈련(기능 훈련)이 경시되기 쉽다.

② 조별 활동에 많은 시간이 소요되며, 때로는 학생이 적극적으로 참가하지 못할 수도 있어 조절이 필요하다.

③ 프로젝트 주제는 모든 학생이 좋아하고, 조별(개인별) 능력으로 해결할 수 있는 것을 선택하도록 조언해야 한다.

<표 1>은 프로젝트법의 수행 단계를 학생의 역할과 교사의 역할을 구분하여 보여준다.

〈표 1〉 프로젝트법의 수행 단계

단계	활동	교사
목적 설정	- 학습 목적을 확인하고, 문제를 선택하는 단계.	- 학습자들의 능력과 수업 환경에 맞춘 주제를 선정할 수 있도록 지도.
계획	- 학습 목적에 맞게 효율적으로 수행할 수 있는 수단과 방법을 선정, 검토, 결정하는 단계.	- 실행에 옮기기 전에 계획된 수단과 방법이 올바른지 확인하고, 필요한 경우 수정, 보완 요청.
실행	- 실행으로 옮기는 단계로써, 계획과 달라져 피드백이 필요하며 수정, 보완단계.	- 학습이 원활하게 이루어지도록 환경 조성과 조력. - 실행하는 과정을 통해 흥미와 끈기를 유지할 수 있도록 피드백과 조력.
평가	- 실행 과정의 포트폴리오와 산출물을 평가하는 단계.	- 학습자와 함께 평가하기도 하고, 평가를 통해 학습이 이루어지도록 함.

<표 2>는 프로젝트법의 주별 주요 활동, 교사, 학생활동, 적용된 창의적 사고 기법 등 수업 진행 단계를 보여준다. 그림 1은 프로젝트법으로 수업한 작품 제작 절차를 보여준다.

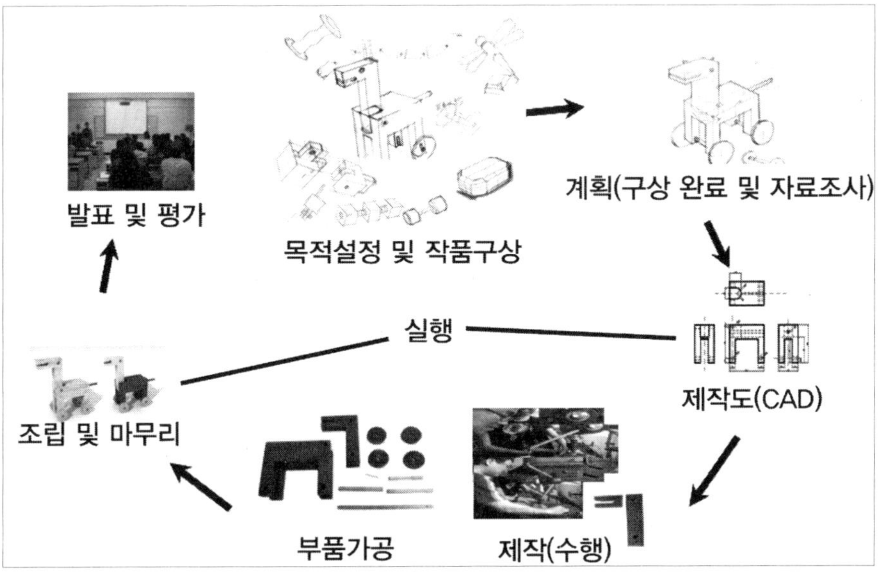

그림 1. 프로젝트법에 의한 작품 제작 진행 절차

〈표 2〉 프로젝트법을 이용한 수업 진행 단계

단계	주요 활동	교사 활동	학생 활동	창의적 사고기법 외
목적 설정 (작품 구상) (1~2차시)	- 프로젝트 학습법 소개 - 인원 편성 - 작품 구상을 위한 토론 - 작품 구상 및 선정	- 프로젝트 학습법 소개 - 인원 편성 안내 (2~5명) - 작품 구상 안내 - 평가방법 소개 - 수행과정 관찰 평가	- 인원 편성 (난이도에 따른 작품 개수 조정) - 작품 구상 - 포트폴리오(가공 작품 구상스케치) 작성	창의적 사고 기법 - 브레인스토밍법 - 체크리스트법 - 문제해결법 - SCAMPER
계획 (구상 완성, 제작도) (3~4 차시)	- 작품 스케치 제출 및 검토 - 필요 재료, 부품, 공구 등 정보 수집 안내 - 제작도 및 인원 결정 - 제작일정 확인 - 계획 작품 수정 및 확인	- 선행 학습 검토 및 확인 (작품 구상 스케치) - 제공하는 재료, 필요부품, 공구 등 안내 - 일정 확인 - 작품 및 인원 결정	- 포트폴리오(가공 작품 구상 스케치)작성 - 재료 등 정보 수집 - 포트폴리오 작성(분담, 일정, 수행절차 등) - 제작 준비	- 포트폴리오 (스케치 및 제작도)

단계	주요 활동	교사 활동	학생 활동	창의적 사고기법 외
실행 (부품가공, 조립) (5~7 차시)	- 작품 제작 수정 및 확인 - 기계, 재료, 공구 등 활용 - 가공 및 제작 일정 확인 - 안전 사항 점검 - 작품 제작 후 조립 완성 - 발표를 위한 준비 및 촬영	- 제작 과정의 유의 사항 안내(시간, 안전사항) - 중간 수행 과정 점검 - 가공 작품 수정 및 확인	- 제작 유의 사항 숙지 - 제품의 제작(제작 시 협동심과 창의성 발휘) - 작품 제작 및 수정 - 발표를 위한 촬영 - 포트폴리오 작성	- 포트 폴리오 (작품 제작 및 수정)
평가 (발표)	- 각 조별 포트폴리오 및 작품 제출(구상, 스케치, 내용, CAD도면, 활동 등) - 각 조별 발표 및 평가 (자기, 동료, 교사)	- 각 조별 포트폴리오 작성 안내 - 평가 과정 안내 - 발표 및 결과물 (자기 및 동료 평가, 교사 평가지)	- 각 조별 평가 자료 제출 및 발표(포트폴리오, 발표자료 및 결과물 제출, 발표) - 동료 평가서 제출	- 포트폴리오(자료 및 결과물) - 자기, 동료, 교사 평가지

<표 3>은 프로젝트법을 이용한 발명 교육에서 특허 출원까지의 활동 및 교육 절차를 보여준다.

〈표 3〉 프로젝트법을 이용한 발명 교육에서 특허 출원까지의 활동 및 교육 절차

단계	교사 활동	학생 활동	발명 교육	비고
목적 설정 (조편성 및 안내)	- 학습 목표 및 프로젝트 절차 안내 - 인원 편성 및 조명 정하기 안내	- 학습 목표 및 프로젝트 전반적인 내용, 제품 만들기 진행 절차 숙지 - 인원 편성(3~4명으로 편성)	- 제품 구상 시 지식 재산권 검색	- 활동 안내문 - 조별로 확인
	- 동기 유발 및 프로젝트 선정 기준 제시 - 선행 학습 및 구상도, 스케치 안내	- 조별 토의 및 구상 아이디어 스케치 작성 확인 받음 - 포트폴리오(제품 구상, 스케치) 작성	- 발명 사고 기법에 의한 구상 스케치 확인	- 학생: 구상 - 교수: 확인 - 포트 폴리오 1
↓ 계획	- 재료, 부품, 공구 등 정보 수집 안내 - 구상 스케치, 제작 일정 확인	- 재료, 공구 등 관련 정보수집 - 구상 스케치 및 제작 일정, 제작도 작성 - 부품 구입 관련 정보 수집 - 포트폴리오 작성	- 지식 재산권 자료 조사 - 제품 수정, 보완	- 포트 폴리오 2 (스케치 및 제작 일정, 제작도)

실행	- 제작 과정의 유의 사항 안내 (수업 외 시간, 안전사항) - 중간 수행 과정 점검	- 제작 과정의 유의 사항 숙지 - 제품 제작(제작도에 따라 협동심과 창의성 발휘) 및 수정 보완 - 포트폴리오 작성	- 제품 수정, 보완 - 지적 재산권 교육 및 자료 준비	- 포트 폴리오 3 (조별 제작)
평가 (발표, 특허출원, 전시)	- 중간 평가 절차 안내 및 발표 평가 - 중간 평가(자기 평가, 교사 평가)	- 중간 평가 자료 제출 및 발표 - 중간 평가를 위한 진행 자료 제출(자기 평가 포함) - 작품 중간 진행 상황 발표	- 중간 발표 - 자료 준비 - 발표 자료	- 발표 자료 - 제품 제작, 일정 확인
	- 특허 명세서 작성 방법 교육 (명세서 작성 및 특허 출원 안내)	- 특허 출원 연습 및 출원 - 명세서 작성 방법 - 특허작성 방법 - 특허 출원 내역서 출력	- 특허 출원 절차 자료 (명세서 작성 방법 등)	- 특허 출원 교육 및 절차 자료 준비
	- 판넬 발표 및 평가 - 발표, 결과물 - 자기 평가, 교사 평가	- 판넬 제작 및 결과물 전시 - 포트폴리오 제출 - 자기 평가, 동료 평가서 제출	- 최종 발표 평가 자료 - 특허 출원 결과물 전시	- 발표 자료 - 포트폴리오 - 보고서 - 평가지 확인

※ 출처 : 김성일(2010). 제조 실습과 발명 교육의 연계를 통한 발명품 제작 사례 연구

2. 문제해결법을 활용한 발명 및 창의공학설계 진행 절차

1) 문제해결법의 정의

학생들 개인 또는 조별로 문제를 확인하고 문제를 해결하는 과정에서 학습이 이루어지도록 하는 학습법이다. 학생 스스로 문제를 해결하게 하고 교사는 꼭 필요한 때만 조력하는 교수학습 방법이다. 듀이의 반성적 사고(reflective thinking)에 기초를 두고 있으며(그림 2 참조) 실제적인 문제를 해결하기 위해 문제를 구체적으로 파악하며 최선의 해결방법을 찾기 위해 반복적(reflective)으로 사고하는 과정이다(김무길, 2004; 류창열, 2006)

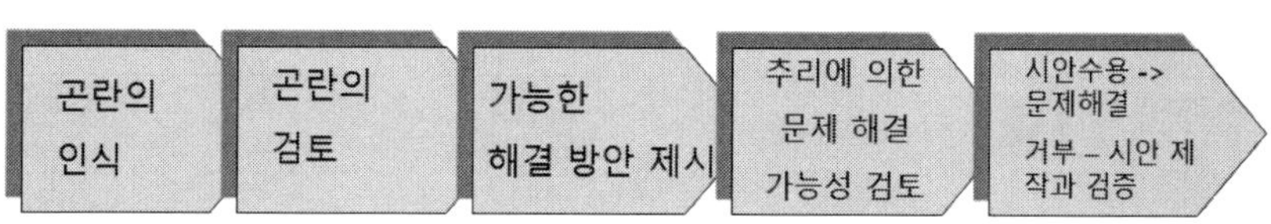

그림 2. 듀이의 반성적 사고(reflective thinking) 과정

2) 기술적 방법으로서 문제 해결 6단계

기술적 방법으로서 문제 해결 6 단계(savage와 sterry, 1990)는 ① 문제 정의 ② 문제 해결 방안 모색 ③ 해결 방안 선정 ④ 해결 방안의 실행 및 평가 ⑤ 해결 방안 수정 ⑥ 해결 방안의 해석과 설명으로 제시하였다.

3) 문제 해결 학습을 위한 문제 해결 단계

<표 4>는 문제 해결법 각 단계에서 교사와 학생의 역할을 보여준다.

〈표 4〉 문제 해결법 각 단계에서 학생 및 교사의 역할

단 계	학생의 역할	교사의 역할
문제의 인식	- 학습자(조별, 개인별)가 문제를 발견하고, 발견한 문제 중에서 선택한다.	- 동기부여가 될 수 있도록 자료를 준비한다. - 학습자들이 문제를 인식할 수 있도록 설명한다.
해결 방안 탐색	- 다양한 해결 방안을 탐색한다.	- 다양한 해결 방안을 얻을 수 있도록 해결 방안 탐색 방법을 설명하여 안내한다.
자료 수집	- 문제 해결에 필요한 관련된 자료를 검색·수집하여 정리한다.	- 해결 방안에 도움 될 자료를 안내한다. - 자료 검색방법과 수집방법을 안내한다.
최적의 해결방안 선정/평가 후 수정·보완	- 다양한 조건(비용, 시간, 제작방법 등)을 고려하여 최적의 해결 방안을 선정한다. - 작품을 스케치하고, 재료표를 작성한다. - 조별로 해결방안, 작품 제작 계획, 일정 계획을 발표한다. - 해결 방안 계획서 발표 후 피드백을 받아 수정·보완한다.	- 최적의 해결 방안을 선정하도록 선정 방법을 안내한다. - 스케치 방법 및 제도법, 재료표 작성 방법을 안내한다. - 해결 방안 계획서 발표에 포함될 사항 및 작품 제작 계획서 작성을 지도한다. - 해결 방안 계획을 확인하고 작품 제작 가능성을 조언한다.

단 계	학생의 역할	교사의 역할
실행 단계	- 작업 계획에 따라 재료, 공구, 기계 등을 확인한다. - 작품 도면을 보면서 제작한다. - 안전에 유의하면서 작업한다. - 제작 과정에 문제가 있으면 수정·보완한다. - 포트폴리오 작성과 보고서를 작성한다.	- 작업 계획을 확인하고 재료, 공구, 기계 등을 준비한다. - 학생들의 제작 활동을 관찰하고 필요시 조언한다. - 제작 과정에 문제가 있는지?, 안전에 유의하면서 작업하고 있는지? 관찰하고 조언한다. - 포트폴리오 및 결과 보고서 작성을 조언한다.
평가 단계	- 문제 해결 과정(포트폴리오) 및 결과 발표, 작품을 동작시킨다. - 해결 방안 제작 과정의 느낌과 새로운 해결 방안에 대해 발표한다. - 전시회를 통해 해결 방안 산출물 및 결과를 설명한다. - 동료 학생들의 문제해결 과정과 발표 결과를 평가한다.	- 문제 해결 과정 포트폴리오 작성 및 결과 발표 자료 작성을 안내한다. - 학생들 스스로 결과물에 대해 수정 보완할 부분을 발견하게 한다. - 전시회 방안에 대해 조언한다. - 교사의 평가를 마친 후 전체 결과에 대해 종합하여 발표한다.

그림 3은 제품 모형 제작에서 문제해결법 6단계(문제 인식 → 다양한 아이디어 탐색 → 최적의 아이디어 선정 → 계획 → 실행 → 평가) 절차로 진행한 사례를 보여준다.

1) 문제 인식 : 창의공학설계나 발명에서 가장 먼저 선행되어야 할 것이 문제가 있다는 것을 인식하는 것이다. 문제 인식 단계에서는 초, 중, 고, 대학생 모두 편리한 방법이 불편한 사항을 열거하는 결점 열거법, 이런 기능이 있었으면 좋겠다는 희망 열거법이 도움이 된다.
2) 다양한 아이디어 탐색 : 문제를 인식하고 이를 해결하기 위한 다양한 아이디어를 얻고자 확산적 사고기법(브레인 스토밍, SCAMPER 등)을 활용한다.
3) 최적의 아이디어 선정 : 다양한 아이디어 중에서 최적의 아이디어를 선정하기 위하여 평가준거를 정한 후 수렴적 사고기법(평가행렬법, PMI 등)을 활용하여 평가 절차에 따라 최적의 아이디어를 선정한다.

> 최적의 아이디어 1~3개를 선정하면서 '특허 검색 및 선행기술조사 교육'을 실시하였다. 특허 및 선행 기술조사를 통해 아이디어를 수정하거나 보완할 수 있는 기회가 된다.

4) 계획 : 작품 설계 및 제작 공정 계획, 제작 일정 계획, 부품 구매 계획, 계획서 발표, 포트폴리오 작성 등 자세한 내용을 계획한다.

> 특허 출원을 위한 지식 재산권 교육과 명세서 작성, 전자 출원을 위한 교육을 실시한다.

5) 실행 : 작품 제작에 필요한 절단, 가공, 조립 등 다양한 기계 및 공구의 사용법 등의 교육과 함께 조언이 필요하다. 작품의 중간 단계에서 중간 발표를 실시한다.

> 아이디어 작품에 대한 명세서 작성, 도면 작성 등을 준비하여 전자 출원을 하고, 보고서, 포트폴리도 등을 완성한다.

6) 평가 : 작품 제작이 완성되면서 보고서 작성, 포트폴리오 작성, 전시회 준비, 평가준비를 실시한다. 평가는 자기 평가, 동료 평가, 교사 평가를 실시한다. 성적과 관련된다면 교사 평가 외에 동료 평가가 도움이 될 수 있다. 동료 평가는 미리 동료 평가를 실시한다는 것을 공지하고 프로젝트를 실시하면 더욱 수업 분위기가 활발해진다.

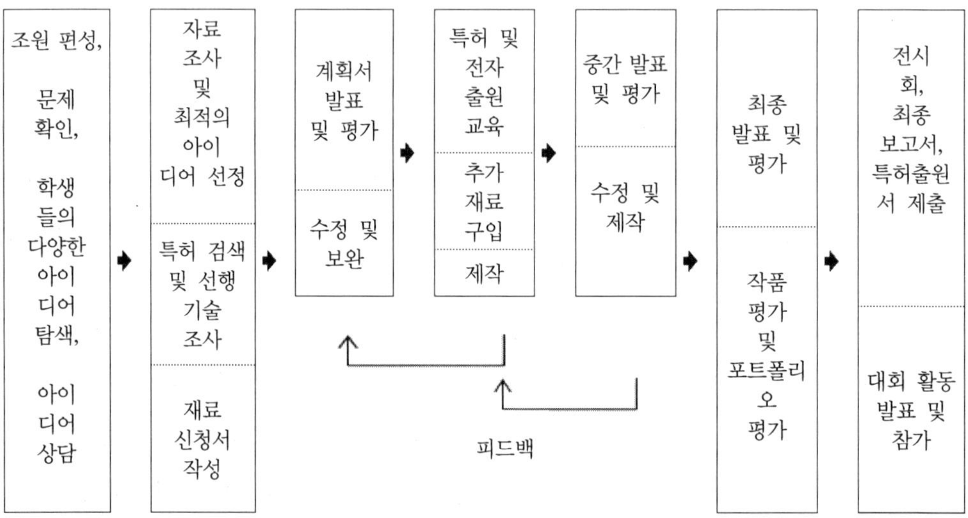

그림 3. 모형 작품 제작에서 문제 해결법에 기반을 둔 특허 출원 수업 절차

3. 공학설계 과정을 활용한 발명 및 창의공학설계 진행 절차

1) 공학 설계 과정

공학설계 과정은 그림 4와 같은 단계를 거친다. 설계과정의 판단을 돕기 위해 STEAM (과학, 기술, 공학, 미술, 수학)의 원리를 적용하면 문제해결에 도움이 된다. <표 5>는 공학설계과정에 대한 자세한 설명이다.

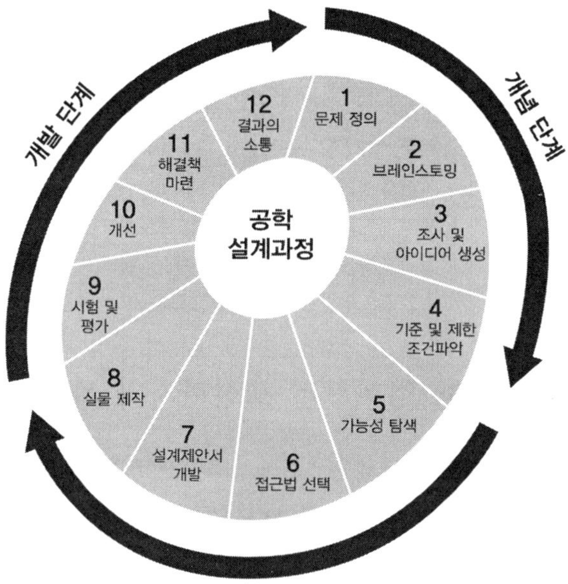

그림 4. 공학설계과정
(출처 : 공학입문, p52)

〈표 5〉 공학설계 단계에 대한 설명

단계	과정	내용
개념 단계	문제 정의	가장 필요한 것을 인식한다. : 소비자의 요구, 제품 개선 등
	다양한 해결책	확산적 사고기법(브레인스토밍 등)을 활용하여 다양한 해결책 마련한다.
	조사 및 아이디어 생성	철저한 자료조사를 통해 다양한 아이디어를 생성한다.
	기준 및 제한 조건 파악	제품 설계 기준과 해결책에 관한 제한조건을 검토하여 설계 지침을 마련한다.

단계	과정	내용
개발 단계	가능성 탐색	해결책을 검토하여 가능성을 평가하는 것이다.
	접근법 선택	여러 개의 해결방법 중 가능성을 평가한 후 최적의 아이디어를 선정하기 위해서 수렴적 기법(평가행렬법 등)을 사용한다.
	제안서 개발	설계 제안서에는 세부도면이 준비되어야 하고 재로 및 제조공정에 대한 지식도 필요하다.
	설계 실물 제작	실물 제작은 설계한 것의 평가를 위해 실물 모형(mock-up)을 만들어 본다.
평가 단계	시험 및 평가	제작과정에 실험(experiment)을 통해, 실험 결과를 기준에 따라 분석하고 평가하는 시험(test)과 설계가 요구조건에 맞는지 평가(evaluation)한다.
	개선	시제품에 대한 소비자 및 평가자의 평가를 통해 수정·보완하거나 재설계를 할 수 있다.
	해결책 마련	설계를 마치고 생산 공정에서도 수정이 되면서 해결책을 마련한다.
	결과의 소통	해결 과정의 결과를 기록(포트폴리오, 보고서 등)으로 남겨 놓고, 포장, 영업의 판매까지도 논의해야 한다.

2) 신제품 개발에서 문제 정의부터 생산까지의 과정

신제품의 개발에서 생산을 위한 단계는 '문제 정의 → 개념 설계 → 제품 설계 → 시제품 개발 → 생산'으로 볼 수 있고 자세한 내용은 아래와 같다(<표 6> 참조).

〈표 6〉 공학설계 단계에 대한 설명

단계	설명
문제 정의	문제가 무엇인가? 소비자의 요구는? 새로운 아이디어 제품? 등 문제가 무엇인가를 인식하는 것이다 - 이어폰의 개발에서 문제 정의의 예시 유선으로 된 이어폰은 줄이 엉기고 가지고 다니기에 불편하다. 또한 두 명이 같이 음악을 들으려면 거리가 가까워야 하므로 불편하다. 어떻게 하면 좋을까?
⬇	
개념 설계	문제가 정의된 후 해결 방법의 가능성, 해결방법 평가 등을 실시한다. 제품 개발에 있어서 제조 비용 부분은 개념 설계에 따라 결정된다. - 이어폰의 개발에서 개념 설계의 예시 누가 주로 사용할 것인가? 가격은 어느 정도 선으로 해야 할까? 어떤 기능은 넣어서 만들어야 할까? 무선 또는 유선? 등의 개략적인 개념을 잡는다.

⬇

제품 설계 (상세 설계)	- 개념 설계에 바탕을 두고, 설계 한 제품이 생산될 수 있도록 제품에 대한 성능, 디자인, 재료 및 제작 비용, 제품 상세 도면, 인증 등 다양한 분석과 설계 및 조사가 필요하다. 제한 조건 : 이어폰과 핸드폰 사이의 거리, 이어폰을 낀 두 사람 사이의 거리 - 제품 설계에서는 최적화가 되어야 하는데 이는 최고의 성능이면서 값은 싸게 설계하는 것을 말하며 최적 설계라고 한다. 무선으로 하고, 근접한 거리에서도 사용할 수 있는 블루투스로 한다. 분실이 되지 않도록 하는 설계는 쉽게 열고 닫고 고리를 만들어 옷에 걸거나 가방에 걸 수 있는 구조, 귀에 잘 맞는 디자인, 전파인증, 크기, 비용 등 다양한 부분에서 최적 설계가 필요하다.
⬇	
시제품 개발	- 제품 설계에 바탕을 두고 시제품을 개발한다. - 제품 개발 평가 기준에 맞는 평가를 실시하고, 그 결과를 피드백하여 수정·보완한다. - 사용자의 테스트 결과를 받아 수정·보완한다.
⬇	
생산	- 생산을 위한 공정 설계, 생산 설계 등을 실시한다. - 최적의 생산을 위한 비용 분석과 제품 제작을 위한 부품 조달 등 납기에 맞출 수 있는 다양한 조건을 분석하고 보완한 후 생산한다.

4. 디자인 싱킹(Design Thinking) 활용한 발명 및 창의공학설계 진행 절차

1) 디자인 싱킹의 정의

디자인 싱킹이란 외형적 디자인이 아닌 혁신을 이끌어내기 위한 디자인적인 사고를 통해서 문제의 본질을 명확히 파악하고, 협업 등을 활용해 개선사항을 도출해 내는 문제 해결는 방법 중의 하나이다. 디자인 싱킹이란 용어를 처음으로 사용한 로저마틴(Roger L. Martin, 경영학교수)은 “디자인 싱킹이란 단계적으로 지식이 심화될 수 있도록 분석과 직관의 통합적 사고방법이며, 경영과 디자이너 사고가 공존하는 것이다.” IDEO(디자인 컨설팅 회사)가 디자인싱킹을 대중화하는데 기여하였으며, 스탠포드 대학교 d. school을 통해 확산되었다.

2) 도입 사례 및 교육 사례

디자인 싱킹은 디자이너들의 작업 과정이나 방식에서 나온 것이지만, 여러 가지 문제 해결을 위한 창의적 과정으로 인식되면서, 각 기업에서는 브랜드나 비즈니스를 이끌기 위한 혁신 도구로 사용하고 있다. 디자인 싱킹을 도입한 글로벌 기업은 구글, IBM, SAP, 에어비앤비, 제너럴일렉트릭(GE) 등이 있다. 교육 기관은 미국 스탠퍼드대, 독일 포츠담대, 캐나다 토론토대 등과 최근 국내 대학, 각급 학교 교육에서도'디자인 싱킹'을 문제 해결 방법으로 많이 활용하고 있는 추세이다.

3) 디자인 싱킹 절차(스탠포드대, 5단계 : EDIPT)

스탠포드 대학교 디자인 스쿨(2010)의 디자인 사고 5단계 모형에 대한 설명은 <표 7>과 같고, 발명과 창의공학설계에서 문제를 확인하는데 1단계 공감 하기와 2단계 문제 정의하기 워크시트(그림 5)를 참고하여 진행하면 도움이 된다.

〈표 7〉 스탠포드 대학교 디자인 스쿨(2010)의 디자인 사고 5단계 모형

단계	내 용
공감하기 (Empathize)	- 공감하기 단계는 사용자의 불편에 공감하는 것으로, 대상자의 '요구'를 파악하기 위하여 인터뷰와 관찰을 한다. - '요구'를 알아내기 위해서는 인터뷰는 동사로 문의하고, 다양한 '요구'가 나올 수 있도록 효과적인 질문이 필요하다. - 'What', 'Why', 'How' 등의 질문 형식으로 하고, 좋은 것보다는 가장 적합한 것부터 결정한다.
정의하기 (Define)	- 정의 단계는 문제가 무엇인지를 명확하게 인식하기 위해서 공감하기 단계에서의 결과를 종합한다. - 대상자의 공통 특성을 모아서 가상의 인물(페르소나)를 설정하고 페르소나의 입장에서 불편함, 고민 등을 찾아내고 왜 그런지 여러 단계로 다시 분석한다. - 'What'으로 원인을 찾고, 'Why'로 질문을 하므로 문제의 원인을 찾아 문제를 정의한다.

단계	내 용
아이디어 발상하기 (Ideate)	- 아이디어 발상은 시간을 정하고, 확산적 사고기법(예, 브레인스토밍 등)을 활용하여 노트나 포스트 잇을 활용하여 많은 아이디어 수집한다. - 다양한 아이디어는 새로운 아이디어가 될 수 있다는 것을 알려준다.
시제품 만들기 (Prototype)	- 최적의 아이디어를 찾아 시제품을 만든다. - 시제품(새로운 아이디어)을 만들면서 수정, 보완을 한다. - 제작이 구체화되면서 해결방법도 빨라진다.
평가하기 (Test)	- 사용자의 테스트를 받는다. - 사용자의 피드백을 통해 수정, 보완 후 최종 해결책을 선정한다.

➲ 문제 정의 하기(Problem definition)란?

정보를 수집하고 분석해서 근본 원인을 밝히고, 이를 해결할 수 있는 문제를 찾아내는 것으로, 표면에 드러나 인식된 문제가 아닌 근본 원인을 내포하고 있는 진짜 문제를 정의하여야 도움이 된다. 문제를 어떻게 정의하느냐에 따라서 해결 방안의 질이 달라진다. 문제의 핵심을 파악하지 못하면 시행 착오를 경험할 수 있고 문제 해결에 실패할 가능성이 높다.

■ 디자인 싱킹 워크 시트

주제 : ~~~~~을(를) 디자인 하라 (예 : 지갑)

직접 그리기(3분)

※ 여기에 당신의 아이디어를 스케치하라.

새로운 미션 : 사용자를 위한 유용하고 의미있는 ~~~ 을(를) 디자인 하시오.
공감을 얻기 위한 시작

■ 공감하기 : 사용자의 입장에서 생각하기

1. 인터뷰: 8분(4분씩 2회)

인터뷰 메모하기

1. 깊게 들어가기: 6분(3분씩 2회)

두 번째 인터뷰 메모하기

■ 문제 정의하기 : 공감단계에서 얻어진 통찰을 바탕으로 의사결정을 수행하는 수렴적 사고 단계

3. 발견한 것 기록하기 : 3분

원하는 것 : 사용자가 무엇을 원하는가?
동사를 사용하여 말하기

통찰력 : 사용자의 감정과 동기에 대한 새로운 학습. 인터뷰를 통해서 얻은 것은 ?

4. 문제 정의하기 : 8분(4분씩 2회)

______________________은(는)
파트너의 이름 또는 사용자 등

______________ 를(을) 해결하는 것이
'What', 'How' (파트너의 요구)

필요하다.

왜냐하면(또는 "그러나 ~" 또는 "놀랍게도~")
(단어 하나를 선택)

______________ 때문이다.
'Why' (통찰력)

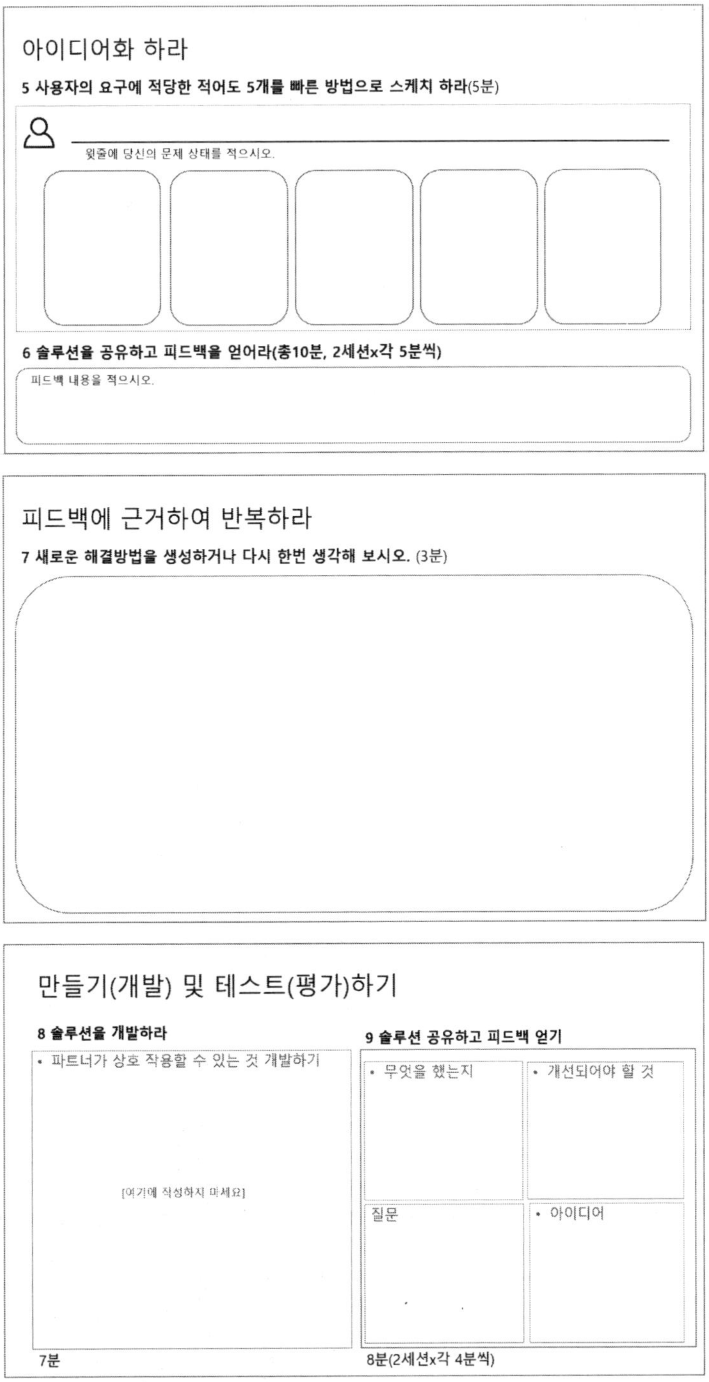

그림 5. 디자인 스쿨의 디자인 씽킹 워크 시트

■ 디자인 싱킹 수업 사례(Bird house 디자인 및 시제품 제작)

스탠포드 대학교 디자인 스쿨(2010)의 디자인 사고 5단계 모형

단계	내 용
공감하기 (Empathize)	- 공감하기 단계는 사용자의 불편에 공감하는 것으로, 대상자의 '요구'를 파악하기 위하여 인터뷰와 관찰을 한다. - '요구'를 알아내기 위해서는 인터뷰는 동사로 문의하고, 다양한 '요구' 나올 수 있도록 효과적인 질문이 필요하다. - 'What', 'Why', 'How' 등의 질문 형식으로 하고 좋은 것보다는 가장 적합한 것부터 결정한다.
정의하기 (Define)	- 정의 단계는 문제가 무엇인지를 명확하게 인식하기 위해서 공감하기 단계에서의 결과를 종합한다. - 대상자의 공통 특성을 모아서 가상의 인물(페르소나)를 설정하고 페르소나의 입장에서 불편함, 고민 등을 찾아내고 왜 그런지 여러 단계로 다시 분석한다. - 'What'으로 원인을 찾고, 'Why'로 질문을 하므로 문제의 원인을 찾아 문제를 정의한다.
아이디어 발상하기 (Ideate)	- 아이디어 발상은 시간을 정하고, 확산적 사고기법(예, 브레인스토밍 등)을 활용하여 노트나 포스트 잇을 활용하여 많은 아이디어 수집한다. - 다양한 아이디어는 새로운 아이디어가 될 수 있다는 것을 알려준다.

시제품 제작하기 → 평가하기

새들이 좋아하고 쉴 수 있는 새집(Bird house)을 디자인 하라

직접 그리기(3분)

• 여기에 당신의 아이디어를 스케치하라

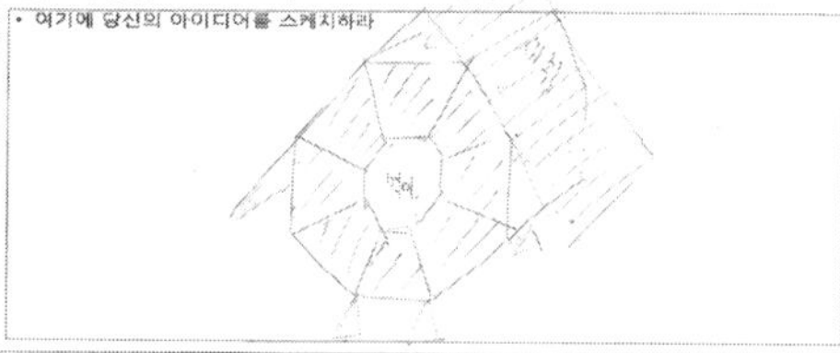

새로운 미션 : 새들이 좋아하고 쉴 수 있는 새집(Bird House)을 디자인 하시오.

■ 공감하기 (새의 입장에서 새집을 생각하기)

1. 인터뷰: 8분(4분씩 2회) :역할 교환 및 반복인터뷰

인터뷰 메모하기

2. 깊게 들어가기: 6분(3분씩 2회):역할 교환 및 반복인터뷰

두 번째 인터뷰 메모하기

디자인 씽킹 워크 시트 문제 정의하기 예) 나 새는 이런 새집을 원한다. 새를 위해 어떻게 만들어야 하지 ? 사람중심의 생각, 새들이 좋아할 새집 생각 ?사람이 원하는 것이 무엇인가를 물어보고(공감) 이것은 괜찮은가 물어본다.

■ 문제 정의하기 : 공감단계에서 얻어진 통찰을 바탕으로 의사결정을 수행하는 수렴적 사고

3. 발견한 것 기록하기 : 3분

원하는 것 : 사용자(파트너)가 무엇을 원하는지? 동사를 사용하여 말하기

통찰력 : 사용자(파트너)의 느낌과 동기에 대한 새롭게 알게 된 것, 인터뷰를 통해서 당신이 알게 된 것은?

4. 문제 정의하기 : 8분(4분씩 2회)

______ 은(는)
파트너의 이름 또는 사용자 등

______ (방법적 요구)를(을) 해결하는 것이
'What', 'How'(파트너의 요구)
필요하다.

왜냐하면(이유는) (또는"그러나~" 또는 "놀랍게도~") (단어 하나를 선택)

______ 때문이다.
'Why' (통찰력)

아이디어화 하라

5 사용자의 요구에 적당한 적어도 5개를 빠른 방법으로 스케치 하라(5분)

윗줄에 당신의 문제 상태를 적으시오.

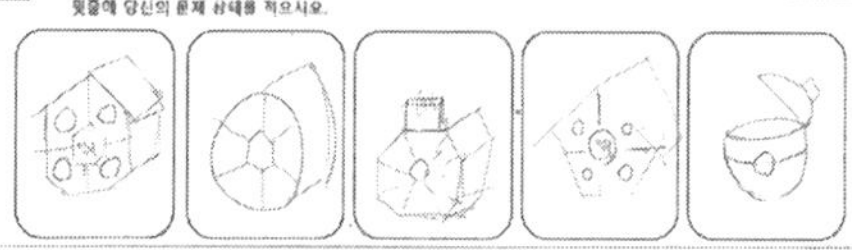

6 솔루션을 공유하고 피드백을 얻어라(총10분, 2세션x각 5분씩)

피드백 내용을 적으시오.

피드백에 근거하여 반복하라

7 새로운 해결방법을 생성하거나 다시 한번 생각해 보시오. (3분)

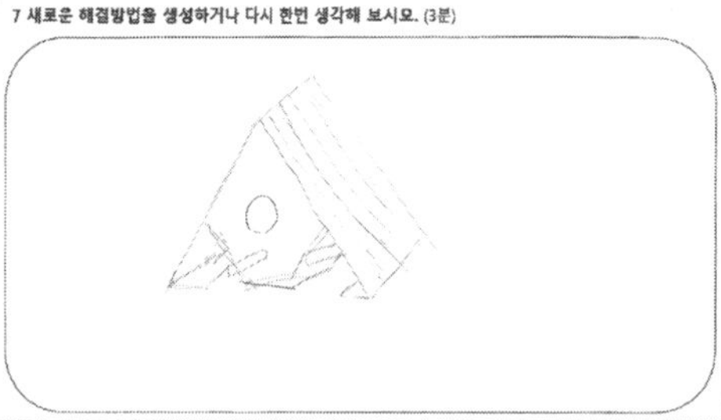

만들기(개발) 및 테스트(평가)하기

8 솔루션을 개발하라

• 파트너가 상호 작용할 수 있는 것 개발하기

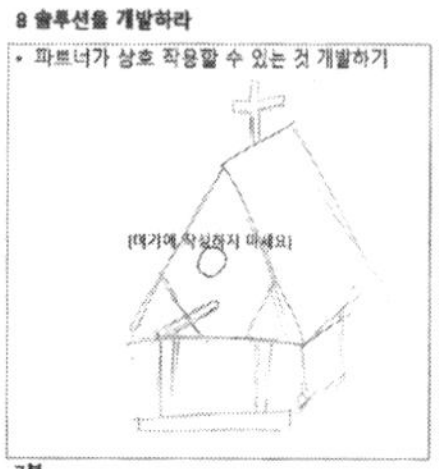

7분

9 솔루션 공유하고 피드백 얻기

• 무엇을 했는지	• 개선되어야 할 것
질문	• 아이디어

8분(2세션x각 4분씩)

➲ 디자인 싱킹 성공 기업 사례 : 에어비앤비(Air BNB)

공감 → 문제정의 → 아이디어 도출 → 시제작 → 사용자 테스트
'디자인 싱킹'은 다양한 문제해결 위한 창의적 과정 고객 니즈 파악 · 혁신 통해 비즈니스 전략 수립해야

디자인 싱킹을 활용한 에어비앤비 사례.

샌프란시스코에서 세 청년이 창업한 에어비앤비는 기업가치가 수백억달러에 이르는데 10년도 걸리지 않는 세계적인 숙박서비스 업체가 되었다. 숙박시설을 하나도 소유하고 있으면서 글로벌 호텔업체들 보다도 기업 가치가 더 높다. 이러한 이유는 여행자들이 시설을 좋으면서 저렴한 숙소를 찾고 있다는 것을 알고 인터넷을 통해 여행자들이 호텔보다 저렴한 숙소를 얻을 수 있고, 세계 여러 나라의 집(방) 주인들은 남는 방이나 집을 여행자에게 빌려줘 수익을 올리도록 한다는 공유 경제를 기반으로 한 새로운 사업 모델이다. 에어비앤비도 파산이 우려되던 때가 있었지만 디자인 싱킹이 어려움 극복에 큰 도움이 되었다. 그 과정을 살펴보자.

공감하기: 팀 멤버들은 수입이 늘지 않는 사이트를 유심히 살펴보고, 사진이 좋지 않은 숙소는 고객들이 선호하지 않을 것 같다는 의견으로 모아졌다.

↓

문제정의하기 : 사진이 좋지 않은 이유는 숙소의 주인이 화질이 좋지 않은 휴대폰이나 다른 사이트의 화질이 좋지 않은 이미지 사진이었기 때문이다.

↓

아이디어 도출 : 가까운 곳의 숙소 주인들과 의견과 정보를 나누는 시간을 보낸 후 기존의 화질이 좋지 않은 사진들과 이미지 사진들을 해상도가 높은 카메라로 사진을 찍어 바꾸기로 하였다.

↓

시제품 제작 : 팀원들은 가까이 있는 숙소를 찾아가서 제시된 아이디어대로 사진의 품질을 높였다.

↓

테스트 : 사진을 교체한 뒤 1주일 뒤 주당 수입이 올랐다. 회사 설립 후 몇 개월 만에 첫 성장이다. 이후 에어비앤비는 창의적인 아이디어를 실행하면서 데이터에 의존하기 보다는 아이디어가 비즈니스에 어떤 영향 주는지를 검토하고 실행하는 것을 반복 하였다.

에어비앤비가 초기의 어려움을 극복하지 못했다면 소리없이 사라지는 신생 기업 중 하나가 됐을 것이다. 에어비앤비는 디자인 싱킹을 통해서 문제를 사용자와 고객 관점에서 이해하고 풀어감으로써 여러 나라나 여러 곳을 여행하고자 계획하는 사람에게 떠올리는 세계적인 숙박서비스 업체가 될 수 있었다.

〈출처 : 한국경제신문 http://news.hankyung.com/article/2017020942581〉

5. TRIZ(트리즈)를 활용한 발명 및 창의공학설계 진행 절차

1) TRIZ(트리즈)의 정의

러시아의 알츠슐러(G. Altshuller, 1926-1998)에 의해 연구되기 시작한 TRIZ는 '창의적 문제해결 이론'을 뜻하는 러시아어의 영어식 읽기 표현(이론(Teoriya), 해결(Reshniya), 발명(Izobretatelskikh), 문제(Zadatch))의 머리 글자를 딴 용어로서, 기술, 발명, 기술 혁신 분야의 창의적인 문제해결을 위해 도움이 되는 문제해결 이론이다.

TRIZ에서 추구하고자 하는 문제 해결 방법은 해결책의 질을 해치지 않고 많은 시행착오와 심리적 관성 없이 해결을 위해 조사 영역을 줄이는 것으로 강력한 발명원칙과 다른 분야의 지식들을 이용하여 모순을 해결한다. TRIZ는 공학 분야를 넘어 여러 분야에 응용 되고 있다.

TRIZ에서 기술적 문제해결은 문제가 발생된 근본 모순을 찾아내 이를 해결할 수 있는 방안을 찾는 것으로 알트슐러 박사가 전 세계의 창의적인 특허를 분석한 결과로 얻은 40가지 원리 통해 문제 해결을 위한 방안을 찾을 수 있어 초·중등, 대학, 일반인들의 발명 교육에도 적용할 수 있다.

어떤 문제의 모순과 시간, 공간 분리 원리 등을 통해 문제를 창의적(일정 트리즈가 정한 방법, 순서에 의해)으로 해결해주는 기법이다. <표 8>은 TRIZ의 모순 분류 및 해법에 대한 설명이다.

2) TRIZ의 문제 특성 파악 표준 문제 해결 원리

TRIZ의 표준 문제 해결책은 3가지(모순, 물질 상호작용, 달성해야 할 유익한 기능)로 분류하며 모순 2가지는 기술적 모순(Technical Contradiction)과 물리적 모순(Physical Contradiction)으로 분류하며 해법을 보여준다(<표 8>참조). 물질 상호 작용은 물질-장 분석(su-field analysis)과 76가지 표준해(standard solution)로 해결책을 제시하고, 달성해야 할 유익한 기능(function)은 각종 자연 효과(Effects)로 해결책을 제시한다. 비표준 문제 해결은 ARIZ로, 미래 예측 시스템은 기술 진화의 법칙(Law of Technology Evolution)으로 해결책을 제시한다.

〈표 8〉 TRIZ의 모순 분류 및 해법

모순 분류	해법 제시
기술적 모순(Technical Contradiction) : 어떤 한 가지 특성을 개선하면 다른 특성은 악화 되는 경우(예, 무게를 늘리면 길이가 커진다).	40가지 발명원리(40 inventive Principles)와 39가지 표준 특징(특허를 분석하여 기술적으로 모순이 되는 요소를 일반화 함 : 행은 개선에 필요한 특징, 열은 악화되는 특징을 나타냄)으로 해결.
물리적 모순(Physical Contradiction) : 한 가지 변수가 서로 다른 값을 동시에 가져야 하는 경우.	분리의 원리(Separation Principles) 1. 시간에 의한 분리 (Separation in Time) 2. 공간에 의한 분리 (Separation in Space) 3. 전체와 부분에 의한 분리(Separation in Scale) 4. 조건에 의한 분리(Separation in Condition)

■ **발명 및 창의공학설계에서 기술적 모순을 해결하기 위한 TRIZ 40가지 원리 적용 단계**

단계	내용
1 단계	해결이나 개선해야 할 문제가 무엇인지 기록한다.
2 단계	문제 중에서 개선하여야 할 것이 무엇인지 정의한다.
3 단계	개선하여야 할 것을 39가지 기술 특성(Parameter)에서 선택한다(<표 9>참조).
4 단계	개선하기 위하여 선택한 기술 특성을 찾는다.
5 단계	개선하고자 할 때 악화되는 부분이 무엇인지 찾는다.
6 단계	39가지 기술 특성 중 악화되는 특성을 선택한다.
7 단계	모순을 해결하기 위해 모순표(Contradiction Table)의 박스 안에 있는 제시하는 발명원리(40개) 중에서 해당되는 원리(박스안의 숫자)들을 찾는다.
8 단계	박스안의 숫자인 40개의 발명 원리들로부터 적용 아이디어를 도출한다.

- 발명 및 창의공학설계 교육에서 물리적 모순을 해결하기 위한 TRIZ 40가지 원리를 적용하는 단계에서 <표 9>는 특허자료를 분석한 39가지의 기술적 특성이고, <표 10>은 40가지의 발명 원리이다.

〈표 9〉 모순을 일으키는 기술적 특성(Parameter) 39가지

1) Weight of moving object(이동 물체의 무게)	21) Power(파워, 동력)
2) Weight of binding object(정지 물체의 무게)	22) Waste of energy(에너지 손실)
3) Length of moving object(이동 물체의 길이)	23) Waste of substance(물질의 손실)
4) Length of binding object(정지 물체의 길이)	24) Loss of information(정보의 손실)
5) Area of moving object(이동 물체의 면적)	25) Waste of time(시간의 소비)
6) Area of binding object(정지 물체의 면적)	26) Amount of substance(물질의 양)
7) Volume of moving object(이동 물체의 부피)	27) Reliability(신뢰성)
8) Volume of binding object(정지 물체의 부피)	28) Accuracy of measurement(측정의 정확도)
9) Speed(빠르기, 속력)	29) Accuracy of manufacturing(제조의 정밀도)
10) Force(힘)	30) Harmful factors acting on object(가해지는 부작용)
11) Tension, Pressure, Stress(인장강도, 압력, 응력)	31) Harmful side effects(발생된 부작용)
12) Shape(형상)	32) Manufacturability(제조의 편의성)
13) Stability of object (물체의 구조적, 상태적 안정성)	33) Convenience of use(조작/사용의 편이성)
14) Strength(강도)	34) Repairability(수리의 용이성/보전성)
15) Durability of moving object(이동 물체 동작의 지속)	35) Adaptability(적응능력)
16) Durability of binding object(정지 물체 동작의 지속)	36) Complexity of device(장치의 복잡성)
17) Temperature(온도)	37) Complexity of control(측정/통제의 복잡성)
18) Brightness(밝기)	38) Level of automation(자동화의 정도)
19) Energy spent by moving object(이동 물체의 에너지 소비)	39) Productivity(생산성)
20) Energy spent by binding object(정지 물체의 에너지 소비)	

〈표 10〉 40가지의 발명 원리

1) Division(분할)	21) Rushing Through(초고속 실행/서두르기)
2) Extraction(제거/추출/분리)	22) Blessing in disguise(전화 위복)
3) Local Quality(국소적인 성질, 부분 품질 최적화)	23) Feedback(피드백)
4) Asymmetry(비대칭)	24) Mediator(매개체 사용)
5) Consolidation(병합/합병)	25) Self Service(셀프 서비스)
6) Universality(범용성/다용도)	26) Copying(복사/복제/대체)
7) Nesting(끼워넣기, 포개기)	27) Cheap disposables(값싼 1회 용품)
8) Counterweight(균형/평형추, 상승효과)	28) Mechanical interaction substitution, use of fields (기계적인 시스템을 변경)
9) Preliminary Counteraction(선행 반대조치)	29) Pneumatics and hydraulics(공압 및 수압)

10) Preliminary Action(선행 조치)	30) Flexible shells and thin films(유연한 막과 얇은 필름)
11) Compensation(사전보상)	31) Porous Materials(다공질 소재)
12) Equipotentiality(높이 맞추기)	32) Changing the color(색상 변화)
13) Reverse(역 발상/다른 길로 돌아가기)	33) Homogeneity(동질성)
14) Sphericity(곡선/곡면/곡률 증가)	34) Discarding and recovering(폐기/재생)
15) Dynamicity(다이나믹 성/역동성)	35) Parameter changes(파라미터 변경)
16) Partial or Excess or actions(조금 적게 하기)	36) Phase transitions(상태전이)
17) Change Dimension(다른 차원)	37) Thermal expansion(열 팽창)
18) Mechanical vibration(기계적 진동)	38) Accelerated oxidation (가속산화/강산화제)
19) Periodic action(주기적 조치)	39) Inert atmosphere(불활성 환경)
20) Continuity of useful action(유용한 작용의 지속)	40) Composite Materials(복합 및 다층재료 이용)

<표 11>은 발명 또는 창의공학설계 교육에서 트리즈(TRIZ)의 물리적 모순을 해결하기 위한 각 단계별 학생과 교사의 역할이다. 그림 6은 기술적인 모순 행렬 풀이 절차를 보여준다.

〈표 11〉 발명 및 창의공학설계 교육에서 트리즈(TRIZ)의 기술적 모순 해결 단계별 역할

단 계	교사의 역할	학생의 역할
문제 상황	- 트리즈(TRIZ)의 모순에 대해 설명한다. 물리적 모순의 예로 풍력 발전의 성능의 향상을 향상시키기 위한 방법을 찾아보자	- 풍력 발전의 성능의 향상을 위해서는 날개의 크기를 늘리는 것이 필요하다. 바람이 잘 부는 곳에 설치한다.
모순원리 찾기	- 크기를 늘려서 개선하기 위해서는 악화되는 특성이 무엇인지 찾아보자. 39가지 행렬표를 보고 찾아보자.	- 39가지 행렬표를 보고 찾아보고, 날개의 크기를 크기하면 악화되는 특성은 날개 무게가 무거워진다.
개선하면 악화되는 특성 찾기 (39가지 행렬표)	- 행렬표에서 개선을 하기 위해서는 악화되는 특성을 찾아보면 번호가 있다. 이 번호가 40가지 발명원리임을 설명한다(그림 6 자료 참조).	- 39가지 행렬표에서 길이를 늘리면(1번) 악화되는 특성은 무게가 무거워진다(3번). 발명 원리는 4가지가 있다.
발명원리 찾기 (40가지 발명원리)	- 40가지 발명원리 중에서 4개의 번호가 있는데 이 번호에 해당하는 발명원리를 찾아보자.	- 발명 원리 4가지 8번 : 균형 15번 : 다이나믹성/역동성 29번 : 공압 및 수압 34번 : 폐기/재생

단 계	교사의 역할	학생의 역할
발명원리를 적용하여 해결방안 찾기	- 4가지의 발명 원리를 이용하여 재료와 이러한 재료를 이용해서 만드는 방법을 찾아보자.	- 기존의 것을 폐기하고, 균형과 다이나믹함을 유지하려면 가벼운 재료의 사용과 제작 방법을 공압이나 수압을 사용한다.
해결방안을 기반으로 제작하는 방법 찾기	- 길이를 크게 만들고 강하게 하려면 재료가 무엇이며, 어떻게 만들면 될까? 가벼운 재료를 찾아보고 제작 방법도 찾아보도록 조언한다.	- 기존의 재료(유리 섬유 강화 플라스틱)를 사용한다. - 다른 재료(탄소섬유)를 사용하여 크게 만들면 되는데 균형과 다이나믹성이 떨어지지 않도록 공압을 이용한 진공 성형법으로 제작하면 좋겠다.

- 개선하고자 할 때는 39가지의 모순 행렬 테이블에서 개선하고자 하는 특징과 악화되는 특징을 확인

- 행 : 개선하고자 할 때 악화되는 특징
- 열 : 개선하고자 하는 특징

(예 : 움직이는 물체의 길이(풍력발전기 날개 길이)를 늘리면(개선하고자 하는 특징) 움직이는 물체의 무게가 증가함)

1. 이동 물체의 무게
2. 정지 물체의 무게
3. 이동 물체의 길이

~

39. 생산성

- 해당 좌표에 표시된 숫자 확인
  (해당좌표의 숫자는 TRIZ에서 문제해결을 위한 40가지 발명원리에서 확인)
- 길이를 늘리고자 할 때 무게는 줄이기 위해서는 균형, 역동성, 공압 및 수압, 폐기/재생 원리를 적용 → 해결책은 재료의 변경과 제작 방법의 변경으로 해결

모순행렬 : 39가지 표준 특징 (특허를 분석하여 기술적으로 모순이 되는 요소를 단순화 함.

악화되는 특징(1~39가지)

개선하고자 하는 특징(39가지)

	악화되는 특징	이동 물체의 무게	정지 물체의 무게	이동 물체의 길이
개선하고자 하는 특징		1	2	3
이동 물체의 무게	1		***	15, 8, 29, 34
정지 물체의 무게	2	***		
이동 물체의 길이	3	8, 15, 29, 34	***	
정지 물체의 길이	4		35, 28 40,2 9	***

40가지 발명 원리 <표 10> 참조
8 : 균형
15 : 역동성
29 : 공압 및 수압
34 : 폐기/재생

그림 6. 기술적 모순 해결 풀이 절차(Technical Contradiction Matrix Solution Procedure)

■ **발명 교육에 물리적 모순을 해결하기 위한 TRIZ 40가지 원리를 적용을 위한 단계 예**

(1) 문제 상황 : 출입문 사이에 손이 끼어 다친 상황

① 교사활동
- 모순의 예를 설명한다.
- 개선하고자 할 때 악화되는 특성을 분류한 39가지 행렬을 설명한다.
- 40가지 발명 원리 중 문제 상황에 맞는 한 가지를 설명한다.

② 교사활동
- 활동 수준에 맞도록 40가지 원리 중 사례를 들어 쉽게 설명하고 또 하나의 사례를 찾아보도록 한다.

③ 학생 활동
- 해당 원리를 해당하는 또 다른 사례 찾아본다.

④ 교사 활동
- 40가지 원리 중 선택한 원리를 적용할 수 있는 문제 상황을 제시하고 해결 방안을 찾아보라고 한다.

⑤ 학생 활동
- 선택한 해당 원리를 적용하여 문제의 해결방안을 찾아본다.

(2) 문제를 찾는 단계

① 문제 재정의 : 왜 출입문 사이에 손이 끼어서 다치는 사고가 많이 발생하는 것일까? 문이 견고하지 않으면 다치지 않는데, 문은 견고하므로 그 사이에 손이 끼이면 다친다.

② 모순 찾기 : 문의 기능을 하기 위해서 문은 견고해야 한다. 하지만 문을 열고 닫을 때 다치지 않기 위해서 문사이에 손에 끼지 않도록 간격이 있어야 한다. 그런데 간격이 있으면 바람이나 비가 들어온다. 이런 모순이 있다. 그러면 어떻게 해야 하는가?

③ 모순의 종류를 찾는다 : 분리의 원리에서 찾는다(시간과 공간에 의한 분리).
시간적으로는 손이 끼일 때는 부드러우며, 안 낄 때는 막혀져 있어야 한다.
공간적으로는 손이 끼일 수 있는 곳은 부드럽고, 끼지 않는 곳은 견고하게 한다.

④ 해결 : 모순과 공간분리에 의해서 손이 끼일 수 있는 곳에 바람과 비를 막을 수 있는 고무를 덧붙여 손일 끼일 경우에도 다치지 않도록 한다.

■ 내용 요약 및 정리하기

참고문헌

REFERENCE

김무길(2014). 존 듀이 교육론의 재조명. 한국학술정보 : 서울.

김성일(2010) 제조 실습과 발명 교육의 연계를 통한 발명품 제작 사례 연구- 예비 교사를 대상으로- . 한국기술교육학회지, 10(1), 147-164.

김성일 외(2018), 예비기술교사를 대상으로 한 사물인터넷 기반의 모형 제작 수업에 대한 인식 및 '스마트 농장' 제작 사례 분석. 대한공업교육학회 43(1). 158-176.

디자인싱킹(2018). https://ko.wikipedia.org/wiki/디자인_싱킹에서 검색함(2018.12.10.)

디자인싱킹 성공 기업 사례(2018). 한국경제신문. http://news.hankyung.com/article/2017020942581에서 검색함(2018. 12.10).

디자인싱킹 워크시트(2018). https://dschool.stanford.edu에서 검색함(2018.12.10.)

디자인싱킹 역사(2016). 국가인재원, 창의적 인재양성을 위한 SW디자인싱킹 교육 실시-5급신임관리자 대상 협업의 중요성과 창의적 사고능력 배양에 집중- 인사혁신처 보도자료.

류창열(2006). 기술교육원론. 충남대학교 출판부. 316-323.

문끼임 해결방안 TRIZ(2018). http://hong-agit.tistory.com/74에서 검색함(2018.12.10.)

배원병, 임오강, 김종식역(2014). 공학입문. 북스힐: 서울. 52. (원저 George Rogers, Michale Wright, Ben Yates(2015) Gateway to Engineering 2nd Edition. Cengage Learning Korea Ltd.)

송은진 역(2014). 스탠퍼드 대학의 디자인 씽킹 강의 노트. 인서트: 서울.

스탠포드 대학교 디자인 스쿨(2010). https://dschool.stanford.edu 에서 검색함(2018.12.10.)

이무근, 김재식, 김판욱(2006). 실기교육 방법론. 교육과학사, 219-259.

조경덕 역(2003). 창조력 사전. 매일경제신문사.

최유현(2017). 기술교육론 학습학적 이론과 실천. 형설출판사. 84-153.

특허청, 한국발명진흥회(2018). 교사를 위한 발명과 지식재산 교육의 이해. 발명교사인증제 2급 표준교재. 박문각: 서울.

특허청, 한국발명진흥회(2018). (교사를 위한) 발명과 지식재산 교육의 실제. 발명교사인증제 1급 표준교재, 박문각: 서울.

TRIZ(2018). 사단법인 한국TRIZ협회 http://www.triz.or.kr/에서 검색함(2018.12.10.)

TRIZ(2018). https://ko.wikipedia.org/wiki/TRIZ 에서 검색함(2018.12.10.)

기초제도

1. 제도의 개요

제품을 만들고자 할 때에는 보통 제품의 도면을 보고 제작한다. 따라서 도면은 만들고자 하는 사람들과 만드는 사람들이 정해진 약속대로 도형이나 기호 등 여러 가지 사항을 규정해 놓아 의사전달이 올바르게 될 수 있도록 규칙이 필요하다. 이러한 규칙이 제도 통칙이다. 우리나라에서는 KS A 0005에 규정되어 있다.

1) 제도

프리핸드는 제도 용구를 사용하지 않고 그리는 것을 말한다. **제도**는 여러 가지 제도 용구를 사용하여 제도 규칙에 따라 제도용지에 그림을 그리는 과정을 말한다. 도면은 제도 규정에 따라 선, 문자, 부호, 치수 등으로 제품의 모양, 크기 및 기능 등을 그리는 것을 말하며, 다른 사람들이 보더라도 내용을 정확하게 이해할 수 있도록 작성해야 한다.

2) 도면의 종류

도면은 분류하는 방법은 주로 사용 목적, 내용에 따라 분류한다. 사용 목적에 따른 분류는 설계자가 구상한 계획도, 비용을 기록한 견적도, 물품을 가공하기 위한 공정도, 조립도나 부품도에서 필요한 부분을 상세하게 나타낸 상세도, 주문에 필요한 주문도, 물품을 주문한 사람에게 받는 승인도, 제품의 원리나 기능 등을 나타낸 설명도 등이 있다.

내용에 따른 분류로는 기계나 장치를 제작할 때 부품의 조립상태를 보여주는 **조립도**와 **부품도**가 포함된 **제작도**, 물체나 구조물을 펼친 **전개도**, 제도용구를 사용하지 않고 프리핸드로 그린 스케치도 등이 있다.

3) 표준

표준은 통일된 규범을 만드는 것을 말하며, 제품의 표준화를 통해서 품질의 향상, 호환성 등 생산성 향상에 많은 도움이 되고 있다. 한국산업표준(Korean Industrial Standards, KS A 3001)에서 **표준화**란 "관계되는 사람들 사이에서 이익이나 관리가 공정하게 얻어지도록 규격을 통일하고 단순화할 목적으로 물체, 성능, 능력, 동작절차, 방법, 수속, 책임, 의무 사고 방법 등을 결정하는 조직적인 행위" 라고 정의하고 있다.

〈표 1〉 각 나라의 표준 명칭 및 기호

명칭	표준기호
국제표준화기구 (International Organization for Standardization)	ISO
한국 산업 표준 (Korean Industrial Standards)	KS
일본 공업 표준 (Japanese Industrial Standards)	JIS
미국 표준 (American National Standards Institute)	ANSI
독일 표준(Deputsches Institut fur Normung e.V.)	DIN

국제 표준화를 위해 국제표준화기구(ISO)는 세계 각국의 대표들로 이루어진 국제기구로, 나라마다 다른 산업 및 통상 표준을 조정·심의하고 통일한다. <표 1>은 각 나라의 표준 명칭 및 기호이며, <표 2>는 한국산업규격(KS)의 부문별 분류 기호 몇 가지이다.

〈표 2〉 한국산업규격(KS)의 부문별 분류 기호

분류기호	KS A	KS B	KS C	KS F
부문	기본	기계	전기전자	건설

4) 도면의 크기

제도 용지의 세로와 가로의 비는 1 : $\sqrt{2}$ 이며, A0 용지는 841 mm×1189 mm, A1 용지는 594 mm×841 mm, A2 용지는 420 mm×594 mm이다. 많이 사용하는 A3, A4 도면 용지에 대한 자세한 사항은 <표 3>과 같다.

〈표 3〉 A3, A4 도면의 크기와 윤곽선의 치수(단위 : mm)

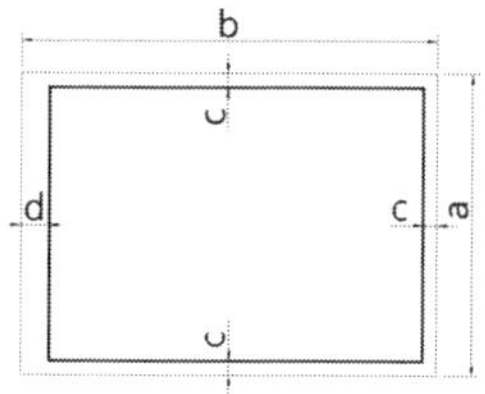

크기의 호칭	크기 (b×a)	c (최소)	d (철하지 않을 때 최소)	d (철할 때 최소)
A3	420×297	10	10	25
A4	297×210	10	10	25

5) 도면의 양식

도면에서 꼭 그려야 할 사항은 윤곽선, 표제란, 중심 마크이다. 윤곽선은 도면이 그려지는 영역을 명확히 표시하는 것으로 굵은 실선으로 그린다. 표제란은 오른쪽 아래 윤곽선에 붙여서 그린다. 표제란은 도면에 관련된 내용을 기입하는 곳으로 회사에 따라 다르나 투상법(1, 3각법), 척도, 도면 이름(도명), 도면 작성일, 도면 번호(도번), 제도자 및 검도자 이름 등을 기입한다. 중심마크는 도면을 사진 촬영, 복사 등의 작업을 할 때 도면의 정확한 위치를 표시하기 위해 상하 좌우 4곳의 중심에 굵은 실선으로 그린다.

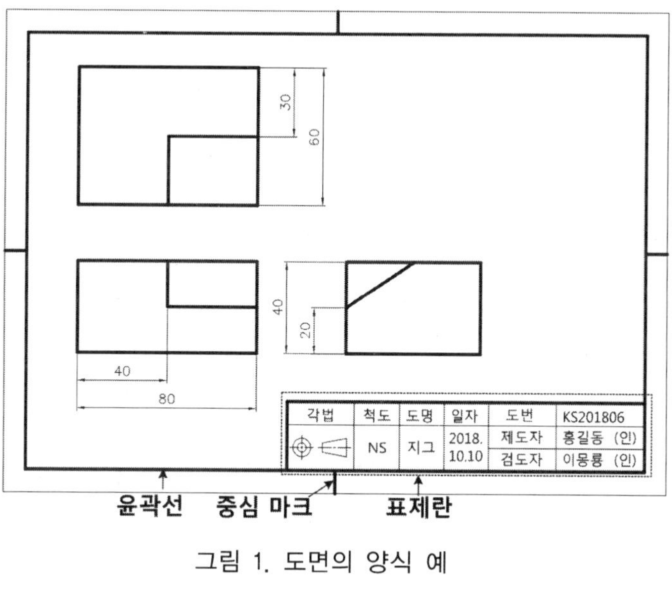

그림 1. 도면의 양식 예

6) 척도

척도의 종류는 그림 2와 같이 축척은 실물보다 축소, 현척은 실물과 같은 크기, 배척은 실물보다 확대하는 것이다. 척도의 종류로는 <표 4>와 같이 축척, 현척(실척), 배척으로 나타낸다. 척도는 표제란에 기입하며, 축척이나 배척의 경우에도 도면의 치수는 실제 치수를 기입한다.

> 'NS(not to scale, 비례척이 아님)'의 의미 : 도면의 척도가 비례척이 아닌 경우를 의미한다. 확대나 축소할 때는 정해진 척도가 아닌 비율로 확대나 축소할 때 사용한다.

척도 A : B = 도면에서의 크기 : 물체의 실제 크기

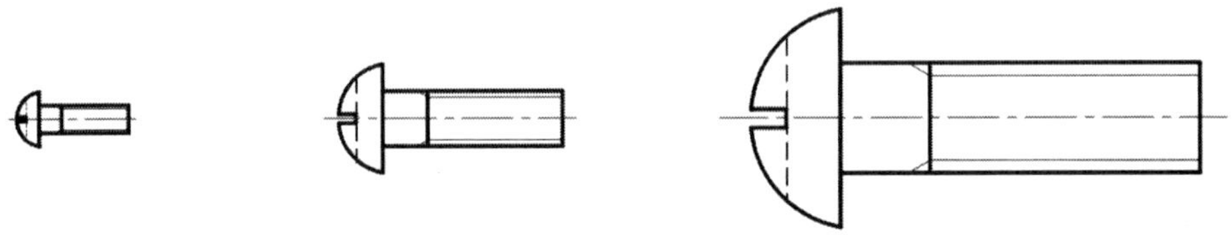

척도 1 : 2(축척)　　척도 1 : 1(실제 크기)　　척도 2 : 1(배척)

그림 2. 나사의 척도(축척, 현척, 배척)의 보기

〈표 4〉 제도에서 사용하는 척도

척도의 종류	비율	대상물
축척	1 : 2　1 : 5　1 : 10　1 : 20　1 : 50　1 : 100 1 : 200　1 : 500　1 : 1000 1 : 2000　1 : 5000　1 : 10000	대형기계, 자동차, 건축물 등
현척	1 : 1	실척이라고도 함
배척	2 : 1　5 : 1　10 : 1　20 : 1　50 : 1	정밀 부품 등

7) 선의 종류

선의 굵기는 0.13, 0.18, 0.25, 0.35, 0.5, 0.7, 1, 1.4, 2mm 중 도면의 크기에 따라 선택한다(KS A 0109). 예) 가는 선(0.35mm)의 2배 비율은 굵은 선(0.7mm), 4배 비율은 아주 굵은 선(1.4mm)으로 하는 것이 좋다. CAD에서는 물체의 크기에 따라 선의 두께를 변경하여 출력하기도 한다.

(1) 선의 종류에 따른 용도

선의 종류에 따른 선의 명칭과 용도는 <표 5>와 같다. 제도를 할 때 적합한 선으로 선택해야 이해가 될 수 있으므로 꼭 지켜야 한다.

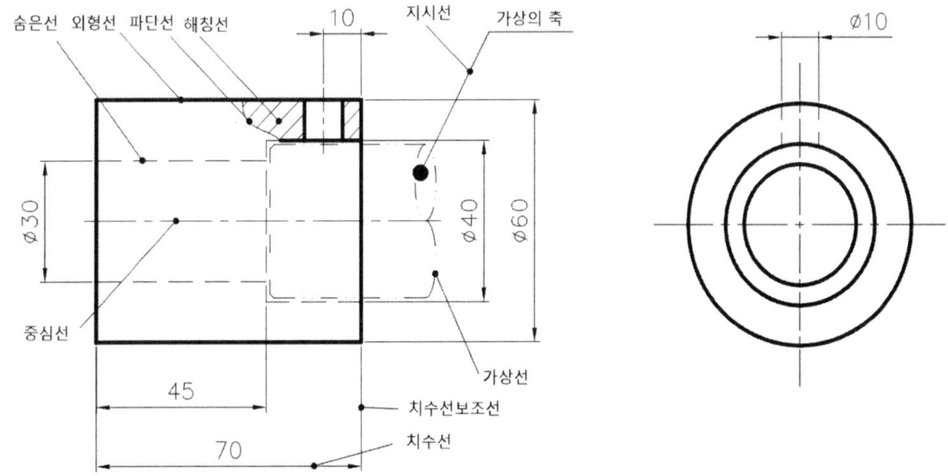

그림 3. 선의 종류와 명칭

〈표 5〉 선의 종류에 따른 용도

<table>
<tr><th colspan="3">선의 종류</th><th>선의 명칭</th><th>용도</th></tr>
<tr><td rowspan="6">실선</td><td>굵은실선</td><td></td><td>외형선</td><td>물체의 외형을 그리는 선</td></tr>
<tr><td rowspan="5">가는실선</td><td rowspan="3"></td><td>치수
보조선</td><td>치수를 기입하기 위해 도형에서 인출한 선</td></tr>
<tr><td>치수선</td><td>물체의 치수를 기입할 때 사용하는 선</td></tr>
<tr><td>지시선</td><td>지시, 기호 등을 나타내기 위해 도형에서 인출한 선</td></tr>
<tr><td></td><td>파단선</td><td>물체를 임의로 절단한 곳이나 중간 생략 부분을 그리는 선</td></tr>
<tr><td></td><td>해칭선</td><td>물체의 절단 단면임을 보여주는 선</td></tr>
<tr><td>파선</td><td>파선</td><td></td><td>숨은선</td><td>물체의 보이지 않는 부분을 나타낸 선</td></tr>
<tr><td rowspan="2">쇄선</td><td>1점 쇄선</td><td></td><td>중심선</td><td>도형의 중심임을 나타낸 선</td></tr>
<tr><td>2점 쇄선</td><td></td><td>가상선</td><td>- 물체가 이동할 수 있는 범위를 나타낸 선
- 인접한 부분을 참고로 표시하는 선
- 공구, 지그 등의 위치를 참고로 표시하는 선</td></tr>
</table>

(2) 선의 우선 순위

도면에 여러 개의 선이 겹치는 경우는 선의 우선 순위(외형선> 숨은선> 절단선> 중심선 > 무게 중심선 > 치수 보조선)에 따라 선을 그린다. 굵은선과 실선을 우선으로 그린다고 생각하면 된다.

(3) 치수 기입 방법 및 치수 보조 기호 표기법

- 물체의 크기나 가공할 위치의 치수를 기입할 때는 그림 4와 같이 치수 보조선, 지시선, 치수선, 화살표 등을 이용하여 치수를 기입한다.
- 치수 보조 기호는 치수의 의미를 명확하게 나타내기 위하여 치수 숫자 앞에 기입한다.
- 길이의 단위는 밀리미터(mm), 각도의 단위는 도(°)를 사용한다.
- 물체가 정사각형인 경우에는 그림 5와 같이 투상도의 한 곳에 정사각형이라는 치수 보조 기호(□)와 한 변의 치수를 기입한다(예, □ 30).
- 입체도에서는 사각형이 평면으로 보이지만, 정투상도에서는 평면인지 곡면인지를 알

수 없을 경우, 평면임을 나타내기 위해서는 정투상도의 사각형에 가는 실선으로 대각선(예, ⊠)을 그린다.

- 치수 보조기호 표기는 <표 6>과 같이 표기한다.

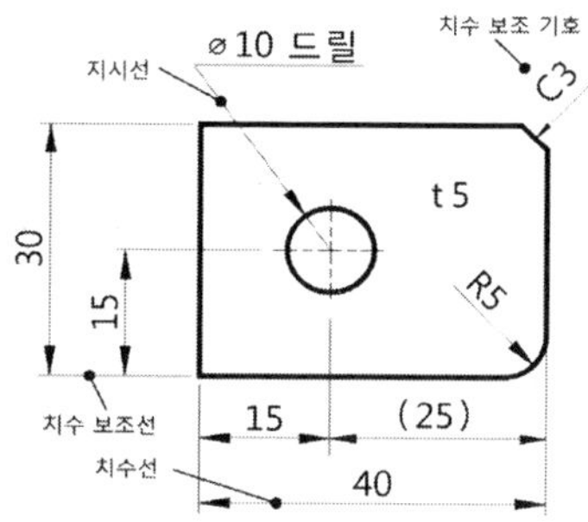

그림 4. 치수 기입의 요소

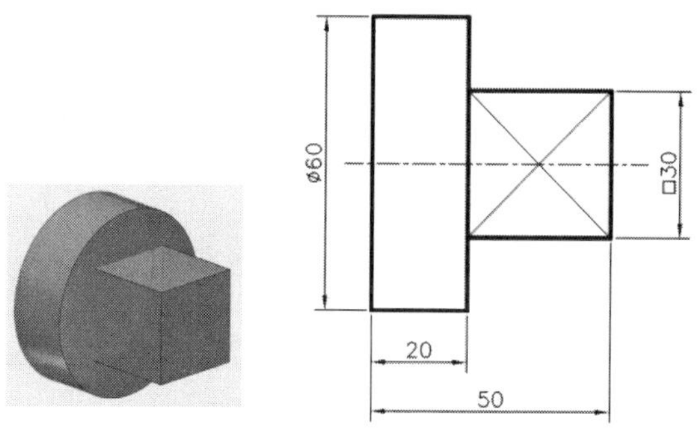

그림 5. 평면(⊠) 및 정사각형(□) 표기 방법

〈표 6〉 치수 보조 기호 표기법

치수 보조 내용	기호	표기법	치수 보조 내용	기호	표기법
지름	Ø(파이)	Ø10	판의 두께	t(티)	t5
반지름(모깍기)	R(알)	R5	정사각형 한 변의 길이	□ (사각형)	□30
45° 모따기	C(씨)	C3	참고 치수	( ) 괄호	(25)

2. 치수 기입 원칙

물체의 크기를 표시하는데 치수를 사용하고, 그림 6과 같이 크기 치수는 길이, 높이, 넓이를 표시하고, 위치는 각도로 표시한다.

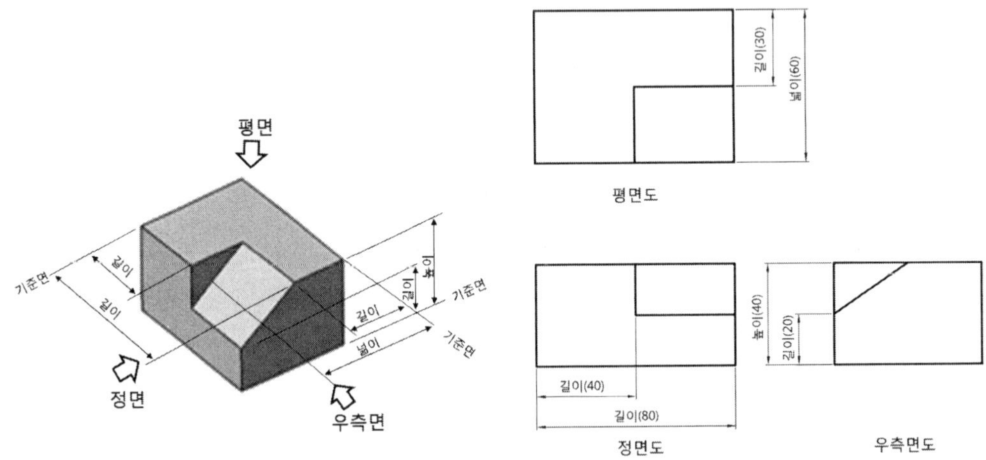

그림 6. 물체의 크기 표시 방법

1) 치수 기입 원칙

(1) 치수는 크기, 위치 등을 가장 명확하게 표시될 수 있도록 기입하고, 될 수 있는 대로 그림 7과 같이 주 투상도에 기입한다. 치수는 다른 투상도의 치수와 중복되지 않도록 기입한다.

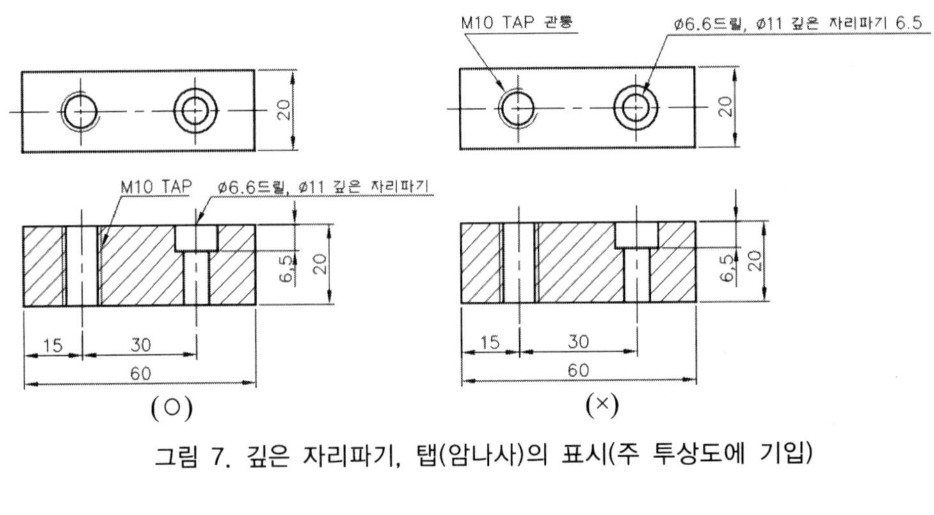

그림 7. 깊은 자리파기, 탭(암나사)의 표시(주 투상도에 기입)

(3) 치수는 되도록 계산할 필요가 없도록 기입하고, 서로 관련되는 치수는 되도록 한 것에 모아 기입하며, 중복되지 않도록 한다. 참고치수는 수치에 괄호를 붙인다(그림 8, 그림 9).

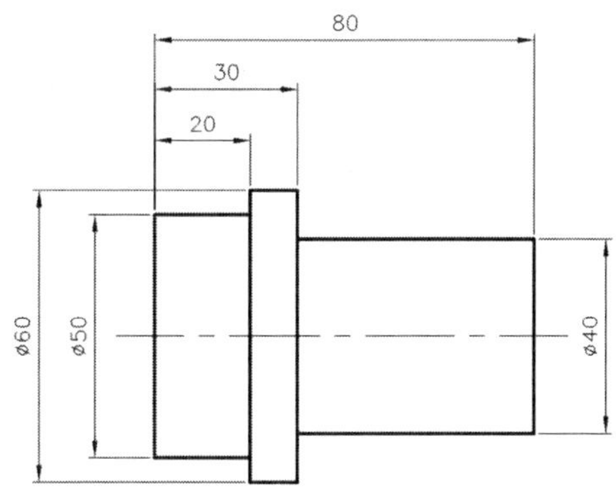

그림 8. 모아서 치수기입

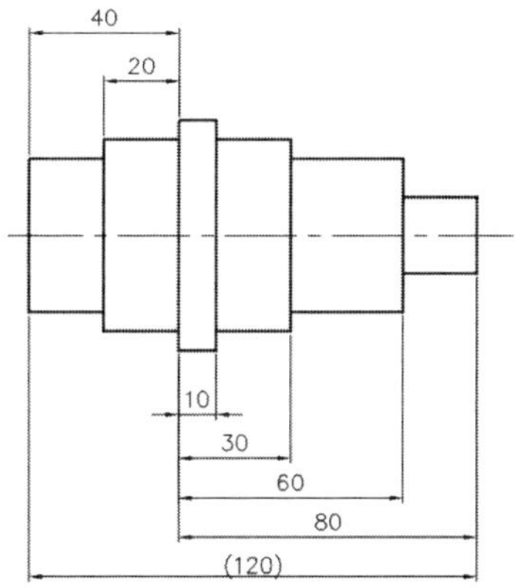

그림 9. 면을 기준으로 하는 치수 기입과 참고 치수기입

(4) 치수는 제작, 조립 등을 위하여 기준이 되는 점, 선 또는 면을 기준으로 하여 기입한다(그림 9 참조).

(5) 치수 수치를 기입하는 위치와 방향

- 치수 수치는 치수선이 수평인 경우에는 위쪽 중앙에, 수직인 경우에는 치수선의 왼쪽 중앙에 위치하도록 한다(그림 8).

- 세로면의 다른 기입방법은 치수선의 중간에 치수선을 절단한 곳에 기입하는 방법(그림 10) 등이 있다.
- 세로 치수는 CAD에 따라서 자동으로 수직이나 수평으로 기입되기도 한다.
- 치수는 치수선을 중단하기 않고 치수선을 따라서 그 위쪽 중앙에 약간 띄어서 기입하는 것이 좋다.
- 치수선이나 치수보조선이 치수와 겹칠 경우는 치수가 잘 보이도록 중간에 선을 절단하는 것이 좋다.

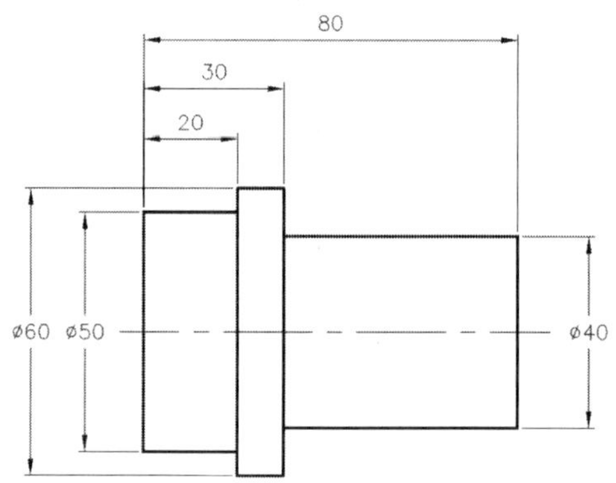

그림 10. 세로방향 수평 치수기입

(6) 경사면의 치수기입 방법은 치수선의 위쪽에 기입한다. 그림 11은 도형의 중심을 기준으로 같은 치수임으로 중복하지 않도록 참고치수 기입방법 (예, (50))으로 기입하는 것이 좋다.

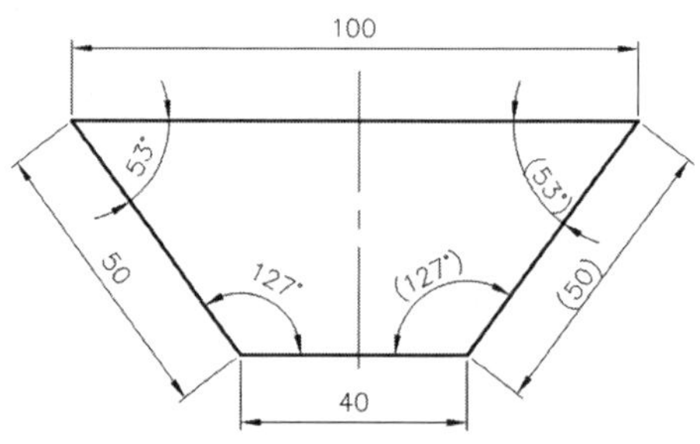

그림 11. 좌우 대칭과 경사면의 치수 수치 기입 방법

(7) 일정한 간격으로 같은 형상이 있을 경우, 직렬로 치수를 기입하는 방법(그림 12)과 병렬로 치수를 기입하는 방법(그림 13)이 있다. 병렬로 하는 경우는 원의 위치를 기준점에서 정확하게 가공해야 한다는 의미이다.

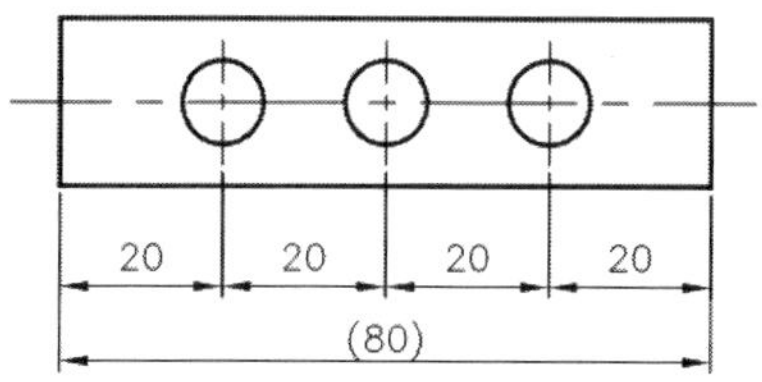

그림 12. 직렬 치수 기입

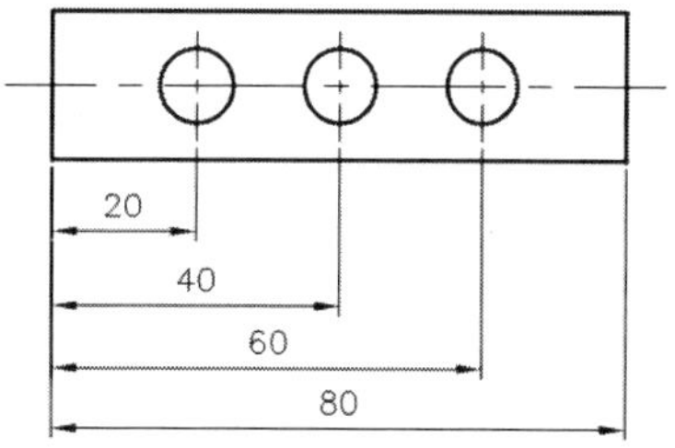

그림 13. 병렬 치수 기입

(8) 여러 개의 구멍이 같은 치수로 있을 때에는 그림 14와 같이 첫째, 둘째 구멍과 맨 마지막 구멍만을 그리고 나머지 구멍은 중심선만 그린다. 길이가 길 때는 파단선을 긋고 치수만 기입한다.

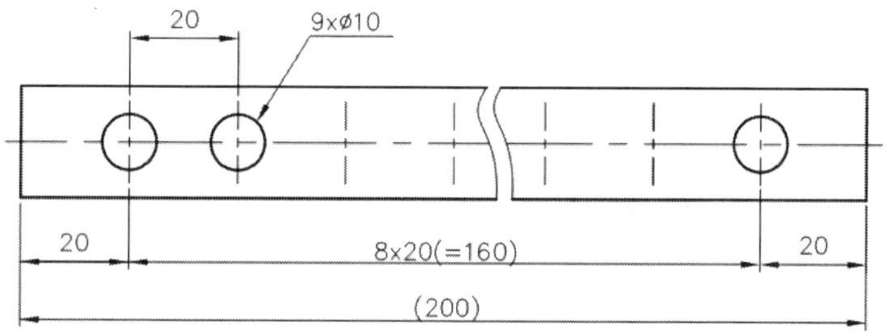

그림 14. 여러 개의 구멍이 같은 치수로 되어 있을 때 치수 기입 방법

(9) 키 홈과 같은 긴 구멍의 표시법은 그림 15와 같이 3가지 방법이 있으며, 모서리의 모따기(Chamfer)표시법도 그림 16과 같이 3가지 방법으로 표현한다.

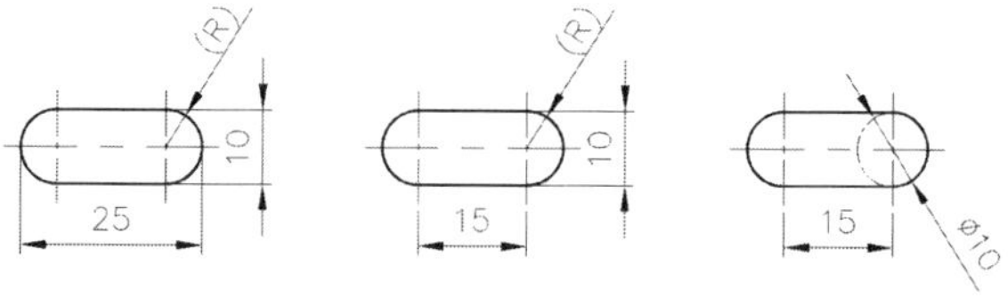

그림 15. 키 홈(긴 구멍)의 표시

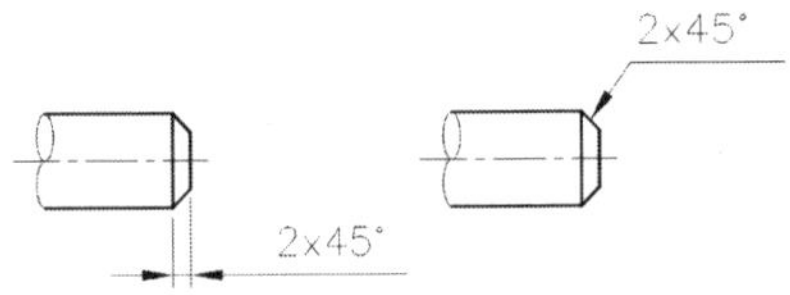

그림 16. 45° 모따기와 기호(C)를 사용한 모따기의 치수 기입 방법

(10) 대칭 도형에서 중심선의 한쪽만을 표시한 그림에서는 치수선을 중심선을 넘게 적당하게 연장한다(그림 17 (a)). 이 때 연장한 치수선의 끝에는 끝 부분 기호를 붙이지 않는다. 다만, 오해할 염려가 없을 때에는 치수선에 중심선을 넘지 않아도 된다(그림 17 (b)).

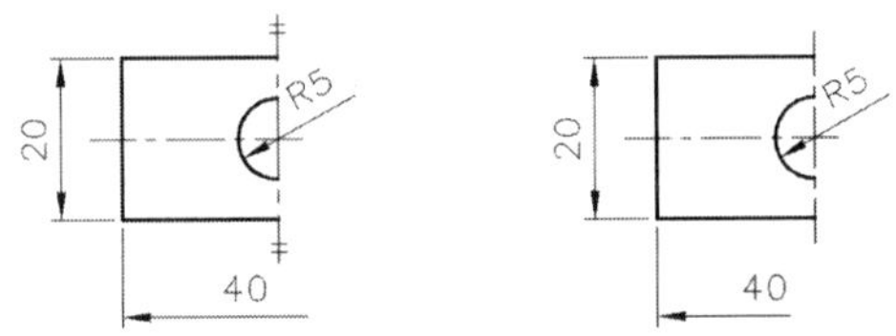

(a) (b)

그림 17. 대칭 도형의 치수 기입

3. 치수 기입 방법 예

제품의 치수 기입 방법은 정답은 없지만 제품의 올바르게 인식하고, 올바르게 가공할 수 있도록 기입하고, 중복기입은 피한다(그림 18 참조).

- (a)는 1군데 치수기입이 빠져 있고, 중복으로 기입된 치수가 2곳이 있다.
- (b)는 중복으로 기입된 치수가 2곳과 1군데 치수기입이 빠진 곳이 있다.
- (c)는 치수가 빠진 곳이 없고, 중복 기입된 치수가 없다.

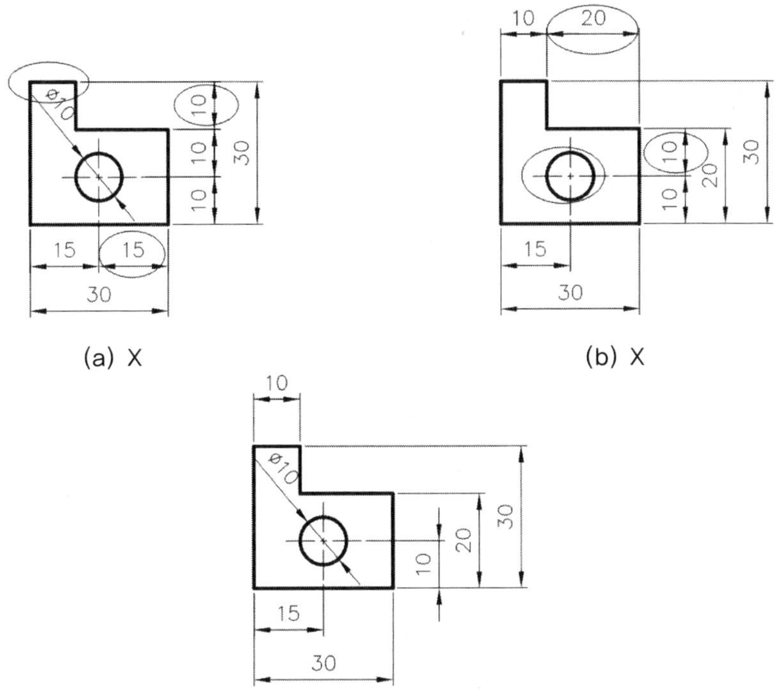

(a) X (b) X

(c) O

그림 18. 올바른 치수 기입 방법

4. 정투상법

우리의 눈이 보는 것과 같이 물체를 3차원(x, y, z)으로 보는 것을 입체도라고 한다. 이 입체도를 그리는 방법으로는 등각 투상도, 부등각 투상도, 사투상도, 투시 투상도 등이 있다.

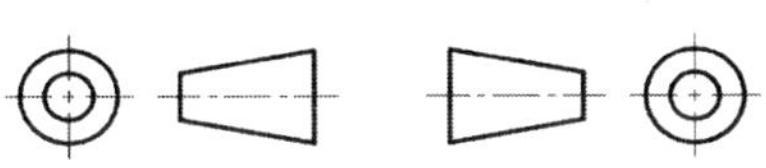

제3각법의 기호 제1각법의 기호

그림 19. 제 3각법과 제 1각법 기호

정투상법은 3차원의 물체(입체도)를 2차원으로 표현하는 방법이다. 즉, 3차원(x, y, z) 면을 정면에서 보고 투상하여 그리는 방법이 정투상도이다. 정투상법으로 그려진 투상도를 정투상도라 하며 제 1각법과 제 3각법으로 표현하고 있다. 그림 19는 정투상도를 그릴 때 제 3각법과 제 1각법 기호를 보여준다.

1) 정투상법

정투상법으로 도면을 그리는 방법으로는 제1각법, 제3각법이 있는데, 한국 산업 표준(KS)에서는 제 3각법을 사용하도록 정하고 있다.

(1) 제 3각법

물체의 4면각 중 제 3면각에 두고 그리는 방법으로, 보통 물체의 정면에서 본 정면도와 위에서 본 평면도, 우측에서 본 우측면도로 나타낸다. 물체의 각 면과 바라보는 위치에서 시선을 평행하게 연결하여 투상면에 그리므로 도면을 이해하기가 쉽다.

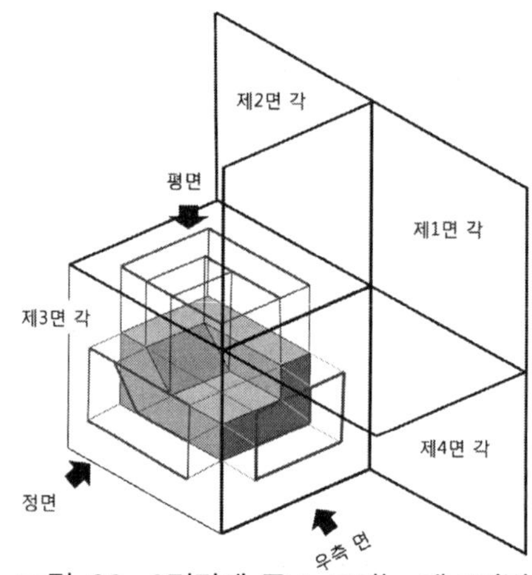

그림 20. 3면각에 두고 그리는 제 3각법

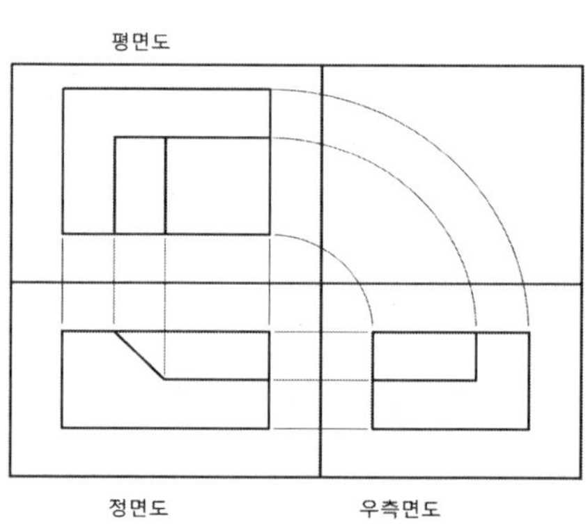

그림 21. 제 3각법으로 그린 투상도 배치

(2) 제 1각법

선박 제도 및 토목 제도에서 사용하기도 한다. 정면도(front view)는 물체를 가장 잘 표현할 수 방향으로 선정하고, 물체의 정면 앞에 평행하게 세워진 투명의 투상면에 그리는 것이다. 평면도(top view)는 물체의 위쪽에 수평으로 놓여 있는 투명한 투상면에 그려진 정투상도라 한다. 측면도(side view)는 물체의 측면에 세워진 투명한 투상면에 그려진 정투상도라고 하며, 물체의 우측에서 본 정투상도는 우측면도, 좌측에서 본 정투상도를 좌측면도라고 한다. 많이 사용하는 방법은 정면도, 평면도, 우측면도로 표현하는 것이다.

(3) 입체도를 보고 3각법으로 정투상도 그리기

정면도를 제 3각법과 제 1각법으로 그리는 경우, 제 3각법은 우리가 유리창 밖의 물체를 보고 유리창에 그리는 방식(눈 → 투상면 → 물체)이고, 1각법은 거울 앞에서 물체를 보고 거울에 그리는 것이다(눈 → 물체 → 투상면).

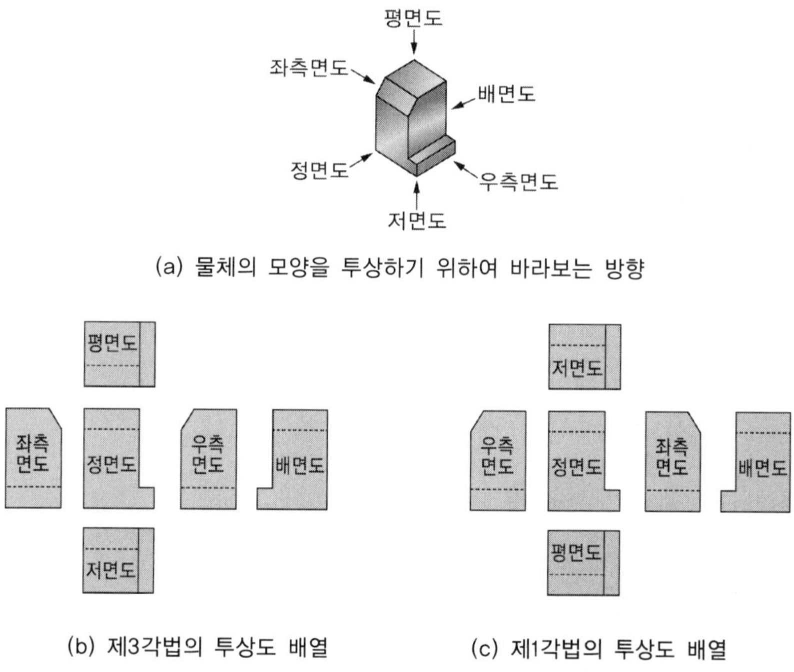

그림 22. 제 3각법과 제 1각법의 투상도 배열

연습하기 다음 입체도를 보고 3각법으로 정투상도를 그리시오(가로 6 눈금, 측면 3눈금, 높이 4 눈금이다).

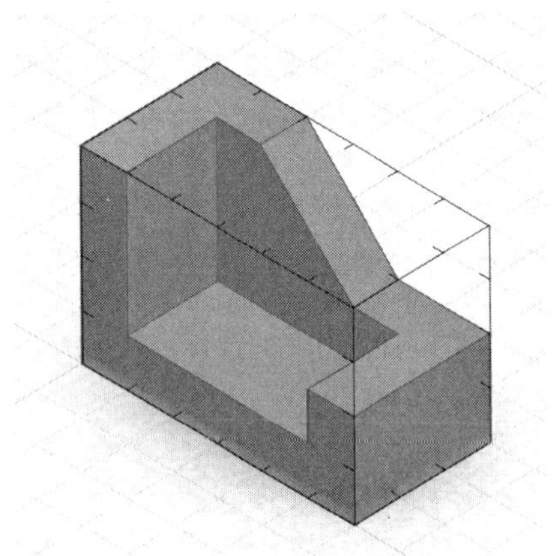

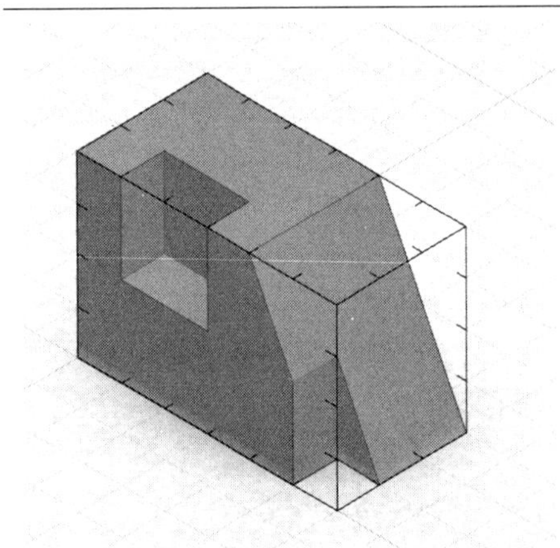

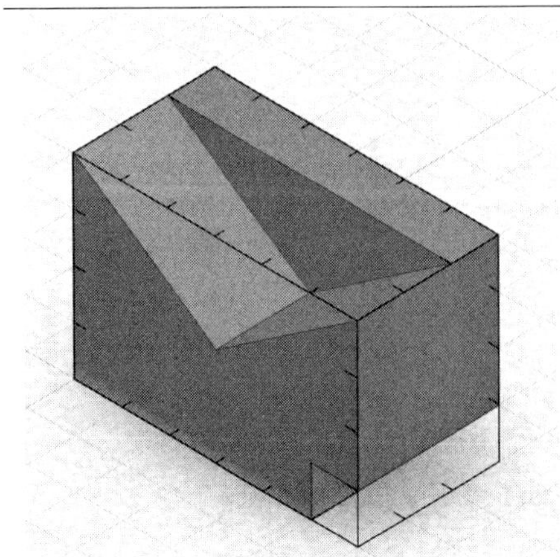

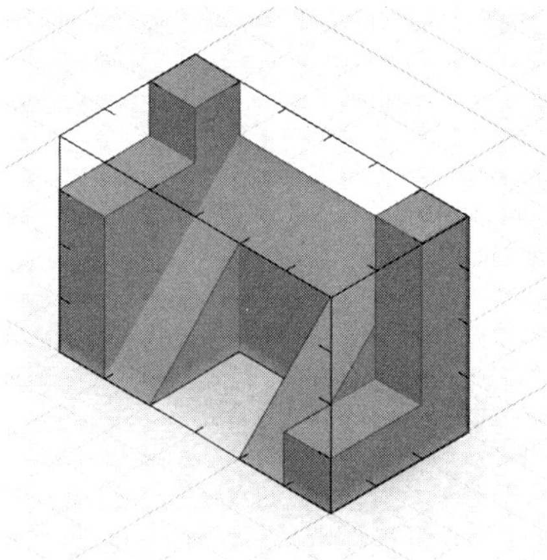

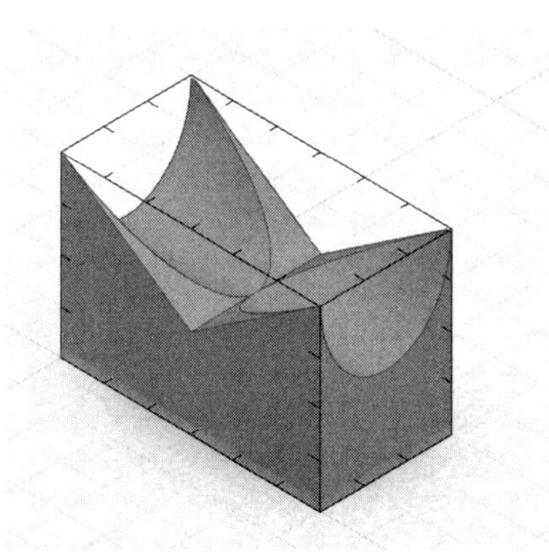

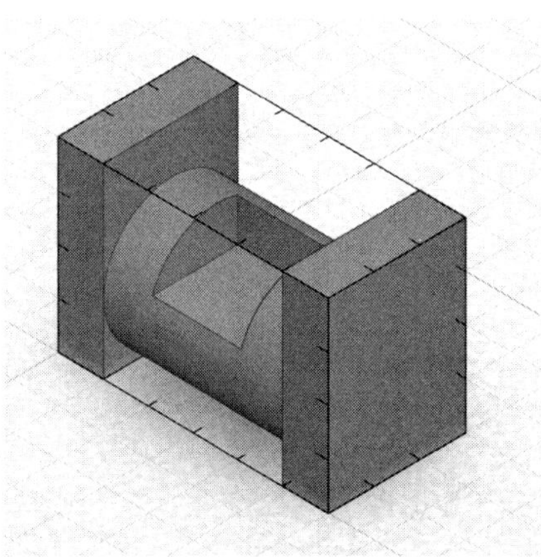

(4) 3각법으로 그린 정투상도를 보고 입체도 그리기

연습하기 **아래의 3각법으로 그린 정투상도를 보고 프리핸드로 입체도(등각투상도, 사투상도)를 그려보시오.**

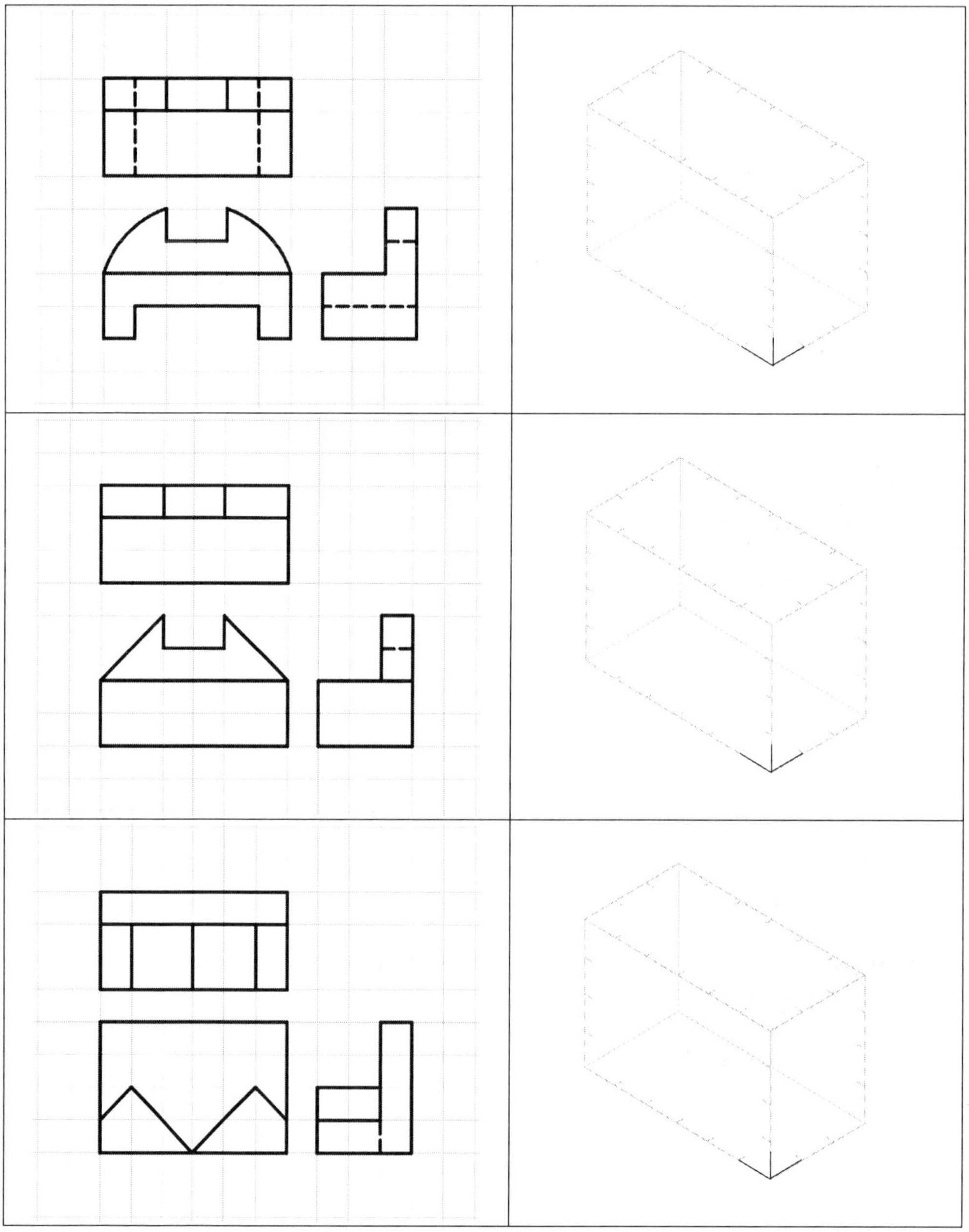

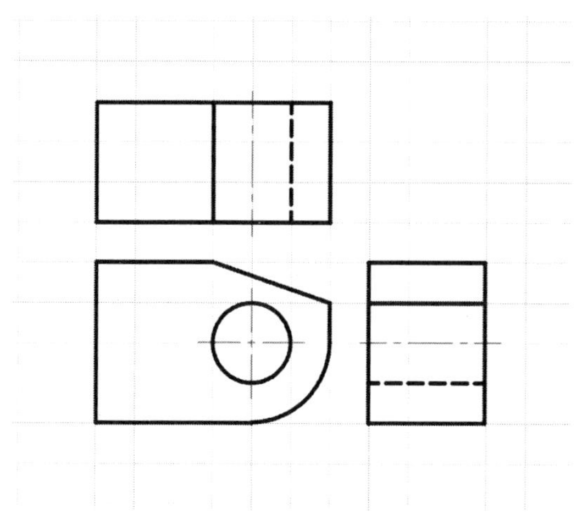

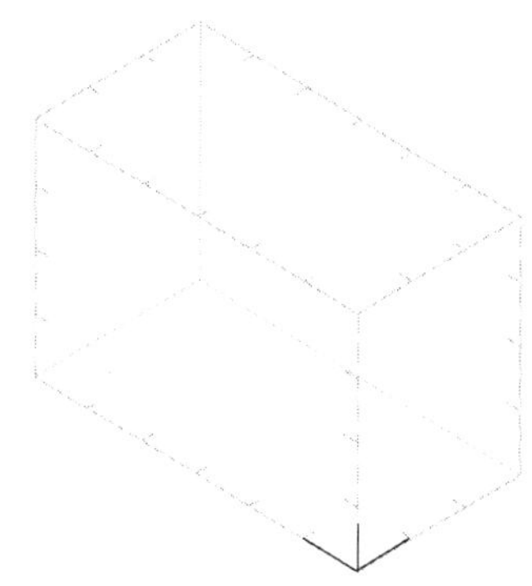

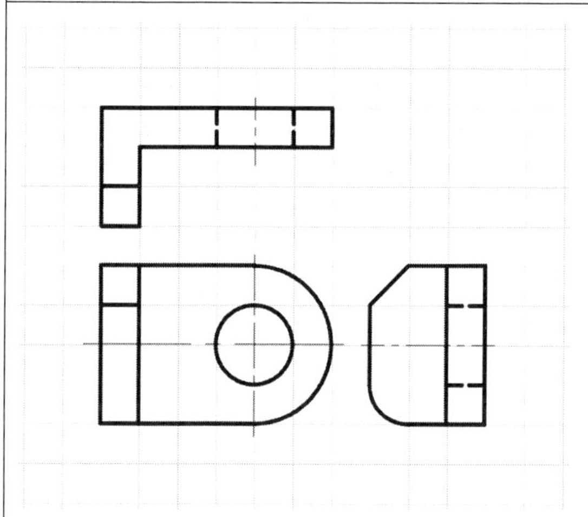

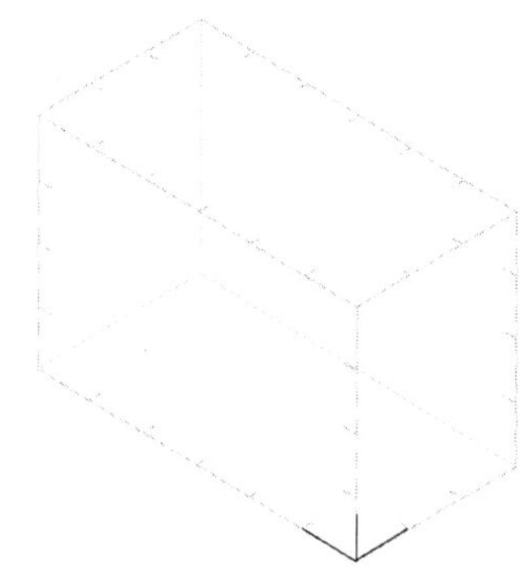

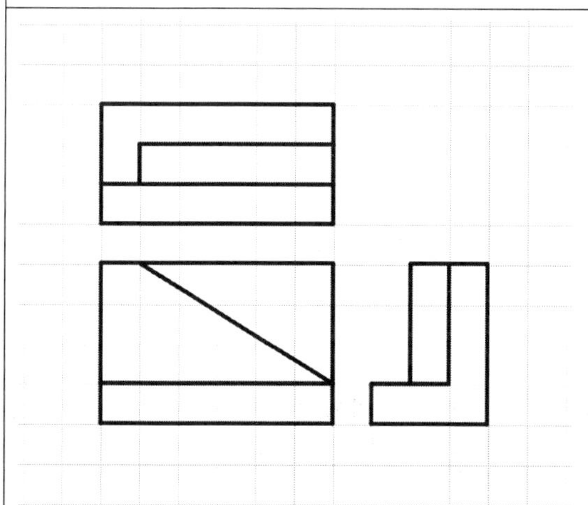

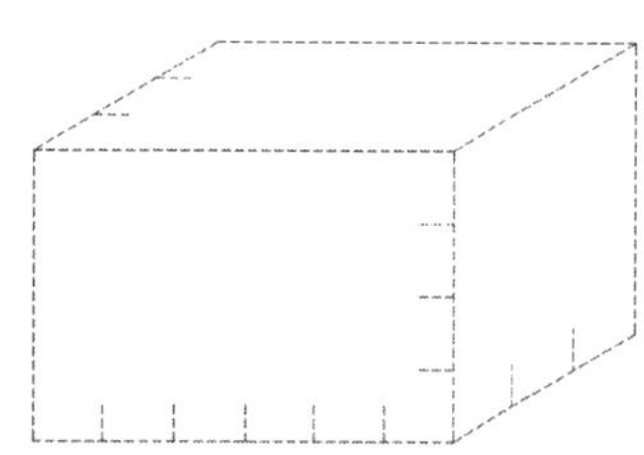

사투상도

5. 투시 투상법

1) 등각 투상도

그림 23과 같이 수평면에 놓인 양쪽의 각이 30°인 등각으로 놓고 물체를 나타내는 방법이다. 이는 하나의 투상도에 3개의 면을 볼 수 있음으로 물체의 모양을 쉽게 이해할 수 있다.

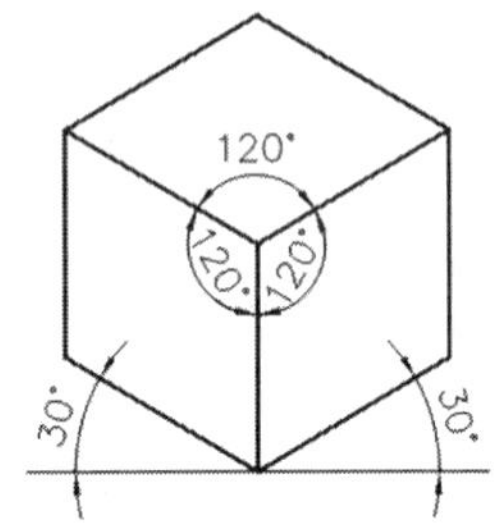

그림 23. 등각 투상도

2) 사(경사)투상도

물체와 정면의 치수는 1:1로 그리고, 측면은 수평선에 대하여 한쪽으로 30°, 45°, 60°의 경사각을 주어 입체적으로 나타낸 것을 말한다(그림 24). 사투상도에서 물체의 경사면 길이는 그림 25와 같이 물체가 실감이 나도록 하기 위하여 정면과 다르게 1 : 1, 1 : 3/4, 1 : 1/2이 주로 사용된다.

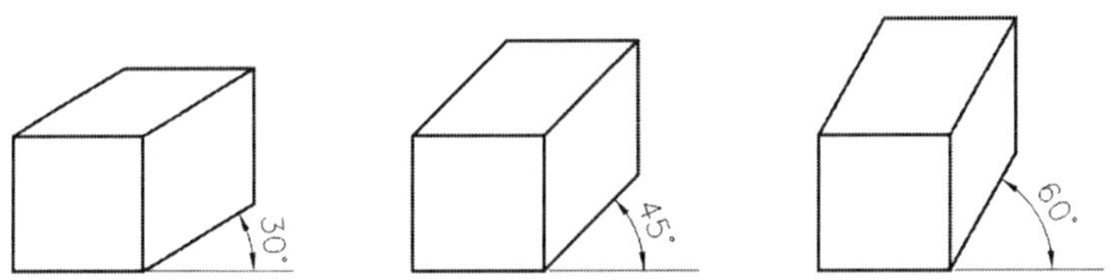

그림 24. 사투상도의 경사각

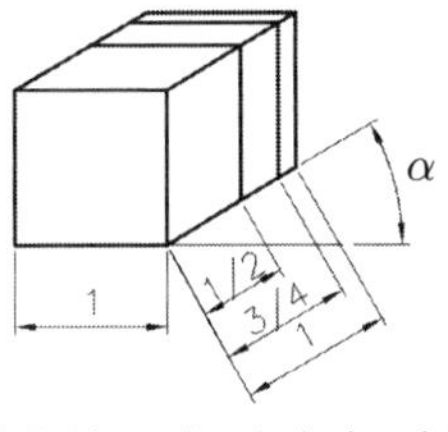

그림 25. 사투상도의 정면과 경사면의 길이

3) 투시 투상도

소점과 물체의 모서리를 선으로 이어 그리는 방법으로, 거리의 원근감을 느낄 수 있는 기법이다. 투시 투상도에서 1점 투시 투상도는 실내, 2점 투시 투상도는 건물, 3점 투시 투상도는 아파트 단지를 그릴 때 많이 사용되고 있다.

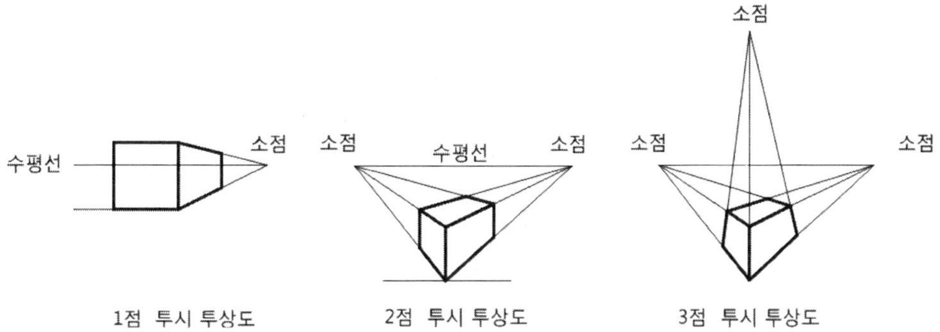

그림 26. 투시 투상도의 종류

6. 단면도 법

1) 단면도

물체의 내부에 공간이 있을 때는 숨은선으로 표현한다. 그러나 숨은선이 많으면 내부를 잘 볼 수 없기 때문에 내부를 좀 더 잘 보기 위해 잘 보기 원하는 곳을 임으로 잘라서 외형선으로 나타내는 제도법이다. 즉, 복잡한 물체나 여러 부품이 조립되어 있는 물체의 내부를 보고자 할 때 사용한다.

단면도 그릴 때 주의사항은 다음과 같다.

① 단면도는 정면도에 나타내고, 평면도, 측면도는 절단하지 않은 모양으로 그린다.

② 단면임을 나타내기 위하여 그림 26 (a)와 같이 단면부에 45° 의 가는 실선으로 해칭을 하거나, 그림 27 (b)와 같이 스머징(색연필로 칠함)을 한다.

③ 절단면은 기본 중심선을 지나고 투상면에 평행한 면으로 하는 것이 원칙이며, 절단면 뒤의 숨은선은 원칙적으로 생략한다.

④ 두 개 이상의 부품이 인접해 있을 경우에는 서로 다른 물체의 외형선 안에 해칭의 방향으로 다르게 하거나, 해칭 간격을 다르게 한다(그림 28).

⑤ 단면도를 그리기 위하여 제거하였다고 가정한 부분은 다른 도면에서는 생략하지 않고 그려야 한다.

⑥ 투상도에서 가상의 절단면은 1점 쇄선(일점 쇄선), 절단선의 한계 표시는 굵은 실선으로 나타낸다(계단 단면도 참조)

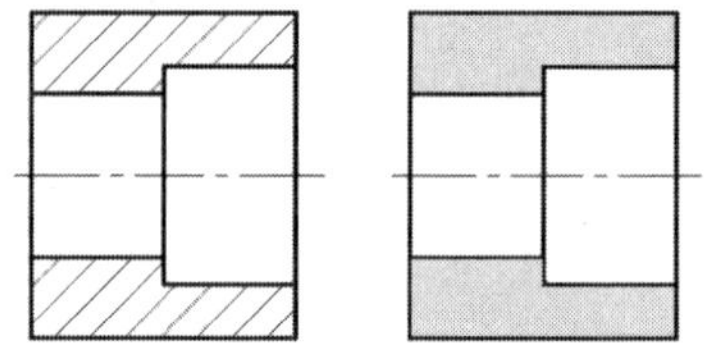

(a) 해칭　(b) 스머징

그림 27. 단면의 해칭 방법

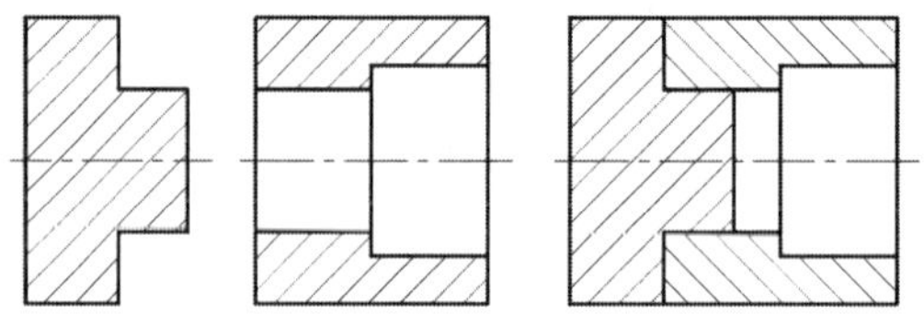

(a)부품 1　(b)부품 2　(c) 부품 1과 부품 2의 조립

그림 28. 단면이 해칭된 2개의 부품과 2개의 부품이 조립 단면

2) 단면도의 종류

단면도의 종류로는 전(온)단면도, 반(한쪽)단면도, 계단단면도, 회전단면도, 부분단면도, 얇은 물체 단면도 등이 있다. 길이방향으로 단면하지 않는 부품으로는 부품을 절단하여 보여준다고 해도 의미가 없는 속이 찬 기둥(예, 축, 핀, 볼트 등)과 절단함으로써 부품에 대한 이해가 어려워질 수 있는 기어의 이 등이 있다.

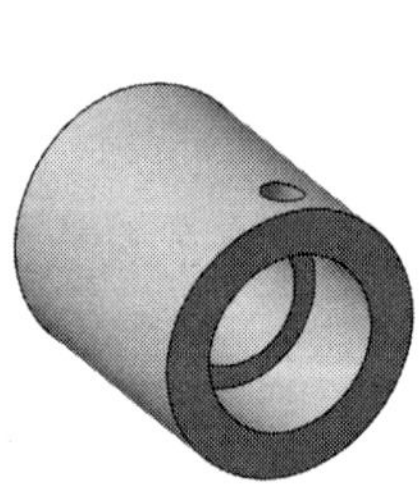

원도면

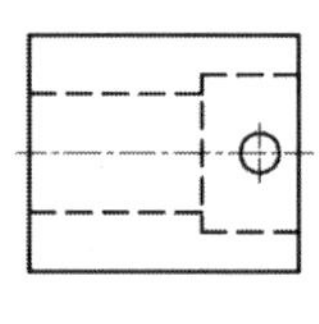

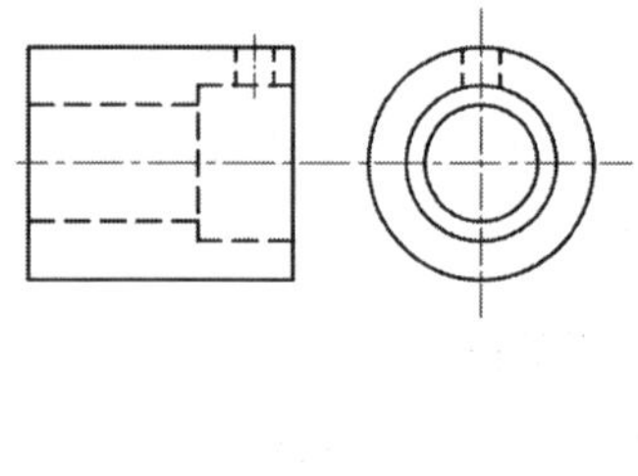

(1) 온(전)단면도 : 1/2을 잘라서 보여줌.

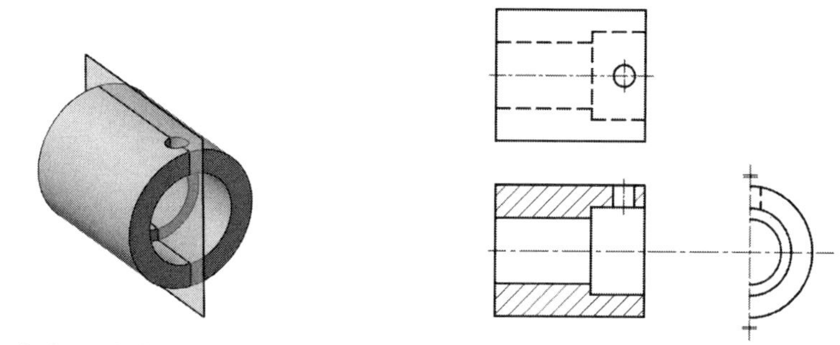

(2) 한쪽 단면도(반단면도) : 1/4을 잘라서 보여줌.

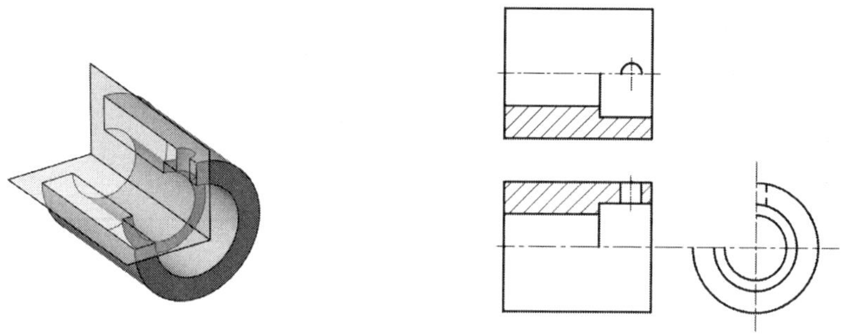

(3) 부분 단면도 : 물체의 일부를 잘라서 내부를 보여줌.

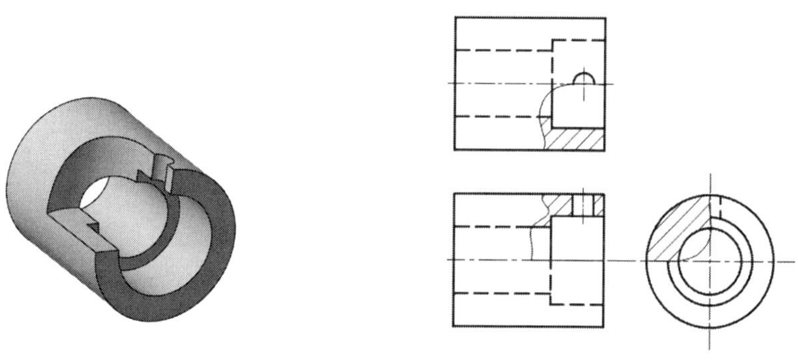

(3) 계단 단면도 : 절단선을 2개 이상의 계단으로 구성하여, 그 계단 모양의 절단선에 따라 내부를 보여준다. 절단선의 양끝은 굵은 실선으로 표시하고 절단선은 가는 1점(일점)쇄선으로 그린다.

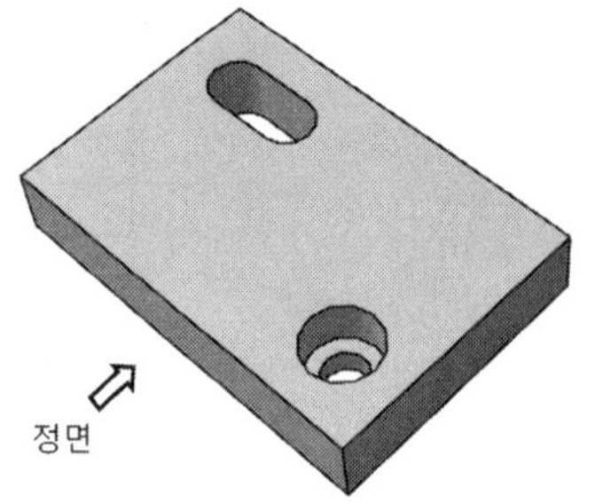

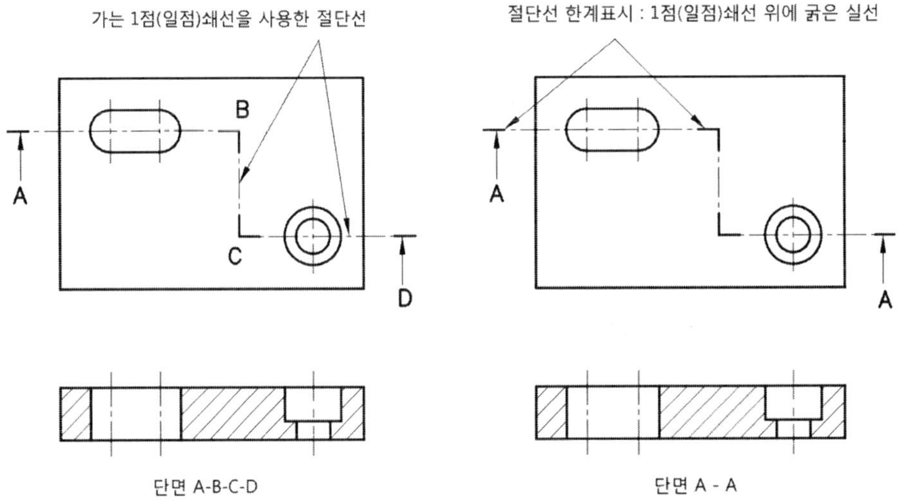

(5) 회전 단면도 : 핸들, 봉 등의 물체의 일부를 수직면으로 절단하여 90°회전하여 보여주는 것이다 내부에 그릴 때는 가는 실선으로, 외부에 그릴 때는 외부를 굵은 실선으로 그린다.

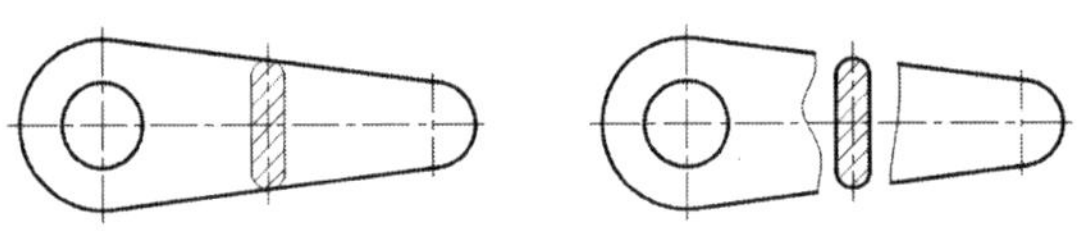

(6) 얇은 물체의 단면도 : 두께가 얇은 판과 같은 물체의 단면도를 표시할 때는 물체의 두께와 관계없이 굵은 실선으로 표시한다.

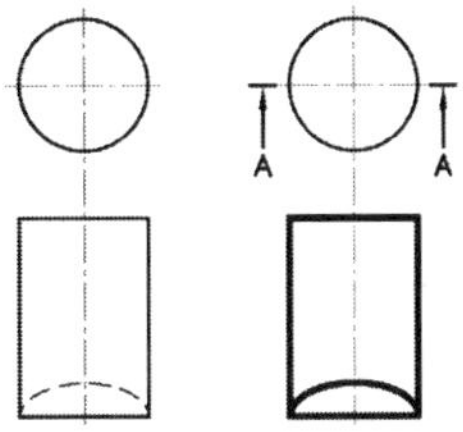

7. 도형의 생략

1) 대칭 도형의 생략

도형이 대칭인 경우에는 그림 29와 같이 대칭 중심선의 한쪽을 생략하여 그린다. 그 이 때 도형이 대칭임을 나타내는 대칭 도시 기호(중심선의 양쪽 끝 부분에 2개의 평행한 가는 실선)를 그려야 한다.

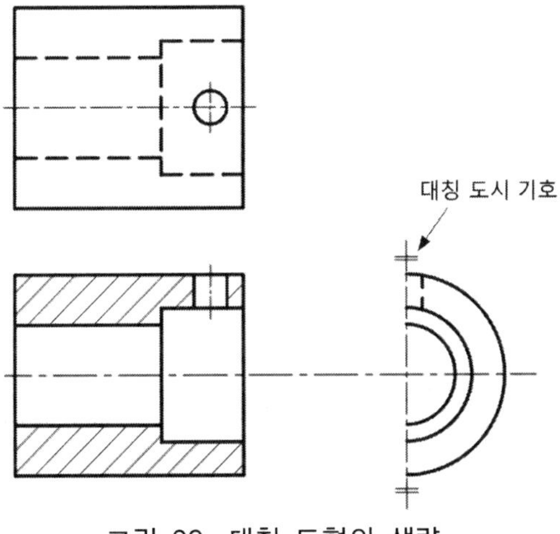

그림 29. 대칭 도형의 생략

2) 반복 도형의 생략

그림 30과 같이 같은 모양(예, 구멍)이 반복되는 도형은 몇 개만 그리고 나머지는 생략할 수 있다.

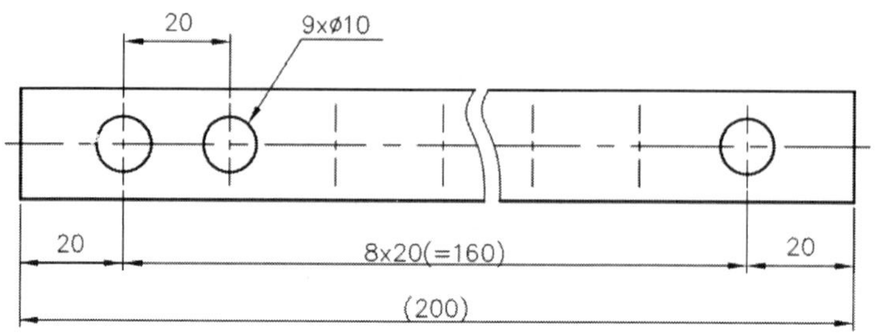

그림 30. 반복 도형의 생략

3) 긴 물체의 중간 부분 생략

길이가 긴 물체의 경우는 그림 31과 같이 중간 부분을 생략하여 나타낼 수 있다. 주로 이용하는 방법은 ① 파단선의 사용 ② 지그재그선의 사용 ③ 테이퍼 축의 생략 이다.

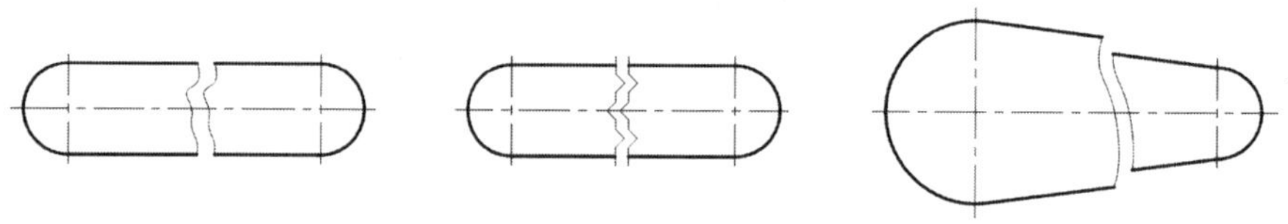

그림 31. 긴 물체의 경우는 중간 부분 생략 방법

8. 상관체의 투상도

상관체는 2개 이상의 입체를 합하여 하나의 입체로 만든 것을 말하고, 상관선은 상관체에 나타난 입체의 경계선을 말한다. 전개도는 입체의 모양을 평면에 펼쳐서 보이게 하는 것을 말하며, 상관체의 전개는 상관체의 투상도와 상관선을 그린 다음에 그려야 한다.

- 상관체 : 2개 이상의 입체가 만나서 관통하여 하나의 입체가 된 것을 말한다.
- 상관선 : 상관체에 나타난 입체의 경계선을 말한다.
- 상관체의 전개도법 : 2개 이상의 입체 곡면이나 평면 위에 존재하는 상관점(점의 집합)을 이의면 선으로 되며 이를 계속 이어나가면 된다.

그림 32 (a)와 같이 입체의 표면이 평면으로 된 것은 상관선이 직선이 되고, (b)와 같이 입체의 표면이 곡면이면 상관선은 곡선이 된다.

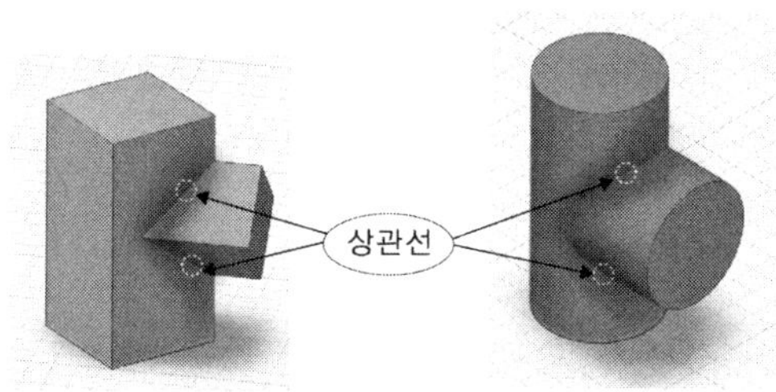

(a) (b)

그림 32. 여러 가지 상관선

9. 전개도

1) 전개도의 원리

전개도는 전개할 도형의 표면을 펼쳐서 한 평면 위에 나타낸 그림이다. 전개도는 원형 물통, 상자 또는 자동차, 항공기, 선박 등의 외판 도면 작성에 많이 사용한다. 전개도는 전개할 물체의 표면에 색을 칠하고 종이 위에 한 바퀴 굴렸을 때 생기는 색깔 자국으로 생각해도 된다.

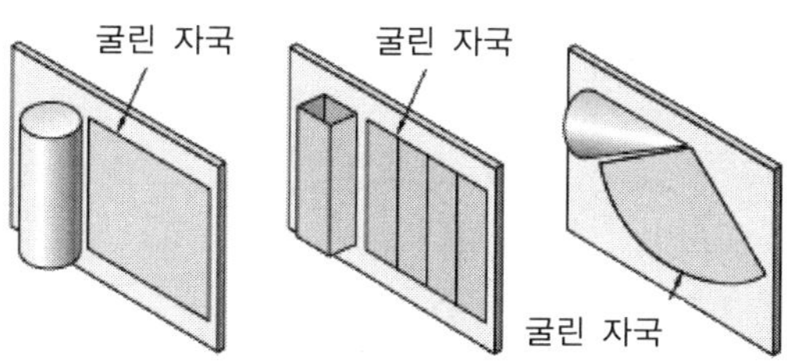

(a) 원기둥의 굴린 자국 (b) 사각기둥의 굴린 자국 (c) 원뿔의 굴린 자국

그림 33. 물체의 굴린 자국에 의한 전개도

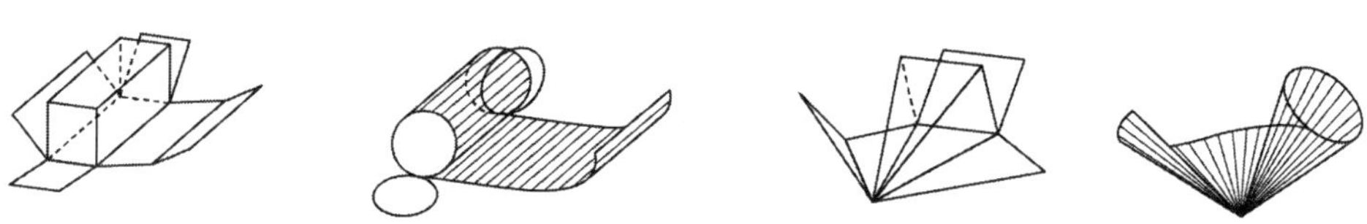

(a) 직육면체 전개 (b) 기둥 전개 (c) 사각뿔 전개 (d) 원뿔 전개

그림 34. 표면의 전개 예

전개도를 그릴 때에는 실제 치수로 하되, 도형의 가장자리, 겹치는 부분 및 접는 부분에는 여유 치수를 두어야 한다.

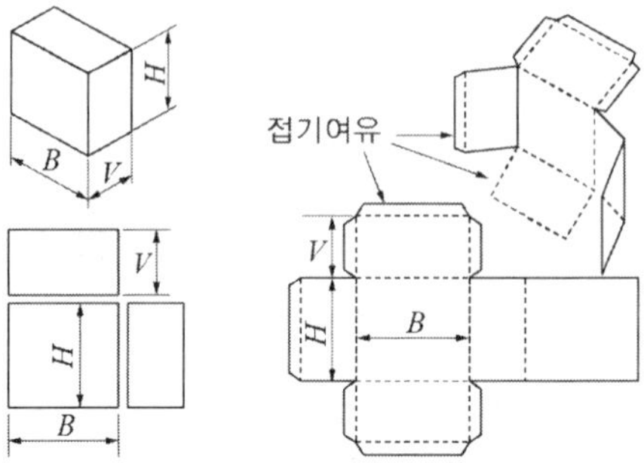

그림 35. 사각상자의 여유 치수 두기

2) 전개도법

전개도법에는 평행선을 이용한 전개도법, 삼각형을 이용한 전개도법, 방사선을 이용한 전개도법이 있다. 제품의 모양이 복잡할 때에는 이 세 가지 전개도법을 혼합하여 사용하기도 한다.

(1) 평행선을 이용한 전개도법

이 방법은 중심축과 물체의 표면이 나란하게 이루어진 물체, 즉 삼각기둥, 사각기둥과 같은 각기둥과 원기둥을 전개할 때 사용한다.

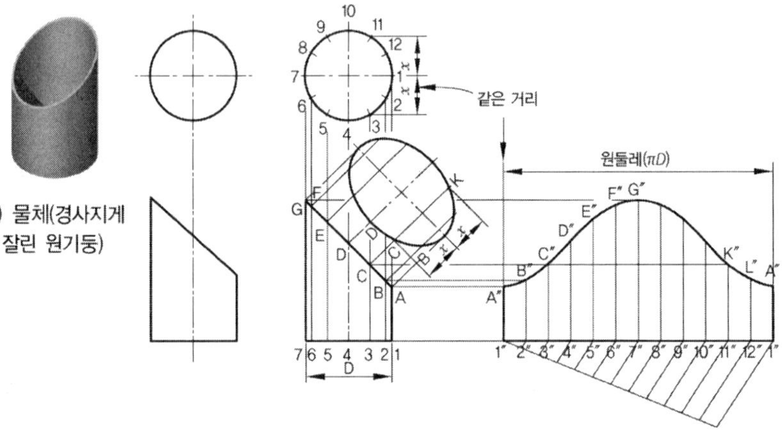

(b) 정면도와 평면도 (c) 전개도

1. 물체의 정면도와 평면도를 그린다.
2. 평면도의 원둘레를 12등분하여 정면도에 내려 긋는다.

3. 정면도의 각 점에서 수평선을 긋는다.
4. 월둘레(πD)를 구하여 수평선을 긋고 12등분하여 각 등분점에 수직선을 긋는다.
5. 정면도와 만나는 1″, 2″, 3″, 4″, 5″, 6″, 7″, 8″, 9″, 10″, 11″, 12″, 1″를 이으면 전개도가 된다.

그림 36. 평행선을 이용한 전개도법 (출처 : 기초제도(씨마스, pp. 93~94))

10. 기계요소 그리기

1) 나사그리기

- 나사는 수나사와 암나사의 한 쌍으로 구성되어 있다.
- 나사의 용도는 주로 2개 이상의 기계 부품을 조립할 때 사용한다.
- 나사의 호칭은 지름이 큰 수나사를 볼트, 암나사를 너트라고 한다.
- 작은 나사는 나사의 축 지름이 8mm 이하로 머리에 (-), (+) 홈이 있어 드라이버를 사용하여 조립하거나 분해하거나 한다.
- 수나사는 골지름, 유효지름, 바깥지름으로 구성되어 있으며, 암사나도 수나사와 치수가 같은 곳은 같은 호칭으로 표기한다. 즉, 수나사의 바깥지름과 암나사의 바깥지름의 치수는 같다(그림 39 참조).
- 볼트의 호칭 지름은 나사의 바깥지름으로 나타내며, 미터나사 8mm는 M8로 표시한다.
- 그림 37과 같이 직각삼각형의 종이를 원기둥 표면에 감았을 때 리드각(a)이라고 하고, 이 곡선의 모양에 따라 원통 면에 골을 깎은 것을 나사산이라고 한다. 여기서 $\tan\alpha = \dfrac{l}{\pi d}$
- 리드(lead) (l)는 나사가 1회전하였을 때 이동한 거리를 말한다.
- 1줄 나사에서는 $l = np$ (l은 나사의 줄수, p는 피치(나사산과 산 사이의 거리, 골과 골사이의 거리). 1줄 나사는 리드와 피치가 같다.

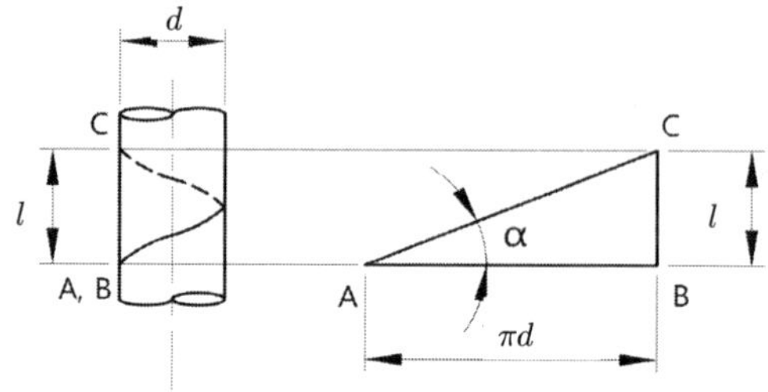

그림 37. 나사의 예

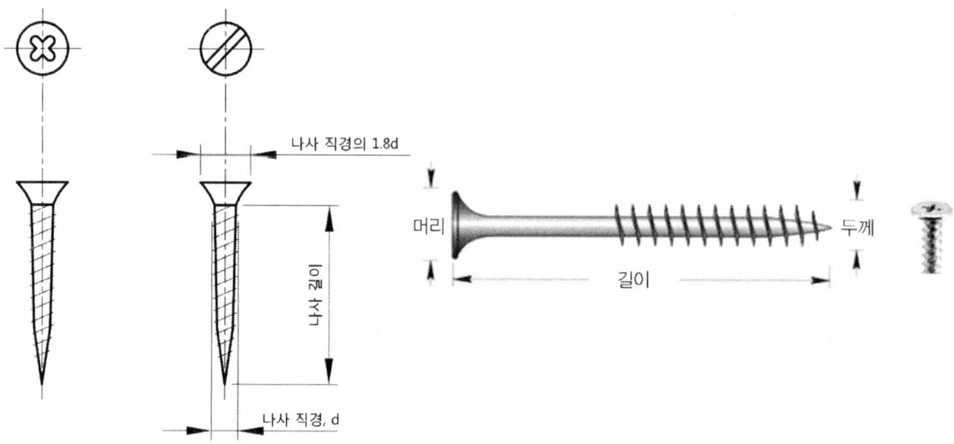

그림 38. 작은 나사못 그리기(머리직경 × 길이로 표시함)
(출처 : http://item.gmarket.co.kr)

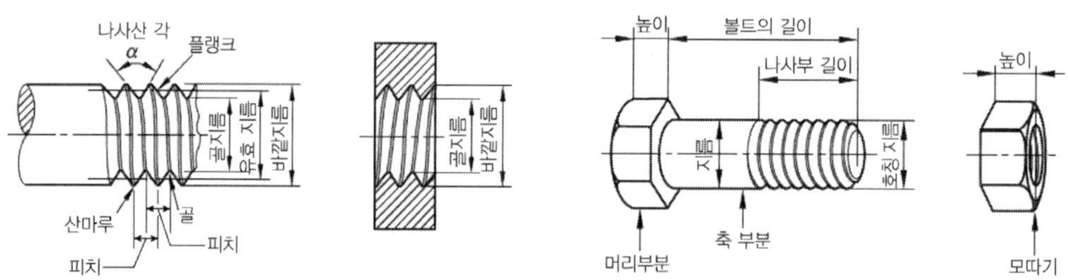

(a) 수나사 (b) 암나사 (c) 볼트 (b) 너트

그림 39. 수나사와 암나사 각 부의 명칭, 볼트와 너트
(출처 : 기초제도 씨마스, pp. 124~125)

그림 38과 같이 평면도에서 나사못을 그릴 때 중심선과 겹쳐서 혼동하지 않게 (-) 나사와 (+) 나사의 표시는 45°를 돌려서 표기한다. 나사부와 모따기는 생략한다. 목공용 접시머리 나사못의 크기는 다양하며, 한 가지를 예로 들면 표시방법은 예 1) #(나사직경치수)×(길이)mm으로 표시한다. 예 2) #7(머리직경치수)×32mm(전체길이)로 표시한다.

2) 나사의 표시법

(1) 나사 및 나사 부품의 도시 방법

① 수나사의 바깥지름과 암나사의 골지름을 나타내는 선은 굵은 실선으로 그린다.

② 수나사의 골지름과 암나사의 바깥지름을 표시하는 선은 가는 실선으로 그린다.

③ 완전 나사부와 불완전 나사부의 경계선을 굵은 실선으로 그린다.

④ 불완전 나사부의 골 밑을 나타내는 선은 축선에 대하여 30 ° 의 가는 실선으로 그린다(그림 40 참조).

⑤ 암나사 탭 구멍의 드릴 자리는 120 ° 의 굵은 실선으로 그린다.

⑥ 가려서 보이지 않는 부분의 나사부는 파선으로 그린다. 보통 골 밑을 나타내는 선은 산봉우리보다 가는 선으로 한다.

⑦ 수나사와 암나사가 끼워져 있음을 나타내는 단면은 수나사 쪽을 위주로 하여 그린다.

⑧ 수나사의 골지름과 암나사의 바깥지름의 측면도 그림처럼 가는 실선으로 약 3/4 원으로 그린다(그림 40 참조).

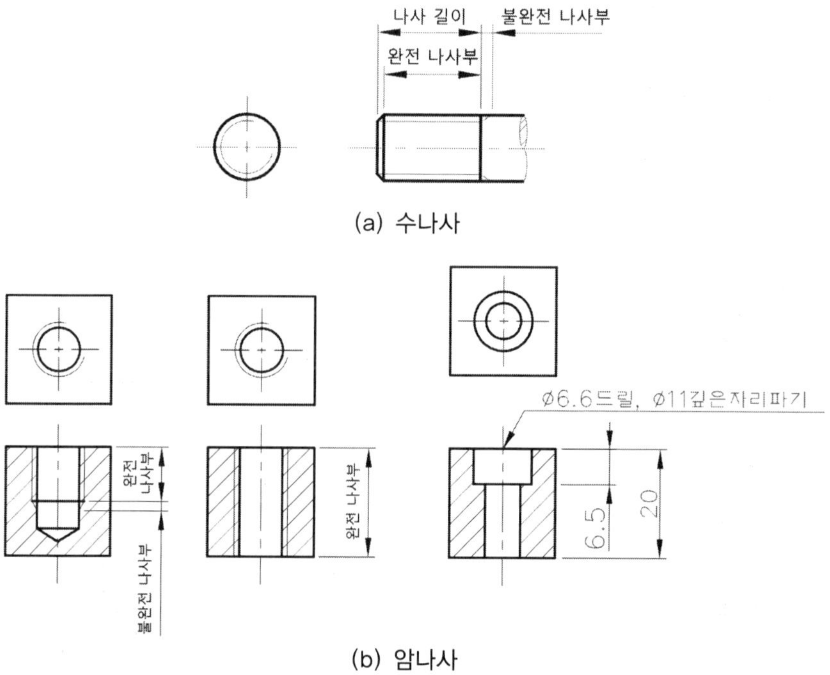

그림 40. 나사의 도시법

(2) 기계 가공에 의한 구별 표시법

기계 가공에 의한 드릴, 엔드밀, 탭, 카운터 싱킹, 카운터 보어 등의 구별을 표시할 때 그림 41과 같이 표기하는 것을 원칙으로 한다.

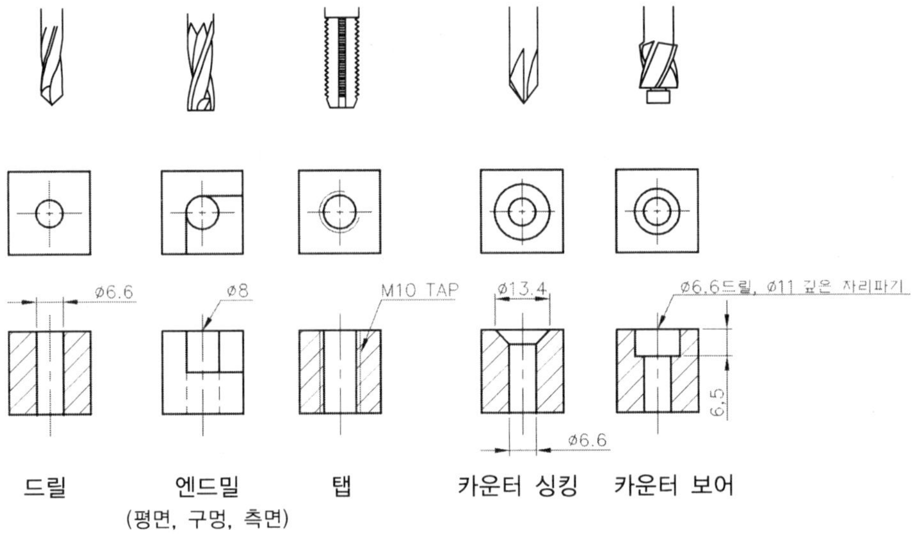

그림 41. 기계 가공에 의한 구멍 등의 구별을 표시할 경우

3) 볼트로 조립된 조립도와 각 부품도 표시법

그림 42는 M10 볼트로 2개의 부품을 조립한 조립도와 부품도 도면이다.

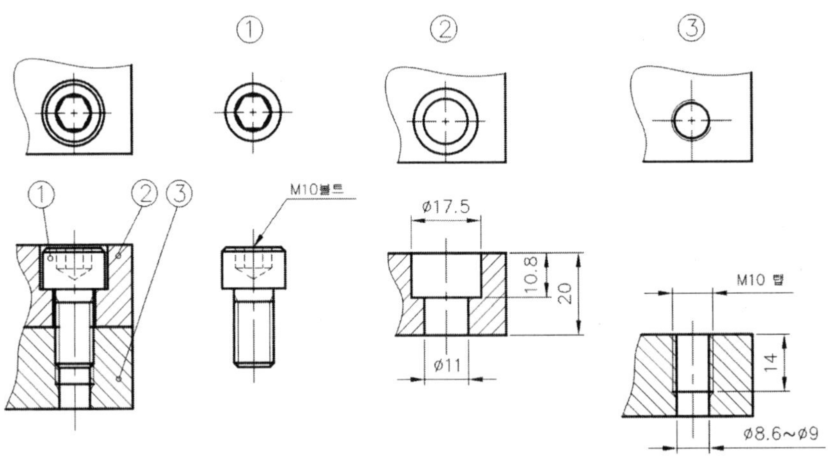

그림 42. M10 볼트로 2개의 부품을 조립한 조립도와 부품도 도면

■ 내용 요약 및 정리하기

참고문헌

REFERENCE

교육부(2011). 고등학교 기초제도. 한국직업능력개발원. 두산동아: 서울.

교육부(2011). 고등학교 기계제도. 한국직업능력개발원. 두산동아: 서울.

다솔기계연구소(2001). 전산응용(CAD) 기계제도 실기. 느낌이 좋은 책 엑스파일: 서울.

볼트와 너트의 표준. 육각 볼트 : KS B 1002; 육각 너트 : KS B 1012, 기술표준원.

서울특별시 교육청(2014). 고등학교 기계제도. ㈜미래엔 : 서울.

이병욱 외(2014). 고등학교 기계제도. 서울특별시 교육청, ㈜미래엔 : 서울.

이상범 외(2018). 고등학교 기초제도. 씨마스 : 서울.

이상혁 외(2011). 고등학교 기초제도. 씨마스 : 서울.

이상혁 외(2013). 고등학교 기초제도. 씨마스 : 서울.

이철현 외(2018). 고등학교 기술·가정. ㈜미래엔 : 서울.

장수영 외(2014). 고등학교 기초제도. 천재교육 : 서울.

장수영 외(2017). 고등학교 기초제도. 천재교육 : 서울.

KS 표준. KS A, 기술표준원.

KS 표준. KS B, 기술표준원.

KS 표준. KS M, 기술표준원.

CHAPTER VII 발명 및 창의공학설계 수업의 실제

AutoCAD를 이용한 2차원 도면 그리기

1. AutoCAD 시작하기

아래의 그림 1과 보이는 AutoCAD를 클릭하면 그림 2와 같이 초기 화면이 보인다. 초기 화면에서 화면에 있는 명령어와 메뉴 등 도면을 그리기 전에 필요한 기능을 살펴보자.

그림 1. AutoCAD

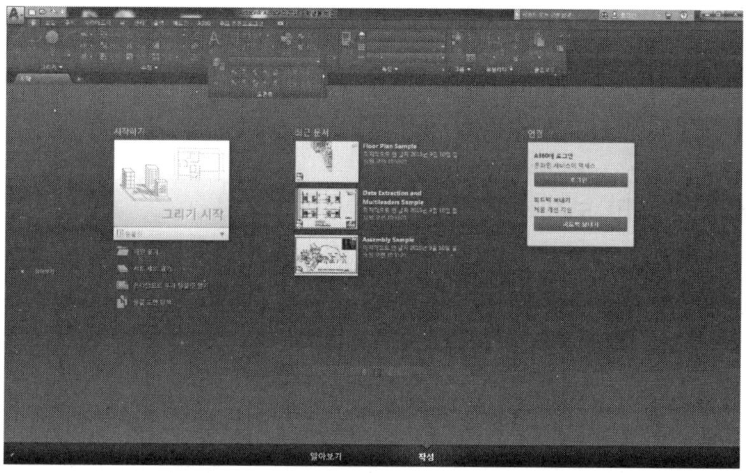

그림 2. AutoCAD 그리기 시작 화면

■ 도면 용지 선택하기(2가지 방법)

- 그림 3의 그리기 시작 아래의 탬플릿 오른쪽의 ▼을 눌러 acad.dwt를 선택한다. - 도면을 선택한 후A4(297mm×210 mm)용지의 크기로 명령어(LIMITS) 해도 된다. (뒤 5번 참조)	- 그림 4의 왼쪽 상단의 버튼(A)의 '▼'을 클릭한다. - 그림 5와 같이 새로 만들기 → 도면 → 열기 버튼 옆의 ▼을 클릭 → '탬플릿-미터법 없이 열기' 클릭(열기 버튼) → 용지 규격이 A3(420mm× 297mm)인 도면의 크기 생성된다. - A3용지 규격을 사용할 때 편리하다.

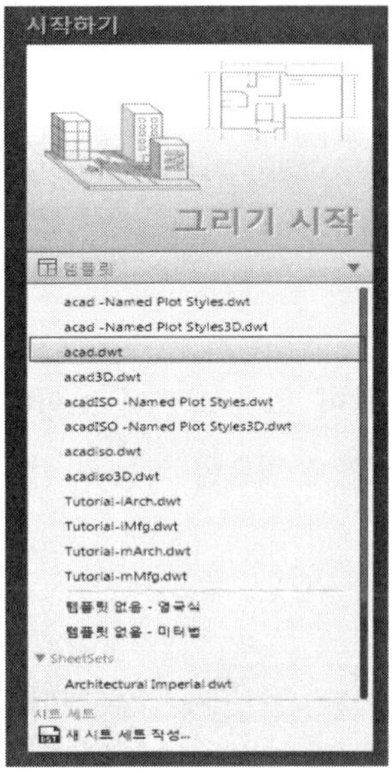

그림 3. 탬플릿

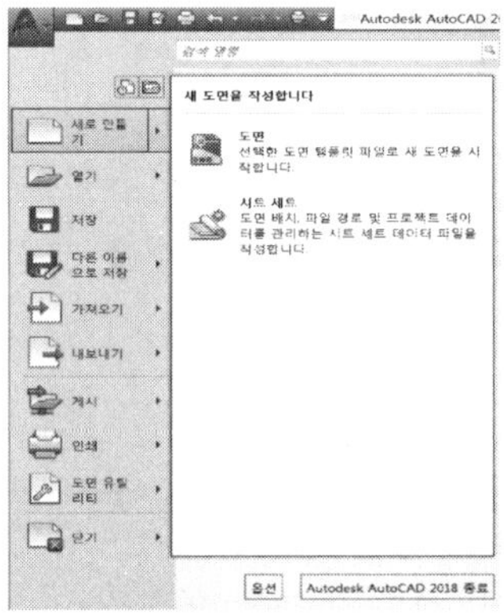

그림 4. 새로 만들기

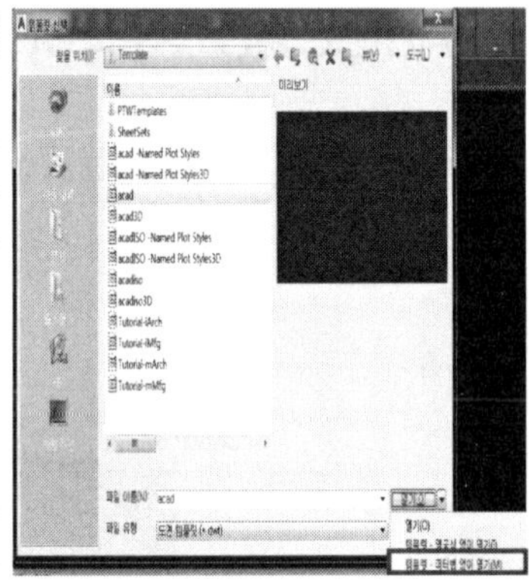

그림 5. 미터법 없이 열기

■ 작업 화면 보기

시작하기 → 새로 만들기 → 도면 → 열기를 하면 그림 6과 같은 작업 화면 생성된다. 화면에 보이는 메뉴와 탭을 간략하게 보여준다.

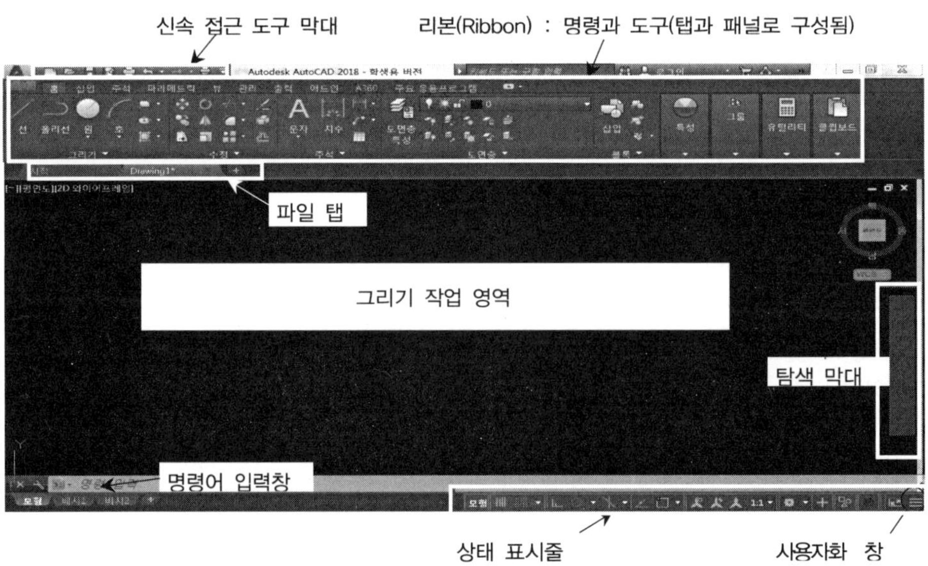

그림 6. AutoCAD 메뉴 설명

■ **옵션보기 : 그림 7 · 그림 8과 같이 옵션을 확인해보자**

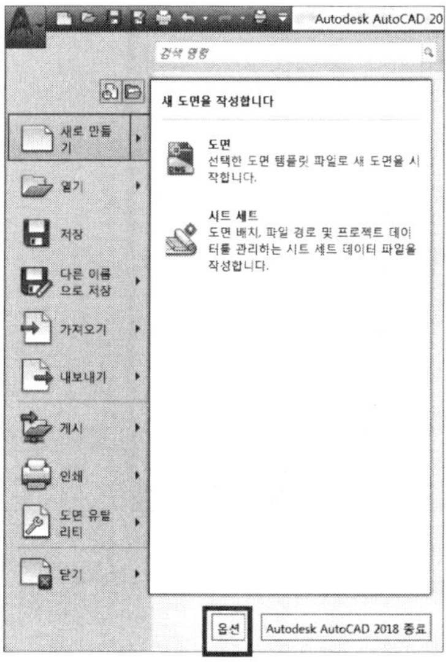

그림 7. 옵션 클릭

첫 번째 방법 : 새로 만들기 → 옵션 클릭
두 번째 방법 : OPTIONS 입력 방법(새로 만들기를 한 후 명령어 창에 OPTIONS 입력 후 Enter↵)

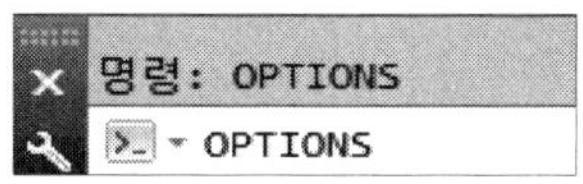

그림 8. 명령어로 입력

1) 옵션 살펴보기

- 도면 색상은 그림 9와 같이 색상 구성표에서 어두움이 옵션으로 되어 있다.
- 도면의 바탕 색상을 흰색으로 하고 싶을 때는 그림 10과 같이 화면 표시의 색상 구성표의 순서에 따라 흰색으로 변경하면 된다(필요한 경우에만 사용함).

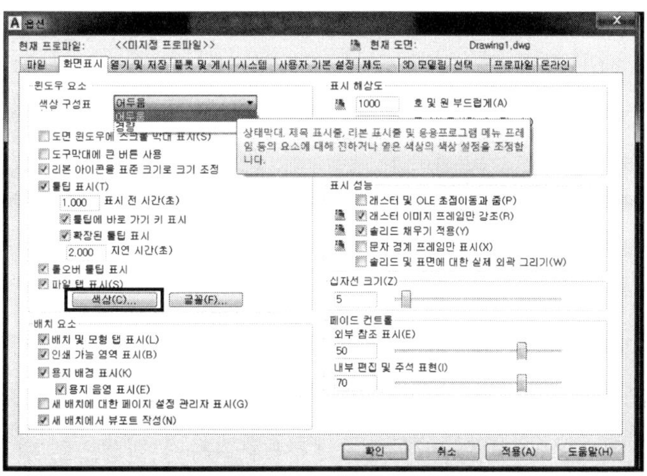

그림 9. 바탕 화면 색상 변경

그림 10. 바탕 화면 흰색으로 색상 변경

- 그림 11과 같이 그리드(격자)가 있는 흰색 바탕 화면으로 변경되었다.

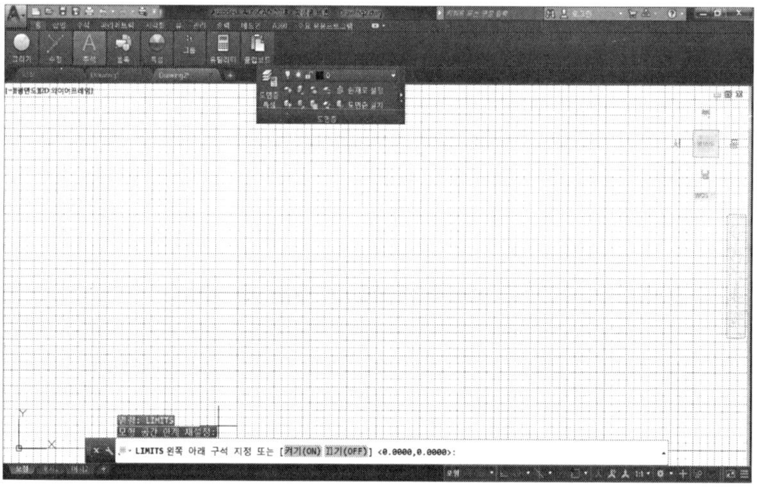

그림 11. 그리드가 있는 흰색 바탕 화면

그림 12. 그리드 표시

- 작업창에서 그리드를 보이지 않게 하는 방법은 그림 12와 같이 작업창 아래쪽의 '도면 그리드 표시'를 클릭하면 끄기로 변경된다. 컴퓨터 화면에서 그리드 표시가 파란색으로 되어 있으면 켜져 있는 것이다. 다시 클릭하면 회색으로 변경되면서 꺼지는 상태가 된다.

2) 조준창의 크기 조정

AutoSnap(박스) 크기와 조준창의 크기 조정은 그림 13의 옵션에서 클릭하여 변경한다.

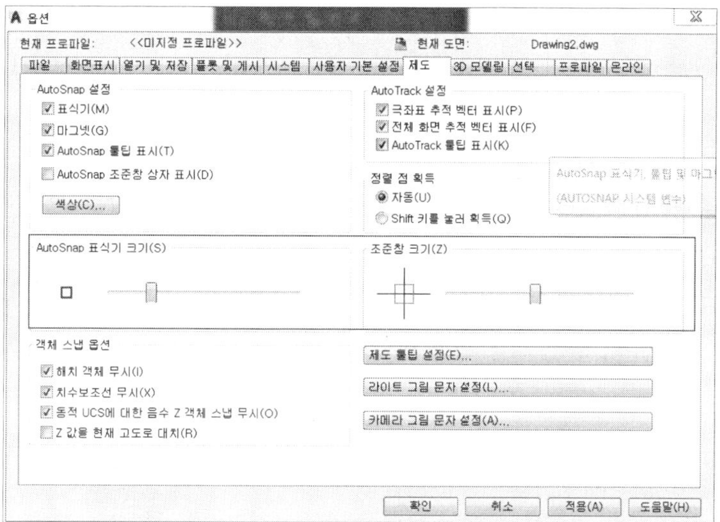

그림 13. 옵션에서 AutoSnap(박스) 크기와 조준창의 크기 변환

■ 신속 접근 도구 막대 생성과 삭제 방법

- 그림 14의 AutoCAD의 왼쪽 위 상단에 많이 사용하는 아이콘인 '신속 접근 도구 막대'를 만들 수 있다. 도구 막대의 옆에 '▽'을 클릭하면 신속 접근 도구 막대 사용자화 메뉴를 볼 수 있다.

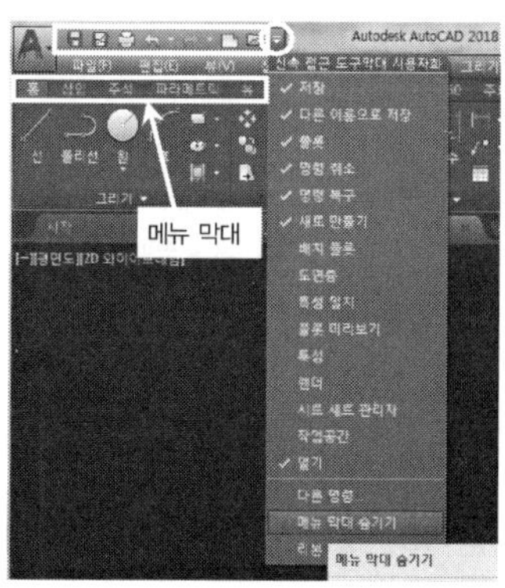

그림 14. 메뉴 막대 알아보기

- 사용자화 내용을 클릭(✓) 하면 신속 접근 도구 메뉴가 생성된다.
- 오른쪽의 '신속 접근 도구 막대 사용자화'의 메뉴 글씨를 클릭하면 '✓'가 생성되고 신속접근 도구 막대에 그림으로 생성된다. '✓'를 다시 클릭하면 제거되며 그림 메뉴도 없어진다.

많이 사용하는 메뉴를 선택하여 보자.

※ 리본과 파일 탭, 상태표시줄의 ON/OFF 방법 화면정리 단축키 : Ctrl+0 를 누르거나 명령어 창에 CleanScreenOFF CleanScreenON

그림 15는 메뉴 막대에서 '그리기'를 클릭하면 다양한 그리기 항목이 있다는 것을 보여주며, '도구'에서도 많은 항목이 있음을 보여준다. 제일 아래쪽에 '옵션'도 있다.

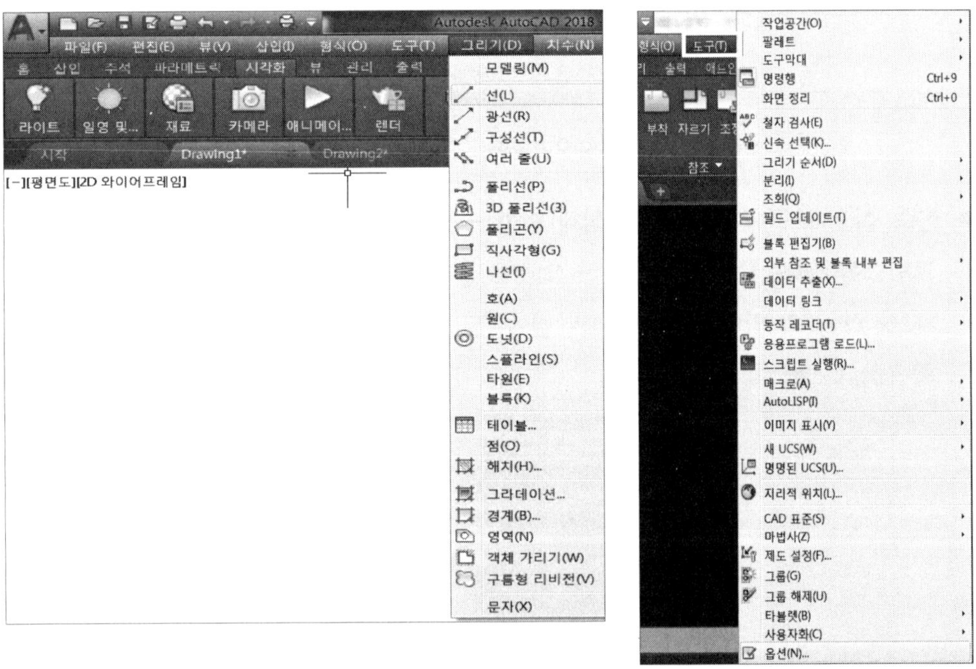

그림 15. 도구와 그리기 내용 보기

■ 마우스 사용법

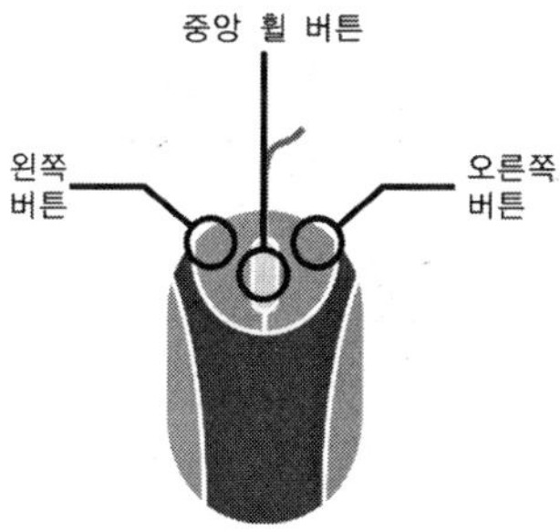

그림 16. 마우스 사용법

왼쪽 버튼	메뉴 및 도구 등 여러 가지 객체들을 선택할 때 왼쪽 버튼 클릭
중앙 휠 버튼	화면 확대/축소/이동/전체 보기를 할 때 사용함 - 확대·축소 하기 : 휠을 누른 후 위 방향으로 굴리면 화면이 확대, 아래 방향으로 굴리면 화면이 축소 됨. - 휠을 누른 후 마우스를 이동시키면 도면이 이동됨. - 휠을 더블 클릭하면 화면에 도면이 꽉 차게 보임.
오른쪽 버튼	바로가기 메뉴를 볼 때 사용하는 버튼

■ 바로가기 메뉴

마우스 오른쪽 버튼을 눌러보면 그림 17과 같이 바로가기 메뉴가 다양하게 표시되므로 반복적으로 메뉴를 사용할 때 도움이 된다.

바로 전에 사용했던 메뉴를 다시 클릭하지 않고. 오른쪽 마우스 버튼을 눌러 빠르게 사용할 수 있다.

예) 바로 앞에서 LINE를 사용했다면 다시 한번 선을 그리기 위해 명령어 창에 'LINE' 입력하거나 메뉴에서 '선'을 클릭하지 않고 마우스 오른쪽을 눌러 사용하면 그리는 속도를 빠르게 할 수 있어 많은 도움이 된다

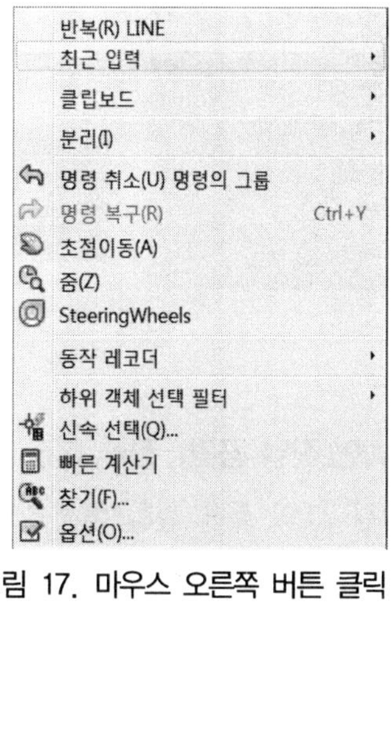

그림 17. 마우스 오른쪽 버튼 클릭 후

■ **좌표계와 좌표점** : x-y**좌표계를 보여 주며, 그림** 18**의 □의 위치는** x, y **가** (0, 0)**이다.**

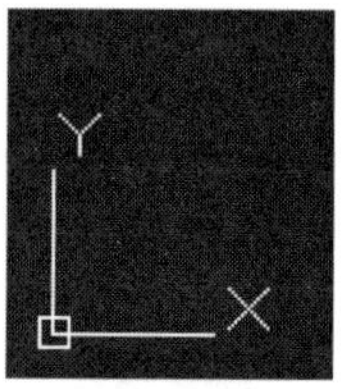

그림 18. 좌표

※ 처음 도면 상태(그림 20)의 메뉴 바로 돌아오지 않을 때가 있는데 어떻게 하면 될까요?

이릴 때는 그림 19, 20과 같이 ① 작업 공간 전환 클릭 → ② 3D모델링 또는 3D 기본사항 클릭 (메뉴가 바로 바뀌지 않을 때) → ③ 제도 및 주석 클릭 → 처음 도면의 메뉴가 보인다.

그림 19. 작업공간 전환 메뉴

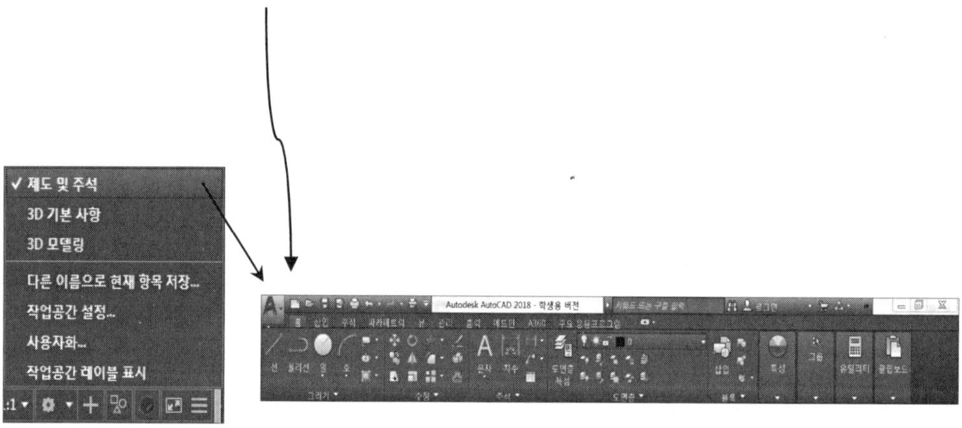

그림 20. 제도 및 주석을 클릭하여 원상태로 복귀

■ **화면(작업 공간) 전환 버튼**

그림 21의 화면 전환 버튼을 누르면 탭으로 최소화, 패널 제목으로 최소화, 패널 버튼으로 최소화를 할 수 있다. 상황에 맞게 전환하면 된다.

그림 21. 메뉴 최소화 전환 버튼

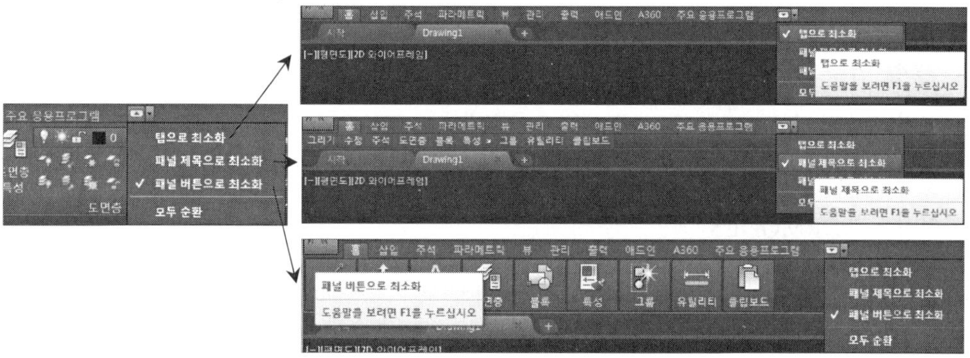

그림 22. 3가지 최소화 화면

※ 그림 23과 같은 명령 입력 창이 사라졌다면 Ctrl+9를 누르면 된다.

그림 23. 명령 입력 창

※ 명령어를 입력한 뒤 다시 다른 명령어를 입력할 때 가장 많은 질문
- '입력명령어가 제대로 입력이 안된다' : 실행을 한 뒤 항상 Esc를 누르는 습관을 가지면 된다. 그리고 '명령 입력'이 나오면 명령어를 입력하고 시작한다.

2. 도면 그리기를 위한 CAD 설정 종류

■ **객체 스냅 설정 방법**

- 그림 24와 같이 상태표시줄(오른쪽 하단)에서 스냅모드 켜기/끄기 옆의 '▽'를 누르면 아래와 같이 극좌표 스냅, 그리드 스냅, 스냅 설정이 보인다. 스냅 설정을 클릭하면 그림 25와 같이 '제도 설정' 화면을 볼 수 있다.
- 스냅 간격 이란 : 커서의 움직임의 간격이 일정한 모드. 스냅 모드를 켜기를 하였을

때 스냅 간격이 0.5mm로 되어 있으면 커서가 0.5mm 씩 이동한다.

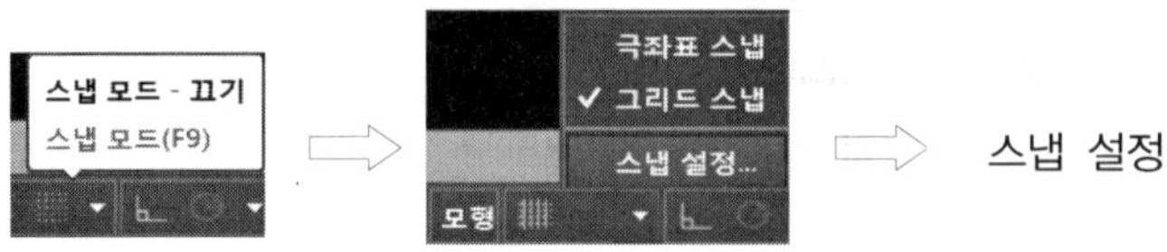

그림 24. 스냅모드 및 스냅 설정 하기

- '명령 입력' 란에 아래와 같이 3가지 명령어로 입력해도 된다.

명령 : OSNAP　　　　　　단축 명령어 : OS

명령 : DSETTINGS　　　　단축 명령어 : DS

명령 : DDRMODES

■ 제도 설정에서 스냅과 그리드 설정

그림 25. 제도 설정에서 그리드와 스냅 간격 조정

■ 객체 스냅 설정 (※중요)

CAD로 도면과 치수를 기입할 때 많이 사용하는 기능이다. 그림 25의 '제도설정'에서

'객체스냅'을 클릭하거나 화면 아래의 상태막대에서 '객체스냅'을 클릭한다. 그림 26은 도면 그리기에 필요한 객체 스냅 선택(✓)이다.

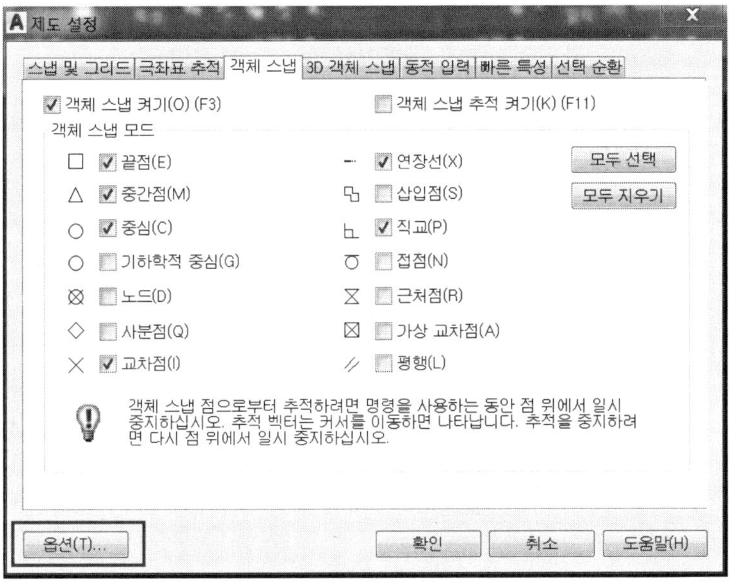

- 선의 끝점/중간점, 원의 중심점을 찾고자 할 때 스냅기능을 켜고 해야 된다.
- 객체 스냅 켜기 : 도면을 그릴 때 스냅 기능을 켜지 않고 선의 중심을 찾고자 정확한 중심을 찾기 어렵다. 바로 중심 위치를 찾을 수 있도록 객체 스냅을 클릭한 후 작업하는 것이 좋다.
- 접점(N) : 원와 원사이의 tangent 선을 그릴 때 사용한다.

그림 26. 객체 스냅 체크 확인

■ 동적 입력( )사례 보기

처음에는 동적 입력이 도움이 되지만 불편할 경우에는 그림 29의 상태막대에서 동적 입력을 OFF로 하면 된다(회색으로 바뀌면 꺼진 것이다). (동적입력 ON/OFF 단축키는 F12)

동적 입력 그림이 보이지 않을 때는 그림 29의 '사용자화' 메뉴에서 동적입력을 클릭하면 상태막대에 동적입력 그림이 보인다. 동적입력을 활성화하지 않으려면 이 그림을 클릭하여 회색으로 변경한다.

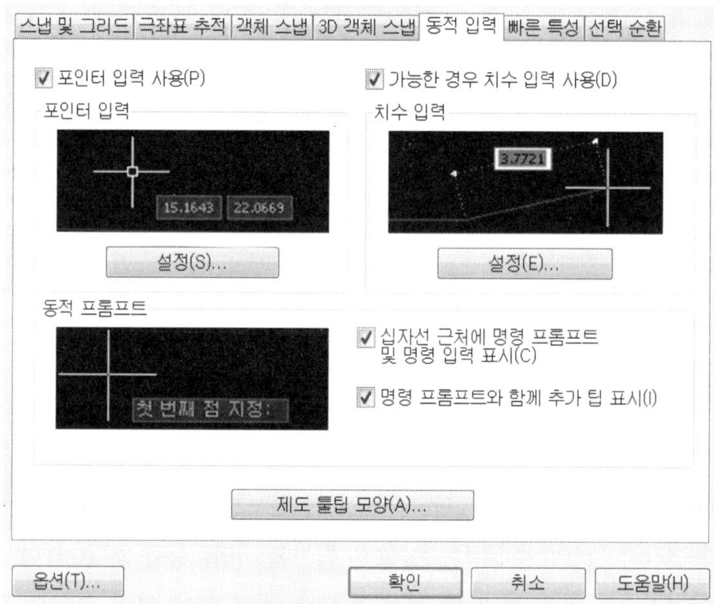

그림 27. 제도 설정에서 동적 입력 화면

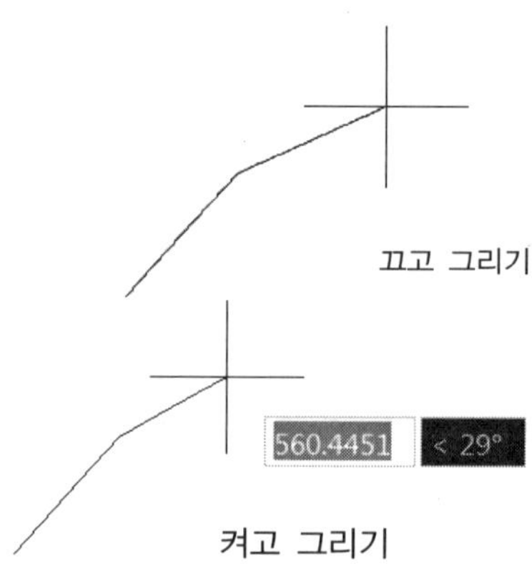

그림 28. 동적 입력 끄고 그리기와 켜고 그리기의 차이

■ '상태 막대'와 '사용자화' 메뉴

- 그림 29과 같이 화면 아래 쪽'상태 막대'는 오른쪽의 사용자화 메뉴에서 클릭(√)되어 있는 것만 보인다.
- 상태 막대의 메뉴를 보이지 않게 하려면 사용자화 메뉴를 다시 한번 클릭(√)한다.
- 좌표 : 커서의 좌표 값을 보여준다(x, y위치)
- 도면 그리드(모눈 표시) : 일정한 간격으로 격자를 표시함.
  명령어:GRID Enter↵, ON/OFF 방법 : 상태표시줄 클릭, Ctrl+G, 기능키 : F7
- 스냅 : 마우스 커서의 움직이는 간격, 그리드 값과 일치하면 편하다.
  명령어 : SNAP, 단축키: SN
  ON/OFF 방법 : 상태표시줄 클릭, Ctrl+B, 기능키 : F9
- 직교 : 마우스 커서의 움직임이 수평과 수직으로 만 움직이도록 한다.
  명령어 : ORTHO, ON/OFF 방법 : 상태표시줄 클릭, Ctrl+L, 기능키 : F8
- 객체 스냅 : 마우스 커서의 움직이는 간격, 그리드 값과 일치하면 편하다.
  명령어 : OSNAP, ON/OFF 방법 : 상태표시줄 클릭
- 작업 공간 전환 : 제도 및 주석, 3D 기본 사항 등.

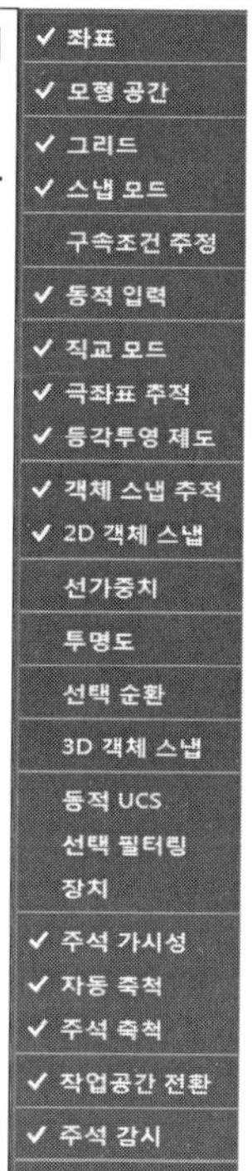

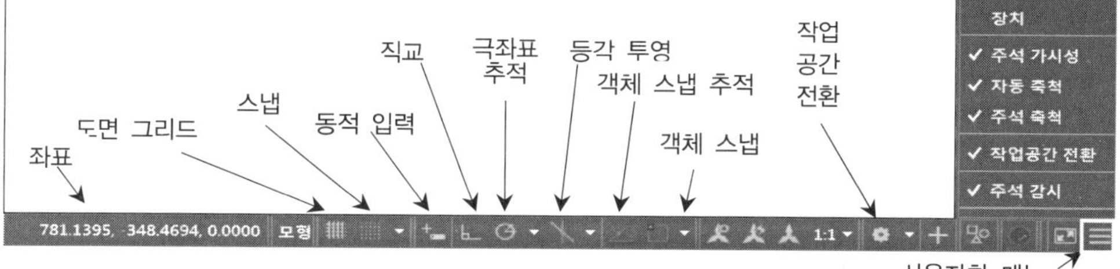

그림 29. 상태 막대와 사용자화 메뉴 보기

■ 도면층 만들기

<표 1>과 같이 도면층을 만들어서 도면을 그리면 도면을 보기가 편리하다.'0'이나 'defpoints'은 사용하지 않고, 새로운 도면층 4개를 만들어 보자. 그림 30은 입력할 4개의 도면층이다.

〈표 1〉 도면 층의 이름과 색상, 선종류, 선 가중치 입력

이름	색상	선종류	선가중치
외형선	녹색	굵은실선(Continuous)	0.7 mm
은선	노란색	숨은선(HIDDEN2)	0.4 mm
중심선	빨간색	일점쇄선(CENTER2)	고정값 또는 0.13mm
해칭선, 치수선(치수보조선)	흰색	가는실선(Continuous)	고정값 또는 0.13mm

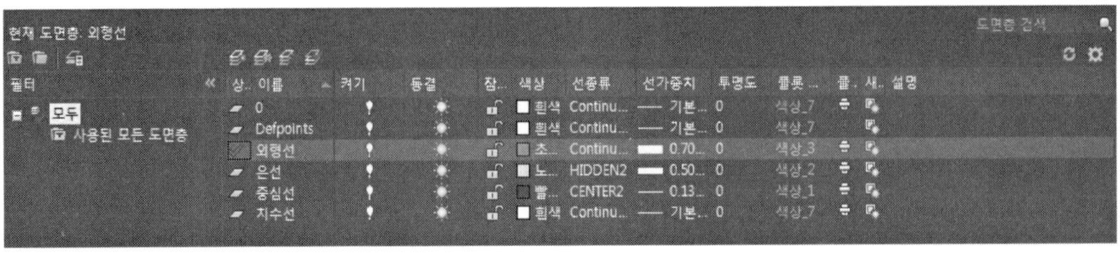

그림 30. 완성된 도면층

① 그림 31과 같이 도면층 새로 불러오기 4개를 불러오자 → 글씨 오른쪽 버튼을 누른 후 '도면층 이름 바꾸기'로 선의 명칭을 바꾸어 보자. 또는 도면층 글씨를 두 번 클릭하면 바로 이름 바꾸기를 할 수 있다.

② 도면층의 명칭을 전부 바꾸었다면 이제 도면의 색상을 바꾸어 보자
그림 32와 같이 색상 부분을 클릭하여 주어진 색으로 변환하자.
외형선 : 녹색, 중심선 : 빨간색, 은선: 노란색, 해칭선과 치수선(치수 보조선) : 흰색

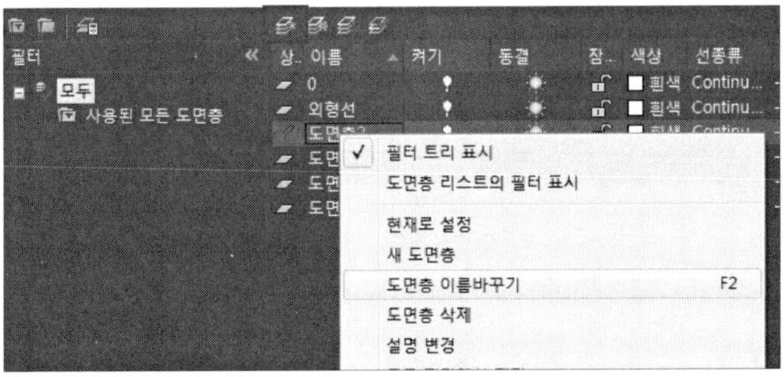

그림 31. 도면층 이름 바꾸기

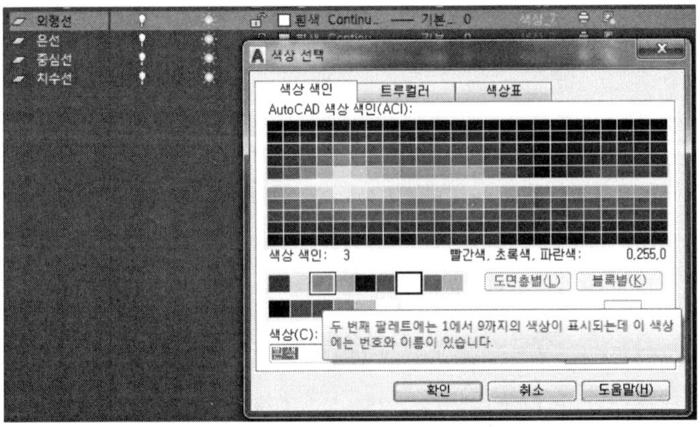

그림 32. 도면층 색상 클릭

③ 선의 종류 선택

선의 종류는 외형선 : 연속선(Continuous), 은선(HIDDEN2), 중심선(CENTER2), 치수선과 치수선 보조선(Continuous))이다.

- 선 종류 클릭 → 선 종류를 선택하지 않았다면 하나의 선(Continuous Solid)만 보인다.
- LOAD(선 부르기) → 은선(HIDDEN2) 선택 후 확인 → 중심선(CENTER2) 선택 후 확인을 클릭한다(도면의 크기에 따라 은선과 중심선의 크기를 다르게 선택한다. : 제품이 크면 간격이 큰 선을 선택, 그림 33~35 참조).
- 외형선은 연속선(Continuous), 해칭선, 치수선과 치수선 보조선(Continuous)은 같은 연속선(Continuous) 이므로 변경하지 않아도 된다.

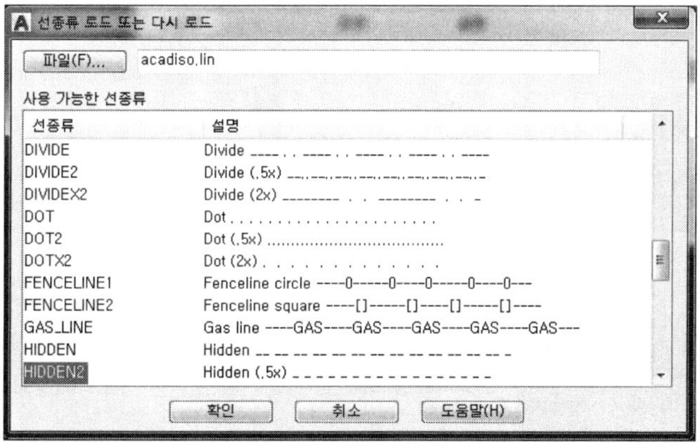

그림 33. 은선(HIDDEN2) 선택

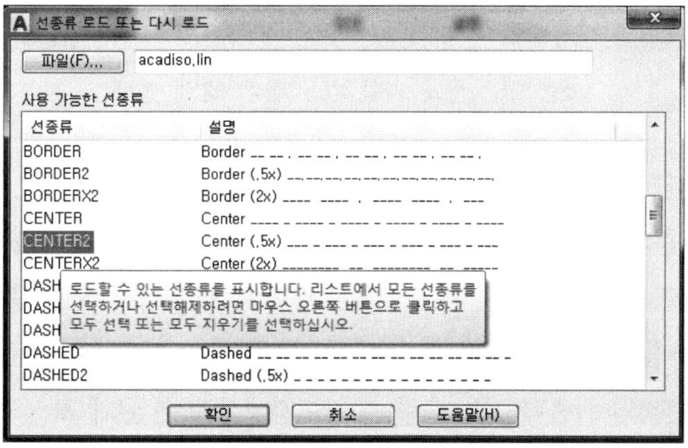

그림 34. 중심선(CENTER2) 선택

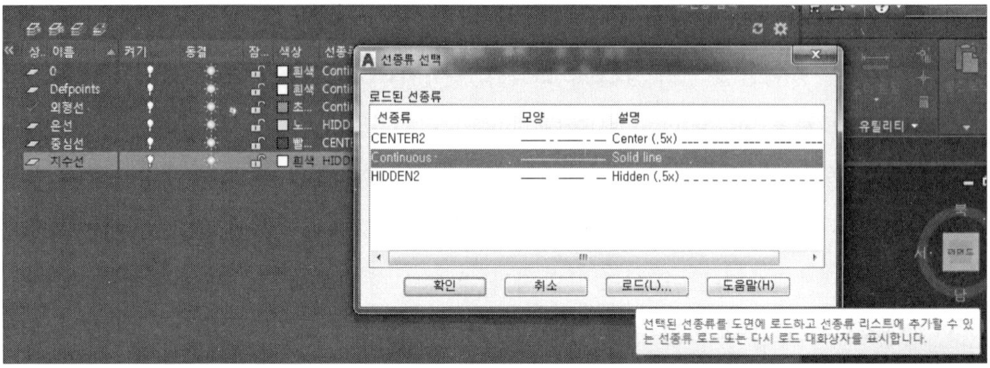

그림 35. 로드 한 선을 선의 이름에 맞게 클릭

④ 선 가중치(선 두께) 부여하기 : 그림 36과 같이 외형선 0.7mm, 은선 : 0.4mm 선택, 치수선과 중심선은 고정값(또는 0.13mm)을 사용한다.

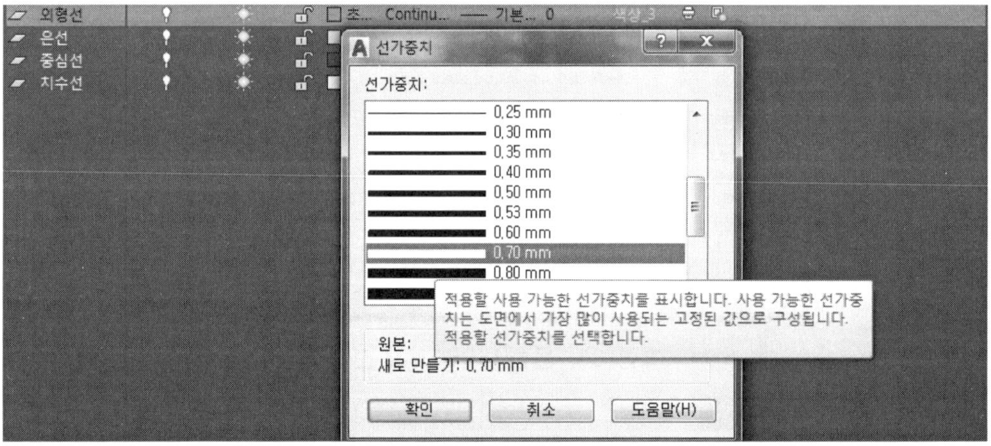

그림 36. 선의 가중치(두께)에 맞게 선택

■ 도면 층의 변경 방법

- 선 바꾸기 : 흰색 선으로 그렸다고 하더라고 그림 37의 오른쪽 사각형의 도면 층 특성을 외형선으로 변경하여 클릭하면 흰색에서 녹색 외형선 도면 층으로 변경된다.
- 도면 층이 변경되면 그림 38과 같이 선의 두께가 고정값(가는 실선)에서 0.7mm(굵은 실선)로 변경되어 출력 시나 출력 미리보기에서 보면 굵게 표시되어 도면층 색에 따른 굵은 실선과 가는 실선을 구분하여 볼 수 있다.

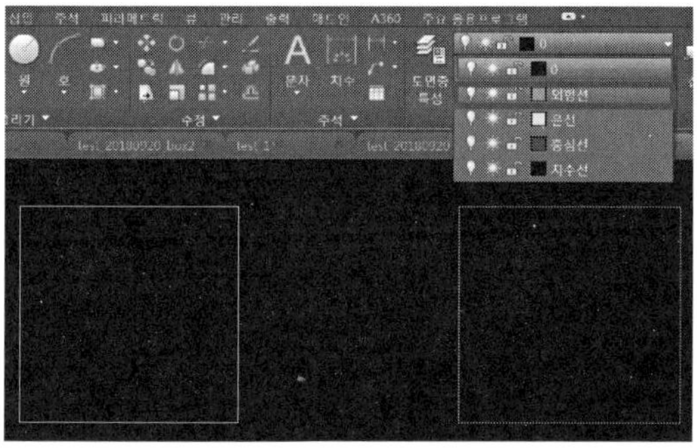

그림 37. 왼쪽 : 흰색, 오른쪽은 녹색 도면층(외형선, 두께 0.7mm)으로 변경

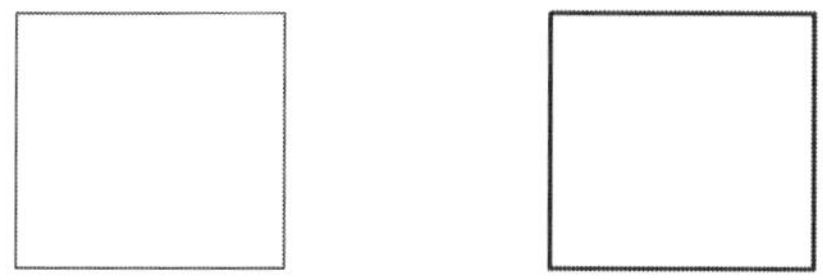

그림 38. 도면을 흑백으로 출력했을 때 도면층에 따른 선의 굵기 차이

■ 저장하기

AutoCAD에서 낮은 버전의 도면은 높은 버전에서 불러올 수 있으나, 버전이 높은 CAD를 사용하여 저장하면 낮은 버전의 AutoCAD에서는 도면을 불러올 수 없다. 따라서 그림 39와 같이 저장할 때 다른 곳에서 사용하기 위해서는 사용하고자 하는 AutoCAD 버전에 맞도록 파일 유형을 선택하여 저장한다.

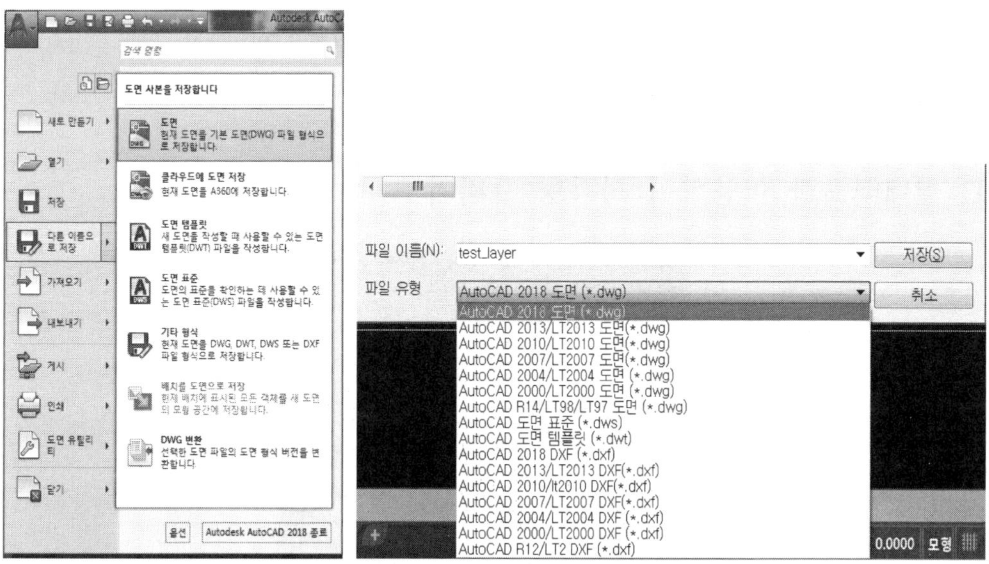

그림 39. AutoCAD 버전에 따른 저장 파일 유형
(dwg : CAD 파일, dxf : 도면을 다른 s/w에서 읽을 수 있도록 변환, dwt : 템플릿 파일)

3. AutoCAD에서 사용하는 좌표계 알아보기

좌표는 3가지 좌표(절대 좌표, 상대좌표, 극 좌표)가 주로 사용되며, 좌표를 입력하여 박스(ㅁ)를 그리는 방법 3가지를 보여준다.

■ 절대 좌표

도면의 원점(0,0)을 기준으로 하여 x 방향과 y 방향의 좌표를 말한다(그림 40 참조). 먼저 x 방향의 좌표, y 방향의 좌표를 (x, y)와 같이 표시한다. 예) 50,50

■ 상대 좌표

치수 앞에 기호(@)로 사용한다. 도면의 원점(0,0)을 기준으로 하는 것이 아니고 현재의 위치 좌표에서 x 방향과 y 방향의 좌표를 말한다(그림 42 참조). 예) @50,50

오른쪽과 위쪽 방향은 + 수치, 왼쪽과 아래쪽 방향은 - 수치로 나타낸다.

■ 극 좌표

현재의 위치 좌표에서 x 방향과 y 방향으로의 길이와 각도로 표시하는 좌표를 말한다. 길이와 각도로 나타낸다(그림 42참조). 예) @50<90 길이 50이고 각도 90°방향이다.

반시계 방향으로 각도가 증가하며 오른쪽은 0° 방향, 위쪽은 90°방향, 왼쪽은 180°이다. 270°를 시계방향으로 표시하면 - 90°이다.

1) 절대좌표를 이용하여 사각형 그리기

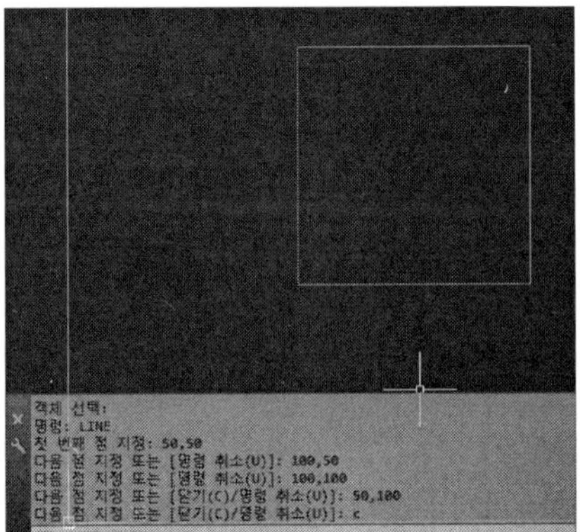

그림 40. 절대 좌표를 이용하여 그리기

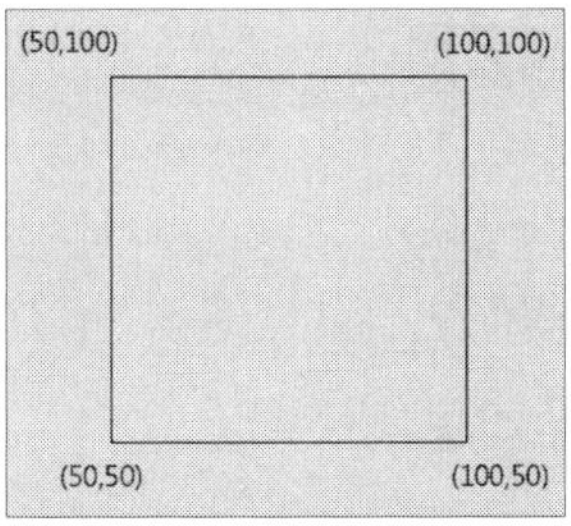

그림 41. 사각형 좌표

명령: LINE Enter↵
첫 번째 점 지정: 50,50 Enter↵
다음 점 지정 또는 [명령 취소(U)]: 100,50 Enter↵
다음 점 지정 또는 [명령 취소(U)]: 100,100 Enter↵
다음 점 지정 또는 [닫기(C)/명령 취소(U)]: 50,100 Enter↵
다음 점 지정 또는 [닫기(C)/명령 취소(U)]: c Enter↵ 또는 50,50 Enter↵

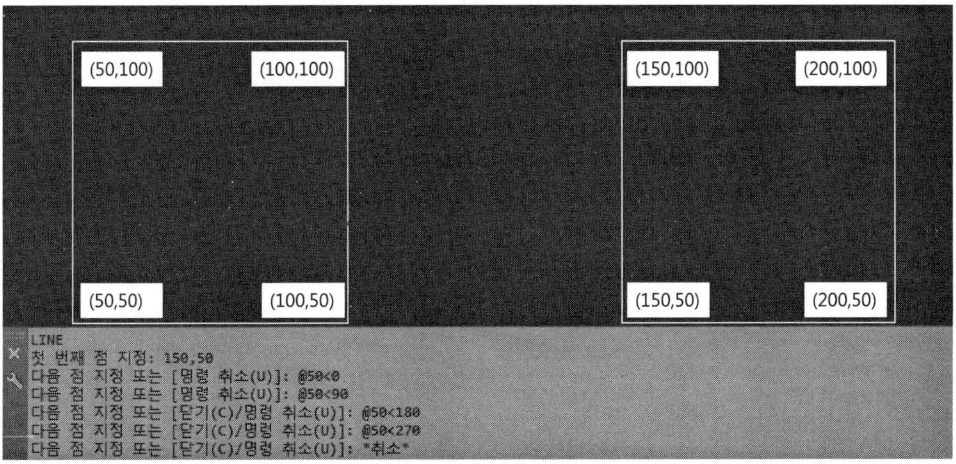

그림 42. 극 좌표계를 이용한 그리기

상대좌표를 이용하여 사각형 그리기	극좌표를 이용하여 사각형 그리기
- 명령 : LINE 또는 L Enter↵ - 첫 번째 점 지정: 50,50 Enter↵ - 다음 점 지정 또는 [명령 취소(U)]: @50, 0 Enter↵ - 다음 점 지정 또는 [명령 취소(U)]: @0, 50 Enter↵ - 다음 점 지정 또는 [닫기(C)/명령 취소(U)]: @-50,0 Enter↵ - 다음 점 지정 또는 [닫기(C)/명령 취소(U)]: @0,-50 Enter↵ - 다음 점 지정 또는 [닫기(C)/명령 취소(U)]: *취소*(Esc) 명령 :	- 명령 : LINE 또는 L Enter↵ - 첫 번째 점 지정: 150,50 Enter↵ - 다음 점 지정 또는 [명령 취소(U)]: @50<0 Enter↵ - 다음 점 지정 또는 [명령 취소(U)]: @50<90 Enter↵ - 다음 점 지정 또는 [닫기(C)/명령 취소(U)]: @50<180 Enter↵ - 다음 점 지정 또는 [닫기(C)/명령 취소(U)]: @50<270 Enter↵ - 다음 점 지정 또는 [닫기(C)/명령 취소(U)]: *취소*(Esc) 명령 :

4. 도면 한계선 그리기와 외곽선 따라 그리기

■ 도면의 크기 정하기(LIMITS)와 외곽선 그리기(REC)

- A4 용지 크기의 규격으로 하려면 LIMITS 명령어를 사용하면 된다. 윤곽선(그림 43)을 만들기 위해서 원점(0,0 297,210) ⇨ 외형선(녹색)으로 변경하기.

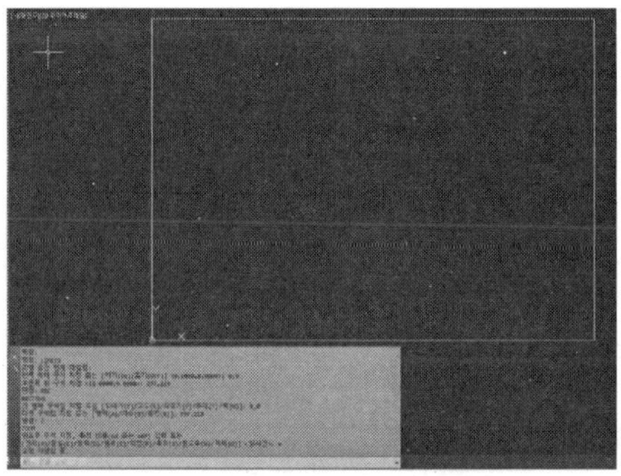

그림 43. 외곽선 그리기 완성

- 명령: LIMITS
- 모형 공간 한계 재설정:
- 왼쪽 아래 구석 지정 또는 [켜기(ON)/끄기(OFF)] <0.0000,0.0000>: Enter↵ 또는 0,0 Enter↵
- 오른쪽 위 구석 지정 <12.0000,9.0000>: 297,210 Enter↵
- 명령: REC
- RECTANG
- 첫 번째 구석점 지정 또는 [모따기(C)/고도(E)/모깎기(F)/두께 (T)/폭(W)]: 0,0 Enter↵
- 다른 구석점 지정 또는 [영역(A)/치수(D)/회전(R)]: 297,210 Enter↵
- 명령: Z Enter↵

ZOOM
- 윈도우 구석 지정, 축척 비율(nX 또는 nXP) 입력 또는 [전체(A)/중심(C)/동적(D)/범위(E)/이전(P)/축척(S)/윈도우(W)/객체(O)] <실시간>: e Enter↵
- 모형 재생성 중.

- 흰색선으로 윤곽선을 그렸다면(그림 44), 도면층을 먼저 외형선으로 변환(그림 45)하면 나머지 부분을 그리는데 더 편리하다.

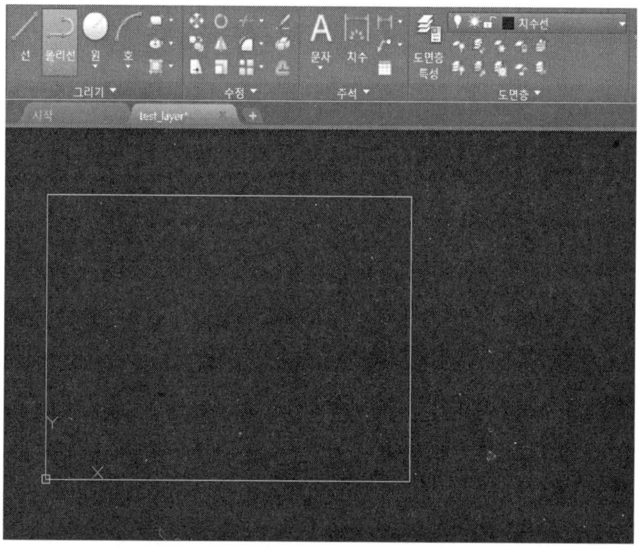

그림 44. 흰색 선으로 A4 크기 윤곽선 완성

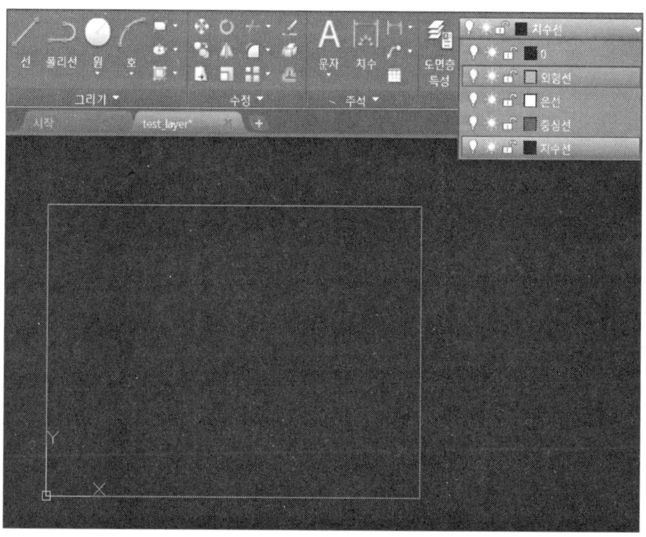

그림 45. 윤곽선(녹색)으로 변환하기

- 오프셋(offset) 명령어를 이용하여 10mm 안쪽으로 간격띄우기(간격띄우기 할 때 선을 클릭하고 커서의 위치를 사각형의 안쪽에 위치한다(그림 46). 커서를 사각형의 바깥에 위치하여 클릭하면 A4 용지보다 좌우, 위아래가 10mm씩 큰 사각형이 만들어진다(그림 47).

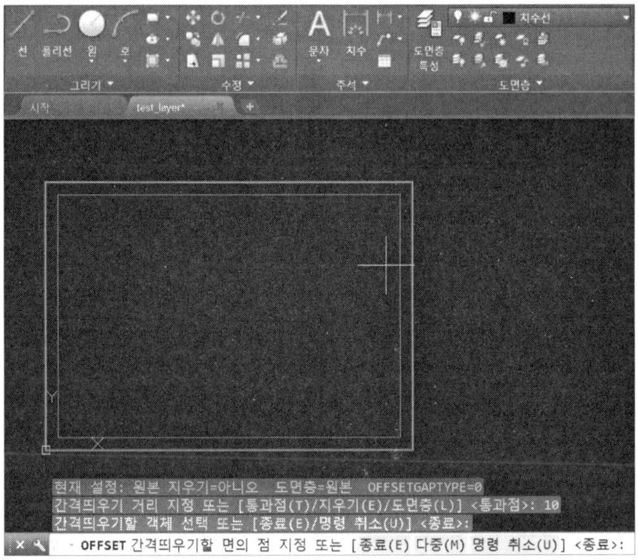

그림 46. 간격 띄우기 안쪽

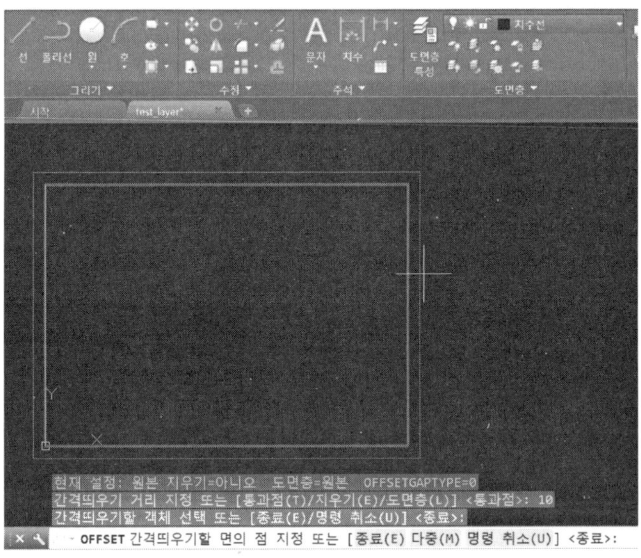

그림 47. 간격 띄우기 바깥 쪽

■ 윤곽선에 중심선 그리기

메뉴 : 선 그리기 ⇨ 트리밍 ⇨ 지우기

그림 48과 같이 선을 선택한 후 사각형의 수평의 중심과 수직의 중심에 선을 그린다.(선을 그릴 때 선의 중심 위치에 커서를 가져가면 '△'이 보이면 그 점이 선의 중앙이다. '△'이 보이지 않으면 객체 스냅 기능이 체크되어 있지 않기 때문이다.) ⇨ 수평선과 수직선 완성.

객체 스냅 체크 방법(그림 49) : 스냅 상태바(화면의 아래쪽)에서 ⇨ 스냅기능 선택 ⇨ 스냅 설정 ⇨ 중간점 체크(△) 확인. 화면 아래의 '상태바'가 파란색으로 되어있지 않으면 클릭하여 켜기로 변경(그림 29참조).

트리밍으로 내부의 선을 절단하고(그림 50), A4 용지 크기의 외곽선을 삭제한다(그림 51). 그림 52는 외곽선에 중심선을 그린 것을 완성한 것이다.

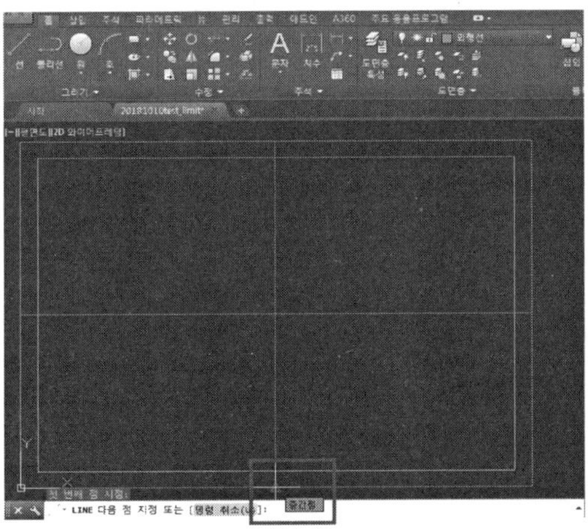

그림 48. 중간점 기호(△) 확인

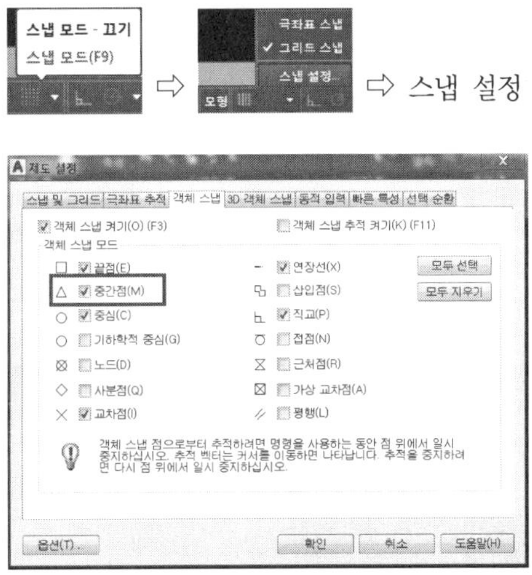

그림 49. 중간점(△)에 체크되었는지 확인

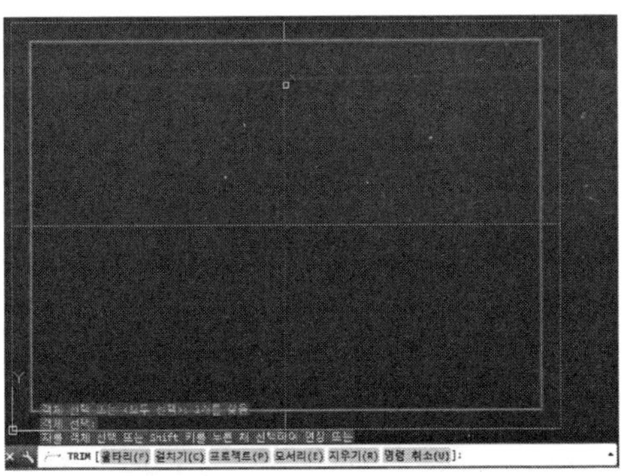

그림 50. 내부 사각형 트리밍으로 선택 후 내부선 절단하기

그림 51. 외곽선 지우기

그림 52. 윤곽선 및 중심선 그리기 완성

■ **표제란 그리기**

메뉴 : 윤곽선 분해 ⇨ 간격 띄우기(OFFSET) ⇨ 트리밍 ⇨ 지우기 ⇨ 글씨 입력 ⇨ 글씨 크기 조정

① 외곽선을 REC를 사용하여 그렸다면 사각형이 하나의 객체로 그려진다. 이를 분해하고자 할 때는 분해(EXPLODE)를 사용하면 된다(그림 53).

② 치수에 맞추어 간격 띄우기(OFFSET) ⇨ 트리밍 ⇨ 표제란을 완성한다(그림 54).

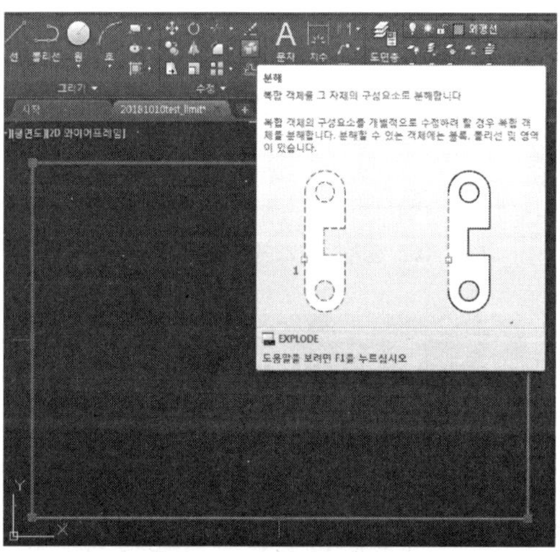

그림 53. 외곽선 분해(EXPLODE)

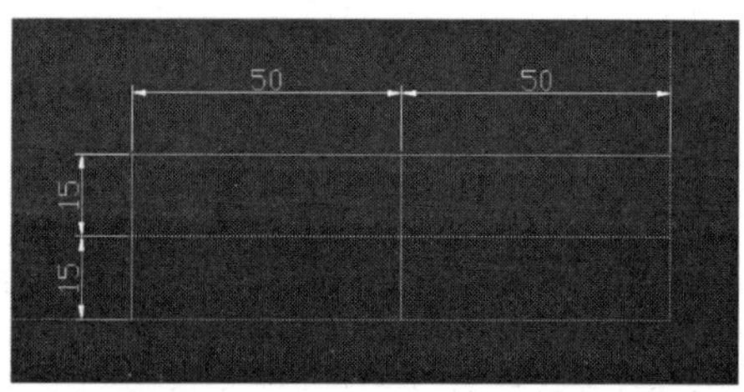

그림 54. 수치에 맞추어 표제란 작성

③ 문자 입력(여러 줄 문자 또는 단일 문자 클릭) : 여러 줄 문자를 클릭(그림 55) ⇨ 커서로 문자 입력 첫 번째 구석 지정(그림 56)과 반대 구석 지정(그림 57) ⇨ 문자

입력(그림 58) ⇨ 문자 크기 변경 방법(그림 59) ⇨ 문자 크기 변경 완료(그림 60)

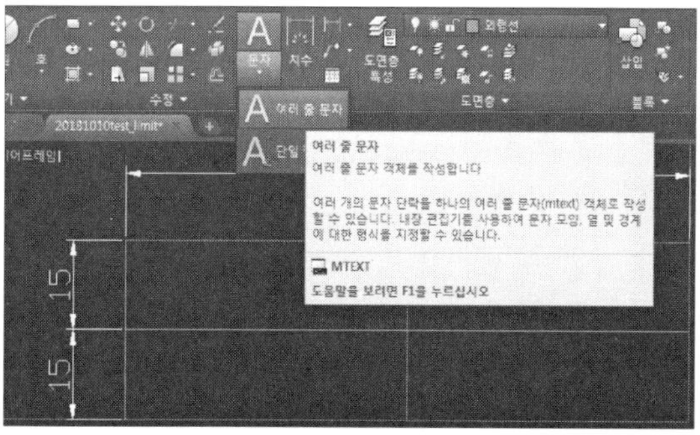

그림 55. 여러 줄 문자 클릭

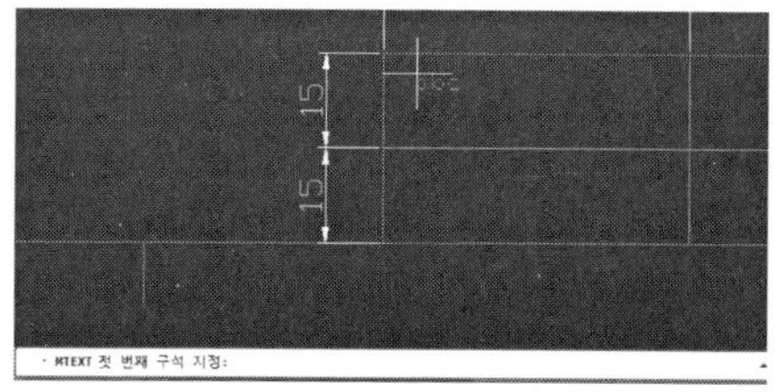

그림 56. 문자를 입력할 첫 번째 구석 지정(클릭)

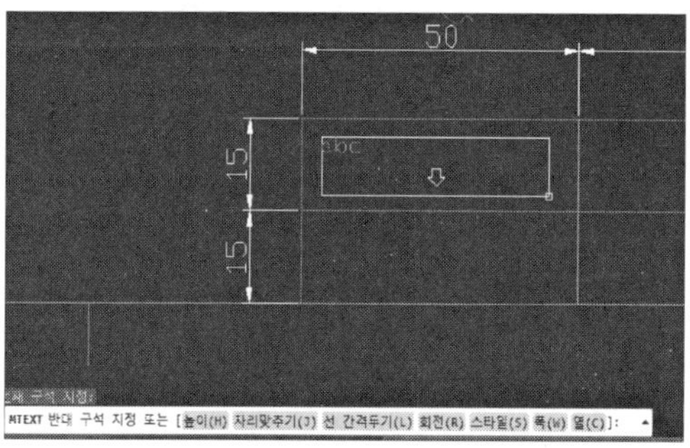

그림 57. 문자를 입력할 반대 구석 지정

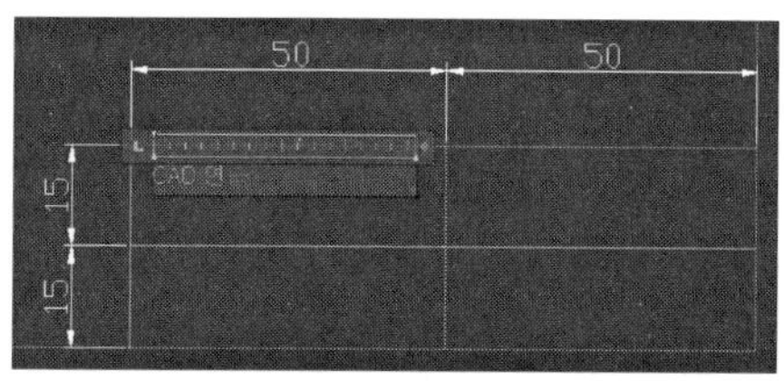

그림 58. 문자 입력

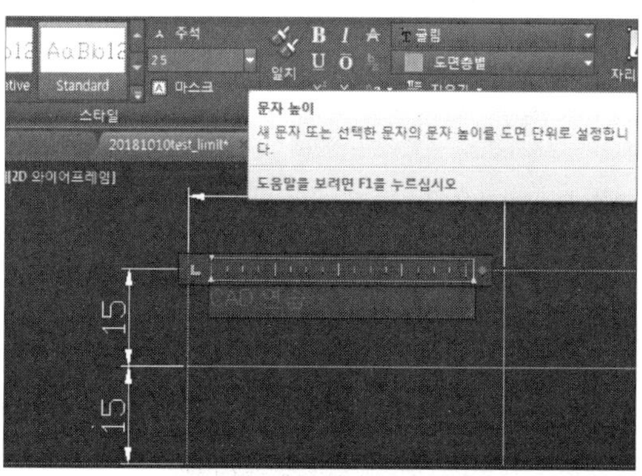

그림 59. 글씨 변경 필요(2.5→5.5로)

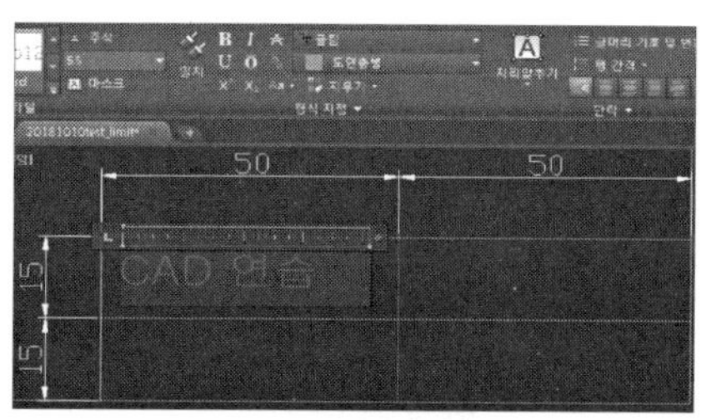

그림 60. 글씨를 클릭 후 주석 아래에 크기를 5.5로 변경

5. AutoCAD 도면 따라 그리기

1) 박스(□)를 그리기

3가지 명령어(선그리기 - 오프셋 - 트리밍) 명령어를 사용하여 그림 61의 치수로 직사각형 형태의 박스 그리기

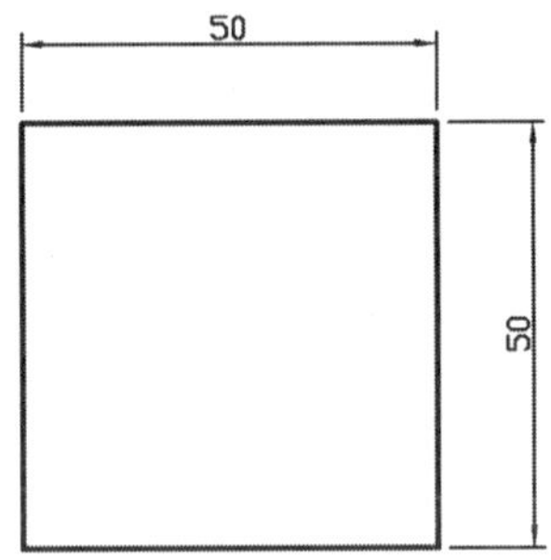

그림 61. 도면 치수

① 직교 켜기를 한다(오른쪽 아래쪽 '상태 표시줄'에서 '커서를 직교로 제한'을 누르면 파란색으로 보이며, 회색으로 보이면 끄기 상태이다. 눌러보면서 확인해보자. 신속하게 하려면 F8을 눌러도 된다(그림 62 참조).

② 선을 선택하거나 그림 63와 같이 명령어 창에 LINE(또는 L)을 입력한다. (메뉴에서 선을 선택해도 명령어 부분이 아래 그림과 같이 나타난다)

그림 62. 직교좌표 켜기/크기

그림 63. 명령 입력 창에 선그리기 입력
('L' 입력 후 Enter↵ 하면 보이는 화면)

③ 선을 클릭하여 위에서 아래로, 아래에서 오른쪽으로 그리기를 하여 ㄴ 자 형식으로 그린 후 왼쪽 마우스를 클릭한다(그림 64). 그 다음 Esc를 클릭하여야 다음 명령어를 선택할 수 있다. 선의 길이를 모르면 작게 그리는 것보다는, 크게 그려 트리밍으로 자르는게 편리하다.

④ 아래와 같이 수정 매뉴에서 오프셋(간격띄우기)을 클릭하거나 명령어 란에 OFFSET(offset)를 입력한다(그림 65).

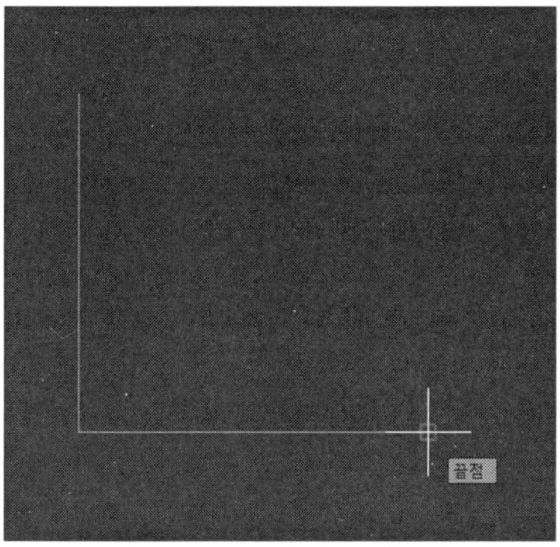

그림 64. 선그리기 입력

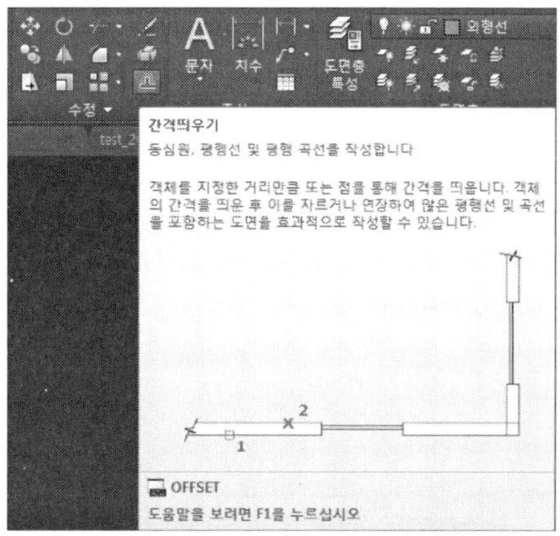

그림 65. 간격 띄우기 (50mm)

⑤ 띄우기 간격 '50'을 입력한 후 Enter↵ 한다(단위는 mm이다).

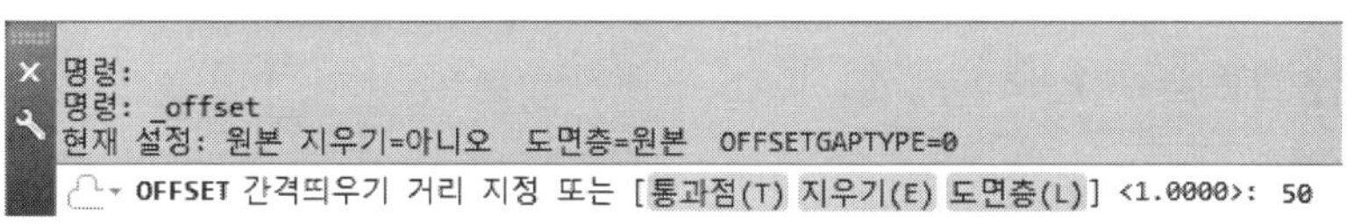

그림 66. 간격 띄우기 50mm 입력

⑥ 간격띄우기 할 선을 선택한다(선을 선택하면 선택한 선의 주위에 음영으로 되어 약간 두껍게 보인다. 그림 67).

⑦ 그림 68과 같이 간격 띄우기 할 방향(우측으로 50mm 간격띄우기 하려면 선을 선택한 후 간격띄우기 할 방향에 점을 지정)에 커서를 놓고 클릭하여 완성한다. 아래쪽의 선을 위쪽으로 간격띄우기 50을 한다.

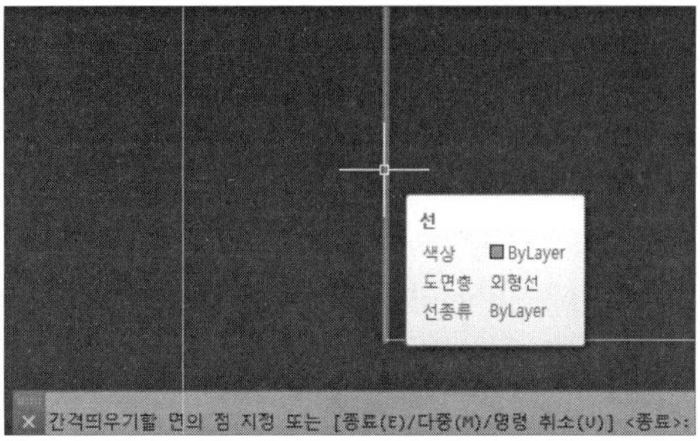

그림 67. 간격 띄우기 클릭

그림 68. 간격 띄우기 완성

⑧ 트리밍(자르기) : 정사각형을 만들기 위해서는 선을 트리밍(자르기) 선택한다.

정사각형을 만들기 위해 바깥 부분의 선을 잘라내기 위해서는 선을 자르는 기준선을 먼저 선택한다(원하는 크기로 오이를 자르기 위해서는 자를 오이 위치에서 칼을 먼저 선택하는 방식이다.).

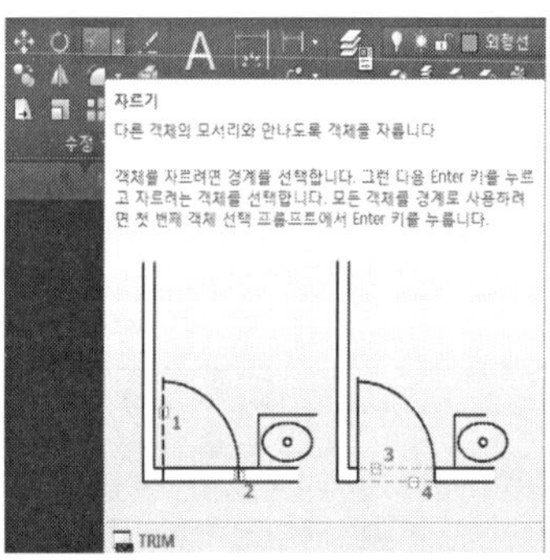

그림 69. 자르기(TRIM)

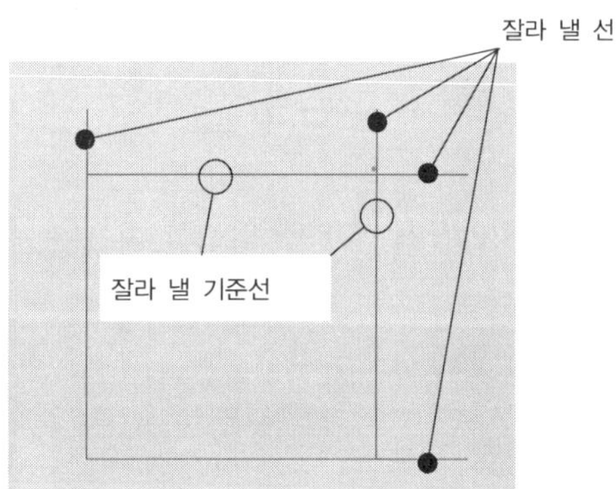

그림 70. 자르기(TRIM) 순서 및 방법

- 3번과 4선을 자르기 위해서는 1번과 2번 선을 먼저 선택(굵은 선으로 표시된다)한 후 Enter↵
- 자르고 자 하는 선 3번과 4번을 선택하면 1번 선과 2번 선 사이에 있는 3번 선과 4번 선이 잘라진다.

- 잘라낼 기준선을 선택한다(잘라 낼 선을 자르기 위해서 먼저 잘라 낼 기준선을 먼저 선택한다).

⇨ 잘라낼 선을 선택한다. ⇨ 작업을 마친 후에는 항상 Enter↵ 키를 누른다.

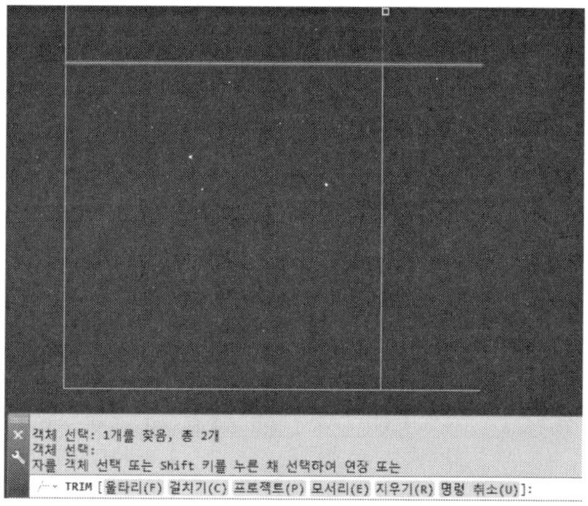

그림 71. 트리밍 완성

그림 72. 사각형 완성

잘라낼 기준선을 선택한다. → 잘라낼 선을 선택한다. → 선을 선택하면 선에 x 표가 보이면 클릭한다. ⇨ Enter↵ (그림 71) 트리밍을 완성하면 완성된 정사각형을 볼 수 있다(그림 72).

> **➲ 중요 : 선을 선택한 후 항상 엔터키(Enter↵)를 누른다.**
>
> - 트리밍을 클릭하여 기준선을 선택한 후 엔터(Enter↵)를 누르고 자를 선을 왼쪽 마우스로 클릭하여도 선이 제거가 된다.
> - 잘라낼 기준선을 하나 선택하고 잘라낼 선을 하나씩 선택한다(빠르게 하기 위해서는 먼저 잘라낼 선와 잘라낼 기준선이 무엇인지를 아는 것이 중요하다).

2) 해칭 도면 따라 그리기

아래의 그림 73과 같은 도면을 그려보자. 어떤 명령어를 사용하여 그리는 것이 효율적일까 먼저 생각하고 그리기 시작하자.

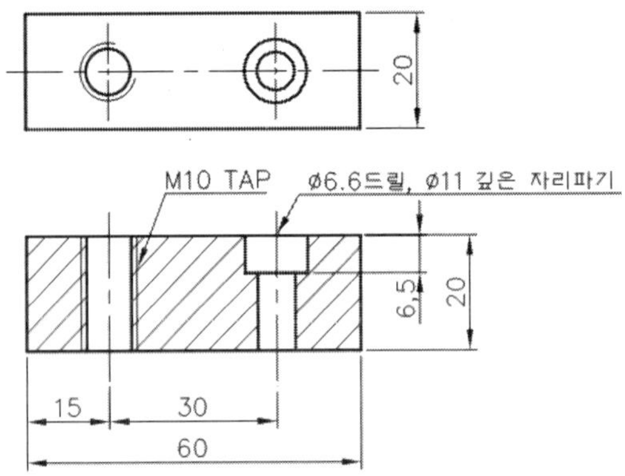

그림 73. 해치된 도면 그리기

도면 그리기에 사용할 명령어를 써보자.

도면 그리는 순서를 생각하고 써보자.

■ 선 그리기

선을 선택하여 L 자 형태로 선을 그린다(그림 74).→ 간격 띄우기(OFFSET)으로 60(mm)를 입력한 후 Enter↵ → 다시 간격 띄우기(OFFSET)으로 20(mm)를 입력한 후 Enter↵(그림 75) → 선을 절단할 부분의 위치를 선택한 후 절단할 선을 클릭하여 그림 75~79와 같이 완성한다.

> 명령어 : OFFSET
> 간격띄우기 거리 지정 또는 [통과점(T)/지우기(E)/도면층(L)] 60 Enter↵
>
> 명령어 : OFFSET
> 간격띄우기 거리 지정 또는 [통과점(T)/지우기(E)/도면층(L)] 20 Enter↵

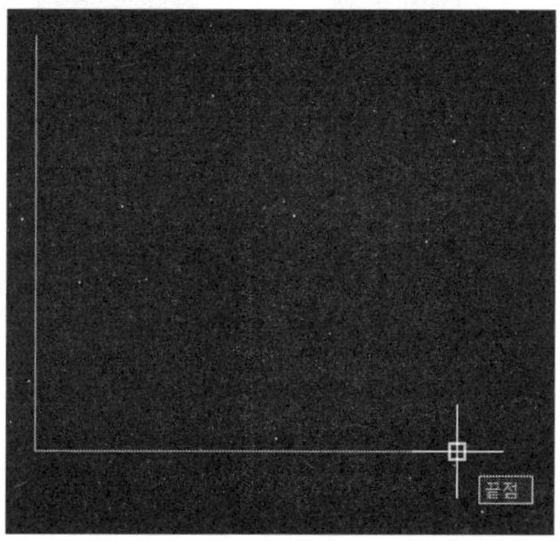

그림 74. L 자 형태로 선을 그림

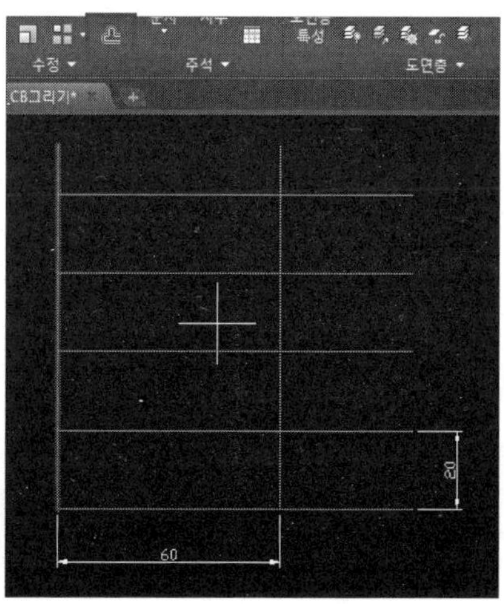

그림 75. 간격 띄우기(OFFSET)로 수치 입력

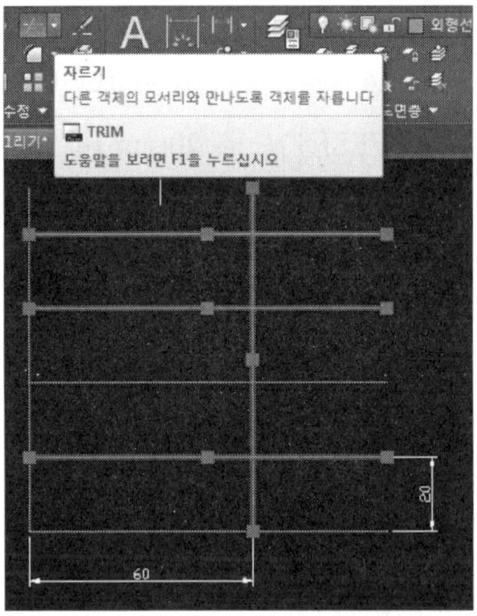

그림 76. 자르기(TRIM) 선택

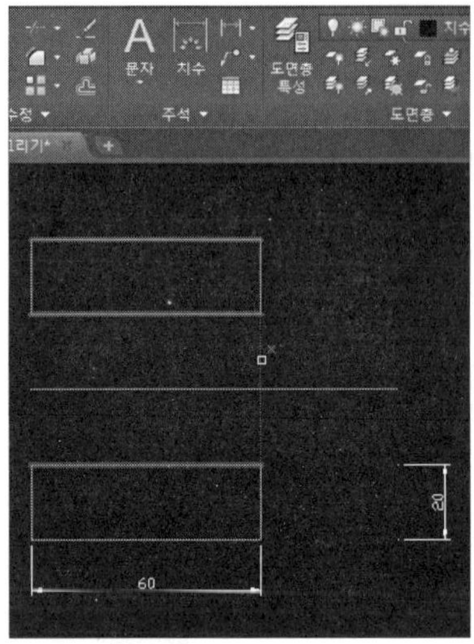

그림 77. 자르기 완성

■ 선 지우기 (ERASE)

필요 없는 선은 지우기를 명령어를 사용하여 지운다.

- 선을 지우는 방법

① 지우기 메뉴 클릭 → 지울 선을 선택

② 선을 선택 → 키보드에서 Delete 키를 클릭

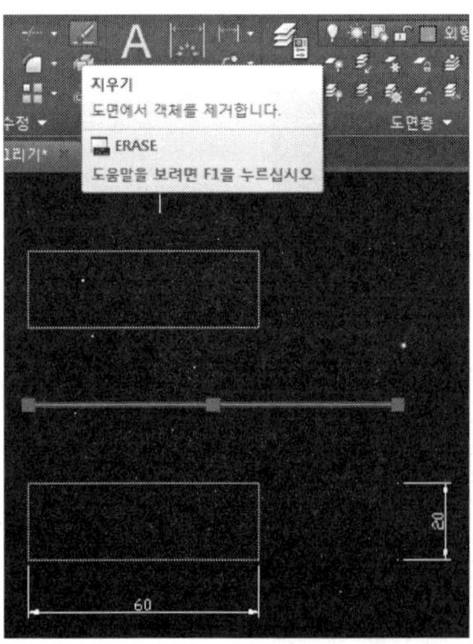

그림 78. 선 지우기 선택

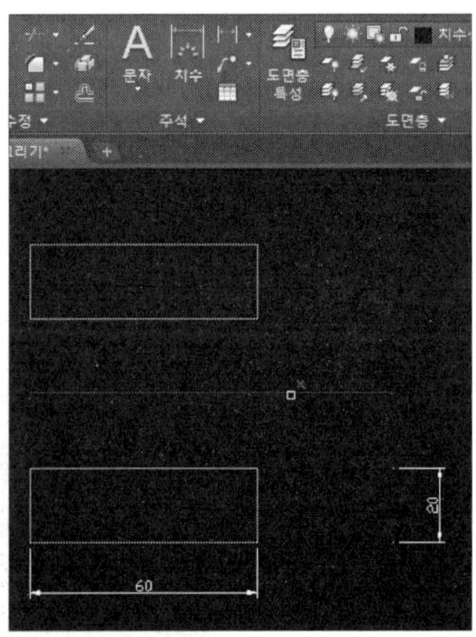

그림 79. 선 지우기 완료

■ **간격 띄우기** (OFFSET)

도면을 보고 중심선이 될 곳으로 간격띄우기 (좌우 15mm, 중심선 위치 10mm)를 한다(그림 80).

■ **도면층 변경**

외형선(녹색)으로 되어 있는 선을 클릭하여 도면층에서 중심선(빨간색)을 선택한 후 클릭하면 중심선으로 변환된다(그림 81).

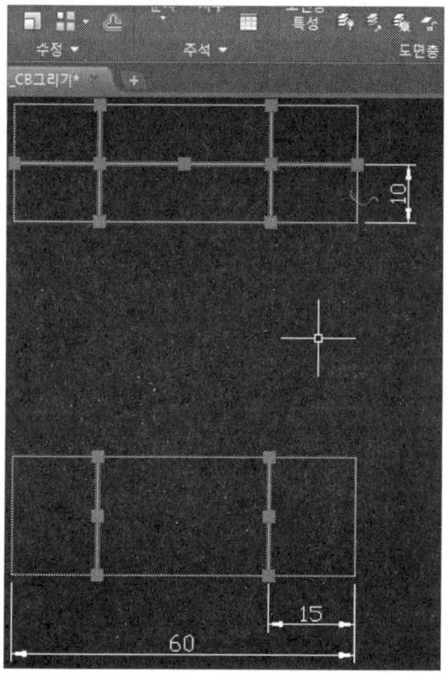

그림 80. 간격 띄우기(OFFSET)

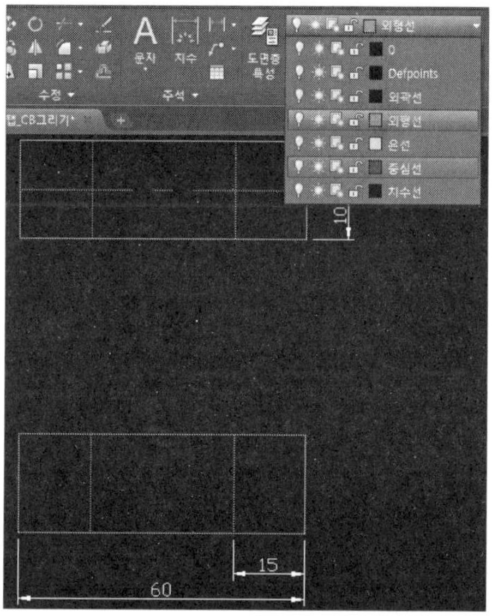

그림 81. 중심선 도면층으로 변경

■ **길이 조정** (LENGTHEN)

중심선의 크기가 외형선보다 밖으로 나오게 하려면 길이 조정(lengthen)명령어의 퍼센트(110%)를 사용하면 편리하다. 수정 옆의 역 삼각형 기호(▽)를 누르면 명령어 그림이 보인다.

- 길이 조정 순서 : 길이 조정 명령어(lengthen) 클릭 → 명령란에 P(퍼센트) 입력 Enter → 110% 입력 Enter → 조정할 선의 끝 쪽을 선택하면 길이가 증가된다.

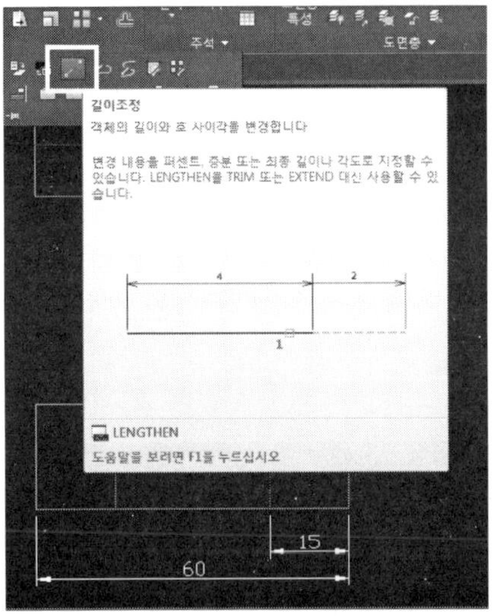

그림 82. 길이 조정(LENGTHEN)

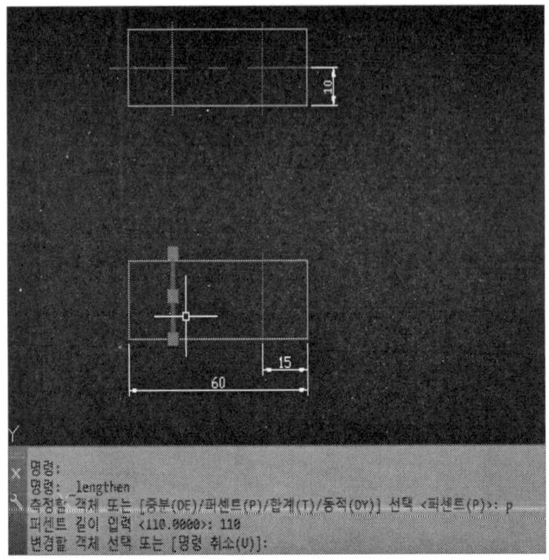

그림 83. 길이를 110% 입력 후 객체 선택

```
명령: lengthen
측정할 객체 또는 [증분(DE)/퍼센트(P)/합계(T)/동적(DY)] 선택 〈퍼센트(P)〉: p Enter
퍼센트 길이 입력 〈110.0000〉: 110 Enter
변경할 객체 선택
```

■ 선(중심선)의 특성 변경(PROPERTIES)

- 중심선이 일점쇄선이 아니고 가는 실선으로 보인다면 아래와 같이 변경하면 된다.
- 중심선을 두 번 클릭하면 선에 대한 상태 내용을 볼 수 있다(현재는 일점쇄선이 아닌 가는 실선으로 보인다, 그림 83). → 선 종류 축척 '1'을 '0.5'로 변경(그림 84)한 후 Enter(선의 간격을 조절하는 것임. 선의 종류를 선택할 때 각 제품의 크기가 다르므로 선의 축척을 조정할 필요가 있다.)하면 된다.
- 더 자세한 내용을 보려면 명령어(PROPERTIES)를 입력하면 볼 수 있다.

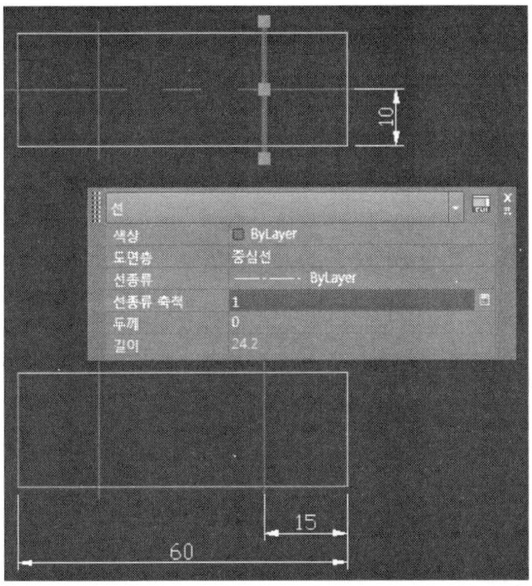

그림 84. 선 종류 축척 확인

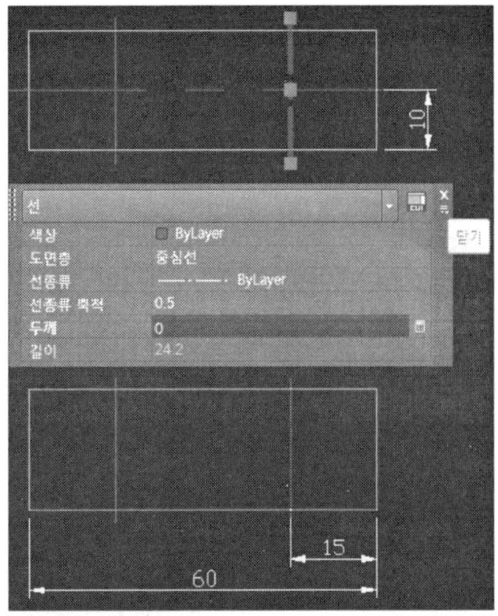

그림 85. 선 종류 축척 변경

■ **중심선의 특성 변경(PROPERTIES)**

- 중심선의 간격을 바꾸려면(중심선의 간격이 너무 크거나 작거나 하면 일점쇄선이 아닌 연속선으로 보일 때 사용) 선을 선택한 후 오른쪽 마우스 클릭하여 '특성'을 클릭하면 오른쪽 메뉴가 나오며 선종류 축척을 클릭하여 값을 변경하면 됨.
- 명령입력에 properties(특성)을 입력해도 됨.

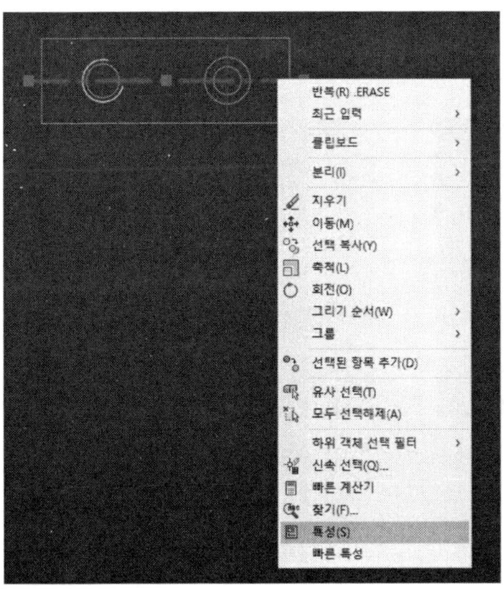

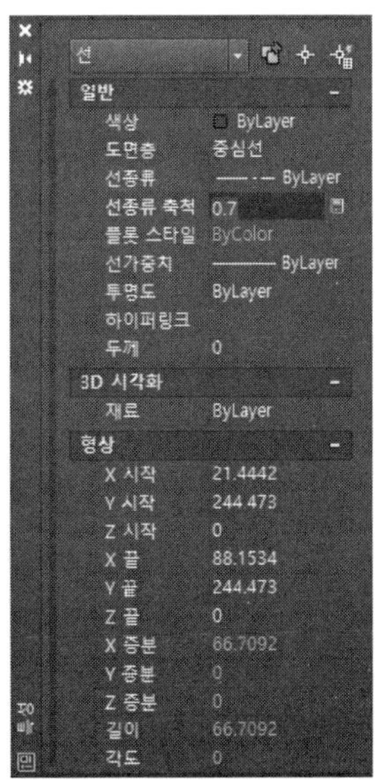

■ 원(CIRCLE) 그리기

선을 마쳤다면 이제 원을 그려보자. 원을 클릭하거나 명령(Circle)입력하여 원하는 치수의 원을 그린다. M10탭이면 바깥지름이 ϕ10mm, 안지름은 ϕ8~9mm로 그리면 된다.

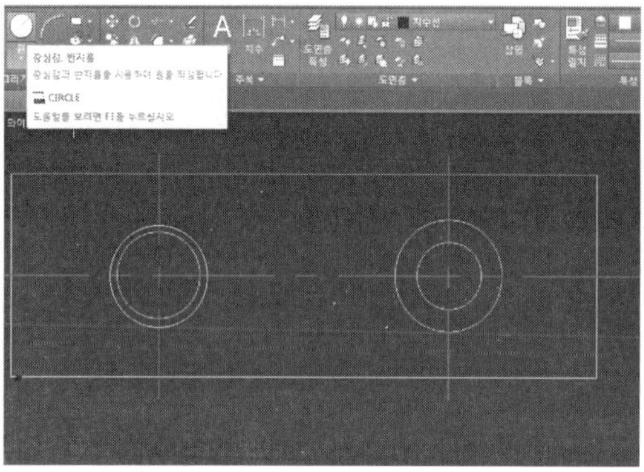

그림 86. 원(CIRCLE) 그리기

① 원의 중심점에 클릭(객체 스냅이 켜져 있는지 확인한다)한다.

② 원의 중심에 다가가면 기호(ㅁ, △)등이 보이면 클릭한다.

③ 지름(d)를 선택 'd' 입력 후 Enter

④ 치수입력 Enter

※ 주의점 : 지름과 반지름을 명령 란에 입력해야 하므로 계산을 잘못하는 경우가 종종 발생한다.

■ 탭을 그리는 방법 : 원의 1/4을 잘라낸다

방법 ①과 방법 ②가 있는데 편리한 방법을 선택하여 그려보자.

방법 ① : 트리밍 할 원을 선택(그림 87) → 원의 1/4을 트리밍 명령을 사용하여 잘라냄(그림 88) → 원의 회전 (rotate) : 원의 중심을 기준으로 각도 -15° 회전 (그림89~92) → 완성확인 (그림 93)

- 수평중심선과 수직 중심선을 먼저 클릭하고 트리밍할 원을 선택 → 회전(rotate)

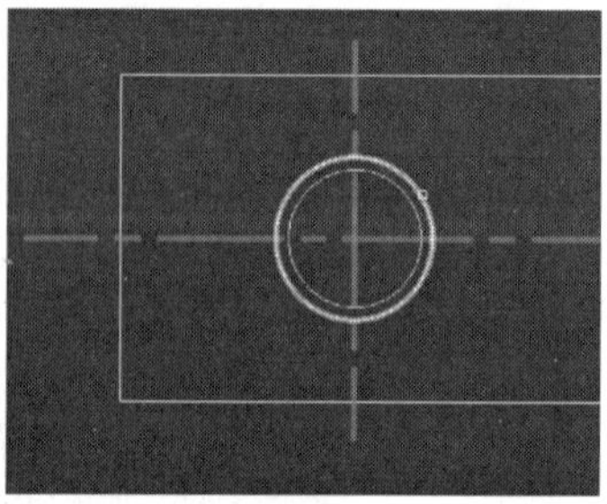

그림 87. 트리밍 할 원 선택

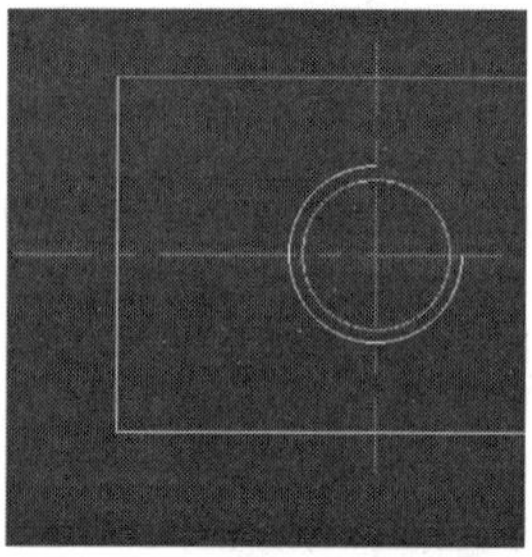

그림 88. 원의 1/4 절단

■ 원의 회전(rotate)

명령: _rotate
현재 UCS에서 양의 각도: 측정 방향=시계 반대 방향 기준 방향=0
객체 선택: 1개를 찾음
객체 선택: /회전시킬 원 선택(가는실선 선택)/ Enter
기준점 지정: /원의 중심을 클릭/
회전 각도 지정 또는 [복사(C)/참조(R)] <0>: -15

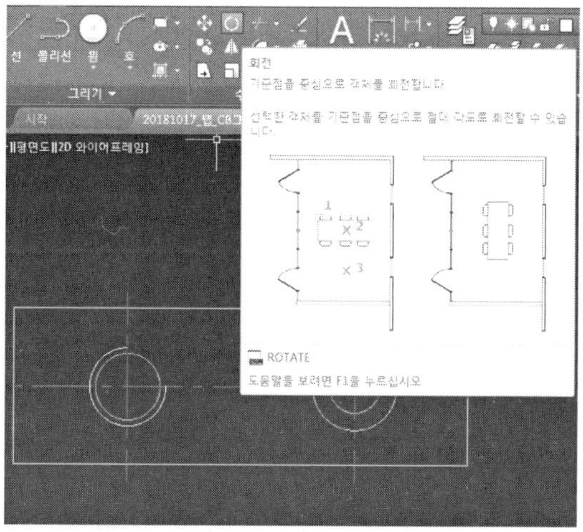

그림 89. 회전(rotate) 클릭

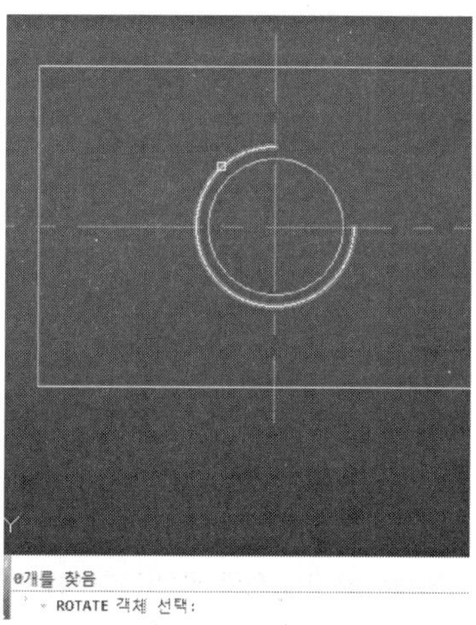

그림 90. 객체 선택

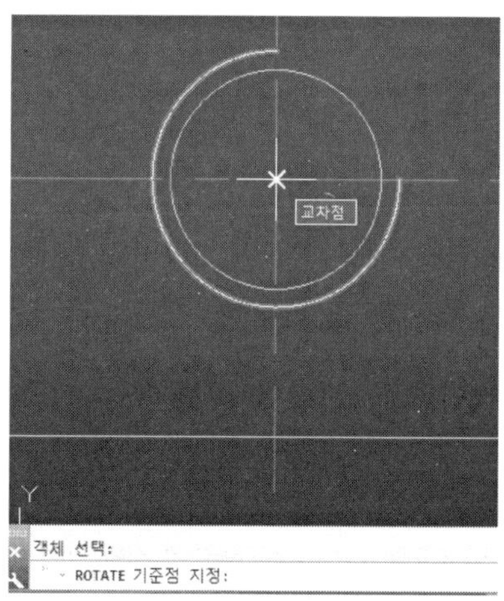

그림 91. 회전 기준 선택

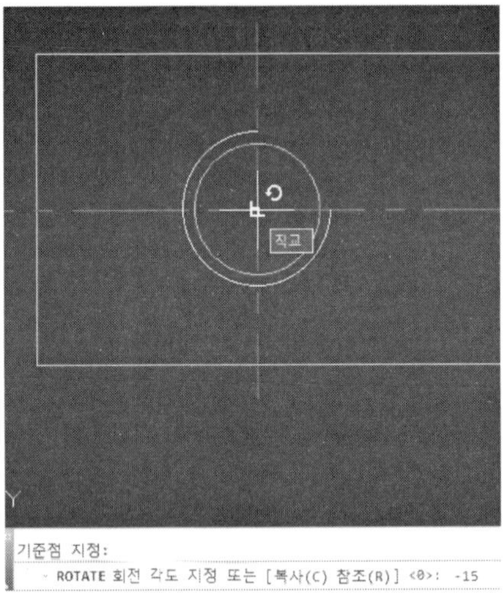

그림 92. 회전 -15 입력

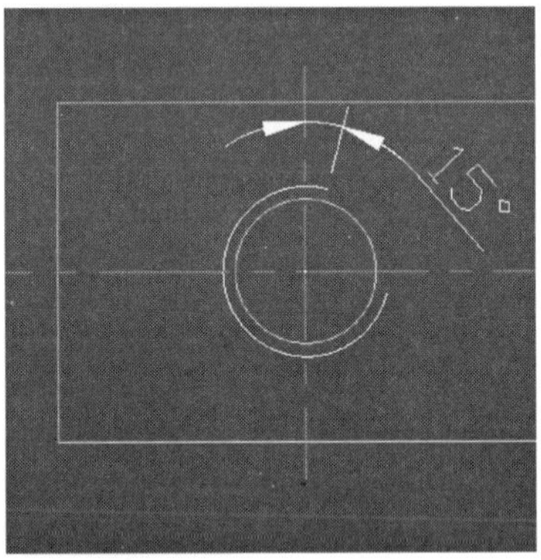

그림 93. −15도 회전 확인

방법 ② : Break 사용

- Break 입력 잘라내기 시작할 선 위치 클릭 → 잘라내기 마침 선 위치 클릭 (반시계 방향으로 돌면서 잘라진다)

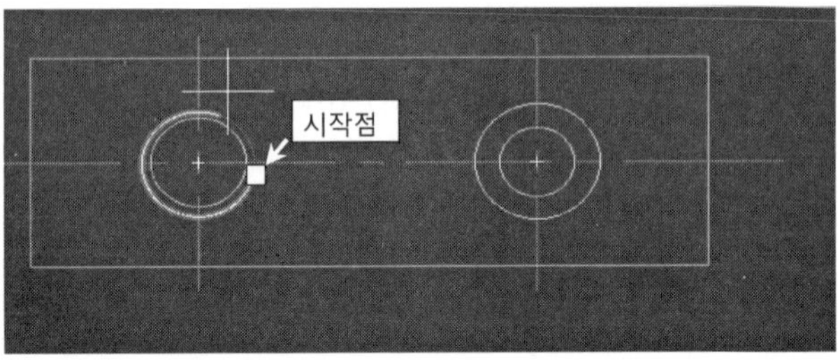

■ **평면도를 완성한 뒤 정면도에 선을 그리는 방법**

원을 완성한 뒤 평면도 원의 위치에서 아래에 있는 정면도에 선으로 연결하여 정면도에 선을 그리는 방법을 사용하면 빠르게 도면을 그릴 수 있다.

평면도(위의 그림)의 원과 중심선의 위치(교차점) 클릭(그림 94) → 선을 정면도(아래 그림)까지 그리기(그림 95) → 트리밍으로 절단(그림 96~97) → 대칭(mirror) 기능으로 완성(그림 98~103)

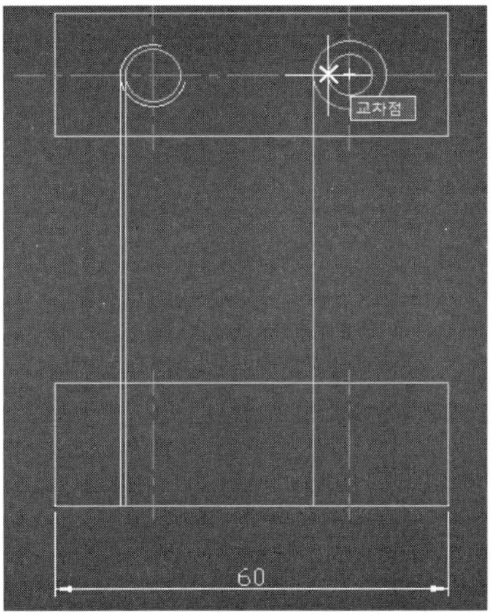

그림 94. 선 그리기 시작점(교차점) 선택

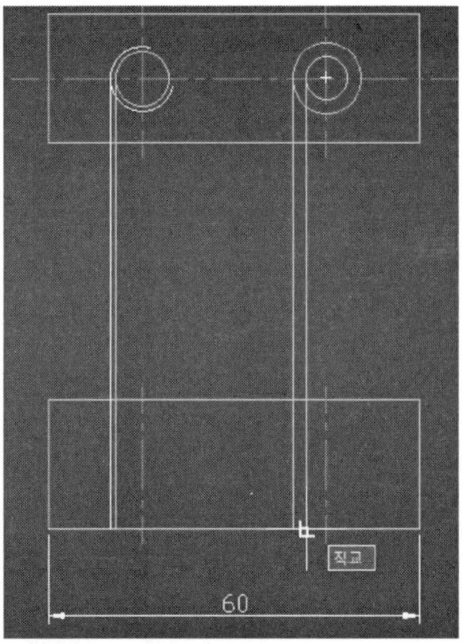

그림 95. 선 그리기 끝점 선택(직교)

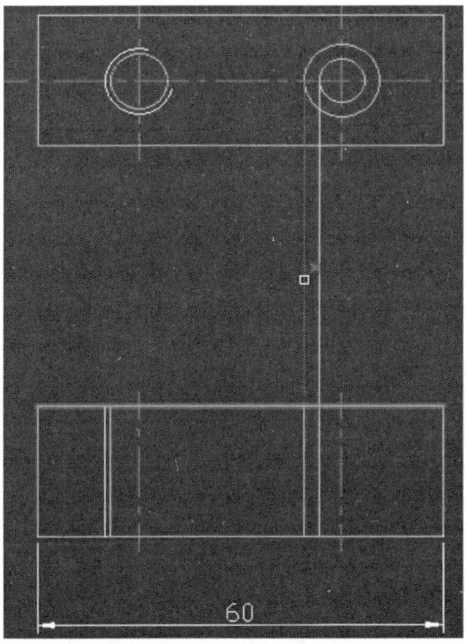

그림 96. 선 절단(TRIM)

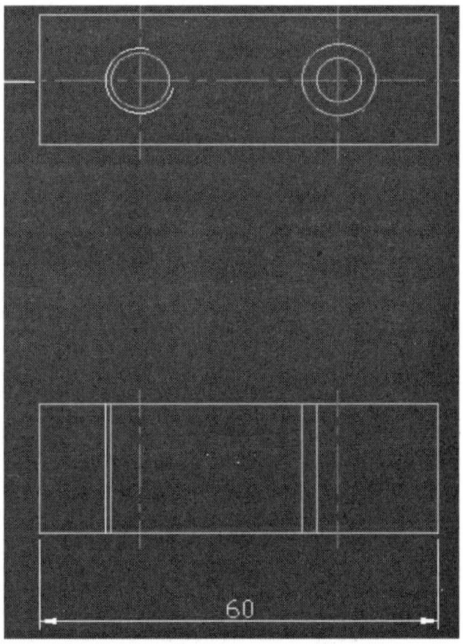

그림 97. 선 절단 완성

■ **대칭(MIRROR) 명령으로 그리기**

좌우나 위아래가 대칭인 경우 사용하면 도면을 그리는데 편리한 명령어이다. 메뉴를 선택하거나 명령어를 입력하면 된다.

```
명령: _mirror
객체 선택: 1개를 찾음
객체 선택: 1개를 찾음, 총 2개
객체 선택:
대칭선의 첫 번째 점 지정:
대칭선의 두 번째 점 지정:
원본 객체를 지우시겠습니까? [예(Y)/아니오(N)] <아니오>: N
```

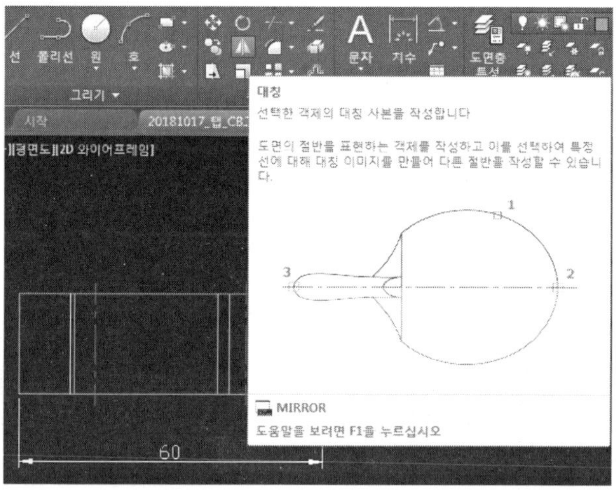

그림 98. 대칭(mirror)으로 두 선을 선택

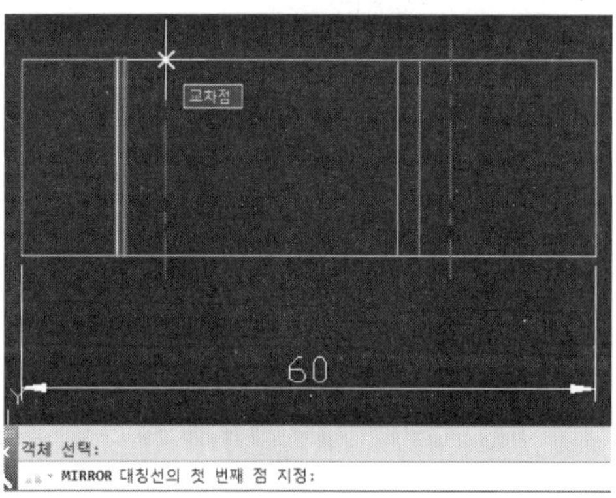

그림 99. 대칭선의 첫 번째 점 지정

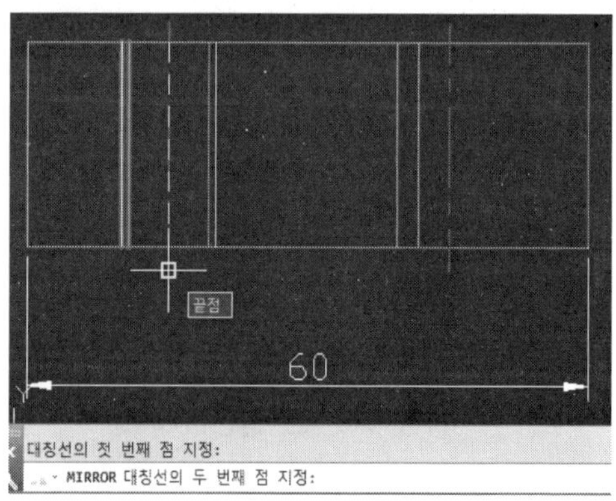

그림 100. 대칭선의 두 번째 점 지정

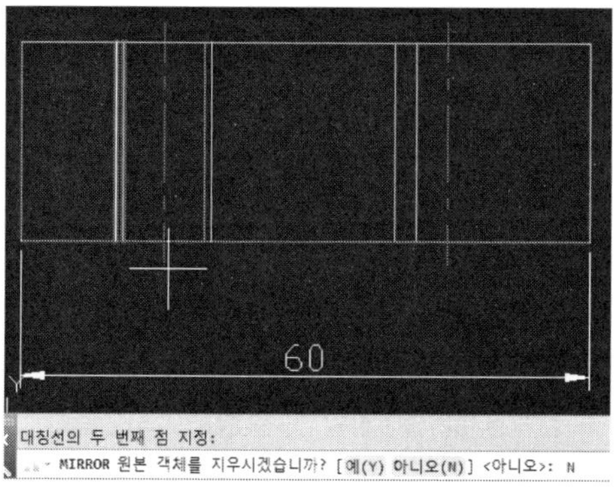

그림 101. 원본 객체 지울까? N 입력 후 Enter

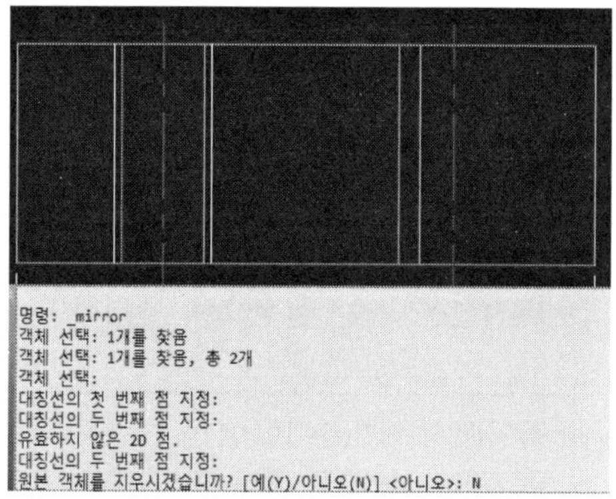

그림 102. 대칭(Mirror) 입력 내용

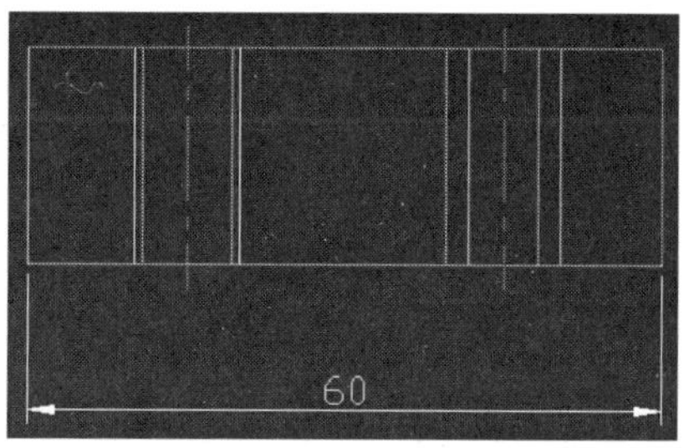

그림 103. 대칭으로 그리기 완성

■ **간격 띄우기**(OFFSET) → **트림**(TRIM) → **대칭**(Mirror) **명령어를 사용하여 완성**(**그림** 104)

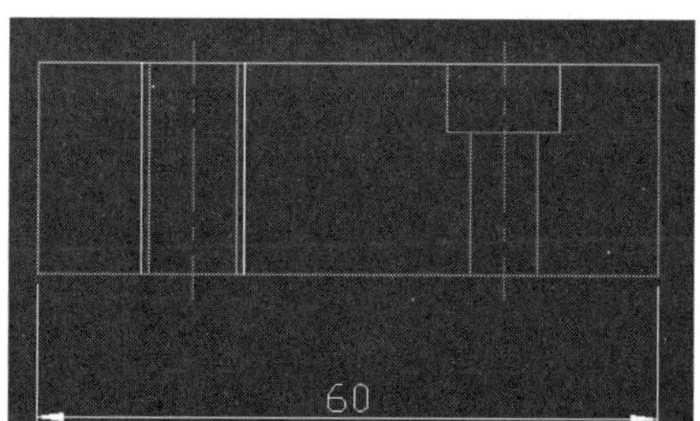

그림 104. 탭과 카운터 보어 그리기 완성

■ **단면을 해칭하기** : **해치**(HATCH)

- 해치 명령어를 선택하여 완성하고자 하는 도면은 그림 105이다
- 해치 명령어를 선택(그림 106)하면, 그림 107과 같이 해치 조건을 볼 수 있다.

- 해치 패턴을 ANSI31로 선택 후 해치할 부분을 클릭한다(그림 107~108).
- 해치가 가는 실선으로 되어 있으면 변경을 하지 않아도 되나, 가는 실선이 아니라면 도면층에서 가는 실선인 흰색(여기서는 도면층에서 흰색 선은 가늘실선으로 세팅함) 선택하면 가는 실선으로 전환된다(그림 109).
- 해치선은 가는 실선으로 변경하여 완성하였다(그림 110).

그리기에서 해치(HATCH)클릭 → 해치 패턴 선택 → 선택점 클릭(해칭할 곳 클릭) → 도면층 클릭(가는 실선으로 해야 함) → 해칭 간격 (고정 :1, 도면의 크기에 따라 비율로 조정함) → 각도 (물체가 같이 조립되어 있는 경우는 하나의 물체는 0, 다른 물체의 각도는 90으로 하여 해칭 함.)

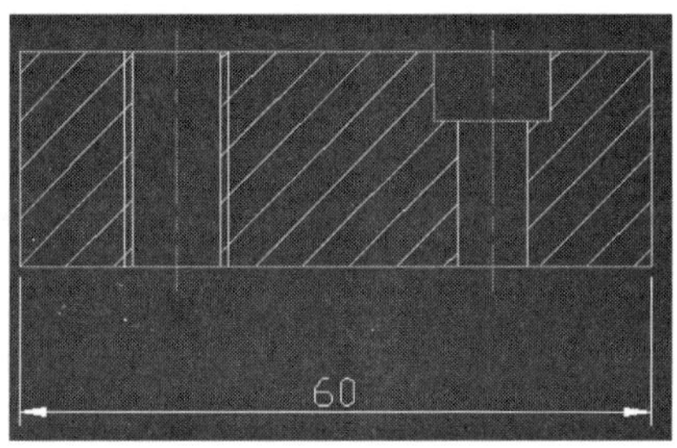

그림 105. 완성하고자 하는 해칭 도면

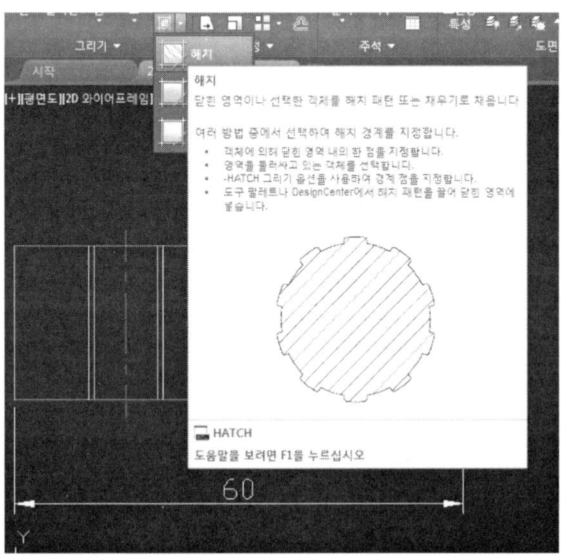

그림 106. 해치 명령어 선택

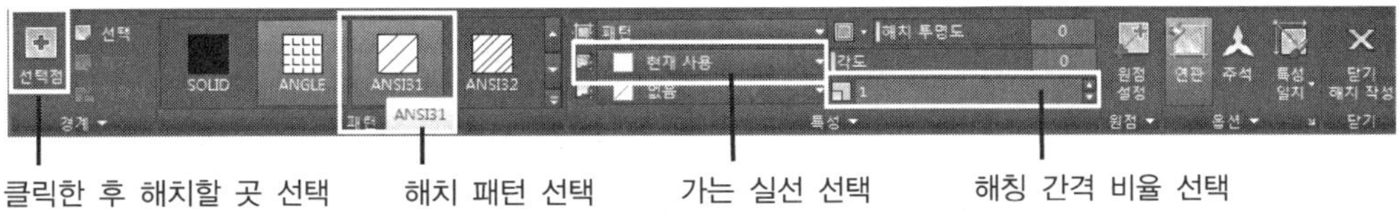

그림 107. 해치 명령어 선택 후 고려할 사항(패턴 : ANSI31선택, 선 종류, 해칭 간격)

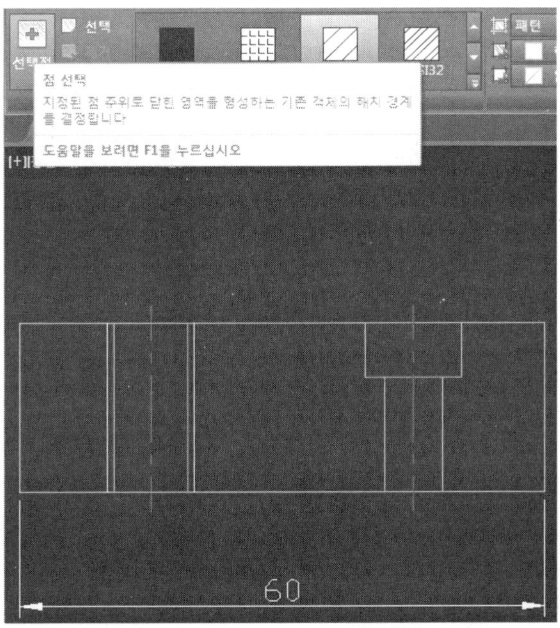

그림 108. 클릭 → 해치할 곳 선택

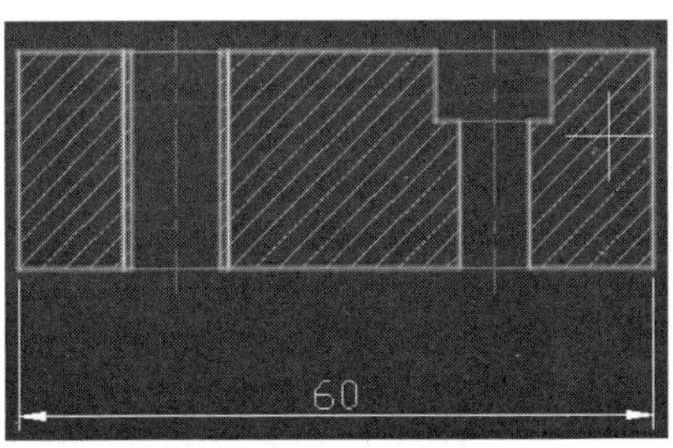

그림 109. 해치선은 굵은선, 간격이 0.5인 경우의 도면

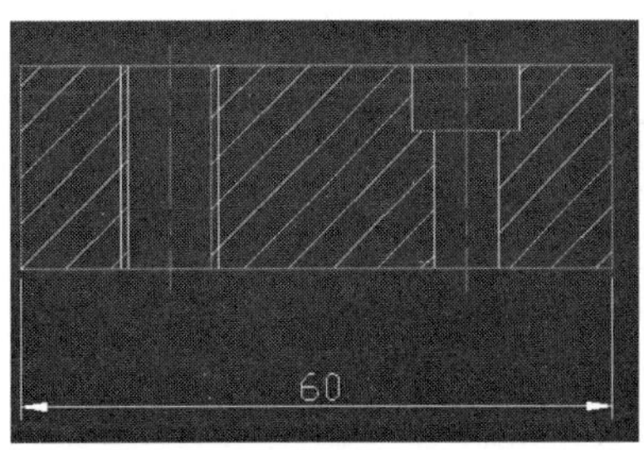

그림 110. 해치 완료

■ 치수 입력(DIM) 방법

치수를 입력하기 위해서 치수선을 선택한다(여기서는 선형을 선택한다. 그림 111) → 치수보조선 선택(선의 한 점을 선택한 후 치수를 알고자 하는 두 번째 점을 선택한다. 그림 112~113) → 치수보조선의 위치를 오른쪽으로 이동시킨 후 치수선 그릴 곳의 위치를 클릭 → 치수선 위치 선택(그림 114) → 선의 변경이 필요한 경우 선 변경(그림 115).

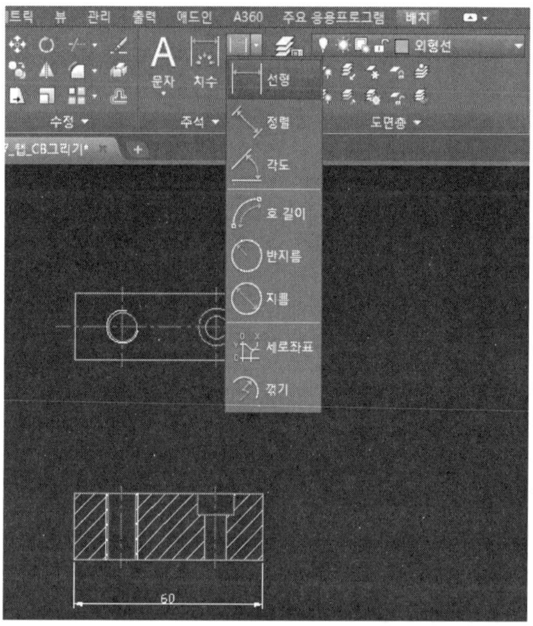

그림 111. 치수선을 선택

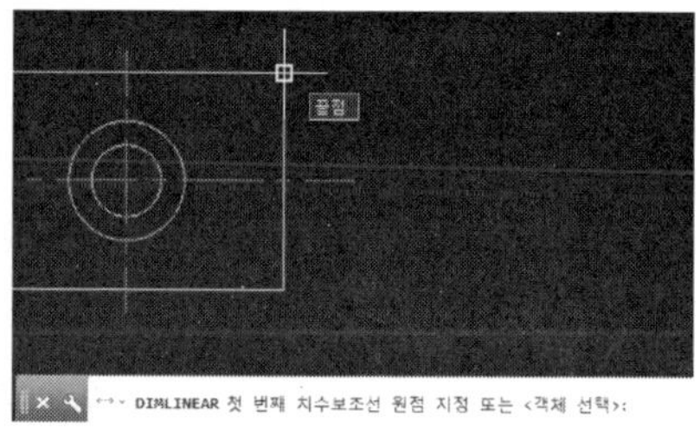

그림 112. 첫 번째 점 지정

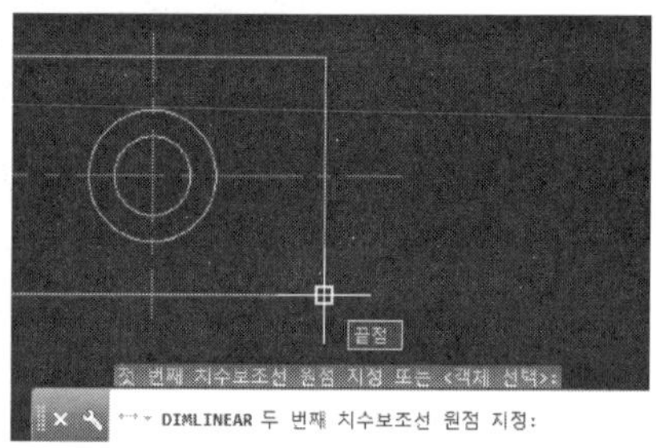

그림 113. 두 번째 점 선택

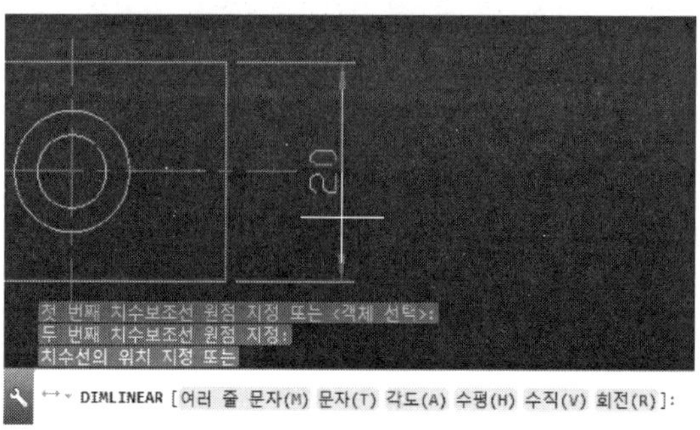

그림 114. 오른쪽으로 이동하여 치수선 위치 선택

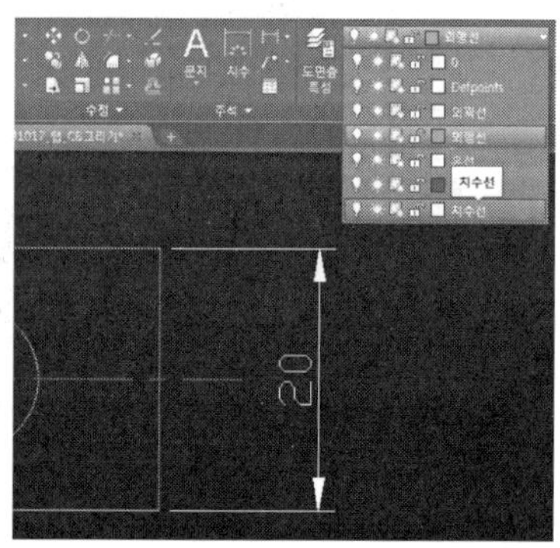

그림 115. 도면층 변경(가는실선)

■ 치수 스타일(DDIM) 수정 방법

- 명령어 DDIM를 입력한다.
- 치수 스타일의 변경을 위해 수정한다. 수정을 많이 하는 곳이 '문자 높이'이다. 즉 도면에서 문자의 크기를 변경(주로 크게 한다)하고자 할 때 '문자 높이'값을 올리면 된다(그림 116~119).

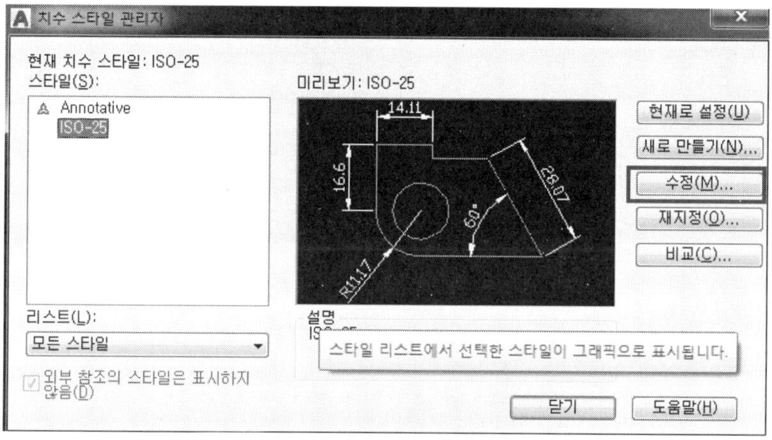

그림 116. 치수 스타일 → 수정(M) 클릭

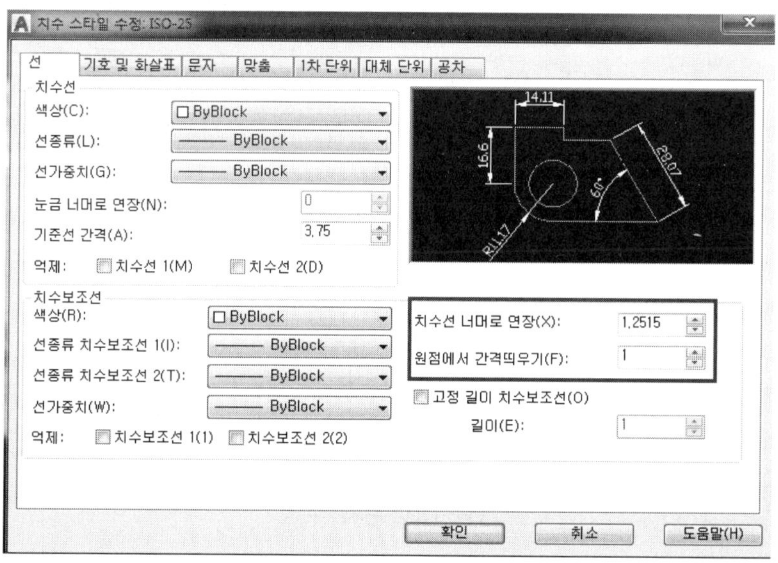

그림 117. 선에 관한 수정

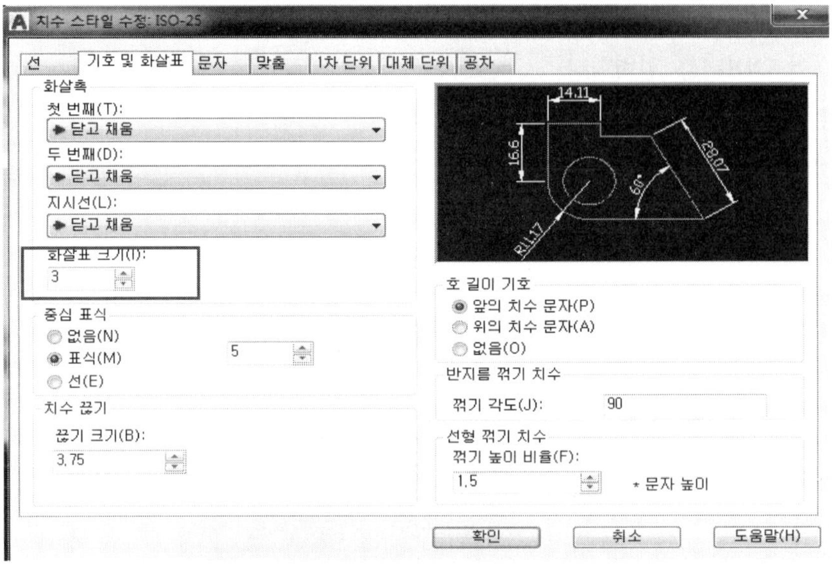

그림 118. 기호 및 화살표 수정

그림 119. 문자 수정

- 치수에서 소숫점을 없애려면 '공차'를 클릭하여 소숫점이 없는 '0'을 선택한다.

■ 지시선 문자 입력 방법

도면을 보고 아래와 같이 지시선을 이용하여 그린다 → 문자 클릭 하여 입력한다. → 영문을 입력이 바로 가능하다. 한글을 입력할 때'?'가 나온다면 글꼴은 '굴림체'를 선택하면 한글이 나옴을 볼 수 있다. 글씨가 옆으로 나오는 경우에는 먼저 글꼴을 선택한 후 한글을 입력하는 방법을 사용하면 된다.

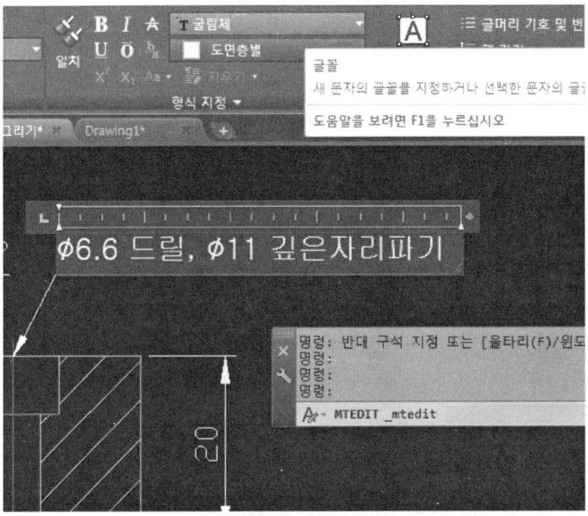

그림 120. 문자 입력 및 글꼴

※ 도면의 치수 기입시 참조.
'여러줄 문자(M)', '문자(T)'
입력 시 특수 기호 입력 예)

%%C = ∅(지름)
%%D = ° (각도)
%%P = ±(더하기/빼기)

■ 지시선 그리기 위한 세팅 방법

먼저 커서 이용하여 상태 바를 확인하여 파란색을 되어있다면 클릭하여 직교모드를 끄기로 한다(그림 121). → 선의 그리는 위치에 따라 객체 스냅을 선택하여 켜고, 끄기를 하면서 도면을 그린다(그림 122). 선을 클릭한 후 커서를 선으로 가져갔을 때서 객체 스냅이 켜져 있으면 '□, △, + 등'의 표시가 보인다.

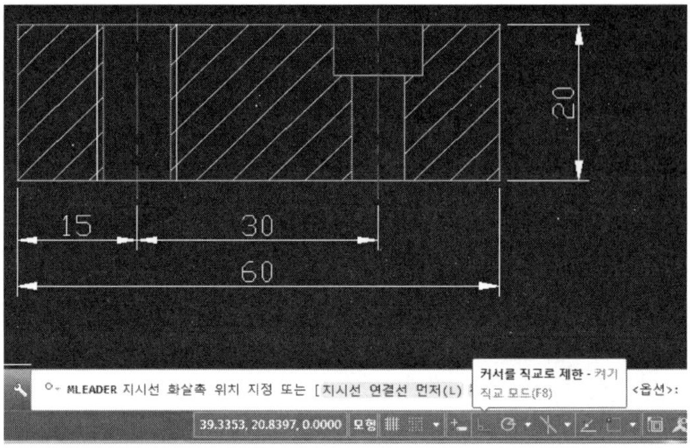

그림 121. 선형 치수 기입 후 직교 끄기

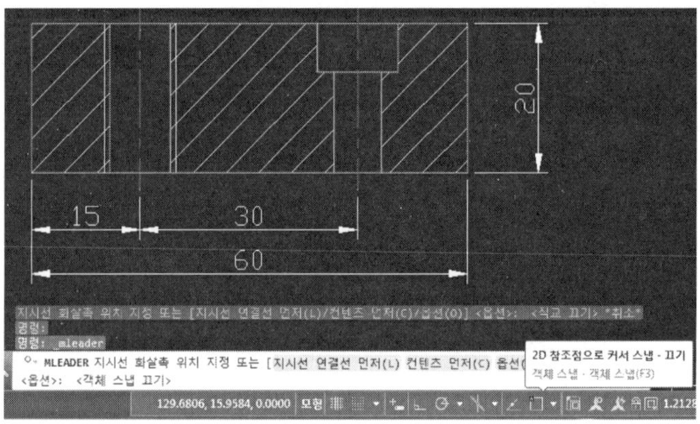

그림 122. 지시선 그리기 위한 스냅 끄기

■ **지시선 스타일 수정**(MLEADERSTYLE)

지시선 화살촉의 크기가 작게 보일 때는 지시선 스타일 수정 명령어(MLEADERSTYLE)을 입력한다. → 아래와 같이 다중 지시선 스타일이 보인다(그림 123). → 수정 클릭(그림 124) → 그림 125의 지시선 형식(유형 : 직선)의 화살촉 크기의 값을 수정(2.5 또는 도면 크기에 맞게)한다 (화살촉의 크기가 너무 작으면 보이지 않으므로 수정하는 것이다).

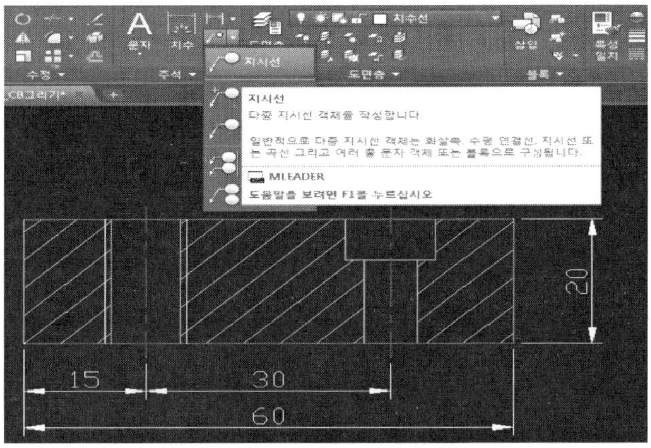

그림 123. 지시선 클릭

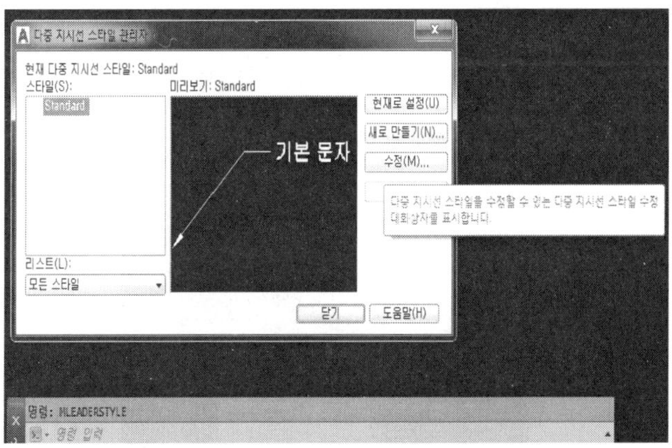

그림 124. 다중 지시선 스타일 수정

그림 125. 화살촉 크기 수정

■ **객체 분해**(EXPLODE)**하기**

지시선 또는 사각형으로 선을 그리면 하나의 객체이므로 트리밍이나 자르기가 되지 않는다. 이 때는 객체를 분해하는 명령어(EXPLODE)를 입력(그림 126) → 객체(선) 선택 [Enter↵] → 확인하면 객체(선)이 따로 분리되어 있어(그림 127) 선의 트리밍이나 절단/삭제가 가능하다.

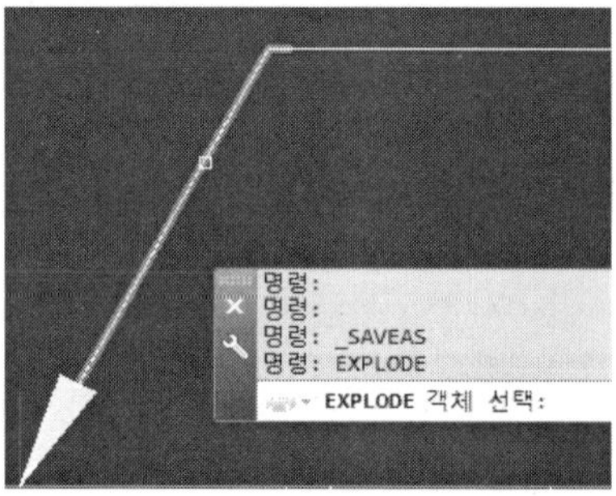

그림 126. 객체 분해(EXPLODE) 명령어 입력

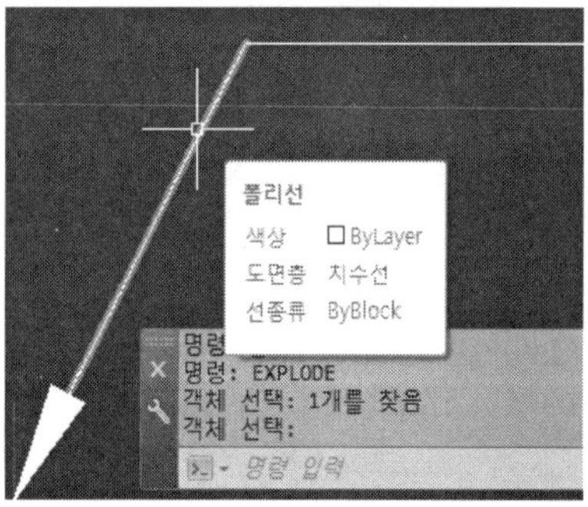

그림 127. 객체 분해(EXPLODE) 후 선 분리

■ **도면 이동**(MOVE, M)**방법**

도면에서 객체들의 위치가 멀리 떨어져 있다면 이동시킬 필요성이 있다. 객체를 이동시키는데 사용하는 명령어 입력(MOVE, M)이나 메뉴 클릭 → 이동할 객체를 사각형으로 클릭(객체가 전부 들어갈 수 있도록 한 점을 클릭하고 객체가 전부 들어가는 다른 한 점을 선택(그림 128) → 이동할 객체의 기준점 지정 → 이동할 위치의 두 번째 점 지정 [Enter↵](그림 129).

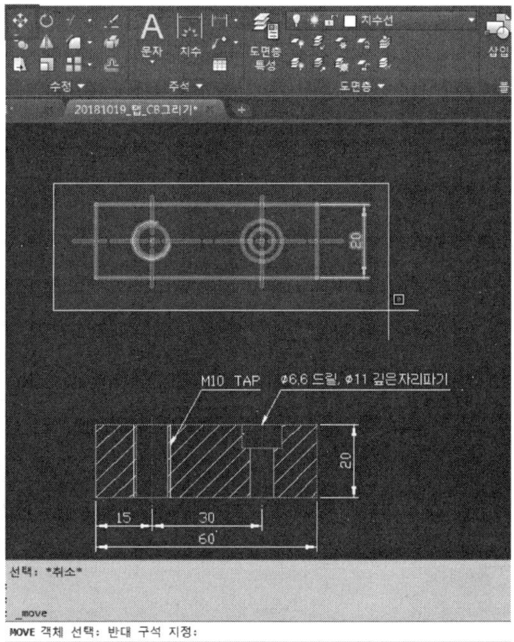

그림 128. 이동할 객체 선택

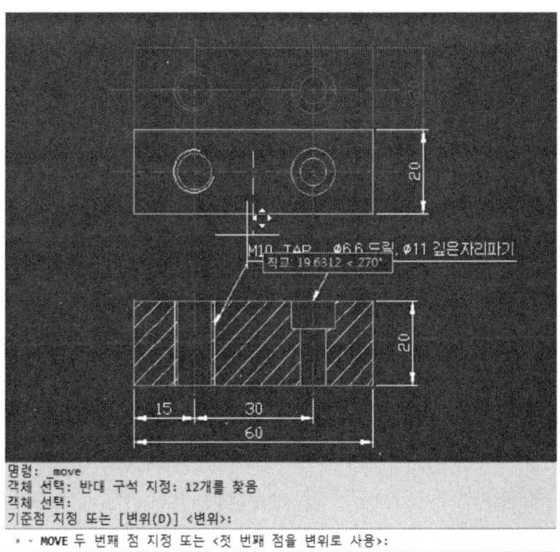

그림 129. 객체 이동(기준점 선택→두번째 점 지정)

■ **원 안에 번호를 넣는 방법**

(조립도에서 각 부품의 번호를 기입할 때 유용함 : MLEADERSTYLE)

지시선 형식(유형 : 여러줄 문자 → '없음'으로 변경) → 내용 → 다중 지시선의 유형(여러 줄 문자 또는 블록) → 블록 선택 → 선 그리기로 번호 입력(그림 130~133)

그림 130. 지시선 내용 여러 줄 문자 위치

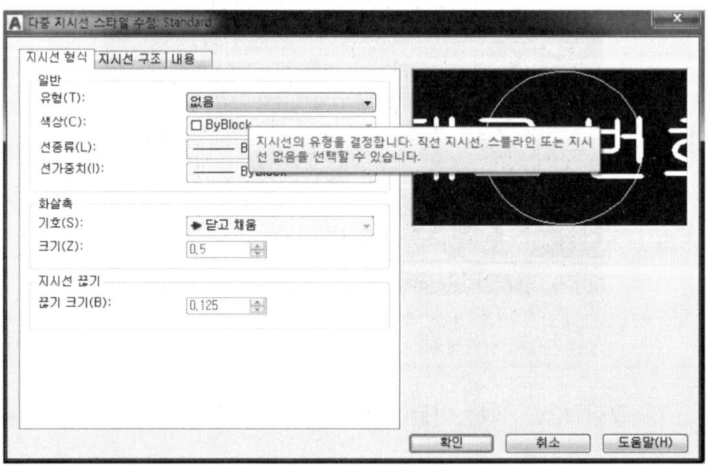

그림 131 '여러 줄 문자 → 없음'으로 전환 → 화살촉 기호 중 에서 '선택'

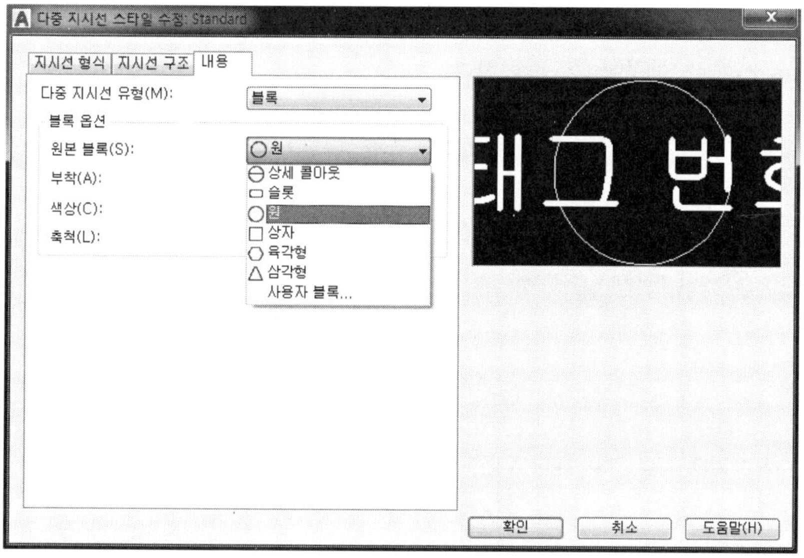

그림 132. 블록 옵션 'O' 선택

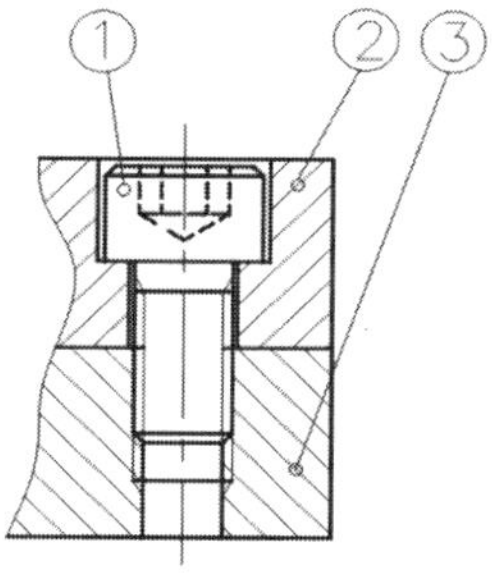

그림 133. 번호 입력 예

6. 도면 출력하기

그린 도면을 출력하기 위해서는 명령어(PLOT)를 입력하거나 왼쪽 상단 끝 메뉴 클릭 후, 그림 메뉴(프린터 그림)를 눌러 실행하면 플롯-모형 대화상자가 나타난다. 여기에서 프린터/플로터, 용지크기, 플롯 영역, 플롯 스타일 테이블, 선 굵기 등을 설정하여 출력한다.

1) 출력을 위한 플롯 - 모형 대화상자 설정하기

아래의 순서대로 설정한 후 출력한다.

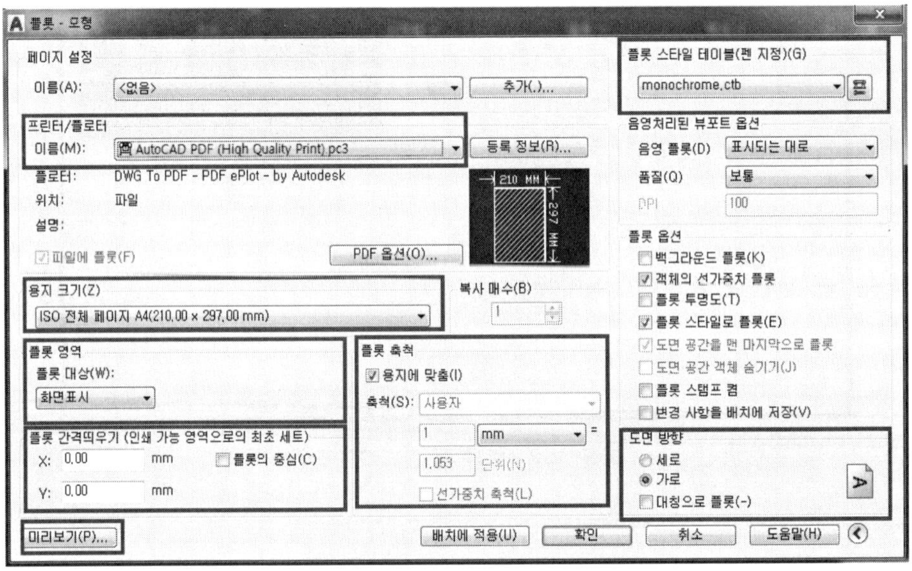

그림 134. 플롯 - 모형 대화상자

(1) 프린터/플로터 설정

설치되어 있는 프린터/플로터를 선택한다. 프린터가 설치되어 있지 않아도 먼저 출력할 도면을 보려면 PDF 파일로 선택하고 미리보기를 하면 볼 수 있다.

(2) 용지 크기 설정

설치되어 있는 프린터/플로터의 용지 크기를 선택한다.

(3) 플롯 영역 설정

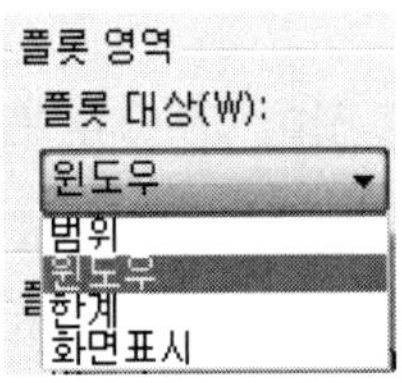

출력할 도면의 영역을 설정하는 곳이다

- 윈도우 : 마우스로 출력한 부분의 영역을 대각선으로 선택
- 한계 : LIMITS 명령어로 설정한 범위를 출력(예) 297,210)
- 화면 표시 : 화면에 보이는 대로 출력

(4) 플롯 간격 띄우기 설정

프린터/플로터의 간격 띄우기 설정 값에 따라 왼쪽 아래 구석 또는 용지의 모서리를 기준으로 간격 띄우기를 설정한다. '플롯의 중심'에 설정하면 용지의 중앙을 기준으로 출력한다.

(5) 플롯 축척 설정

용지에 맞게 척도를 설정한다. '용지에 맞춤'을 선택하면 용지에 맞는 축척으로 출력할 수 있다.

(6) 플롯 스타일 테이블 설정

프린터는 주로 흑백을 사용하므로 모든 색상을 검은색으로 하고 'monochrome.ctb'으로 설정한다. 편집 버튼을 클릭하면 플롯 스타일을 수정할 수 있다. 도면 층에서 선의 두께를 설정하지 않았다면 그림 135의 플롯 스타일 테이블 대화상자에서 선 두께, 색상, 모양 등을 설정한다.

그림 135. 플롯 스타일 테이블 편집기

(7) 도면 방향 설정

출력하려는 도면 방향을 설정한다.

(8) 미리보기

모든 설정을 마쳤다면 미리보기를 클릭하며 출력할 도면을 미리 볼 수 있다(그림 136). 출력하기 전에 확인하는 습관이 필요하다.

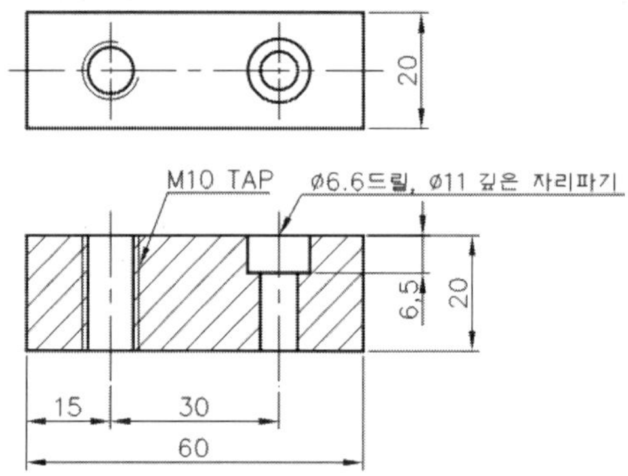

그림 136 출력될 도면 확인(미리보기 도면)

그리기 예제 1) **모깍기(FILLET)와 모따기(CHAMFER)을 이용하여 도면을 그리는 방법**

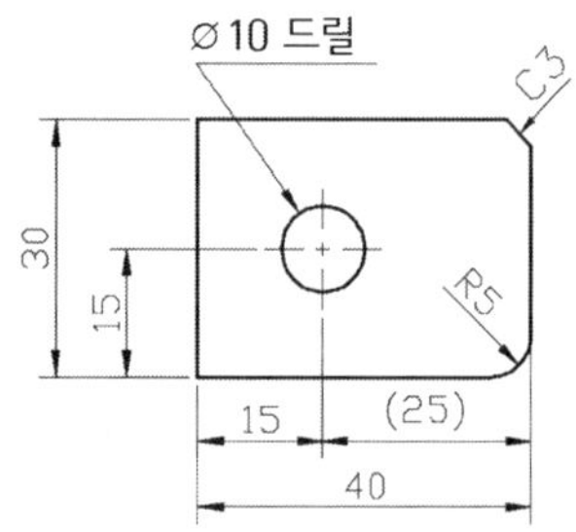

그리기 예제 1

■ 모깍기(FILLET) 그리는 방법

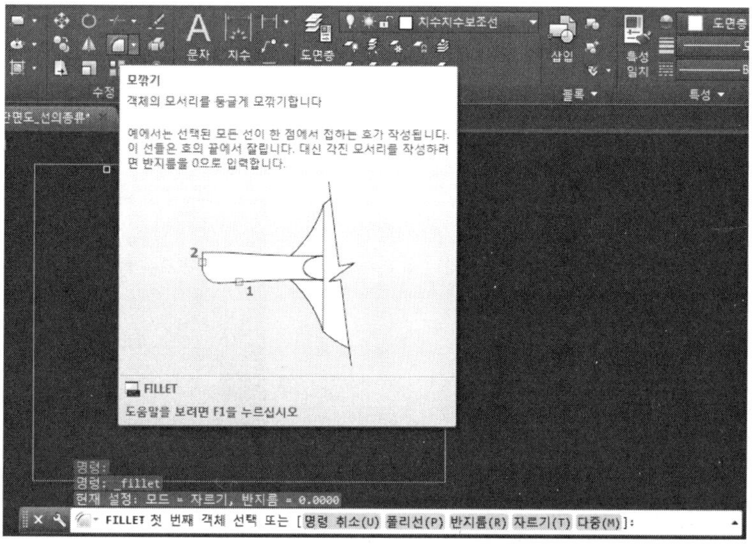

명령: _fillet
현재 설정: 모드 = 자르기, 반지름 = 0.0000
첫 번째 객체 선택 또는 [명령 취소(U)/폴리선(P)/반지름(R)/자르기(T)/다중(M)]: R Enter↵
모깎기 반지름 지정 〈0.0000〉: 5 Enter↵
첫 번째 객체 선택 또는 [명령 취소(U)/폴리선(P)/반지름(R)/자르기(T)/다중(M)]:
→ 마우스로 모깍기(라운드, R)할 선을 선택(클릭)
두 번째 객체 선택 또는 Shift 키를 누른 채 선택하여 구석 적용 또는 [반지름(R)]:
→ 마우스로 또 다른 모깍기 선을 선택(클릭)
모깍기 할 두 개의 선을 클릭하면 완성된다.

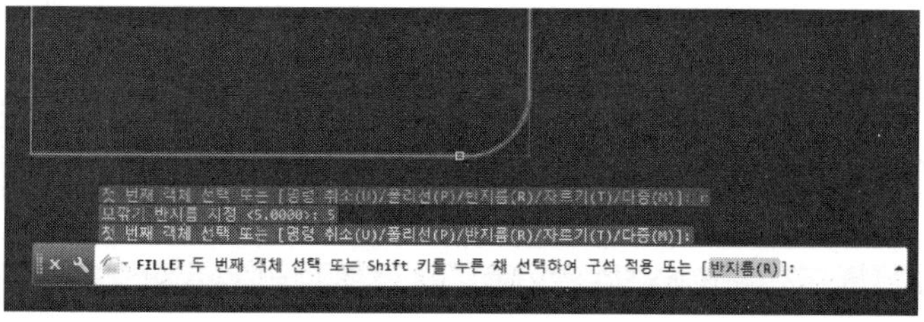

■ 모따기(CHAMFER) 그리는 방법

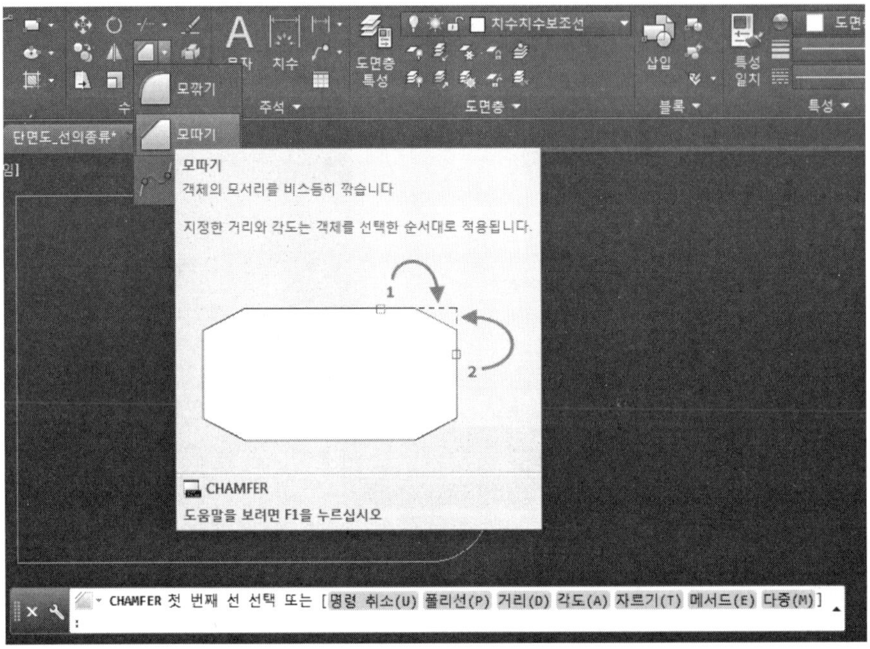

명령: _chamfer
(자르기 모드) 현재 모따기 거리1 = 0.0000, 거리2 = 0.0000
첫 번째 선 선택 또는 [명령 취소(U)/폴리선(P)/거리(D)/각도(A)/자르기(T)/메서드(E)/다중(M)]: D Enter↵
첫 번째 모따기 거리 지정 <0.0000>: 3 Enter↵
두 번째 모따기 거리 지정 <3.0000>: 3 Enter↵
첫 번째 선 선택 또는 [명령 취소(U)/폴리선(P)/거리(D)/각도(A)/자르기(T)/메서드(E)/다중(M)]:
→ 마우스로 모따기(Chamher, C)할 선을 선택(클릭)
두 번째 선 선택 또는 Shift 키를 누른 채 선택하여 구석 적용 또는 [거리(D)/각도(A)/메서드(M)]:
→ 마우스로 모따기(Chamher, C)할 다른 선을 선택(클릭)
명령 :

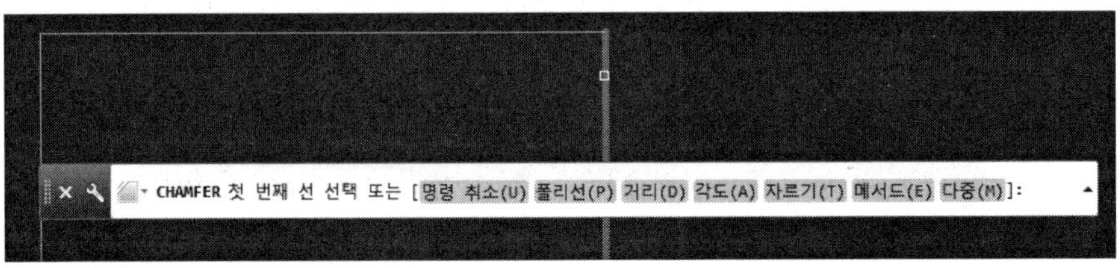

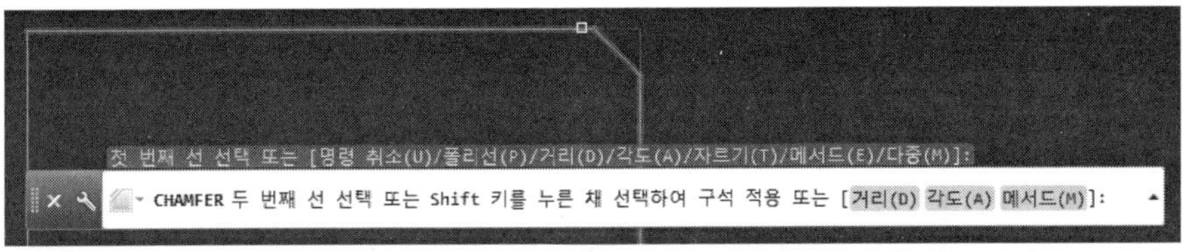

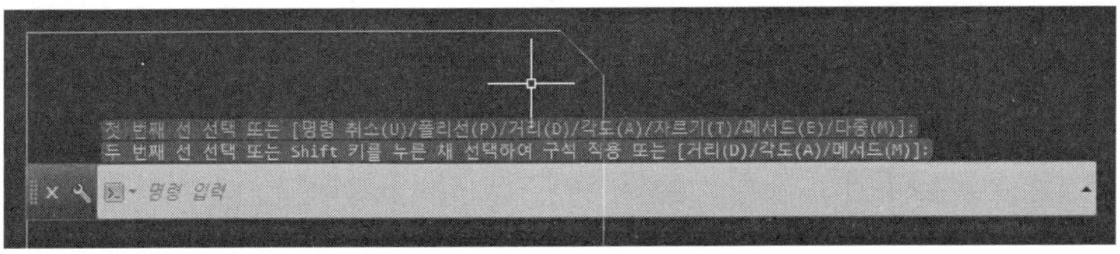

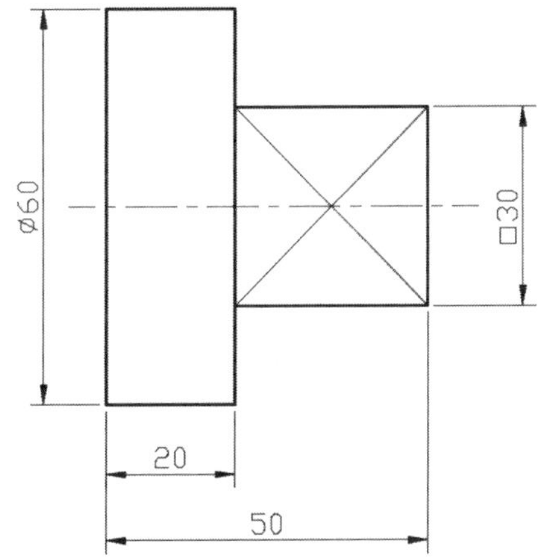

그리기 예제 2

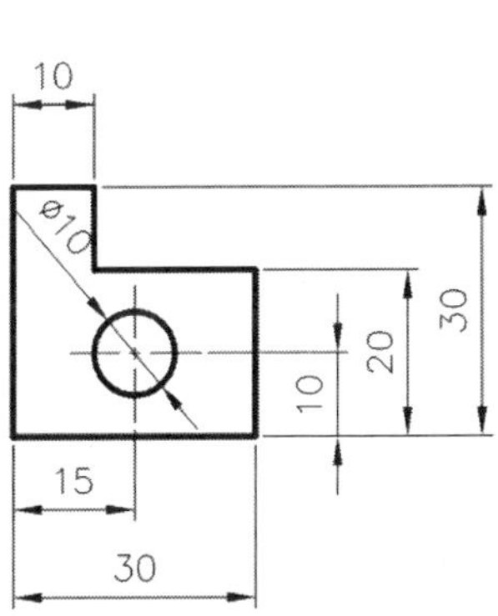

그리기 예제 3

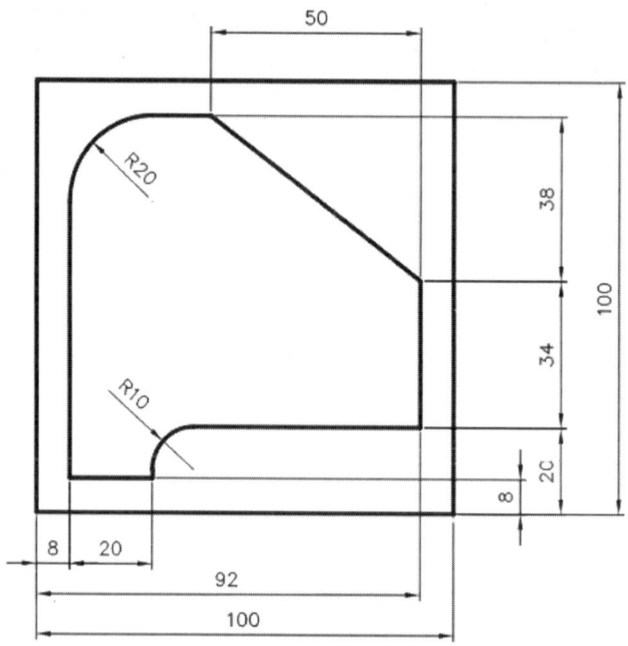
50
R20
38
100
34
R10
20
8
8
20
92
100

그리기 예제 4

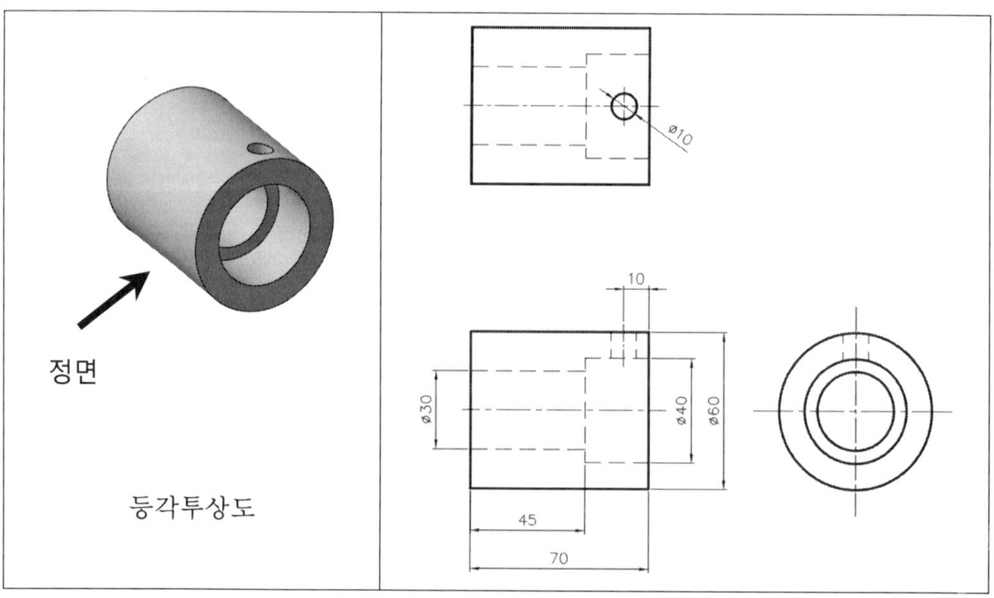
정면
등각투상도
ø10
10
ø30
ø40
ø60
45
70

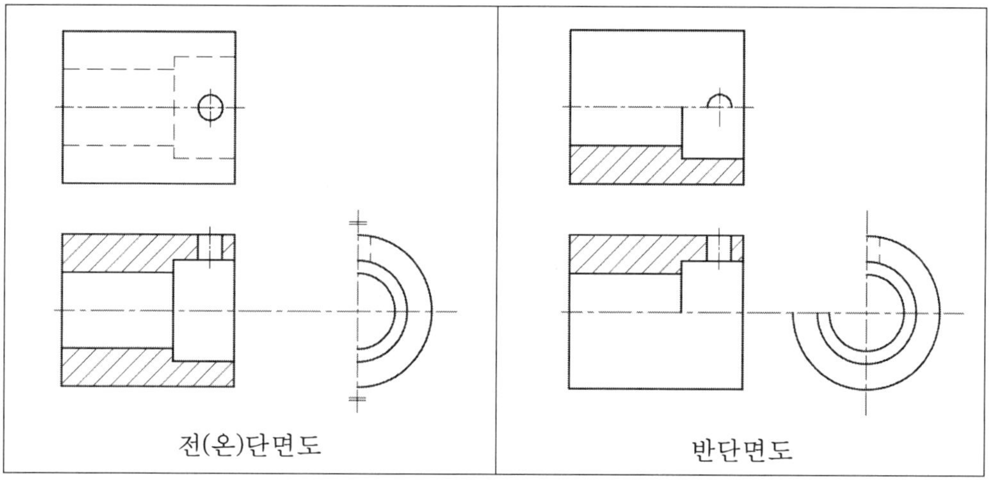

그리기 예제 5

그리기 예제 6 아래와 같은 조립도와 부품도 3개를 그려보자.

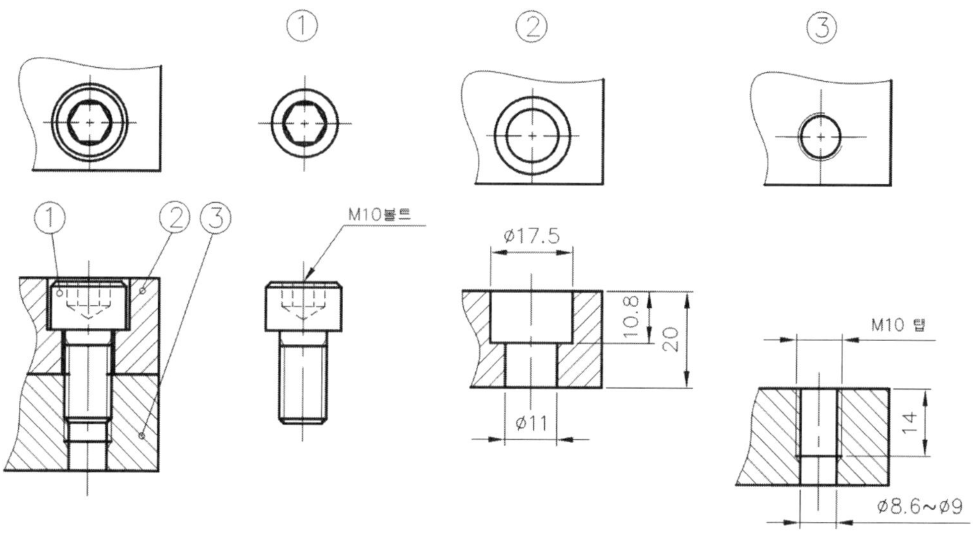

그리기 예제 7 CAD를 이용한 도면 그리기

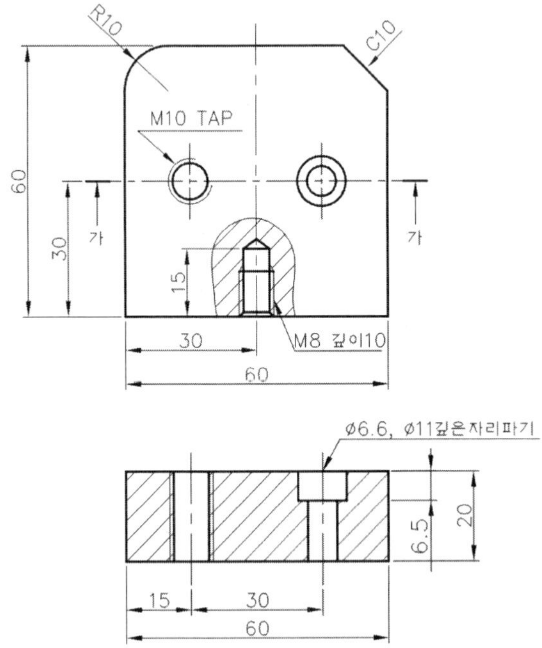

단면 가 - 가

그리기 예제 8 다음 경첩 도면의 조립도를 그리고, 각 부품도를 그려보자.

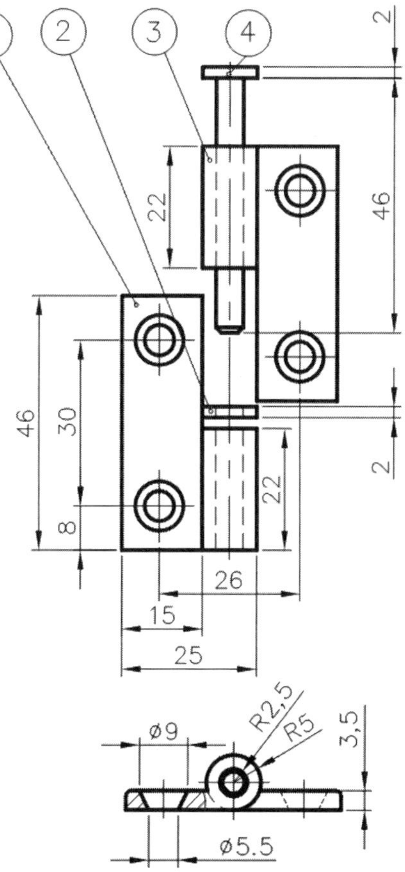

■ 참고자료 : AutoCAD 명령어 모음

명령어	설명
ARC	호를 그린다. – 원호의 시작점 지정, 중심(C, Center point), 끝(E, End point)
ARRAY	선택한 도형을 지정한 방법으로 배열한다. – 직사각형 배열(R), 경로(PA), 원형(PO)
BHATCH	대화상자를 통해 자동으로 해치한다. – 객체 선택(S), 명령 취소(U), 설정(T)
BLOCK	도형을 선택하여 하나로 묶어 블록으로 만들어 도면에 저장한다.
BREAK	도형의 일부분을 끊거나 하나의 도형을 둘로 분리한다.
CHAMFER	직선으로 모따기한다. – 거리(D) : 모따기 할 치수 입력, 폴리선(P): 폴리선 모따기
CHANGE	도형의 성질을 변경한다. – 특성(P), 색상(C), 고도(E), 도면층(LA), 선종류(LT), 선종류축척(S), 선가중치(LW), 두께(T), 투명도(TR), 재료(M), 주석(A)
CIRCLE	원을 그린다. – 3점(3P): 세 점을 이용해 원을 그림, 2점(2P) : 두 점을 이용해 원 그림 – Ttr – 접선 접선 반지름(T) : 접선 두 개와 반지름으로 원을 그림
COPY	선택한 도형을 복사한다. – 변위(O) → 다중(M) : 여러 번 복사
DDIM	치수 스타일 관리자 : 치수 스타일 수정(선, 기호 및 화살표, 문자, 맞춤, 공차 등)
DDINSERT	도면을 입력 조건에 삽입한다(INSERT와 같은 기능).
DDLMODES	도면층 보기 및 도면층을 대화상자에서 설정한다(LAYER와 같은 기능)
DIM	선의 치수를 바로 입력할 때 사용한다.
DONUT	도넛 형태를 내부와 외부의 치수로 그린다.
ELLIPSE	타원을 그린다. – 타원의 축 끝점 지정 또는 [호(A) 중심(C)]를 선택하여 그린다.
ERASE	선택한 도형 또는 도형의 일부분을 지운다.
EXPLODE	블록 등 하나의 도형으로 지정되어 있는 도형을 원래의 각 요소로 분해
FILLET	모깍기(라운딩)한다. – 반지름(R) : 모깍기(라운딩) 할 지점의 반지름을 지정
GRID	그리드를 지정하여 보여줌 F7 ON/OFF로 켜고/끄기 한다.

명령어	설명
HATCH	닫힌 영역이나 선택한 객체를 해치 패턴 또는 채우기로 채운다. – 내부점 선택 또는 [객체 선택(S) 명령 취소(U) 설정(T)
INSERT	블록 등의 외부 도형 삽입점 선택, 축척, 회전, 분해 등 선택하여 삽입한다.
LAYER	레이어를 생성 또는 수정한다.
LIMITS	도면 한계를 지정(A3 : 420×297, A4 : 297×210)한다.
LINE	선을 그린다. – C : 시작점으로 선을 그려 닫힌 도형을 그림 – U : 명령 취소
LINETYPE	사용할 선의 종류를 지정한다. – C : 선택된 선 종류를 현재의 선 정류가 되도록 설정 – L (로드) : 선 종류를 도면으로 불러들임
LTSCALE	선의 종류 축척 입력 : <1.0>을 기준으로 축소나 확대한다.
MIRROR	선택한 도형을 가상의 기준선을 기준으로 반전(YES/NO)한다.
MOVE	선택한 도형을 지정된 위치로 이동한다.
NEW	새로운 도면 시작한다.
OFFSET	선택한 도형 또는 도형의 일부분을 지정한 거리만큼 복사하여 이동한다.
OPEN	도면 열기.
ORTHO	그래픽 커서의 움직임을 수직/수평으로 제한한다.
OSNAP	도형의 특정점으로 스냅한다. 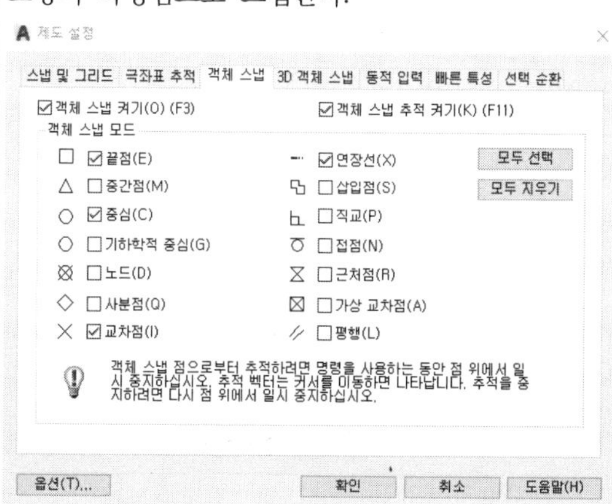

명령어	설명
PAN	지정한 만큼 도면을 이동한다.
POLYGON	정다각형을 그린다. - E : 다각형 중 하나의 선분을 기준으로 그림 - C : 원에 외접하는 원을 그림 - I : 원에 내접하는 원을 그림
QSAVE	현재 도면 파일 이름으로 저장한다.
QTEXT	문자를 사각형으로 처리하여 화면 출력 속도를 빠르게 - ON : QTEXT모드 사용, OFF : QTEXT 모드 사용 해제
QUIT	저장하지 않고 종료한다.
REDO	명령 취소한 것 다시 복구한다.
REDRAW	현재 작업 영역을 갱신하여 다시 그려준다.
REGEN (RE)	현재 작업 영역의 도면을 다시 계산하여 그려준다(원이 다각형처럼 보일 때 'RE'를 입력하면 둥근 원처럼 보인다).
ROTATE	선택한 요소를 회전한다.
SAVE	도면을 유지한 채로 저장한다.
SCALE	선택한 도형의 크기를 확대/축소한다.
SNAP	지정되어 있는 스냅 위치로 그래픽 커서를 건너뛰며 이동시킨다. - ON(켜기) : 스냅모드 사용 - OFF(끄기) : 스냅모드 사용 중지 - A(종횡비) : 수평/수직 간격을 다르게 설정 - L(기존) : 기존동작유지(예/아니오) - T(유형) : 원형(P), 그리드(G) - S(스타일) : 표준(S), 등각투영(I)
STYLE	문자 스타일(글꼴, 글꼴 스타일, 높이, 폭, 기울기 각도)를 설정한다.
TEXT	문자(TEXT) 옵션을 입력한다. - S(스타일) : 스타일을 선택 - J(자리맞추기) : 왼쪽(L), 중심(C), 오른쪽(R), 정렬(A), 중간(M), 맞춤(F), 맨위 왼쪽(TL), 맨위 중심(TC), 맨위오른쪽(TR), 중간왼쪽(ML), 중간중심(MC), 중간오른쪽(MR), 맨아래왼쪽(BL), 맨아래중심(BC), 맨아래오른쪽(BR)
TRIM	기준선을 선택한 후 다른 선의 일부분을 잘라 낸다.

명령어	설명
U	UNDO 바로 전에 한 작업을 취소한다.
Z (ZOOM)	도면을 확대/축소한다. – A(전체) : 도면 전체를 보여 줌 – C(중심) : 중심점과 높이를 이용해 확대/축소 – D(동적) : 이동되는 사각형을 이용하여 원하는 지역을 확대 – E(범위) : 도면 내용이 모두 보이도록 확대 – P(이전) : 이전 확대/축소 값으로 환원 – S(축척) : 축척 비율 입력 – W(윈도우) : 윈도우를 이용해서 확대 영역을 지정하여 확대 – O(객체선택) : 객체선택한 부분을 확대

명령어	설명
ARC	**A**
CIRCLE	**C**
COPY	**CP**
DIVEW	**DV**
ERASE	**E**
LINE	**L**
LAYER	**LA**
LINETYPE	**LT**
MOVE	**M**
PAN	**P**
PLINE	**PL**
REDRAW	**R**
REGEN	**RE**
ZOOM	**Z**

참고문헌

REFERENCE

교육부(2011). 고등학교 기초제도. 한국직업능력개발원. 두산동아 : 서울.

교육부(2011). 고등학교 기계제도. 한국직업능력개발원. 두산동아 : 서울.

김재중(2017). AutoCAD 2018 기초와 실습. 일진사 : 서울.

다솔기계연구소(2001). 전산응용(CAD) 기계제도 실기. 느낌이 좋은 책 엑스파일 : 서울.

박석용(2017). 설계자를 위한 AutoCAD 2018. 청담북스 : 경기.

서울특별시 교육청(2014). 고등학교 기계제도. ㈜미래엔 : 서울.

이병욱 외(2014). 고등학교 기계제도. 서울특별시 교육청, ㈜미래엔 : 서울.

이상범 외(2018). 고등학교 기초제도. 씨마스 : 서울.

이상혁 외(2011). 고등학교 기초제도. 씨마스 : 서울.

이철현 외(2018). 고등학교 기술가정. ㈜미래엔 : 서울.

장수영 외(2014). 고등학교 기초제도. 천재교육 : 서울.

장수영 외(2017). 고등학교 기초제도. 천재교육 : 서울.

장승호(2018). 공학도을 위한 오토캐드 2018 실전 연습 및 3차원 모델링. 공감북스 : 서울.

AutoCAD(2018). https://www.autodesk.co.kr/products/autocad/overview에서 검색함(2018.12.12)

KS 표준. KS A, 기술표준원.

KS 표준. KS B, 기술표준원.

KS 표준. KS M, 기술표준원.

CHAPTER VIII

발명 및 창의공학설계 작품 3D 모델링, 3D 프린터 출력

1. 발명 및 창의공학설계 작품 구상에서 3D 모델링 절차

창의공학설계 작품 제작을 위해서는 가장 먼저 아이디어를 스케치하고, 스케치 한 아이디어를 제도 규칙에 따라 설계하고, 필요에 따라서 3D 프린팅으로 출력하여 작품을 제작한다. 그러므로 스케치 방법, 제도, 모델링 교육, 3D 프린터 교육이 필요하다.

아이디어를 구상하여 그림으로 간단하게 그리는 것을 스케치라고 하며, 제도는 어떤 제품을 제작하고자 할 때 설계자가 제품의 형상, 크기, 재질 등 다양한 내용을 제작자에게 전달하고자 도면으로 표현하는 것이다. 즉, 제도는 다른 사람과의 대화하는 그림이므로 각 나라에서는 표준을 정해서 표시하도록 하고 있다. 우리나라에서는 한국 산업 표준(KS)을 정하여 기준에 맞게 도면을 나타내고 있으며, 국제적으로 통일한 국제 표준(ISO)이 있다. 따라서 제품을 제작하고자 할 때는 제품의 크기, 모양, 재료 등에 대한 정보를 선, 문자, 기호 등으로 표시하고 한국 산업 표준(KS)에 맞게 그려야 한다. 발명 및 창의공학설계에서 제도가 필요한 이유는 설계자의 아이디어를 도면으로 표현하여 제작자에게 바르게 전달하기 위해서이다.

도면을 그릴 때는 보통 2차원(x, y)으로 그렸으나, 최근 s/w의 발달과 도면을 보는 사람들의 편리를 위해서 사람이 보는 것처럼 보는 3차원(x, y, z)으로 도면을 그린다. 특히 산업현장 뿐만 아니라 지식재산권의 특허 도면의 그림도 보통 3차원으로 작성하고 있어서 3차원 도면에 대한 이해가 필요하고, 발명을 위한 도면을 그릴 때 그릴 때도 도움이 된다.

산업현장에서 사용하는 3차원 모델링 S/W로는 카티아(CATIA), 솔리드웍스(Solidworks), 유지(UG, Unigraphics), 솔리드엣지(SolidEdge), 라이노(Rhinoceros), 3D Max, 인벤터(Inventor), 트라이본(TRIBON) 등이 있으며, 인터넷에서 모두다 무료로 사용할 수 있는 것은 아니지만 스케치업(SketchUp), 팅커캐드(Tinkercad) 등을 사용하면 도움이 된다. 2차원 CAD S/W로 대표적인 것으로는 오토캐드(AutoCAD) 등이 있다.

➲ 용어 설명

- 프리핸드(Free hand) : 어떤 물체의 형상을 자(scale)를 사용하지 않고 도면을 그리는 것.
- 스케치도 : 스케치 한 도면에 물체의 치수, 재질 등 제작에 필요한 사항을 기입한 것.
- 제도 : 설계자가 제도 용구로 도면을 그리는 것.
- CAD(Computer Aided Design) : 컴퓨터를 이용하여 도면을 그리는 s/w.
- CAM(Computer Aided Manufacturing): CAD에서 그린 제품을 컴퓨터를 이용한 공작기계를 이용하여 제품을 가공하는 데이터를 산출하기 위해 사용하는 s/w. CAD에서 그린 형상을 CAM s/w에서 가공 데이터(예, G-code 등)를 산출하여 공작기계를 이용하여 가공한다. CAM 시스템을 이용하여 가공하는 제품은 주로 자동차의 부품을 생산하는 금형, 플라스틱 사출 품을 생산하는 금형의 가공을 위해 활용하고 있다. 가공에 이용되는 기계로는 CNC(Computer Numerical Control) 선반과 CNC 밀링, 머시닝센터(Machining center) 등이 있다.
- CAD/CAM : 도면을 그리는 CAD 기능 외에 CAM(Computer Aided Manufacturing) 기능이 있는 s/w로 요즘은 CAD 데이터를 바로 CAM과 연동하여 사용하고 있음으로 CAD/CAM 시스템이라고 부른다.

2. 3D 모델링(3 Dimension Modelling)의 종류

CAD에서는 주로 2차원(2D)을 사용했었지만 s/w의 발달과 물체에 대한 이해도를 높이기 위해 3차원(3D)으로 표현하고 있는 추세이다. 형상을 그리는 것을 형상 모델링(Modelling)이라 말하며, 형상을 나타내기 위해서는 3차원으로 나타내고 있으므로 보통 3차원 형상 모델링(이하 3차원 모델링)이라고 말한다. 3차원 모델링은 제품의 형상 그리기 외에도 영화, 애니메이션, 건축, 디자인 등 다양한 곳에서 사용이 증가하고 있다. 3차원으로 형상을 모델링하는 3가지 방법은 와이어프레임(Wireframe) 모델링, 서피스(Surface) 모델링, 솔리드 (Solid) 모델링이 있다.

1) 와이어프레임(Wireframe) 모델링

형상을 표현하기 위해 점, 선 등으로 연결하여 입체(철사를 엮어 놓은 구조)를 표현할 때 사용하며, 그리는 시간이 적게 들고, 메모리 용량을 적다. 2차원 도면은 AutoCAD가

대표적이다. 3차원에서도 간단하게 표현할 때는 와이어프레임 모델링으로 나타낸다.

2) 서피스(Surface) 모델링

물체의 겉 표면을 중심으로 자유 곡면을 표현하는 모델링 방법이고, 자동차의 겉 표면, 제품의 겉 표면으로 제품을 보이고자 할 때 주로 사용한다. 와이어프레임 모델링보다 복잡한 형상이 가능하며, NC 가공을 위한 데이터를 얻을 수 있다.

3) 솔리드(Solid) 모델링

물체를 고체 형상(예 고체 비누)처럼 내부까지 꽉차게 그리는 모델링 방법이다. 공학적인 해석도 가능하며, 물체를 가공하기 전에 미리 부피나 무게 등 다양한 정보를 예측할 수 있다. 또한 모델링하면서 물체를 합하거나, 빼거나, 교집합(BOOLEAN) 연산으로 복잡한 형상을 표현할 수 있다. 3D 프린터로 제품을 출력하기 위한 모델링할 때 많이 사용하고 있다.

그림 1. 3차원 모델링 종류

4) 3D 모델링(3 Dimension Modelling) 사례

아래의 그림 2는 여러 개의 부품을 그린 후, 각 부품을 조립하여 물체를 고정하는 지그(Jig)를 제작하기 위해 3차원 솔리드 모델링으로 표현한 것과 이를 2차원 도면으로 변환한 그림이다. 그림 (a)는 지그를 제작하기 위한 여러 개의 부품을 그린 것이고, (b)는 각 부품을 조립한 것을 보여준다. (c)는 지그를 2차원 도면으로 변환하여 보여주는 그림이다. (d)는 3D프린터로 출력하기 위해 솔리드 모델링한 제품들을 보여준다.

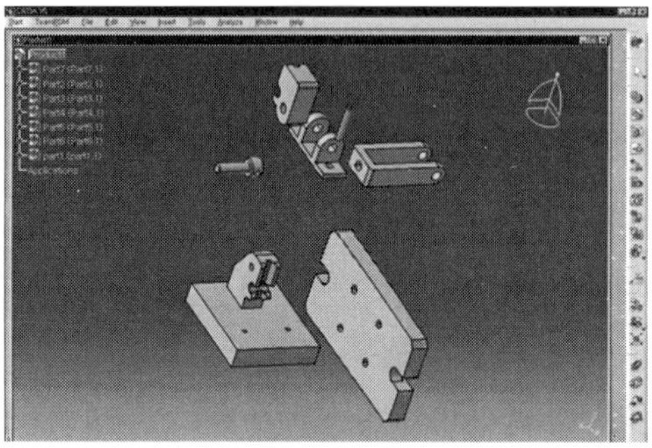

(a) 지그를 제작하기 위한 부품들(CATIA)

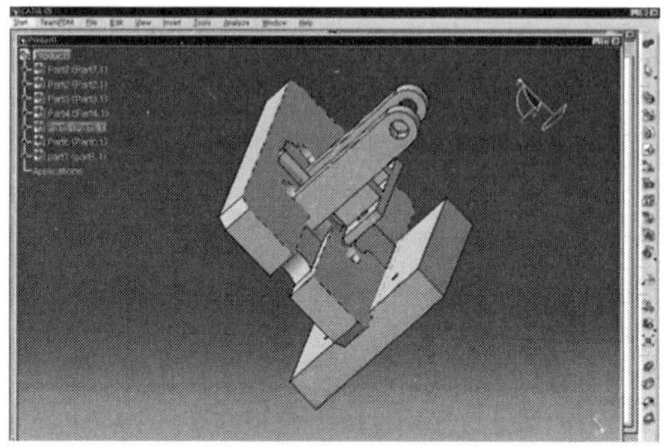

(b) 각 부품을 조립한 도면

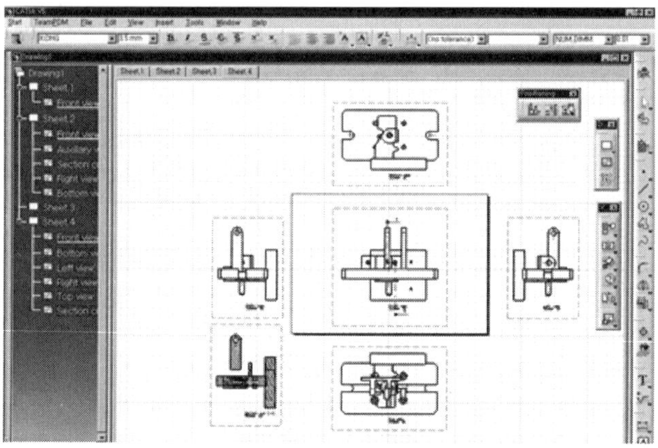

(c) 조립한 지그를 2차원으로 표현한 도면

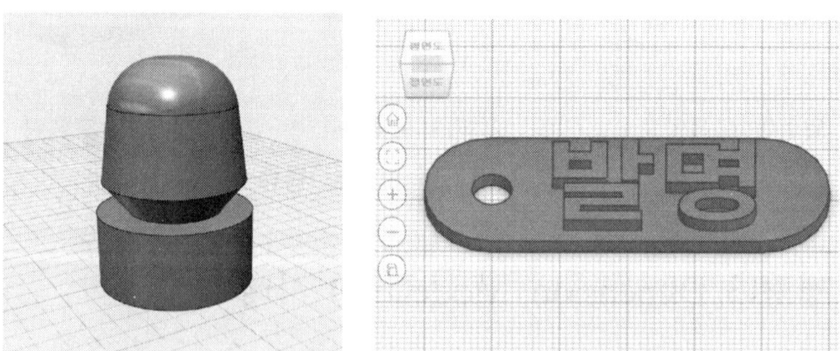

(d) 3D프린터로 출력하기 위한 솔리드 모델링(Tinkercad s/w)

그림 2. 3D 모델링 사례

3. Tinkercad(팅커캐드)로 모델링 따라 해보기

1) Tinkercad(팅커캐드)로 불러오기

일반 CAD s/w는 컴퓨터에 프로그램을 다운로드 한 후 계속 불러서 사용하는 방식이지만, Tinkercad(팅커캐드)는 프로그램은 컴퓨터에 따로 저장하지 않고 인터넷 상에서 불러오고 인터넷에 저장하는 방식이다. 따라서 인터넷에 접속할 수 만 있으면 사용할 수 있다. Tinkercad는 인터넷에 접속하여 무료로 사용할 수 있고 초등학생에서부터 전문가까지 사용이 쉽도록 Autodesk사에서 제작한 3D 모델링 프로그램이다. Tinkercad를 영어버전이 있고, 한글로도 변환하여 사용이 가능하다. 그림 4와 같이 크롬(Chrome)에서 Tinkercad(팅커캐드, 틴커캐드)를 입력해보자. 영어(English)로 사용하려면 어떤 웹에서도 가능할 것이다.

- 구글(Google) 또는크롬(Chrome)에서 Tinkercad(팅커캐드, 틴커캐드)를 입력하자 (그림 3 참조).

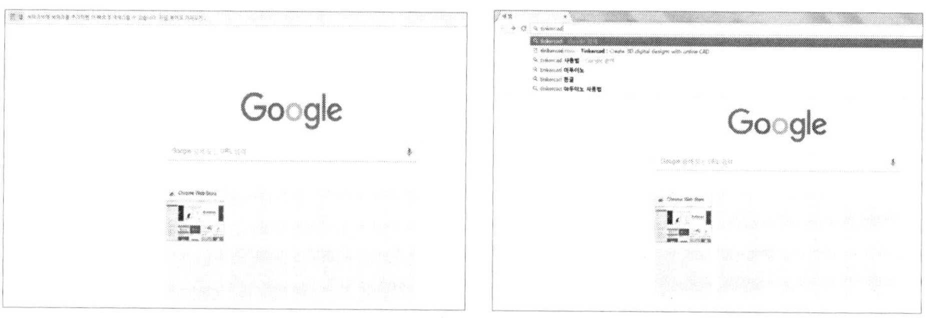

그림 3. Tinkercad(팅커캐드, 틴커캐드) 불러오기

- Tinkercad를 클릭(그림 4 (a))하면 그림 4(b)와 같이 오른쪽 위와 같이 한글로 보인다. 화면의 글씨가 한글로 보이지 않고 아래와 같이 영어로 보인다면 오른쪽의 스크롤 바를 마우스로 아래쪽으로 움직여 언어 선택 위치가 나오면 기호(▲)를 눌러서 한국어를 선택한다(그림 4(b) ~ (e)참조). 한국어로 바꾸어지지 않는다면 웹사이트를 바꾸어서 디시 해보길 권장한다.

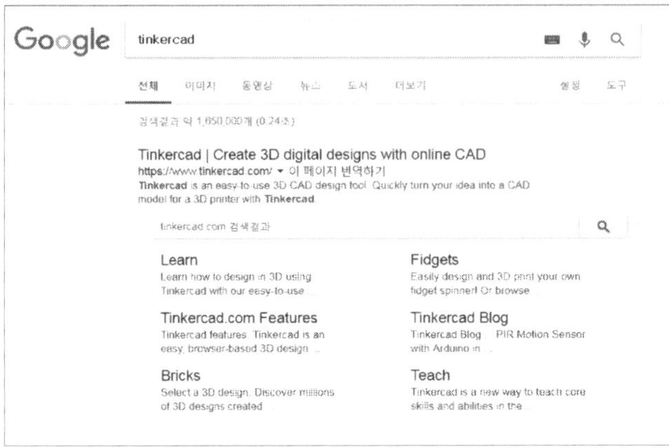

그림 4(a). Tinkercad 웹사이트

그림 4(b). 초기 화면에서 언어(한글, 영어) 확인

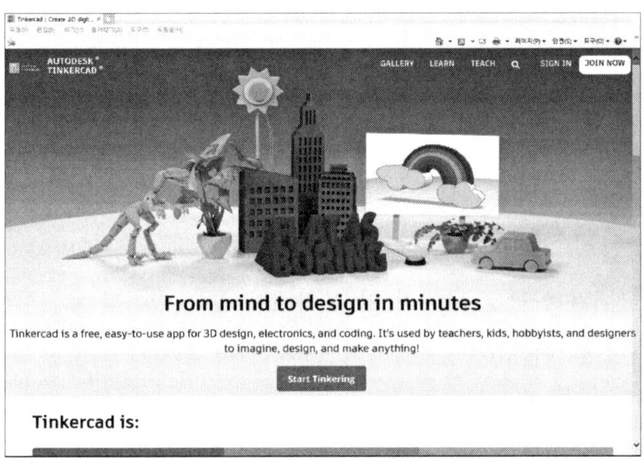

그림 4(c). 초기 화면 언어(영어)

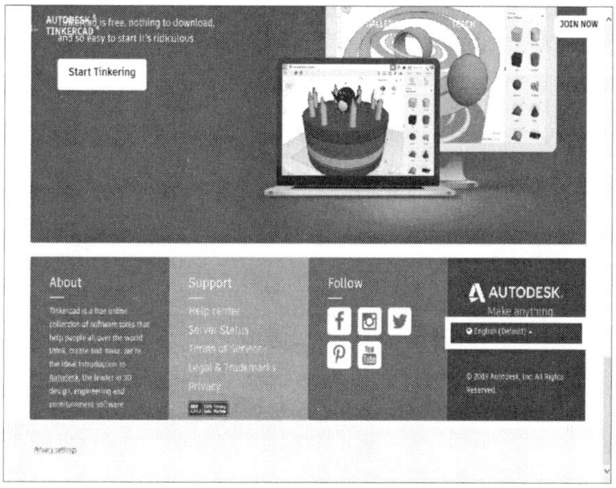

그림 4(d). 언어 전환 위치

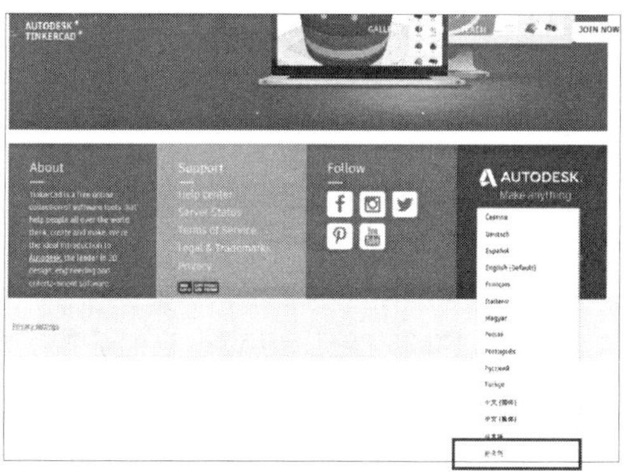

※ 주의
프로그램 언어를 한국어로 선택하였는데도 불구하고 영어로 계속 나오는 경우 → 크롬(Chrome)에서 Tinkercad(팅커캐드, 틴커캐드)를 입력하면 한글이 나온다. 언어 선택에서 컴퓨터에 따라 언어의 변경이 되는 경우와 되지 않는 경우가 있으니 확인하길 바란다.

그림 4(e). 한국어로 전환하기

- 그림 5의 Start Tinkering 을 클릭하여 시작한다.
- 계정이 없으면 그림 6의 내용을 입력하여 계정을 만든다.
- 계정을 만든 후에는 그림 6의 우측과 같이 로그인을 하면 된다.

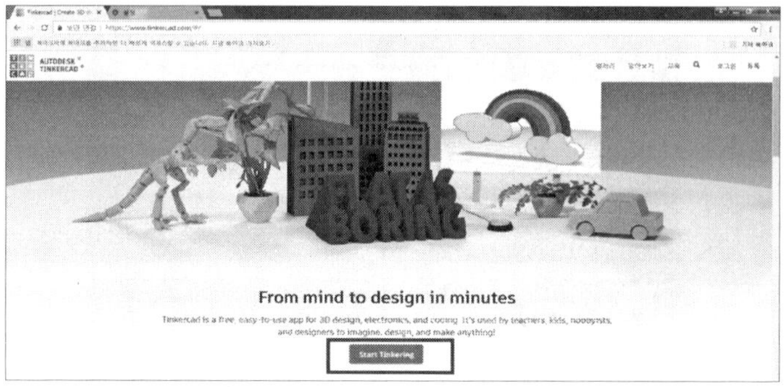

그림 5. Tinkercad 시작하기

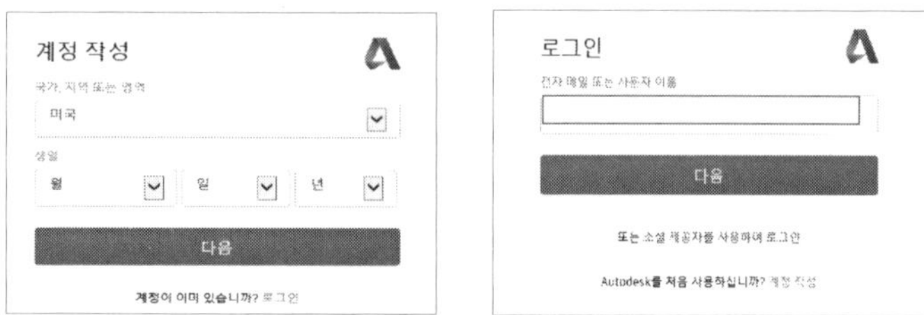

그림 6. Tinkercad 계정 작성과 로그인 하기

2) Tinkercad(팅커캐드) 익히기

(1) 로그인 후 작업 화면 보기

로그인 후 창이 뜨면 자신의 아이디가 보이고, 새 디자인 작성, 이전에 모델링했던 형상을 보여주는 창이 보인다. 로그아웃을 위해서는 왼쪽 상황의 ()를 누르면 저장이 되고, 그림 7에서 오른쪽 위의 그림()을 클릭한 뒤에 로그아웃을 하면 된다.

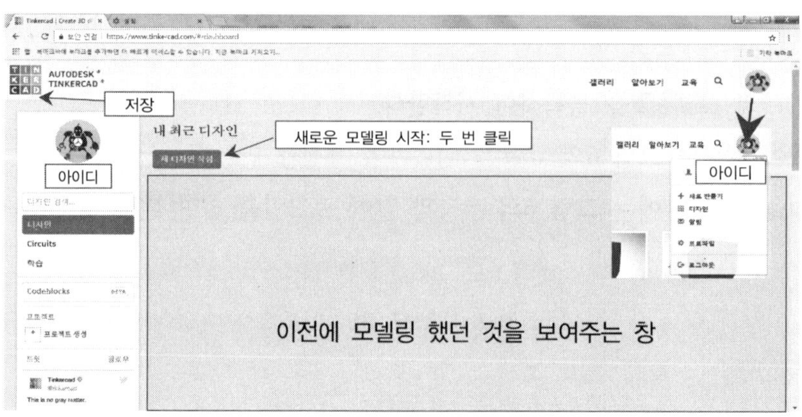

그림 7. 새 디자인 작성 창

(2) 화면 메뉴 설명 및 이름 바꾸기

새 디자인을 클릭하면 그림 8과 같고, 모델링 파일명을 변경하고 싶으면 이 부분(Swanky Snaget-Crift)을 클릭하여 원하는 이름으로 변경한다(영어로 사용하는 것이 편리하나, 여기서는 파일명을 '발명 출력'으로 변경하였다). 파일명은 컴퓨터에 의해 랜덤으로 생성된다.

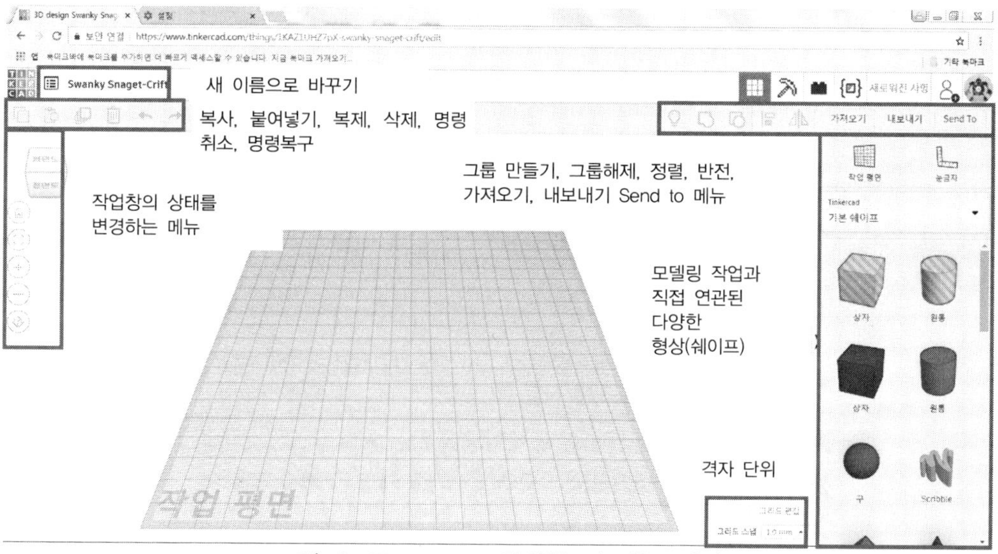

그림 8. Tinkercad 작업창 및 메뉴 설명

(3) 편집 기능 사용하기

그림을 그릴 때 자주 사용하는 편집기능과 단축키가 있으니 눌러 보면서 많이 사용해 보길 바란다. 아래의 그림 9의 메뉴에서 검정색으로 표시된 것은 활성화(사용가능)된 것이고, 회색으로 보이는 것은 비활성화(사용할 수 없음)이다.

그림 9. Tinkercad 편집 메뉴 설명

※ 마우스 사용법
- 마우스 휠을 전후로 이동: 화면 확대 또는 축소
- 마우스 휠을 누른 상태에서 좌우로 움직이면 화면을 상하좌우로 이동시킬 수 있다.
- 원하는 작업 화면으로 변경하려면 마우스로 뷰 큐브(view cube)의 구석이나 상하좌우(▲▼◀▶)를 클릭하면 된다.

(4) 뷰큐브(View cube) 시점 버튼 사용법

뷰 큐브(View cube)는 다양한 곳에서 물체의 형태를 보기 위한 것이다. 홈 뷰는 물체의 형상을 처음 상태로 돌리는 것, 선택항목에 보기 맞춤은 물체의 크기를 잘 볼 수 있는 크기로 뷰를 맞추는 것, 줌 확대 및 줌 축소, 물체의 형태를 투시 뷰로 볼 것인지 직교 뷰로 볼 것인지 선택할 수 있는 메뉴가 있다. 자세한 내용은 아래와 같다.

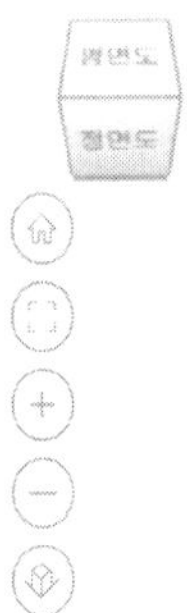

→ 작업 평면을 변경하는 뷰 큐브 : 구석을 클릭하면, 3차원으로 전환 및 정면도, 평면도, 측면도 등을 클릭하면 작업 평면 설정.
→ 홈 뷰(투시 뷰, 직교 뷰 홈 상태로 전환) : 처음 모델링 상태로 돌아감
→ 선택 항목에 보기 맞춤 : 물체의 크기를 가장 큰 뷰로 맞춤
→ 줌 확대
→ 줌 축소
→ 직교 뷰 ⇔ 투시 뷰로 전환

(5) 직교 부와 투시 뷰의 차이점

3차원 모델링 프로그램에서 투상도를 그릴 때 모델링 프로그램의 형상이 설계자가 보고자 하는 것과 같이 보이지 않을 때가 있다. 3D 모델링에서는 보통 Perspective(원근법)으로 도면을 그리고 있기 때문이기도 하고, 투상법의 차이를 몰라 치수를 잘 못 읽는 경우가 많다. 경우에 따라서 3D 모델링에서 자주 사용하는 Perspective(원근법)과 Orthographic(정(직교)투영법)을 병행하여 사용하면 도움이 되므로 투영법의 차이를 알아보자. 아래의 그림 10은 평면도에서 정육면체를 보았을 때 뷰의 차이점을 알아본 것이다.

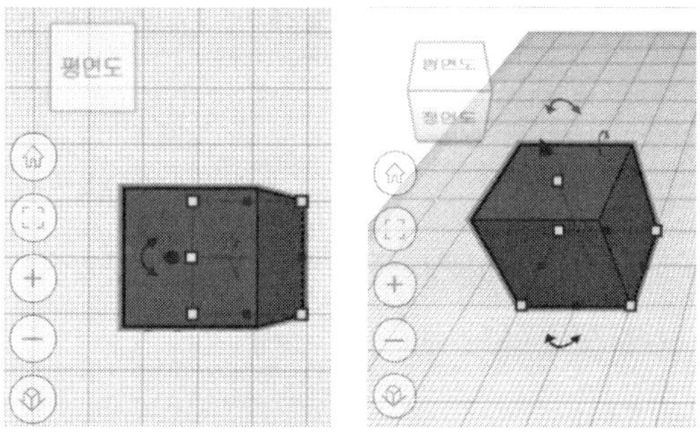

튜시 뷰(Perspective, 원근법): 투시 뷰는 실제 제품을 보는 모양과 비슷하게 나타난다. 위에서 보면 경사진 것처럼 보이는 것이 투시 뷰이다. 즉, 가까이에 있는 것은 크게(길게) 표시되고 멀리 있는 것은 작게(짧게) 표시된다.

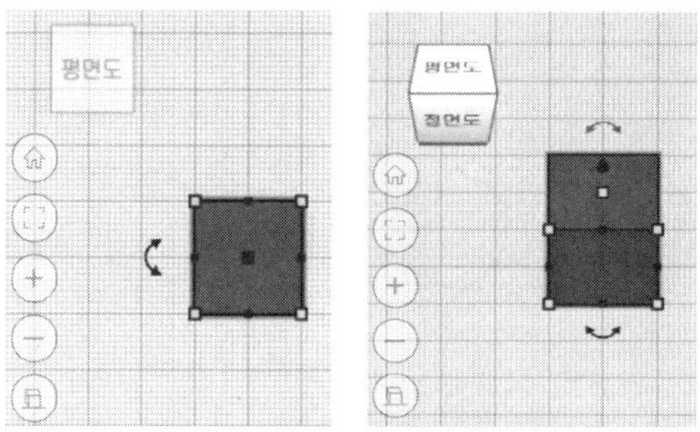

직교 뷰(Orthographic, 정투영법): 직교 뷰는 물체를 위에서 본 것으로 원근법이 적용되지 않고 직교모드로 보이게 한다. 위와 아래가 같은 길이로 표시하여 격자를 참고하면 치수를 쉽게 알 수 있다.

그림 10. 튜시 뷰(Perspective, 원근법)와 직교 뷰(Orthographic, 정투영법)의 차이점

3) Tinkercad(팅커캐드)로 이름표 모델링 따라하기

그림 11과 같은 이름표('발명')를 3차원 s/w인 Tinkercad(팅커캐드)를 이용하여 모델링 해보자.

Tinkercad를 이용하여 판의 크기가 가로 60mm 세로 20mm, 두께가 2mm, 글씨의 높이가 2mm, 구멍이 6mm인 글씨가 있는 판넬을 3차원 형상(솔리드)으로 모델링하시오. 글씨의 크기와 두께는 임의로 정하시오.

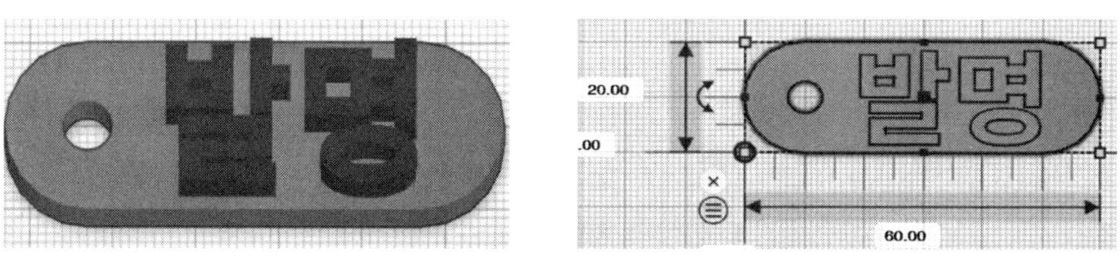

그림 11. Tinkercad를 이용한 모델링 형상

3차원 모델링 방법은 여러 가지 방법이 있음으로 먼저 어떻게 어떤 순서로 그릴 것인가 생각해보고 시작하는 것이 시간을 절약할 수 있다.

(1) 모델링 순서를 생각한다(그림 12 참조).

- 솔리드로 형상을 나타내기 위해서 먼저 사각형(상자)과 원(원통)을 가져온다.
- 사각형의 모서리에 왼쪽 원의 중심에 맞춘다.
- 원을 복사하여 오른쪽 모서리에 맞춘다.
- 양쪽의 원과 사각형을 합한다.

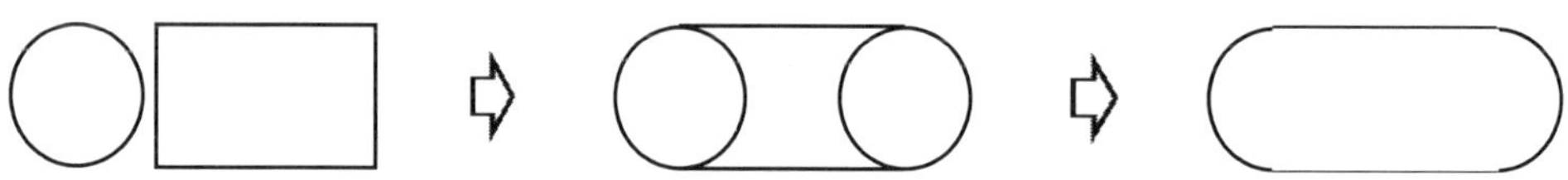

그림 12. 판넬의 모델링 순서

(2) 먼저 투상면을 뷰 큐브에서 홈 뷰로 놓는다.

팅커캐드에서는 직육면체를 그리기 위해서는 미리 그려진 정육면체 모형을 가져와서 치수만 맞추면 되는 방식이다(그림 13). 따라서 우측의 상자 쉐이프(도형)를 클릭하여 작업 평면으로 가져온다(오른쪽 도형에서 색으로 된 부분은 솔리드 형상이고, 음영으로 되어 있는 그림은 솔리드에서 음영 형상의 구멍을 빼낼 때 사용한다.).

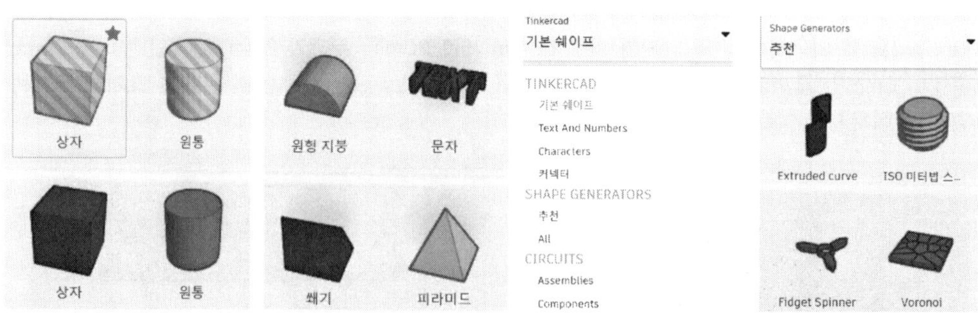

그림 13. 솔리드 형상과 빼내는 음영 쉐이프(형상) 그림

(3) 직육면체 그리는 방법

- 사각형 도형(상자)을 가져온 후 박스의 구석에 보이는 사각형(ㅁ)을 누르면 치수가 보인다(상자를 격자에 맞추면 그리는 시간을 절약할 수 있지만 필요에 따라서는 다음에 설명하는 눈금자를 사용하면 도움이 되기도 한다).
- 그림 14와 같이 치수를 클릭하여 가로(40), 세로(20)를 입력한다.
- 높이 치수는 사각형 윗면의 원형안의 사각형 박스를 클릭한 후 높이 치수(2)를 기입한다. 또는 오른쪽 쉐이프(형상)에 마우스로 움직여서 치수를 완성해도 된다.

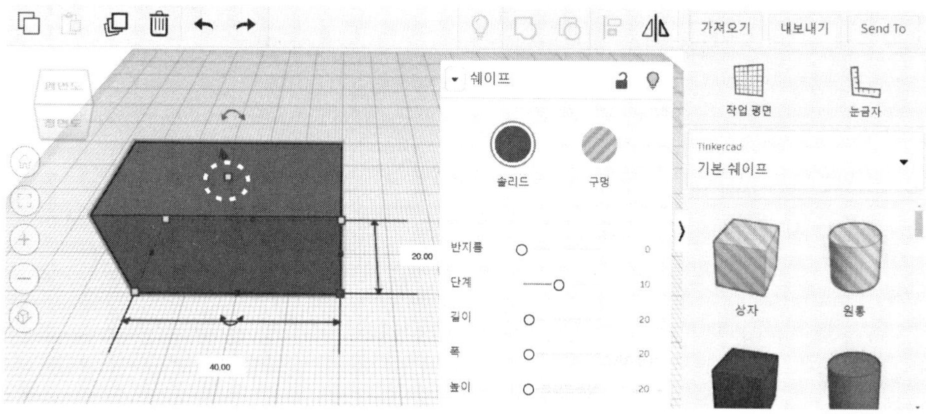

그림 14. 직육면체 만들기

(4) 치수 입력 방법 따라하기

눈금자(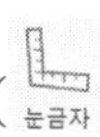)를 가져와서 아래 그림과 같이 눈금자를 사각형의 왼쪽 아래에 놓고 사각형을 클릭하면 눈금자와 직사각형의 거리를 알 수 있다. 가로(폭)×세로(길이)×높이(40×20×2mm)인 직사각형이 되도록 치수를 입력한다. 실선의 원안에 보이는 기호는 물체를 위로 들어 올릴 때 사용하는 기호이며, 은선으로 된 원안의 기호는 물체를 좌우 회전시킬 때 사용하는 기호이다(그림 15참조).

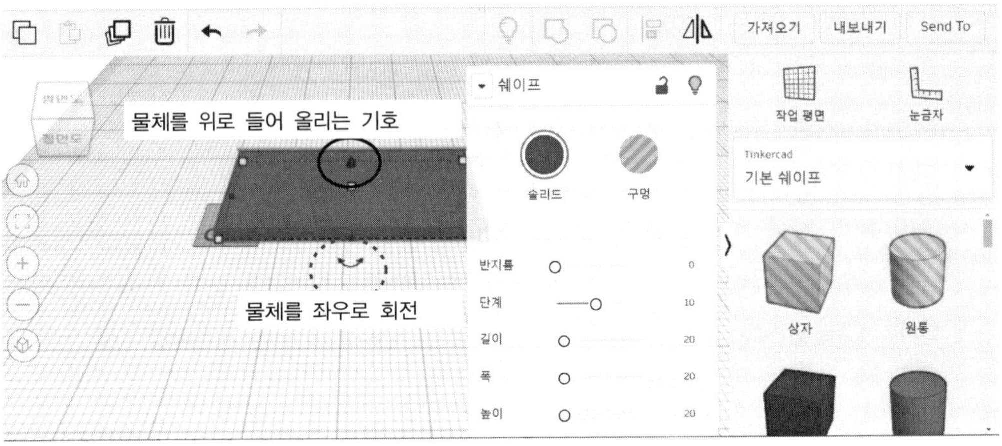

그림 15. 직육면체 높이 치수 입력하여 맞추기

(5) 정육면체의 양쪽에 원통을 그리는 방법

- 눈금자와 사각형사이의 거리가 (가로 0, 세로 0)으로 맞추어졌다면, 이제 반원을 만들기 위해 뷰 큐브에서 평면도를 선택하고, 직교 뷰로 전환한다.
- 그림 17과 같이 오른쪽의 솔리드 원통을 가져와서 사각형 판과 치수를 맞춘다.

➲ 알아두면 도움이 되는 눈금자 맞추기 - 눈금자의 원점과 정육면체의 구석을 맞추는 방법

눈금자와 직사각형 왼쪽 구석(0, 0)이 맞으면 좋지만 맞추려고 노력하지 말고 눈금자의 위치(0, 0)와 직사각형과의 떨어진 거리에 (가로 0, 세로 0) 치수를 입력하면 눈금자의 원점(0, 0)과 직사각형의 구석(사각형의 왼쪽과 아래쪽 기준)을 맞출 수 있다.

현재는 그림 16(a)와 같이 세로방향(y 축)과 가로방향(x 축)으로 눈금자와 정육면체가 각각 1.00mm 떨어져 있다. 그림에서 중간점과 끝점 사용 표시는 ' '를 눌러서 확인하면 된다. 그림 16(b)와 같이 눈금자와 사각형과의 떨어진 거리를 '0'으로 입력하면 눈금자와 사각형 사이의 거리가 오른쪽 그림과 같이 (가로 0, 세로 0)으로 맞추어진다.

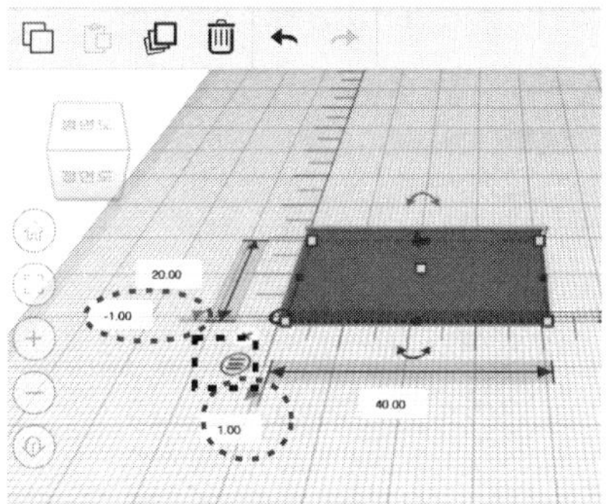

그림 16(a). 눈금자와 물체와의 거리가 틀림

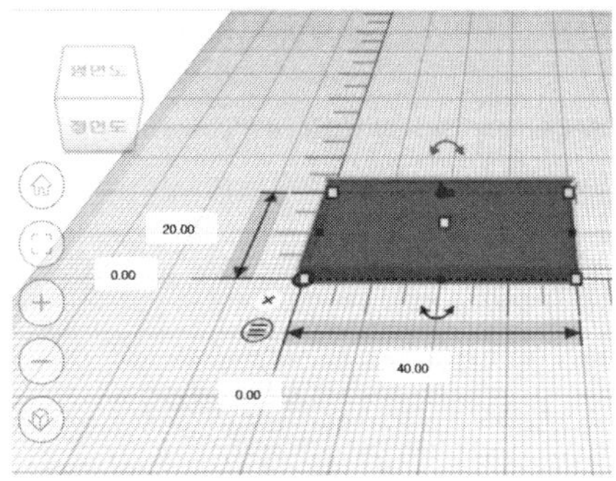

그림 16(b). 눈금자와 물체와의 거리를 맞춤

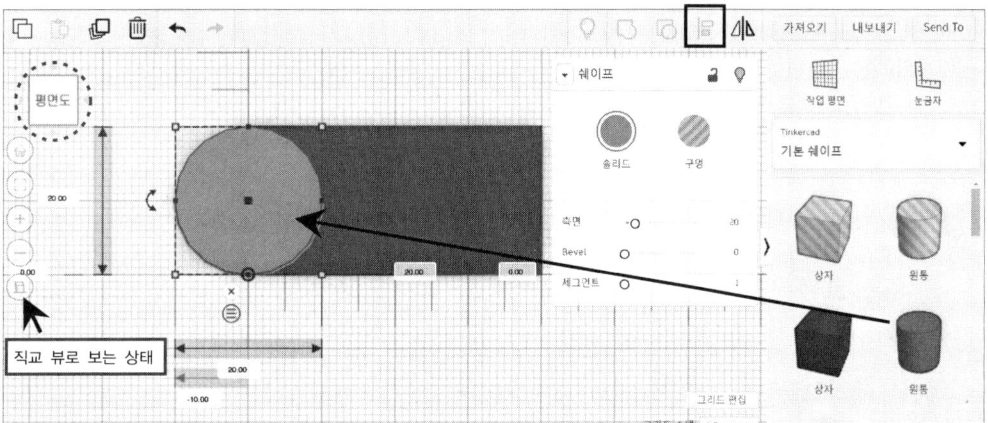

그림 17. 평면도와 직교 뷰 상태에서 원통을 그리기

- 원통을 가져온 뒤 치수가 다르다면 원통을 클릭하여 세로, 가로 각각 20mm로 입력한다.
- 사각형에 원통을 움직여서 반원으로 맞추기가 쉽지 않기 때문에 원통을 마우스로 움직이거나, 키보드의 방향키(←→↑↓)로 움직여서 반원 위치에 맞춘다.
- 반원 위치에 맞지 않으면 사각형과의 치수차이를 보고 반원 위치에 맞추도록 한다. 이때 두 객체를 선택한 후에 정렬(L)을 사용해 두 객체의 위치를 정렬하는 방법도 있으니 실행해 보면 도움이 된다.
- 그림 18과 같이 치수를 맞춘 원통을 복사하여 사각형의 우측의 붙이기 위해서는 원통을 선택한 후 복사하기(Ctrl+C)를 눌러 복사한 뒤 붙여넣기(Ctrl+V)를 하면 된다.
- 다른 방법으로는 위쪽의 반전(미러, M) 기능을 사용하여 복사할 수 도 있다(원통을

다시 한번 클릭하여 가져와서 그릴 수도 있으니 편리한 방법을 선택하면 된다.).

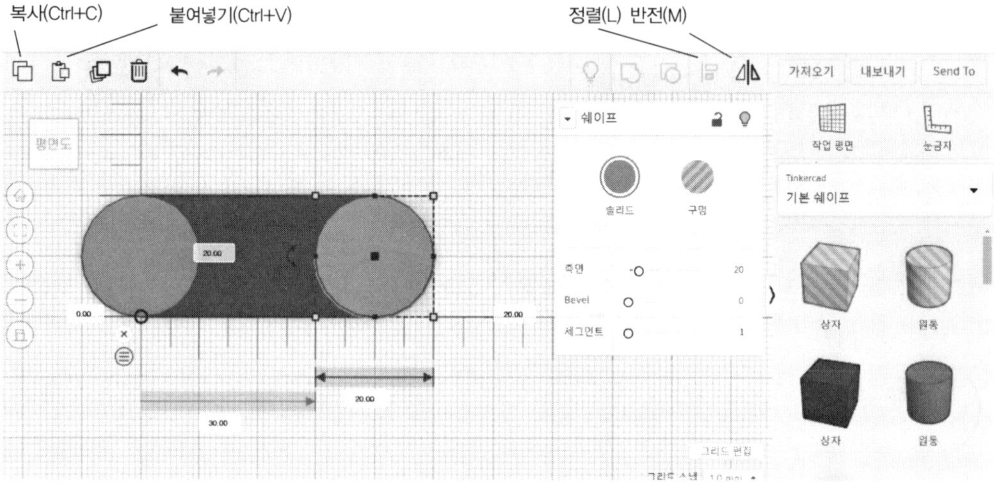

그림 18. 평면도와 직교 뷰 상태에서 사각형의 우측에 원통 그리기

(6) 정면도에서 원통의 치수를 확인하고 치수 맞추기

- 홈 뷰를 보고 원통의 높이 치수를 맞추어도 되지만, 정면도에서 높이 치수(2mm)를 입력하여 맞추는 방법이 편리하다.
- 평면도에서 정면도로 전환하려면 뷰큐브에서 평면도 아래의 회색으로 보이는 삼각형(▲)을 누르면 된다. 그림 19(a)에서 보듯이 정면도에서 높이가 20mm임으로 높이 치수를 클릭하여 2mm로 입력하면 그림 19(b)와 같이 두께가 2mm 인 원통 2개와 사각형 1개로 이루어진 객체가 만들어진다.

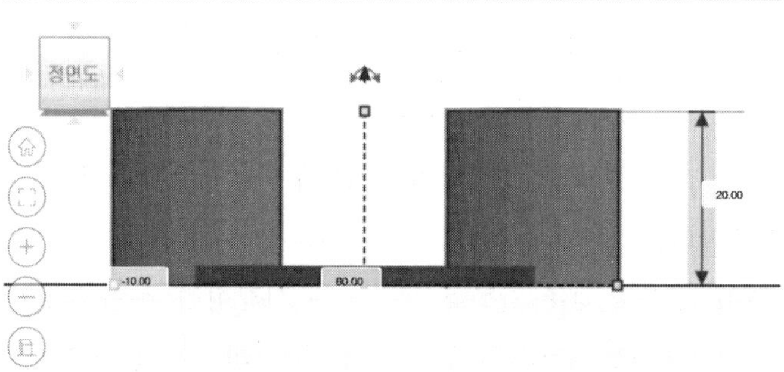

그림 19(a). 정면도에서 원통의 높이 조정 전(20mm)

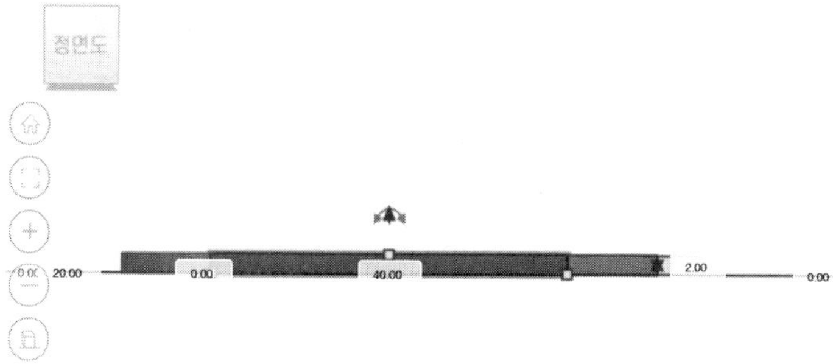

그림 19(b). 정면도에서 원통의 높이 조정 후(2mm)

※ 원통의 높이가 우측과 같다면 어떻게 맞추나요?
해설 : 정면도로 보았을 때 오른쪽 그림과 같이 보인다면 두께가 2mm인 솔리드 모델이 만들어지지 않는다. 원통의 밑면이 기준면보다 아래(현재 도면은 -5mm)에 있거나 높게 있으면 치수를 '0'으로 입력하거나, 영문자 'D'를 입력하면 기준에 맞추어진다. 그 때 원기둥의 높이는 2mm로 입력하면 된다. 순서를 바뀌어도 상관없다.

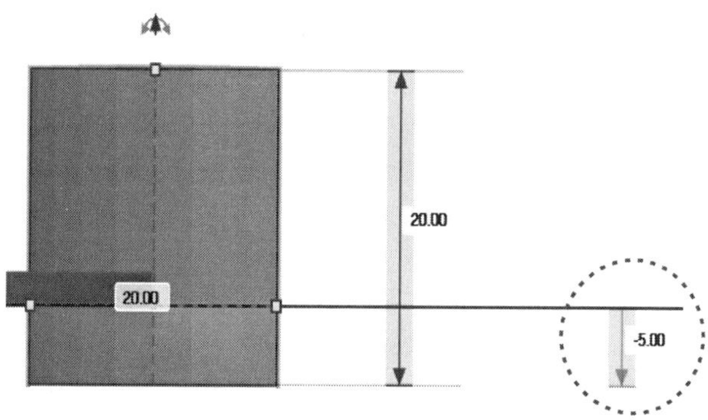

(7) 3개의 객체를 하나의 객체로 만들기

- Shift 키를 클릭한 상태로 원통과 사각형을 클릭하면 그림 20(a)처럼 그룹 만들기 메뉴( )가 활성화 된다(메뉴가 검정색으로 진하면 활성화되어 사용할 수 있는 것이고, 회색이면 활성화되지 않아 메뉴를 사용할 수 없다).

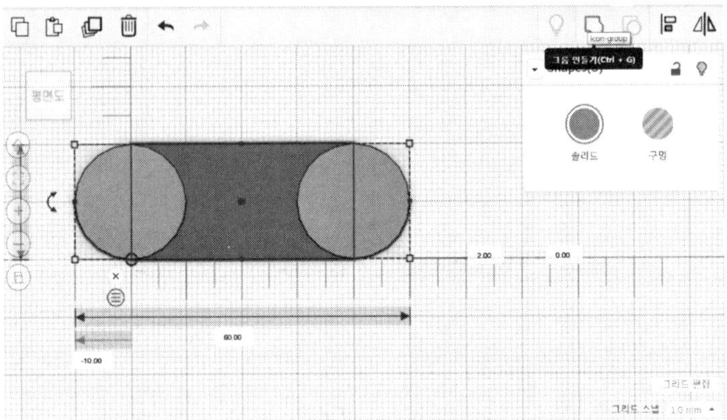

그림 20(a). 3개의 객체를 클릭하여 그룹 만들기

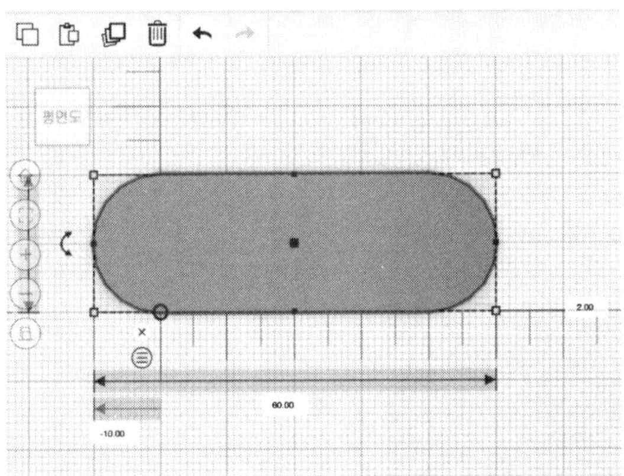

그림 20(b). 하나의 객체로 만들어짐

- 그룹 만들기 메뉴( )를 클릭하면 그림 20(b)과 같이 같은 색으로 변하면서 3개의 객체가 하나의 객체로 만들어 진다(그룹이 만들어지면 그룹해제 메뉴가 활성화된다).

(8) 만들어진 판넬에 구멍 만들기

- 완성된 두께 2mm 판에 구멍을 만들기 위해서는 그림 21(a)와 같이 기본 쉐이프에서 음영으로 된 원통(솔리드 원통을 가져왔더라도 쉐이프에서 음영으로 클릭하면 솔리드가 음영으로 변환된다)을 클릭하여 판넬의 위로 가져온다.
- 치수를 입력하려면 평면도로 전환한 뒤 그림 21(b)와 같이 눈금자를 셋팅한 후 치수를 비교하면 편리하다.

- 구멍의 치수를 도면과 같이 맞추기 위해서는 그림 21(c)와 같이 원통의 구멍을 판넬의 구멍 위치에 맞춘다.
- 치수를 잘 볼 수 없는 경우가 많음으로 치수를 보이기 쉽게 하려면 오른쪽 그림과 같이 평면도에서 눈금자를 확인하고 구멍을 클릭하여 구멍의 크기를 각각 6mm를 입력하고, 구멍의 위치는 원통의 중심 위치에 오도록 눈금자와 구멍 사이의 치수를 확인(7mm 인지 확인)하고 치수(원점과의 거리는 각각 7mm)를 각각 입력한다.

※ 치수 입력 방법에 차이가 있어요?
- 사용하고 있는 CAD와 치수 입력방법이 다를 수 있음으로 주의하길 바란다.
- 일반 CAD는 원의 중심에서 치수를 보는데, 팅커캐드는 기준에서 더 하거나 빼는 방식의 치수를 사용한다.

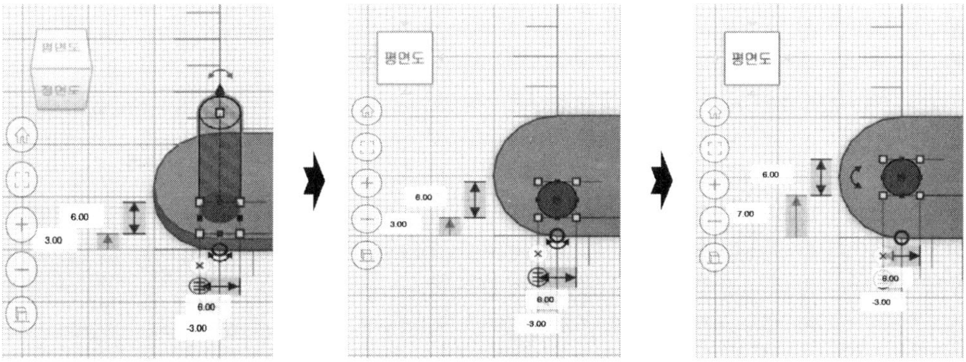

그림 21(a). 음영 구멍 객체 가져오기

그림 21(b). 평면도에서 눈금자 사용하여 구멍 위치 찾기

그림 21(c). 평면도에서 음영 구멍 치수 맞추기 완성

- 그림 22(a)와 같이 정면도에서 판넬과 구멍을 뚫을 원통을 보면 구멍(원통)의 높이는 상관없음으로 처음 상태인 20mm를 수정하지 않고 그대로 두었다.
- 홈 뷰를 클릭하면 그림 22(b)와 같이 눈금자와 판넬, 구멍의 위치와 치수를 확인할 수 있다.

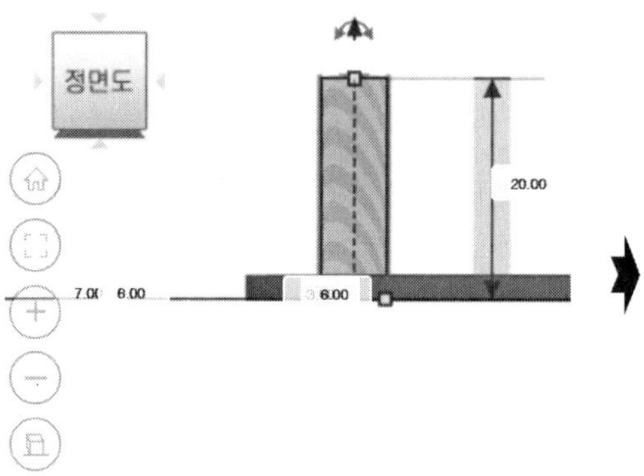

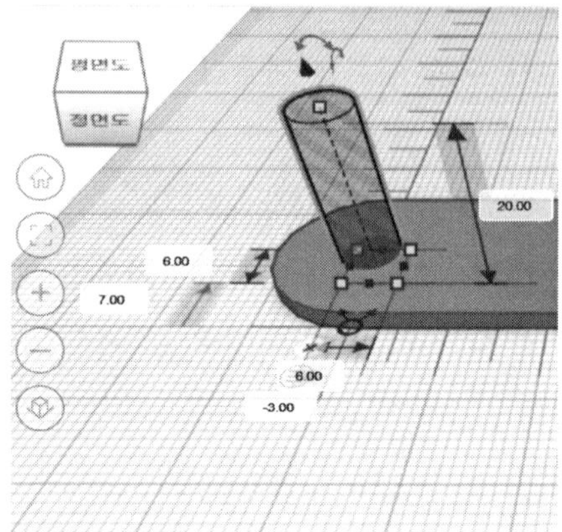

그림 22(a). 정면도에서 본 판넬과 원통 위치　　그림 22(b). 홈 뷰에서 본 판넬과 원통 위치

- 판넬에 구멍이 뚫린 제품을 만들려면 그림 23과 같이 Shift 키를 클릭한 상태로 구멍(음영 원통)과 판넬을 클릭하면 그룹 만들기 메뉴( )가 활성화된다.

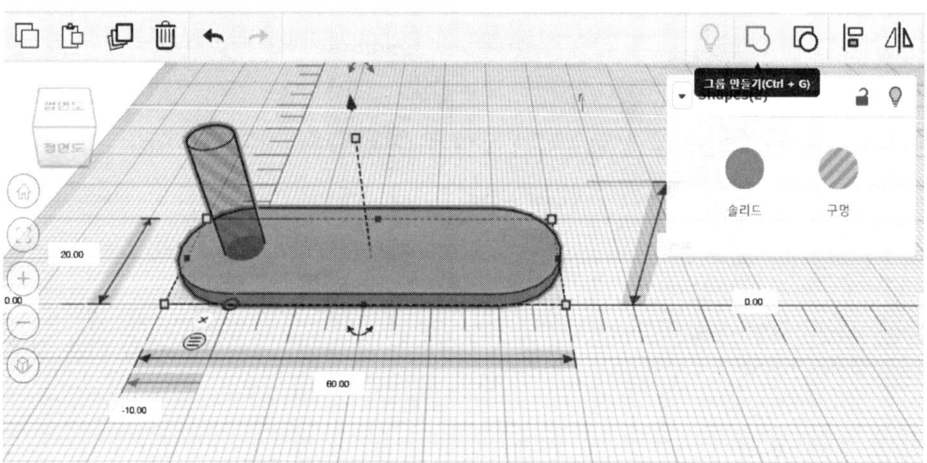

그림 23. 판넬과 음영 원통을 클릭하여 하나의 그룹으로 만들기 준비

- 그룹 만들기를 클릭하면 음영의 원통이 사라지고 그림 24와 같이 구멍이 뚫린 판넬 제품으로 완성되었다.

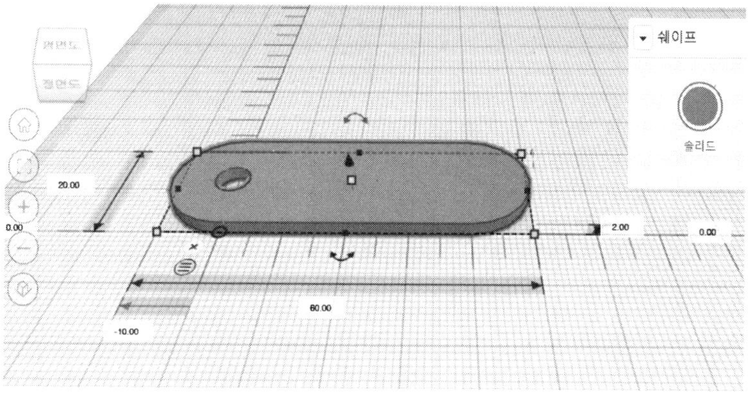

그림 24. 그룹 만들기를 클릭한 후 2개의 객체가 하나의 객체로 됨

(9) 구멍 뚫린 판넬 위에 글씨 쓰기

- 판넬 위에 글씨를 쓰기 위해서는 그림 25(a)와 같이 작업창의 우측 기본 쉐이프에서 문자(TEXT)를 클릭하여 판넬 위로 가져온다.
- 그림 25(b)와 같이 쉐이프 문자칸에 '발명'을 입력한다. 'TEXT'가 '발명'으로 바뀜을 볼 수 있다.

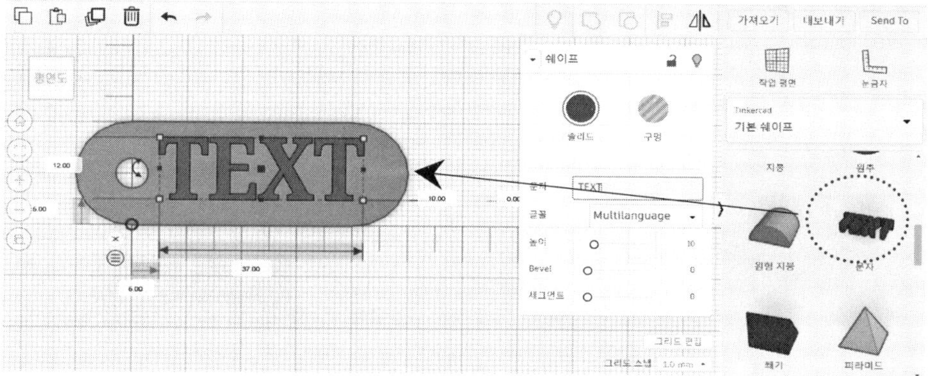

그림 25(a). 판넬 위에 'TEXT'를 클릭하여 가져옴

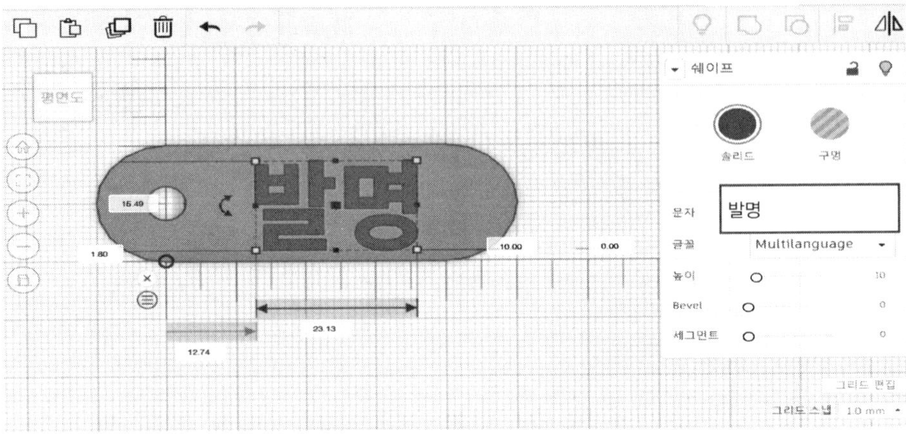

그림 25(b). 문자 칸에 '발명' 입력

- 그림 26(a)와 같이 판넬의 크기에 맞게 문자의 크기를 조절한다(문자의 모서리(작은 사각형)를 클릭하여 움직이거나 치수를 클릭하여 변경하면 문자의 크기를 조절할 수 있다.). 3D프린터로 출력하면 글씨가 두껍고 간격이 큰 것이 출력 상태가 좋다.
- 그림 26(b)의 정면도에서 글씨 높이를 보면 10mm 임을 볼 수 있다. 기준면에서 판넬의 높이가 2mm이므로 2mm로 입력하면 글씨가 돌출되지 않다.

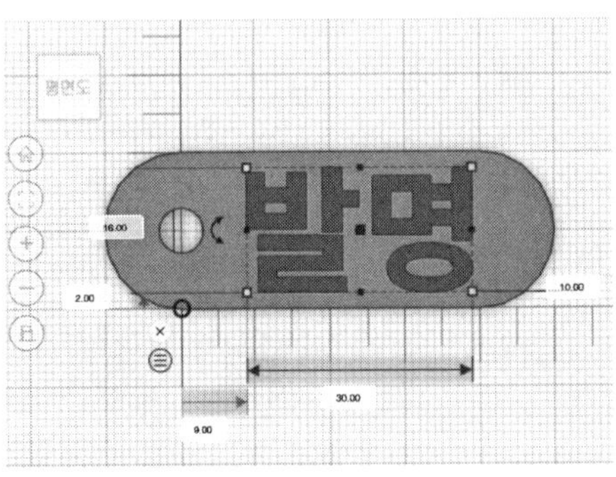

그림 26(a). 평면도에서 문자 크기 조정

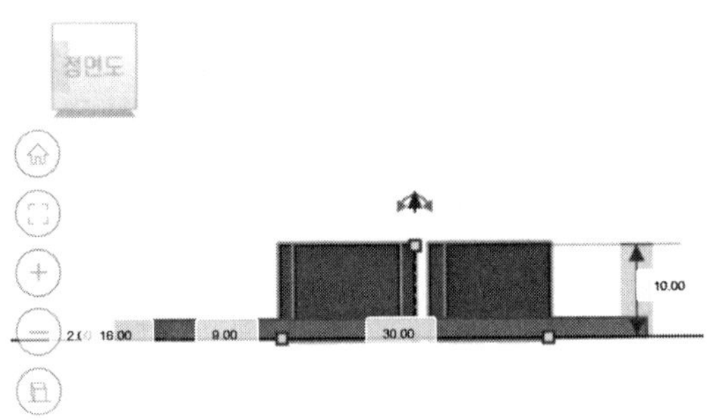

그림 26(b). 정면도에서 문자 높이 확인

- 판넬에서 글씨의 높이를 2mm로 하려면 4mm로 입력하면 된다. 입력한 후 높이를 확인하려면 그림 27(a), (b)와 같이 홈 뷰나 정면도로 전환하여 보면 쉽게 확인할 수 있다.

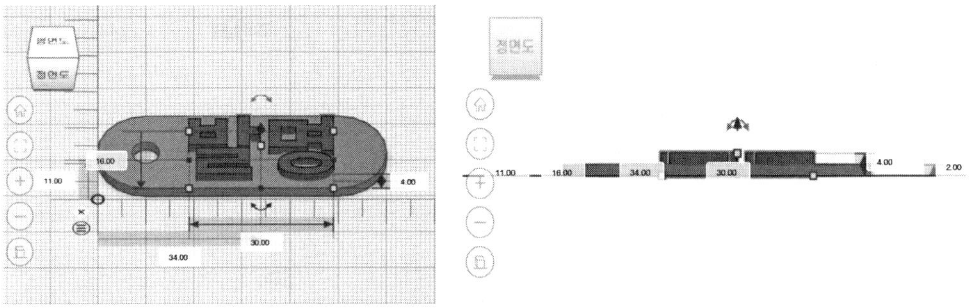

(a) 홈 뷰 화면에서 본 글씨높이 4mm 입력 후 (b) 정면도에서 본 글씨높이 4mm 입력 확인

그림 27. 글씨의 높이를 입력한 후 확인

(10) 하나의 그룹으로 만들고, 3D 프린터로 출력하기 위한 파일('stl')로 저장하기

- 2개의 객체(판넬, 글씨)로 모델링한 것을 출력하려면 먼저 하나의 그룹으로 만들어야 한다.
- 하나의 그룹으로 만들려면 그림 28(a)와 같이 키보드의 Shift 키를 누른 상태에서 글씨와 판넬을 선택하고 그룹 만들기 메뉴( )를 클릭하면 그림 28(b) 같이 물체의 색이 같아지면서 1개의 그룹으로 만들어 진다.

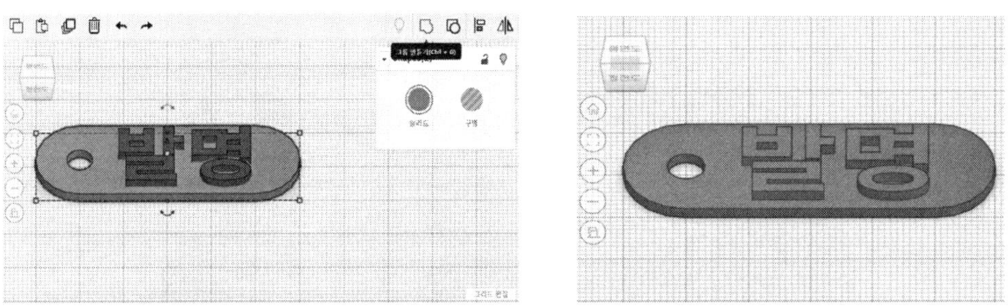

(a) 글씨와 판넬을 선택 후 그룹 만들기( )를 클릭 (b) 그룹 만들기( ) 후 하나의 그룹으로 생성

그림 28. 글씨와 판넬을 하나의 그룹으로 만들기

- 출력을 위해서는 먼저 만들어진 쉐이프를 클릭하여 선택한 후 '내보내기(3D 인쇄용 다운로드)'를 클릭한다. 이것은 모든 것을 출력하기 때문에 한 개의 객체만 출력하려면 그림 29 (c)와 같이 객체를 선택한 후 → 내보내기 → 'stl' 파일 선택 → 저장하면 된다. (a)의 '객체를 선택하지 않고 내보내기'를 클릭하였을 때는 (b)와 같이 '디자인에 있는 모든 것'에 체크된다.

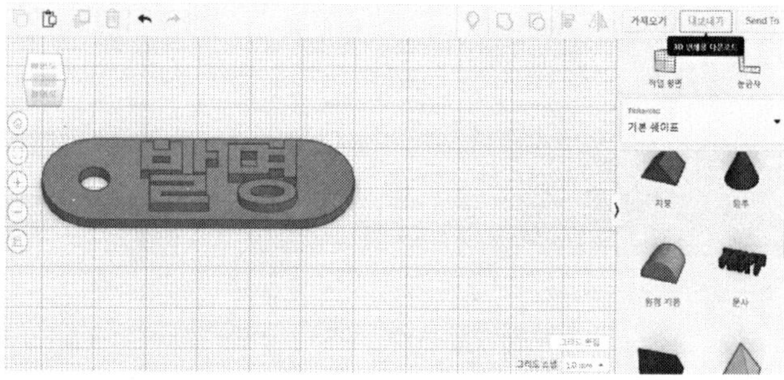

(a) 내보내기 (객체 선택 안하고 내보내기)

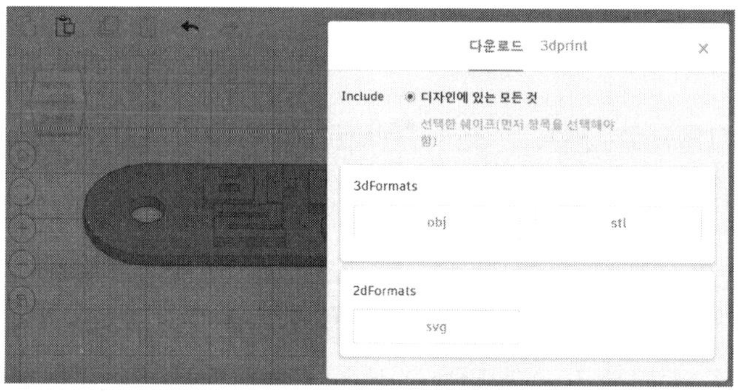

(b) 디자인에 있는 모든 것을 출력

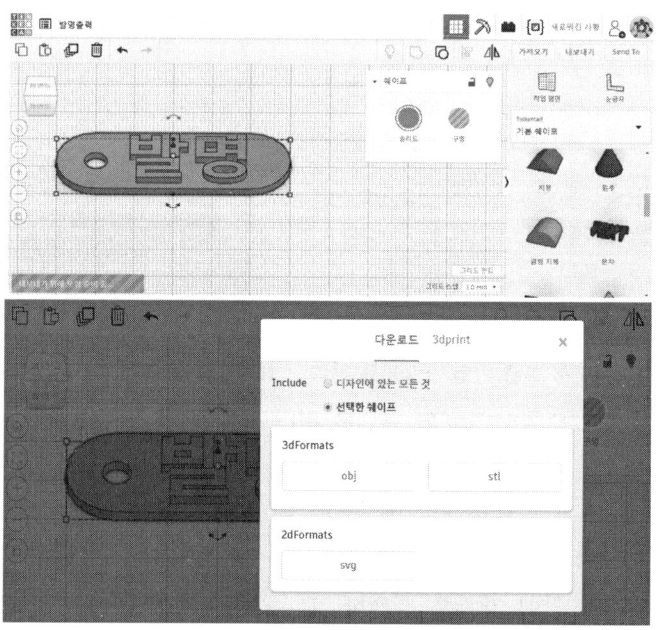

(c) 선택한 쉐이프(형상)만 출력하려면 형상선택 후 내보내기 클릭 → stl 클릭 → stl 파일로 저장

그림 29. 글씨와 판넬을 하나의 그룹으로 만들어 stl파일로 저장하기

- 'stl'파일로 저장이 완료 되면 '발명출력.stl'으로 저장되어 있음을 알 수 있다.'stl'파일이 저장 되는 위치가 각 컴퓨터 마다 다름으로 파일을 찾을 수 없다면 파일을 검색하면 찾을 수 있다.

- STL파일 : 3차원 형상으로 무수히 많은 3각형 면으로 구성하여 표현해 주는 일종의 폴리곤 포맷 - G-코드 : 프린터 할 노즐의 위치를 모터로 제어하면서 출력하기 위한 좌표 값을 나타낸 파일

3D모델 파일을 무료로 다운받을 수 있는 웹사이트 : 씽기버스(Thingiverse) http://www.thingiverse.com/

■ **더 알아보기 : 쉐이프(Shape)창**

- 측면(Sides) : 원기둥의 측면을 세분화(치수를 높이면 원에 가까워짐).
- Bevel(경사면) : 경사면의 크기 변화(모따기의 치수 변화).
- 세그먼트(Segments) : 원기둥의 경사면(모서리)의 크기 변화에 따른 세분화. 치수가 낮으면 모따기(경사면), 치수가 높으면 경사면을 모깍기(둥글게 만들기).

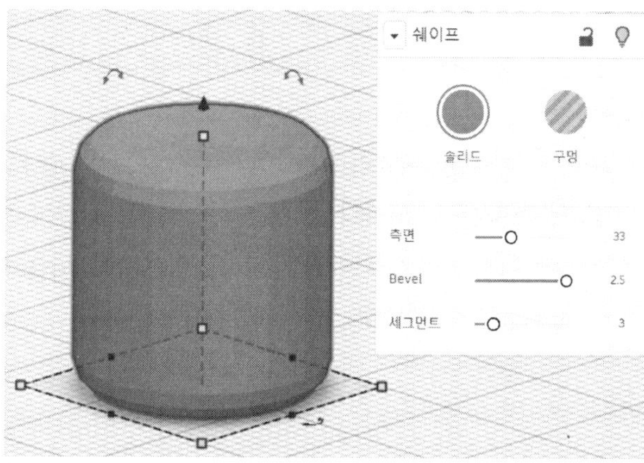

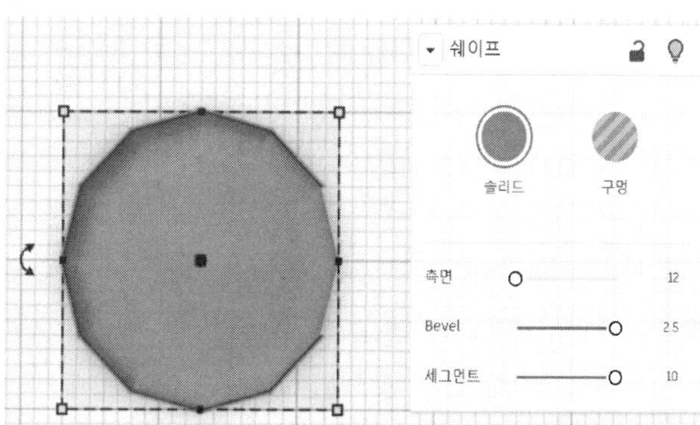

4. 3D 프린팅 따라하기

1) 3D 프린팅 절차

제품을 모델링하고, 3D 프린터로 출력하기 위해서는 그림 30과 같은 절차를 거친다.

(1) 프린터 출력하기 위한 작품 아이디어를 구상하여 간단하게 스케치한다. 또는 3차원 스캐너를 이용하여 모델링 데이터를 생성한다.

(2) 3차원 모델링 소프트웨어를 이용하여 3D 모델링을 완성한다.

(3) 모델링을 완성한 후 3D 프린터에서 출력하기 위해서는 3D 프린팅 파일 형식인 stl 등 의 파일 형식으로 변환한다.

(4) ‘stl’파일로 변환된 파일을 출력하기 위해서는 슬라이싱(Slicing)프로그램을 사용하여 얇은 층으로 쌓아서 순서대로 출력하는 경로 데이터를 얻는다(슬라이싱 프로그램은 cura 외에도 3D 프린터 회사가 제공하는 다양한 s/w가 있다). 얇은 층으로 자르는 것을 슬라이싱(Slicing)이라고 한다.

(5) 슬라이싱 프로그램은 재료의 적층 경로, 순서, 온도 등을 알려주는 G-code로 파일을 생성한다.

(6) G-code 파일을 3D 프린터에 보내면 프린터 재료가 프린터 노즐을 통해 나오면서 경로가 생성된 대로 적층을 실시한다.

(7) 3D 프린팅 작품을 완성한 후 후처리(표면 다듬기, 도색 등)을 한다.

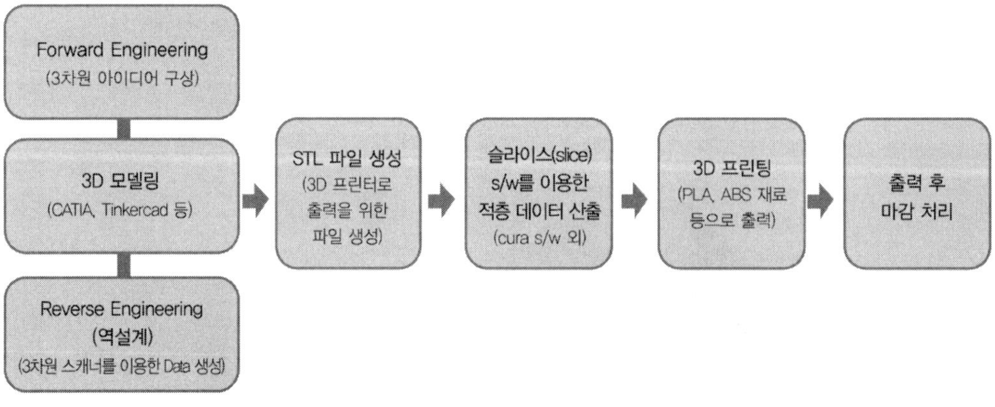

그림 30. 3D 프린팅 절차

제품을 3D프린터로 출력하기 위해서는 주로 솔리드 모델링(Solid modelling)으로 모델링한 후 출력하고 있다. 그 이유는 와이어프레임이나 서피스 모델링을 프린터를 할 때는 두께가 얇기 때문에 출력할 때 부서지기도 하고, 형상을 출력될 때 제품의 강도가 약해서 파손될 수 있기 때문이다. 모델링 한 후에 출력 파일은 많은 분야에서 활용되고 있는 stl 파일로 저장한다.

stl 파일을 불러들여 3D 프린터로 출력하기 위해서는 3D 프린터에 맞도록 필라멘트(PLA 등)를 출력하는 얇은 층으로 잘라서 적층하는 적층 데이터(노즐의 위치), 이송속도, 온도 등 각종 프린트 조건으로 프로그램해야 하는데 이 프로그램을 슬라이싱 s/w라고 한다. 즉, CAD에서 모델링 한 것을 CAM에서 가공코드(G, M-code 등)를 생성하는 것과 같은 원리로 3D 프린터 출력을 위한 G-code 생성을 위한 프로그램이 슬라이스 프로그램이다. 슬라이싱을 마치고 저장하면 G-code 파일이 생성된다. 이 파일을 3D 프린터에 전송하여 출력한다.

2) 슬라이싱 프로그램 예

3차원 CAD 시스템(CATIA, 팅커캐드, 등)으로 직접 모델링한 제품의 stl 파일이나 미리 모델링한 파일을 슬라이스 프로그램에서 적층할 데이터로 변환하는데, 이 슬라이싱 프로그램은 범용으로 사용하고 있는 Cura, 3D 프린터 제작사에서 제공하고 있는 다양한 슬라이싱 프로그램이 있다. 그림 31은 실습에 사용할 범용으로 사용하는 슬라이스 프로그램(Cura)를 먼저 설명하고, 다음으로 NewCreatorK를 사용한 G-CODE 파일 생성실습을 설명한다.

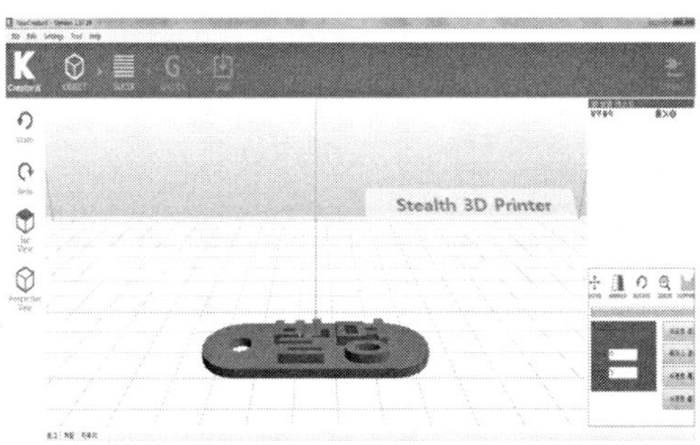

NewCreatorK

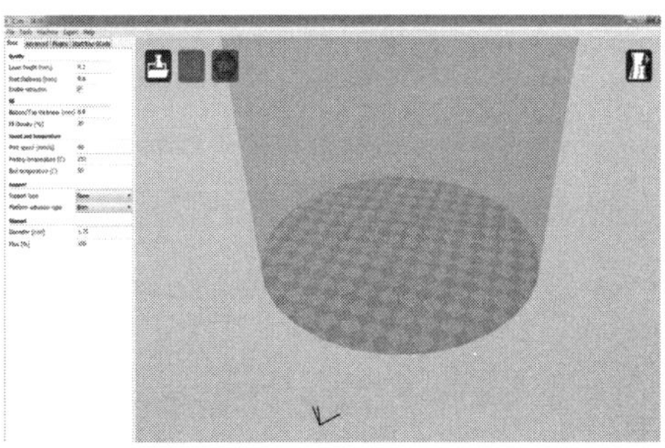

Cura

그림 31. 실습에 사용할 슬라이스 프로그램

(1) Cura 프로그램 처음 화면

- Cura 프로그램 아이콘(아이콘)을 클릭하면 그림 32와 같은 화면이 보인다.

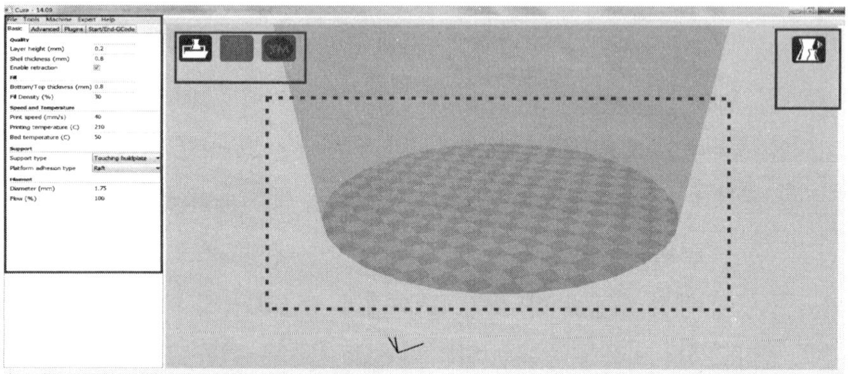

그림 32. Cura 프로그램 초기 화면

- 그림 33은 Cura 메뉴 부분 설명이다.

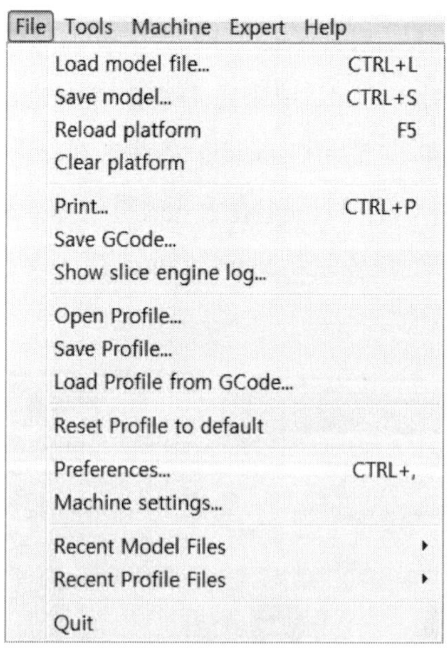

Load model file : 모델 파일 불러오기
Save GCode... : 슬라이스 한 후 GCode로 저장

Tools 메뉴와 Machine setting 메뉴를 보여준다.

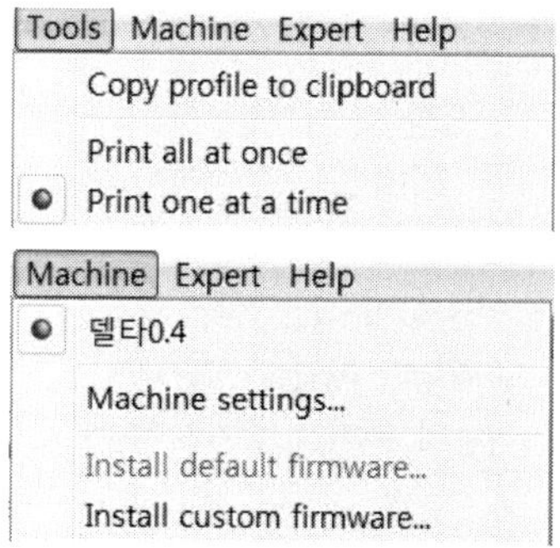

내보내기(Expert), 도움말(Help) 메뉴를 보여준다.

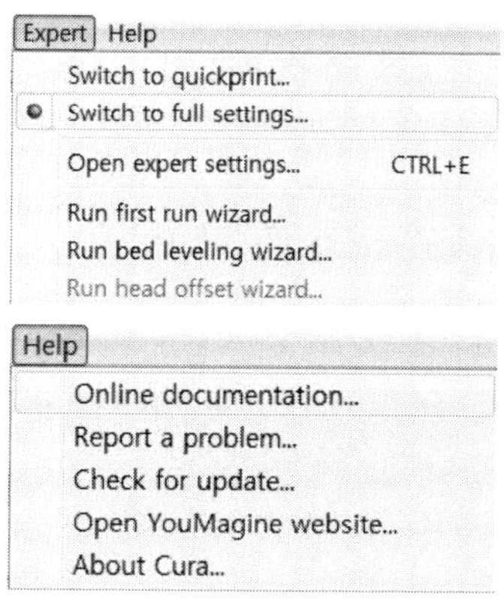

그림 33. Cura 프로그램 메뉴 설명

(Cura 한글버전 참고 싸이트 : https://blog.naver.com/seona81/221286093572)

- 출력을 위한 조건을 세팅 : 제품의 크기, 속도, 주변 온도에 따라 조절해야 한다. 3D 프린팅을 위해 기본적으로 세팅이 필요한 Basic 부분 입력 내용과 설명은 그림 34와 같다.

1. Layer height(mm) : 적층 높이, 보통 0.2로 설정
2. Shell thickness(mm) : 출력물 외벽 두께(노즐 크기의 배수로 설정). 0.4mm 노즐 사용시에는 0.4, 0.8, 1.2 중 설정
3. Enable retraction 체크 : 노즐이 이동할 때 익스트루더의 필라멘트를 뒤로 뺄 것인지 아니면 그대로 노즐을 이동시킬 것인지를 설정(기본 값은 체크함), 녹아 내리는 필라멘트로 인하여 string이 생성되는데 이를 줄여주는 역할을 함
4. Bottom/Top thickness(mm) : 출력물의 하단과 상단의 두께 설정(출력물의 상단이나 하단의 두께를 증가시켜 재질에 따라 더 견고한 상판 및 하판을 만들 수 있음)
5. Fill Density(%) : 출력물 내부를 채우는 정도 설정
6. Print speed : 40~60 정도로 설정하고, 출력시 레버로 조정
7. Printing temperature : 노즐 부위의 온도로 PLA의 경우 190~220정도, ABS의 경우 220~240정도로 설정.
8. Bed temperature : PLA 50~60, ABS 80~90으로 설정.
9. Support type
   None : 서포트 없음
   Touching buildplate : 서포트가 출력물과 바닥이 처음 닿는 부분만 생성
   Everywhere : 서포트가 출력물과 닿는 모든 지점에 생성
10. Platform adhesion type
    None : 바닥면 지지대 없음
    Brim : 출력물이 바닥에 잘 붙을 수 있도록 출력물 주위에 바닥면 생성
    Raft : 출력물 밑에 바닥면 생성 후 위에 출력물 생성
11. Diameter(mm) : 필라멘트 직경(보통 1.75mm)
12. Flow(%) : 필라멘트 토출량 설정(보통 100%)

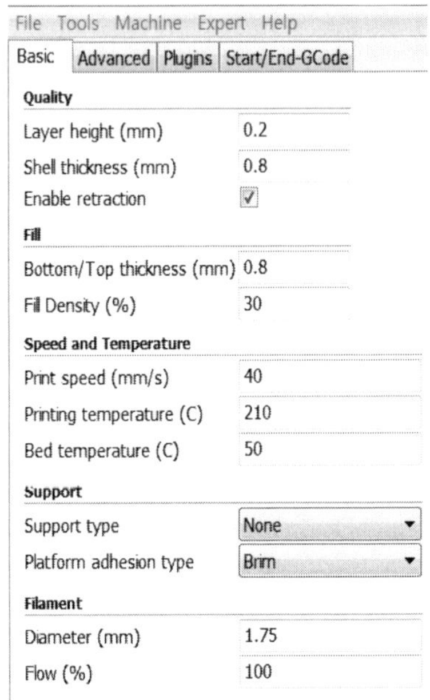

• Support type 설정

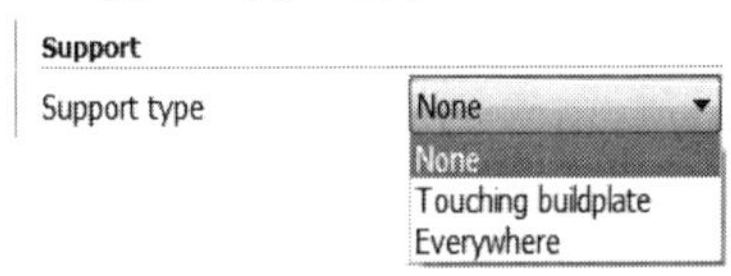

• Platform adhesion type 설정

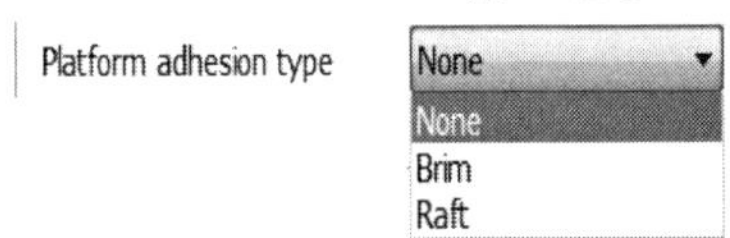

(출처 : 3D프린터 사용 팁4(Cura 활용)
https://blog.naver.com/3dmango/220952082973

그림 34. Basic 부분 입력 내용과 설명

- 그림 35는 advanced 부분 입력과 설명이다.

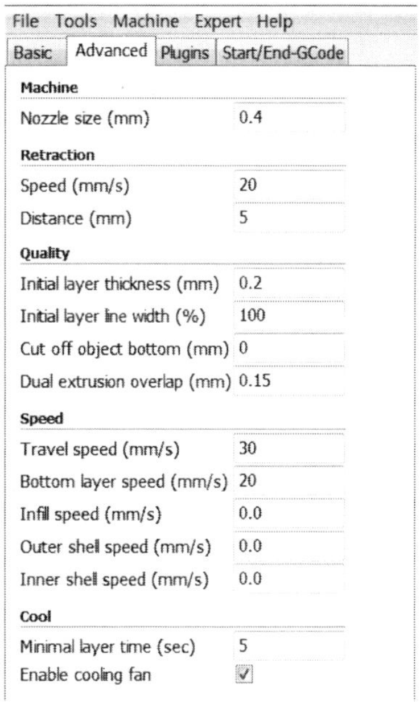

1. Nozzle size(mm) : 노즐 크기(0.4mm, 노즐 크기에 따라 변경. 노즐 사이즈가 변경될 경우 Shell thickness 수치도 배수에 맞게 조절해야 함).
2. Retraction Speed : 필라멘트의 철회속도 설정. 속도는 60 mm/s.
3. Distance : 필라멘트의 철회가 발생하였을 때 길이 설정. 권장 길이는 1mm이며, 필라멘트의 재질에 따라 설정을 달리 함.
4. Initial layer thickness : 첫 번째 층의 두께 설정. 기본 0.3mm.
5. Initial layer line width(%) : 첫 번째 층의 라인 두께 설정. 기본 110% 설정.
6. Cut off object bottom : 출력물의 중간부분부터 출력(기본값은 0. 물체를 바닥부터 몇 mm 정도 위에서부터 출력하고자 할 때 사용. 예를 들어 물체의 중간 부분이 잘 나올지 또는 그 부분만 먼저 출력해 보고자 할 때 이 옵션을 사용하여 바닥부터 일부를 잘라내고 중간 부분부터 출력이 가능.)
7. Dual extrusion overlap : 노즐이 두개일 경우 사용하는 옵션.
8. Travel speed : 출력이 안되는 출력물과 출력물 사이의 이동속도(기본설정 사용).
9. Bottom layer speed : 바닥 부분의 출력 속도 지정. 견고한 출력을 위해 일반 출력 속도보다 느리게 지정함.
10. Infill speed : 출력물의 내부 채움 속도 지정. 품질이 중요하지 않은 곳임으로 일반 출력 속도보다 조금 더 높여서 설정함.
11. Top/bottom speed : 상단 하단 출력 속도 지정. 하단과 상단을 견고하게 출력하기 위해 일반 출력 속도보다 느리게 지정함.
12. Outer shell speed : 외벽 출력 속도 지정. 외벽은 출력물의 품질에 영향을 미치기 때문에 속도를 다소 줄여서 출력물 품질을 높임.
13. Inner shell speed : 내벽 출력 속도 지정. 보이지 않는 부분으로 출력물의 품질에 직접적인 영향을 미치지 않기 때문에 일반 출력 속도보다 조금 더 높여서 설정함.
14. Minimal layer time : 레이어 냉각을 위한 최소 시간 지정. 한 층을 출력하고 잠깐 쉬는 시간을 주어 필라멘트가 굳을 수 있는 시간을 부여함.
15. Enable cooling fan : 쿨링팬 사용시 체크(… 버튼 클릭 시 세부 설정 가능. 기본 설정 권장).

(출처 :3D프린터 사용 팁5(Cura 활용) https://blog.naver.com/3dmango/220952740353)

그림 35. advanced 부분 입력 내용과 설명

- 그림 36은 Plugins과 Start/End-GCode에 대한 설명이다.

- 큐라 플러그인(plugins) : 프린팅 조건의 세팅을 위한 내용
- Start/End-GCode : 프린터의 시작과 끝에서 프린터에 제어에 사용되는 프로그램(M, G, S 등 프린터작동에 필요한 다양한 제어코드 작성함)

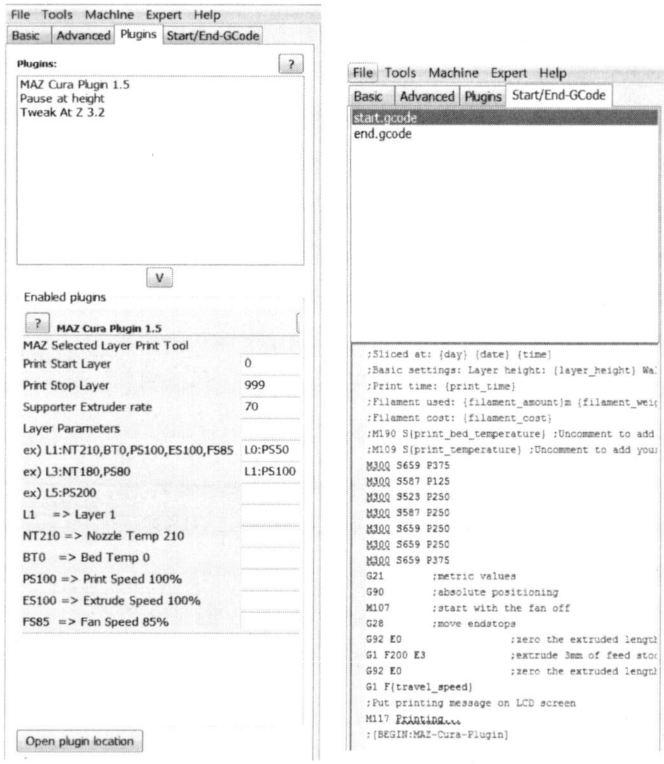

그림 36. Plugins과 Start/End-GCode 입력 내용과 설명

3) 출력할 제품을 불러와서 출력하는 과정 따라하기

(1) 3D 프린터 출력을 위한 설정

먼저 그림 37과 같이 출력할 제품 파일을 불러온 후(Load), 그림 38과 같이 크기와 회전, 뷰를 선택한다. Platform adhesion type은 Brim(브림, 출력물이 바닥에 잘 붙을 수 있도록 출력물 주위에 바닥면 생성)을 선택한 후 출력한다.

- 를 클릭 : 출력할 제품 파일 (*.stl)을 불러옴.
- 모델링 파일(*.stl)을 load 한 후 : 아래 그림과 같이 출력시간과 필라 멘트의 길이와 무게를 알려줌.

그림 37. 출력할 제품 파일 로드(Load)

- 출력을 위한 조건을 세팅 : 불러온 모델링 파일을 두 번 클릭하면 모델의 크기, 회전, 그림 반전을 조절할 수 있는 여러 메뉴 그림이 보이며, 오른쪽 윗부분의 뷰모드로 조정해 가면서 볼 수 있다.

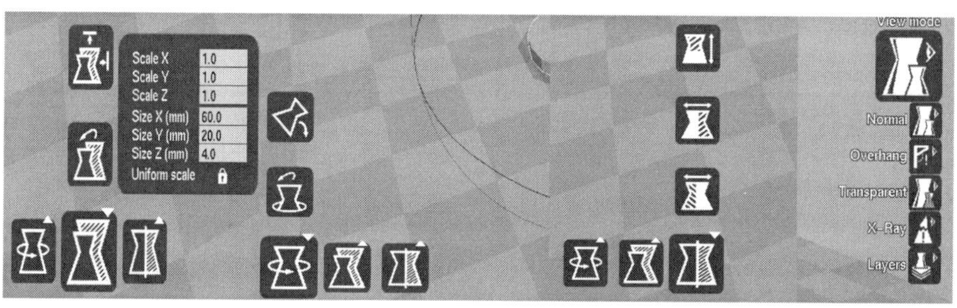

Scale(크기변환) Rotate (회전) Mirror(미러기능) View Mode (뷰선택)

그림 38. 출력할 제품 확인 및 변환

■ 아랫면이 둥근 현상 출력 방법

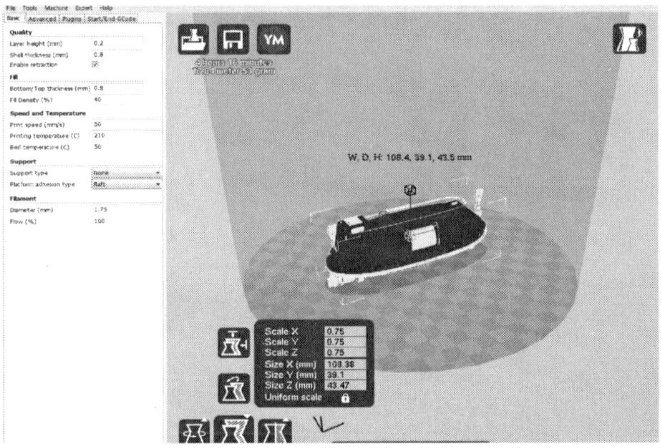

- 를 클릭 : 출력할 제품 파일(*.stl)을 불러와서 제품의 출력크기를 조정.
- 모델링 파일(*.stl) 을 load 한 후 : 아래 그림과 같이 출력시간과 필라멘트의 길이와 무게를 알려줌.
- 제품의 회전이 필요하면 회전함
- 미러 기능이 필요한 미러기능 실시함.
- View Mode(뷰 선택) 실시함.
- Support type 설정

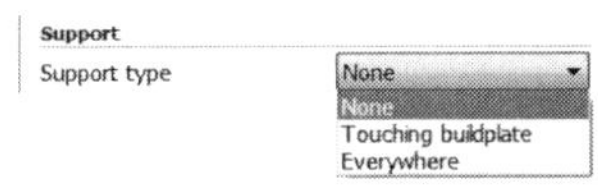

- Platform adhesion type 설정

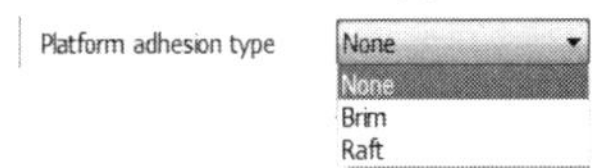

그림 39. 출력 크기 조정과 Platform adhesion type 확인

출력할 제품은 그림 39와 같이 아래가 둥근면이므로 Platform adhesion type(Raft: 출력물 밑에 바닥면 생성 후 위에 출력물 생성)으로 설정한다. Platform adhesion type은 바닥을 약간 넓게 할 것인가?(Brim) 또는 기둥을 세울 것인가?(Raft) 설정한다.

- 보트의 아래면이 둥근면임으로 Support 부분의 Support type(Touching buildplate: 서포트가 출력물과 바닥이 처음 닿는 부분만 생성)과 Platform adhesion type(Raft: 출력물 밑에 바닥면 생성 후 위에 출력물 생성)로 설정한다(그림 40 참조).
- 설정이 완료 되었으면 출력할 크기를 조정한다.

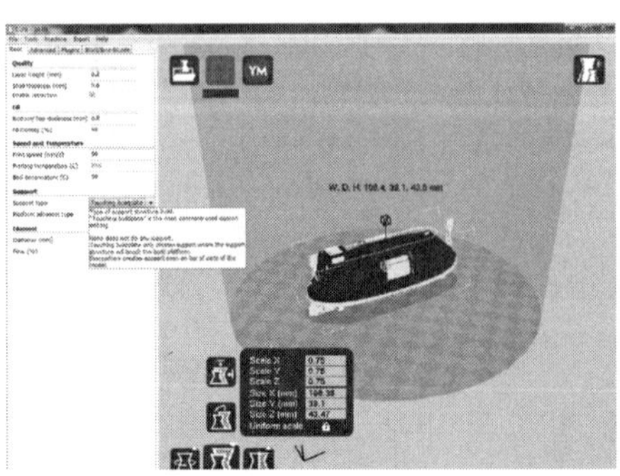

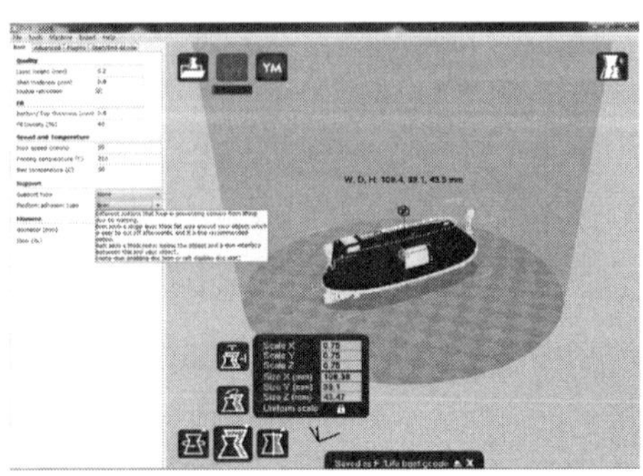

그림 40. Support type(Touching buildplate)과 Platform adhesion type 확인

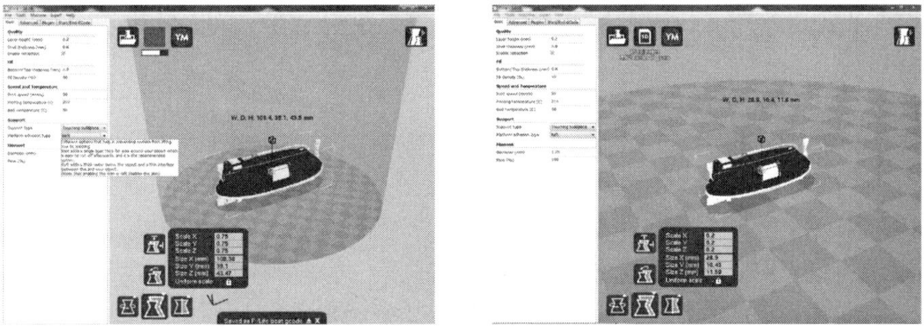

그림 41. Platform adhesion type(Raft) 설정과 크기(Scale) 조정(줄임)

- Advanced 부분도 아래의 그림 42와 같이 설정한다.

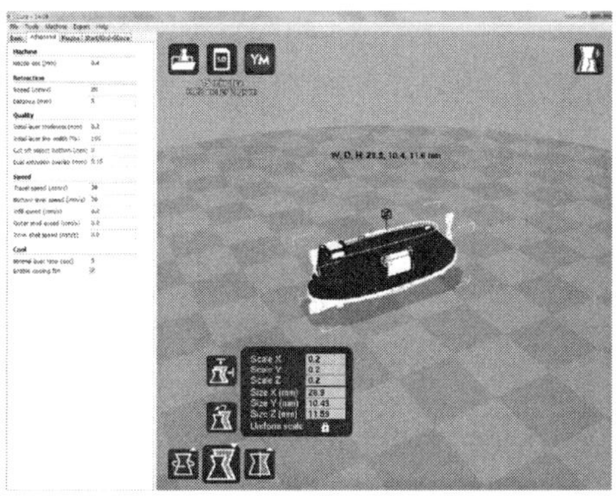

그림 42. Advanced 부분 설정

(2) 출력을 위한 노즐 경로(G-code) 저장 방법

- 왼쪽 마우스로 보트 모델링을 두 번 클릭하면 그림 43과 같이 스케일을 수정할 수 있는 곳이 보인다.

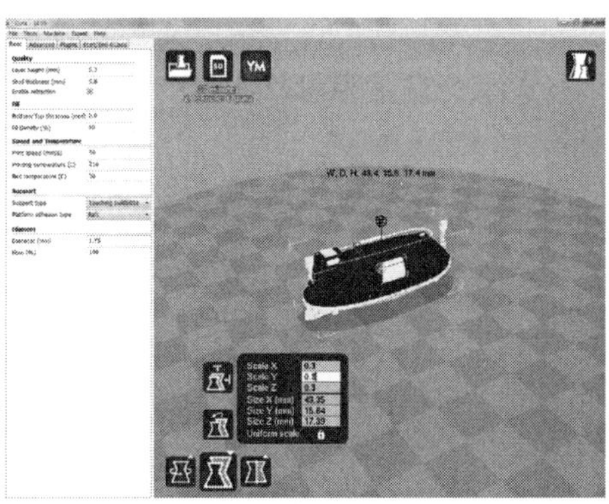

그림 43. 스케일 설정

- 물체(보트 모델링 그림)에 놓고 마우스 오른쪽을 누르면 그림 44와 같이 안내 화면이 보인다.

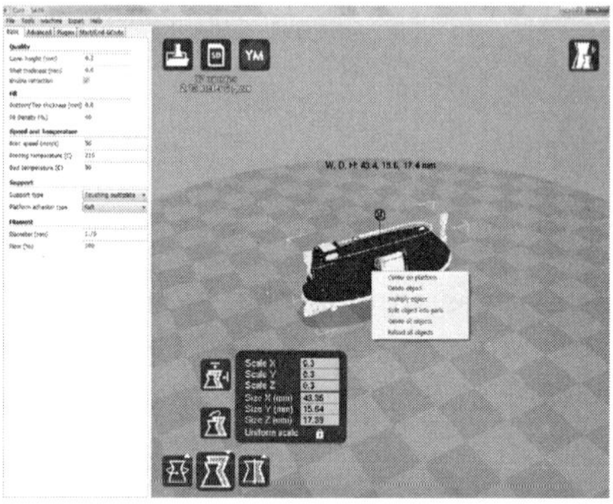

그림 44. 안내 화면 확인

- 그림 45와 같이 File에서 'Save GCODE'로 저장(save)한다.

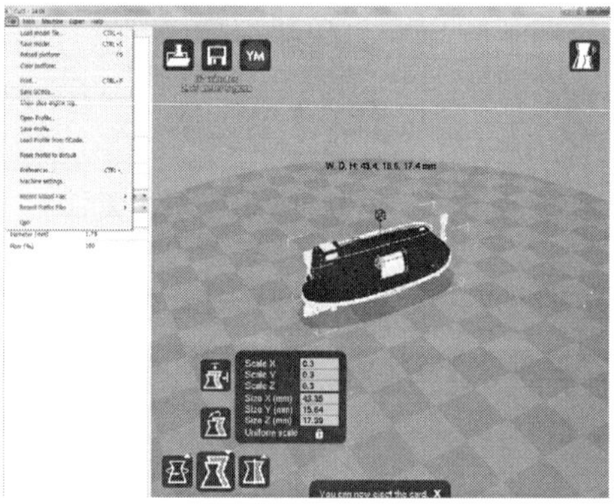

그림 45. 'Save GCODE' 로 저장

- *.GCODE로 저장된 파일을 3D프린터에서 열기(Open, Load)한 후 출력하면 된다.

4) 슬라이싱 프로그램 예 2)

그림 46 ~ 51은 또 하나의 슬라이싱 프로그램(NewCreatorK)에 대하여 설명한다(버전에 따라 다를 수 있다). 먼저 File → 열기 → 3D 모델링에서 저장한 '발명.stl' 파일(발명 유형: STL 파일 :

임의로 저장한 파일명임) 불러옴 → ROTATE(회전) 등을 사용하여 크기와 출력할 위치에 맞춤 → SLICER를 클릭한 후 그림과 같은 출력 조건 입력 설정 및 저장 → '슬라이싱' 클릭하면 슬라이싱을 시작함 → 슬라이싱이 완료된 후 G-CODE 클릭하면 G-CODE 생성 → SAVE(저장)하여 3D 프린터에서 출력한다.

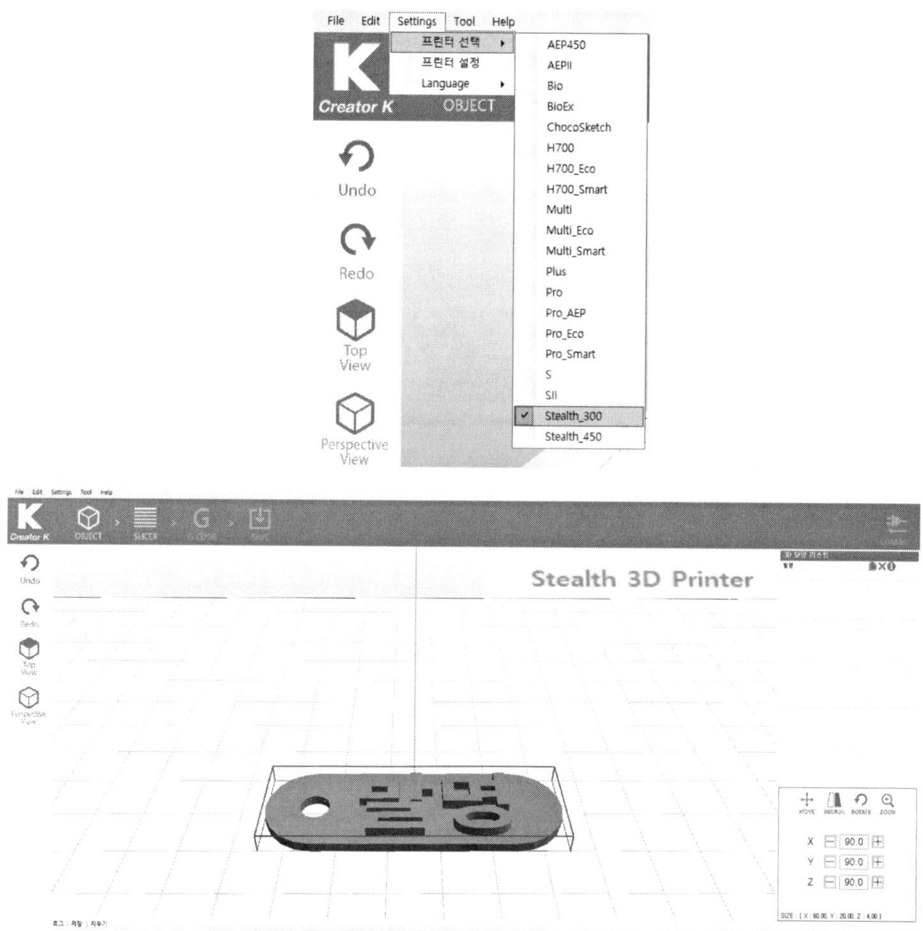

그림 46. 출력하고자 하는 프린터 선택, 출력할 작품을 열어서 출력 위치에 맞춤

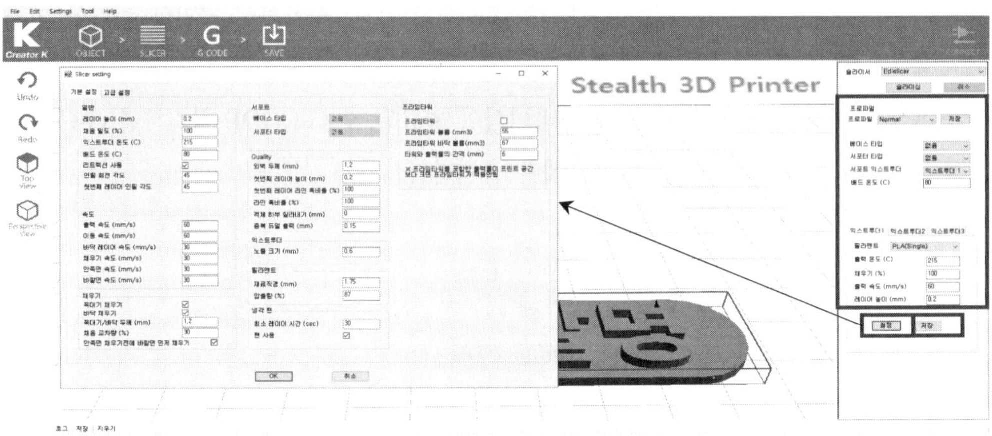

그림 47. 3D 프린터 조건 설정 및 저장

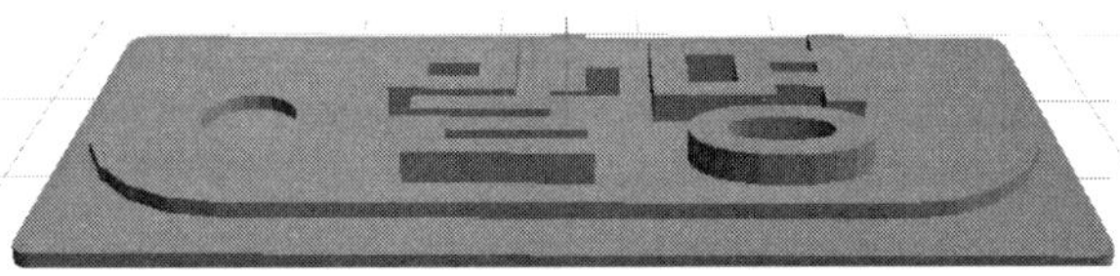

그림 48. 출력물이 바닥에 잘 붙을 수 있도록 하는 것이 브림(Brim).

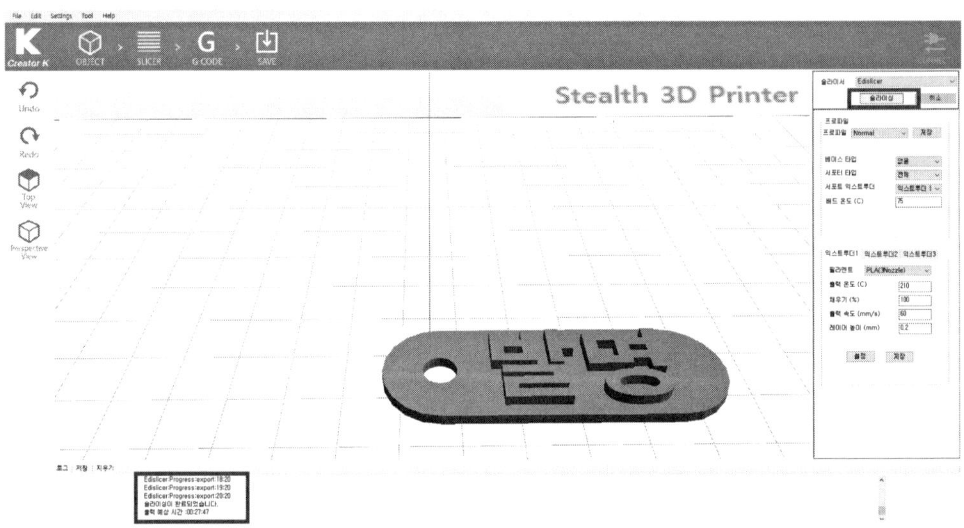

그림 49. 오른쪽 상단의 '슬라이싱' 클릭하면 왼쪽 하단에 출력 예상 시간을 볼 수 있음

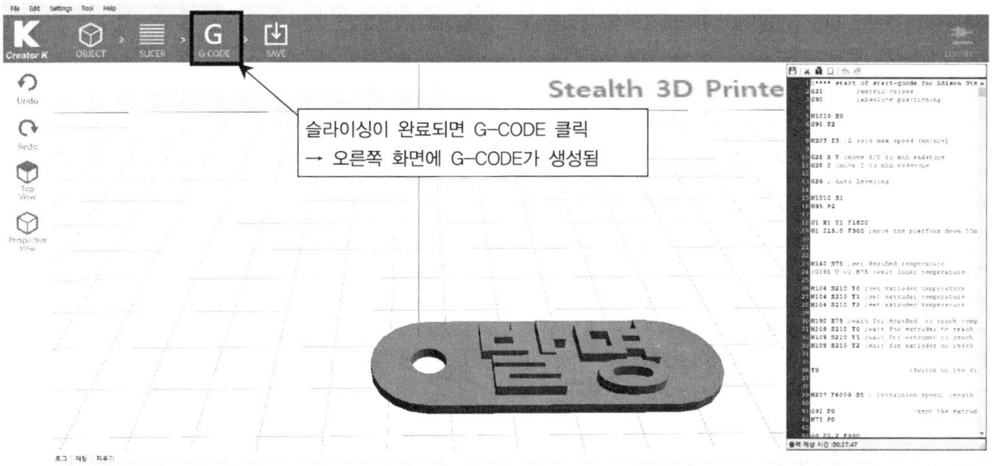

그림 50. G-CODE를 클릭하면 오른쪽 화면에 G-CODE가 생성되어 보임

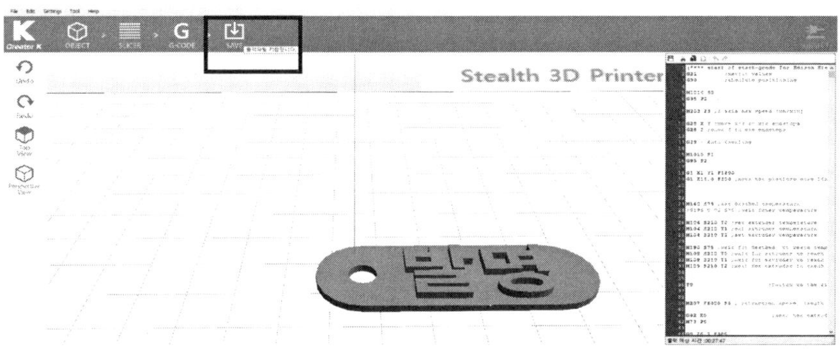

그림 51. G-CODE 출력파일 저장 클릭

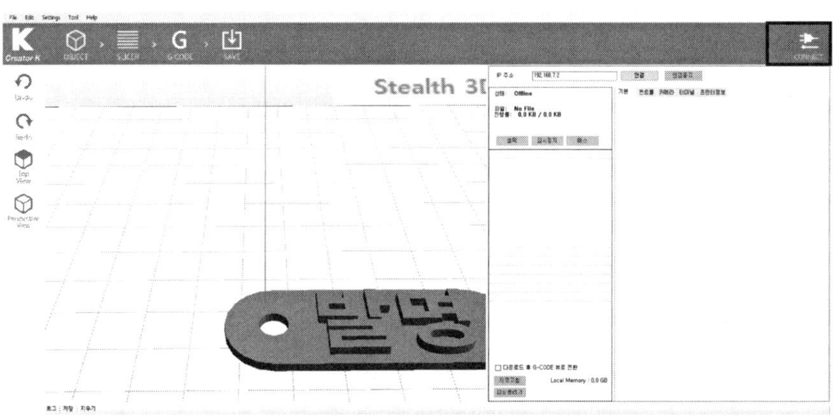

그림 52. 3D 프린터와 연결

그림 51과 같이 SAVE를 클릭하여 파일명을 3Dprint_output_gcode로 하여 저장하면 아래와 같은 GCODE 일을 볼 수 있다. 저장이 된 파일을 그림 52와 같이 'CONNECT'를 클릭하여 3D 프린터로 보내거나 USB에 저장하여 3D 프린터에서 출력할 수 있다.

3Dprint_output_gcode	GCODE 파일	175KB

5. 3D프린터 및 미래의 출력 기술

1) 3D 프린터

최근 4차 산업혁명 시기를 맞이하여 제조 혁신을 위한 기술로 3D 프린터에 관심이 집중되고 있다. 3D 프린터는 3차원 소프트웨어로 3D 모델링을 한 후 데이터를 변환하여 출력하도록 되어 있어 일반 초, 중, 고, 대학, 성인에 이르기 까지 쉽게 배울 수 있어 시제품제작에 많이 이용되고 있다. 학교현장에서도 학생들이 쉽게 이해할 수 있도록 발명 제품 설계 및 3D CAD(3차원 Computer Aided Design)교육, 직접 경험할 수 있는 체험학습(현장방문)을 통해 교육하고 있어 다양한 분야에서 사용되고 있다. 3D 프린팅은 3차원으로 모델링된 데이터나 직접 3D 소프트 웨어를 활용하여 3차원으로 모델링한 데이터, 스캐닝으로 얻은 디지털 데이터를 3D 프린터가 인식할 수 있는 코드로 변환한 후 프린팅 소재인 필라멘트를 용융하여 노즐을 통해 프린터 베드 상에 소재를 미소 높이로 적층하면서 데이터의 형상인 3차원으로 프린팅하는 기술을 말한다.

3D 프린팅 기술은 현재 다양한 소비자 기호에 대응하고 맞춤형 제작의 요구를 충족시켜 줄 신산업 제조 분야 뿐만 아니라 산업 디자인이나 의료 분야까지 확대되고 있다. 또한 3D 프린팅 CAD 데이터를 공유하면 온라인으로도 전송하여 제품을 출력할 수 있어 개인 맞춤형 제품을 제조하는 1인 창업도 가능하다.

3D 프린팅 기술은 ICT 산업분야와의 접목하여 국내외 핵심 산업 분야로 떠오르면서 사물인터넷(IoT), 스마트센서, 빅데이터, 클라우드 등의 ICT 요소 기술과 융합해 '스마트공장' 개발로 이어지는 추세다. 스마트공장은 기존 제조업에 ICT 기술을 접목해 모든 생산공정, 조달, 물류관리, 서비스까지 통합적으로 관리하는 개념을 지칭한다. 국외에선 독

일 '인더스트리(Industry)4.0', 우리나라에서는 제조혁신 3.0(융합 신산업 선도형 전략)이라는 이름으로 IT, S/W를 융합한 한국형 스마트 공장 기술 개발과 시범 구축사업이 진행되고 있다(출처 http://www.bloter.net/archives/227257).

3D 프린팅의 단점으로는 출력 제품의 가공형상도 좋지 않고, 제품의 거칠기도 좋지 않아 후 처리를 위해 많은 시간이 소요된다는 점이다.

2) 3D 프린터 출력 방식

3D 프린터는 동작 및 소재에 따라 다양한 프린터가 있는데, 그 중에서 많이 사용하고 있는 것은 열경화성 수지 압출(FDM, Fused deposition modeling) 방식 프린터가 있으며, 그 외에 SLA, SLS, DLP 방식 등이 있다.

출력 방식		특징
열경화성 수지 압출 (FDM, Fused deposition modeling) 프린터		- 현재 보급형 프린터들이 대부분 사용하는 방식. - 플라스틱(ABS), 옥수수와 플라스틱 합성(PLA)인 고체형 와이어로 이루어져 있는 소재로, 노즐 안에 넣어 녹여 한 층씩 적층하여 제품을 만드는 방식. • 장점 : 장비 구조가 간단하고 유지 보수 쉬움 고체의 재료로 인하여 관리가 쉬움. • 단점 : 정밀한 형상 만들기 어려움, 제작 속도가 느리며 후가공이 필요.
광경화수지 레이저 조형 (SLA, Stereo Lithography Apparatus) 프린터	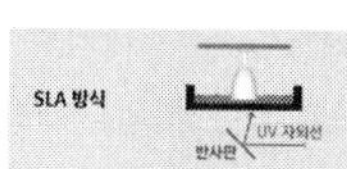	- 레이저나 강한 자외선을 이용, 재료를 순간적으로 경화시켜 제품을 출력하는 방식. • 장점 : 치의공, 보석 세공 등의 정밀도가 높음, 대량 생산이 가능. • 단점 : 사용 가능한 원료와 색상이 제한, 재료인 수지가 비싸며, 관리가 힘듦. 강도가 약하고 냄새가 남.

출력 방식		특징
선택적 레이저소결조형 방식 (SLS: Selective Laser Sintering) 프린터		- 분말 형태의 재료를 가열, 결합하여 조형. 재료 형태에 따라 접착제 또는 레이저를 사용하는 시스템. - 금속 분말 원료 사용 가능. - 가장 고가의 장비이고 가장 출력 속도가 느림.
광경화수지 복셀 조형 방식 (DLP, Digital Light Process) 프린터	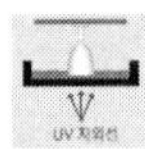	- 프린터는 오목한 렌즈를 통해 UV 자외선을 확산시키는 방식. - 여러 출력물을 동시에 출력할 경우 속도가 상대적으로 빠름. - 렌즈와 멀어지거나 출력 판의 가장자리에서 출력할 경우 왜곡 현상이 나타나는 단점.

그림 53. 3D 프린터 출력 방식

(출처 : https://ktech21.com/products/, http://news.zum.com/)

3) 3D 프린터 재료

3D 프린터에 사용되는 재료는 아주 다양한데 FDM방식의 프린터에 주로 사용하는 PLA(Poly Lactic Acid) 필라멘트는 옥수수의 전분에서 추출한 원료로 만들며, 균열이나 수축이 적으며, 찌거기, 기포 발생이 없는 재료이다. 친환경 수지로 유해 요소가 적으며, ABS와는 달리 냄새 발생이 적다. 자세한 내용은 <표 1>과 같다.

〈표 1〉 3D 프린터 용 재료와 설명

재료		설명
플라스틱	PLA	- 저가형 개인용 FDM 방식 3D 프린터에 가장 일반적으로 사용되는 재료로 녹는 온도는 180-230°C 사이이다. - 재료가 굳을 때 열수축 현상이 적지만 내구성이 약하다.
	ABS	- 강도, 내구성 등에서 다른 재료보다 좋으나, 냄새가 심하므로 환기가 필요하다. - 녹는 온도는 210-260°C 사이이고, 보통 적층 Layer 두께는 0.1 mm 이상이다.
	아크릴	- 잉크젯 적층방식(MJM)에서 사용되는 재료이며, 정밀도가 높아 전문가용 MockUp 제품 개발에 이용되며 도색도 가능하다. - 적층 Layer 두께는 0.016mm 까지 가능하여 후처리가 필요 없을 정도이나, 강도와 온도 제어에서 단점이 있다.

재료	설명
파우더 (석회가루)	- 접착제를 잉크젯 프린터처럼 분사하여 파우더를 붙이면서 조형물을 완성한다. - 강도는 약하지만 컬러 잉크를 분사하여 작업을 할 수 있다.
왁스	- 3D 패턴마스터는 주얼리, 치과용 보철, 의료기기 등에 사용이 가능하고, 왁스 마스터 패턴 생산이 가능하다. - RealWax 패턴을 통해 주조 제작이 가능한 제품이 있다.
고무	- DLP(Digital Light processing)방식을 채용한 Rubber Like(고무 느낌의 연성재질) 수지를 사용한다. - Polyjet/Polyjet Matrix 방식을 적용한 Rubber Like 수지를 사용하는 제품이 있다.
금속	- 금속분말, Stainless Steel, Bronze, Tool Steel, Gold 재료를 사용한다. - 알루미늄, 코발트 크롬 등의 금속 재료로도 제작 가능하며, 우주항공, 국방 등 손상되거나 변형된 부분의 형상 추가와 수리할 수도 있다.
나무	- 나무(톱밥)과 복합재료를 조합해서 FDM(FFF) 방식으로 제품을 출력할 수 있다. - 가정에서 인테리어를 위해 노즐이 0.5 mm 이상이면 사용가능하나, 재료비가 비싸다.
나일론	- 나일론 재료를 사용하여 130도 까지 견디는 샘플을 제작할 수 있으나, 나일론과 유리 재질을 혼합한 저가 3D 프린터 개발이 필요하다.
세라믹	- 제품의 정밀도 및 강도가 높다. 세라믹 입자 기반 감광성 수지의 선택적 건조 기술과 LED 광원을 사용한다.
기타	- PC, 세포, 종이, 모래, 유리 등

출처 : http://www.shnsystem.com/printer3D/14876 내용 재구성

4) 3D 프린터 사양

현장에 가장 많이 보급되어 있는 3D 프린터는 다양한 사양으로 되어 있지만 간단한 사양을 소개하면 <표 2>와 같으며, 그림 54는 3D 프린터와 출력재료(PLA)이다.

〈표 2〉 3D 프린터 사양(직교형)

1. 프린팅 방식 : Fused Filament Fabrication (FFF)
2. 노즐방식 : 3종 재료 혼용 출력 노즐
3. 조형 크기 : 290mm*180mm*260mm
4. 최대 출력 속도 : 200mm/sec
5. LCD사양: Color 7인치 터치스크린
6. Hot-end(노즐) 사이즈 : 0.4, 0.6mm
5. 정밀도(적층 두께) : 25 ~ 600micron (권장 100~300micron)

6. 포지셔닝 정밀도 : X, Y : 6micron, Z : 1.2micron
7. 적용 소재 : PLA(12color), ABS(10color), Nylon(3color), Flexible(2color), HIPS, PVA, Wood, Stone, 내열PLA(6color)
8. 제어프로그램 : 안드로이드 OS탑재, Creator K
9. 지원 운영체계 : Windows
10. 입력 파일 타입 : STL, OBJ 및 AMF 파일
11. 익스트루더 온도 : 상온~260℃
12. 히팅베드 온도 : 상온~130℃

그림 54. 3D프린터(직교형)과 3D프린터 델타형 및 필라멘트(PLA))

- 최근에 사용하는 3D 프린터의 종류로는 주로 직교형과 델타형으로 구분되고 있으며 다양하게 개발되고 있다.
- 출력을 위한 필라멘트는 다양한 재료가 사용되고 있지만 환경오염을 유발할 수 있어 PLA(Poly Lactic Acid)를 주로 사용하고 있으며, 다양한 재료를 출력할 수 있도록 개발이 진행되고 있다.

5) 출력조건 선정 및 표면 거칠기 측정

프린트 출력 조건은 프린터 출력 시 영향을 미칠 수 있는 조건인 필라멘트 출력 온도(220℃ 전후 3단계), 베드 온도(3단계), 출력속도(3단계), 레이어 높이(2단계), 표면과 경사면 출력(2단계), 노즐 경(2단계) 등을 변화시켜 출력해 보자.

출력 조건과 제품의 표면 거칠기를 비교하여 제품의 출력조건에 따른 거칠기 상태를 분석해보면 제품의 출력조건 선정에 많은 도움이 될 것이다.

그림 55. 3D 프린터 출력과 표면 거칠기 측정 과정

■ 요약
3D 프린터 기술은 컴퓨터 3차원 모델링 및 디자인 프로그램으로 만든 3차원 모델링 및 스캔닝하여 얻어진 디지털 데이터로 부터 재료를 용융하여 적층하는 3차원 형상을 제작하는 기술을 말한다.

6) 금속 3D 프린터

금속 3D 프린터 방식은 크게 PBF(Powder Bed Fusion)와 DED(Directed Energy Deposition)로 나눌 수 있다.

(1) PBF(Powder Bed Fusion) 방식

PBF는 고에너지의 레이저나 전자빔으로 파우더 베드 위의 평평하게 깔아 놓은 분말에 선택적으로 조사하여 소결시키거나 용융시켜 적층하는 방법이다. 레이저의 경로 제어는 갈바노 스캐너를 사용하고, 코일로 구성된 편향 렌즈를 사용하여 전자빔을 움직인다.

PBF의 가장 큰 장점은 복잡한 형상도 인쇄해 냄으로 난삭재 가공이나 형상이 복잡한 고부가가치 제품을 생산하는 데 유리하다. 단점으로는 정밀도가 우수하지만 생산성이 낮으며, 적층 제품의 소결 및 용융 균일도가 좋지 못해 제품의 강도가 약하고 충격에 약하다는 단점이 있다. PBF는 독일 EOS사가 분말과 레이저 열원을 기반으로 하는 SLS(Selective Laser Sintering)공정을 선보인 이후 많은 업체가 용융방식의 개발하고 있다.

(2) DED(Directed Energy Deposition) 방식

DED는 금속 표면에 고출력 레이저 빔을 조사하면 순간적으로 용융되어 쌓아짐과 동시에 금속 분말이 공급되므로 기존 제품에 덧붙여 쌓아 올리거나, 보수 작업도 가능하다.

여러 가지 분말을 동시에 쌓을 수 있다.

PBF vs DED

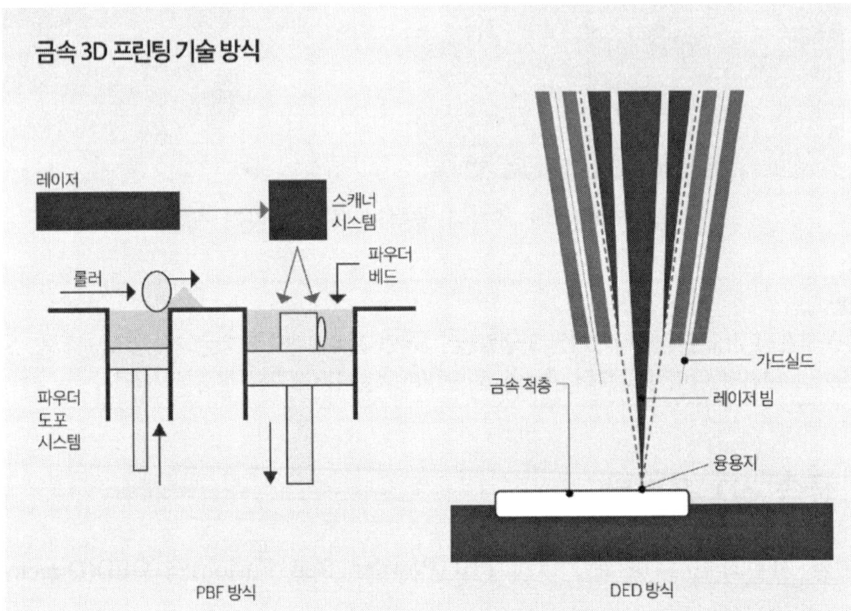

그림 56. 3D 금속 프린팅 방식
〈출처 : http://www.mfgkr.com/archives/7832〉

DED의 장점은 생산성이 높고 재현 반복성이 뛰어나며 강도와 충격에 강하지만, 정밀도가 낮아 후가공이 필요한 단점이 있다. DED방식은 고에너지의 레이저나 전자빔을 이용하여 동축으로 분말을 송급 및 적층하는 '분말기반 DED', 고체 용가재를 송급해 다양한 열원으로 용융 및 적층하는 용접과 유사한 '고체용가재 기반 DED'로 분류된다(출처 : http://www.mfgkr.com/archives/7832).

(3) 사출 금형에 금속 3D 프린팅 사례

사출 금형은 고분자 화합물을 가열 용융시킨 후, 금형의 형상대로 제품을 성형하는 가공 방법이다. 즉 호두빵을 찍어 내는 틀을 만드는 것이다. 사출 금형으로 제품을 생산할 때 제대로 열을 식혀주지 않으면 플라스틱이 금형에 달라붙거나 녹아서 수축하므로 불량이 발생하여 불량으로 이어진다. 이를 해결하기 위하여 사출 금형의 냉각 수로를 금속 프린팅으로 제작하고 있다. 사출 금형에 3D로 금속 프린팅 절차이다(그림 57 참조).

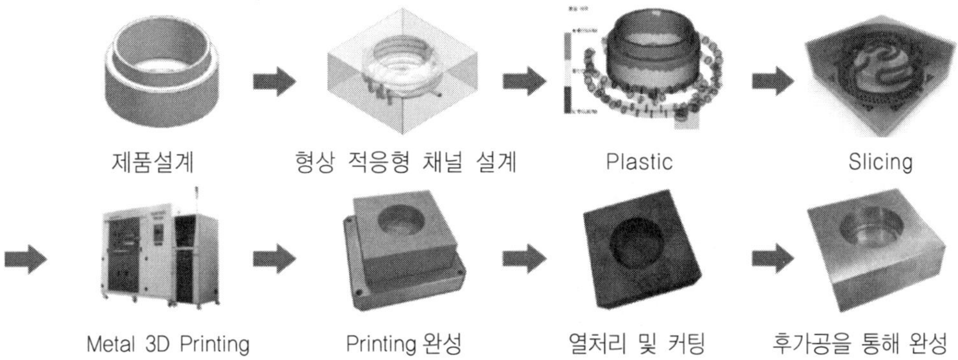

그림 57. 사출 금형에 3D로 금속 프린팅
〈출처 : http://www.mfgkr.com/〉

7) 4D 프린터 기술

- 3D 프린팅을 통해 복합 물질을 만들고 자기 변화라는 기술을 적용하면 시간이 지나면서 결과물이 환경조건에 따라 스스로 형태를 바꿀 수 있다.
- 4D 프린팅은 기존의 3D 프린팅과 제작 방식이 같지만 재료는 형상기억합금이나 하이드로겔, 형상기억고분자 같은 스마트 재료(Smart material)를 사용하여 온도, 햇빛, 진동 및 중력 등 다른 에너지 원천에 의해 자극을 받아 모양이나 크기를 바꿀 수 있다.

BMW의 콘셉트 카

그림 58. 4D 프린터 기술을 적용한 사례
〈출처 : 에어버스(www.airbus.com), BMW(www.bmwgroup.com)〉

8) 하이브리드 가공기(3D 프린터와 머시닝 센터가 융합된 가공기)

금속을 깎아서 가공하는 공작기계와 레이저로 원하는 모양을 적층해 제작하는 3D프린터를 합친 제품이다. 공작기계가 가진 정밀성에 3D프린터의 편리성을 더한 것이다.

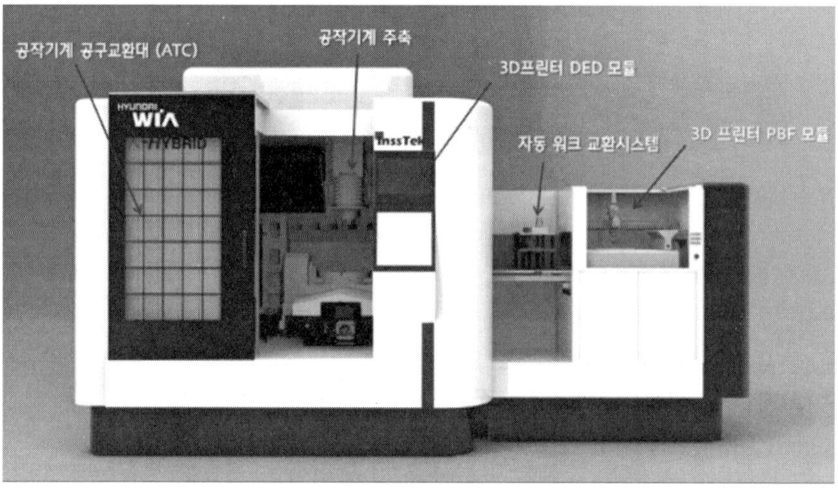

그림 59. 4D 하이브리드 가공기
(출처 : 현대위아 공작기계, https://machine.hyundai-wia.com/kr)

- 5축 머시닝센터에 'DED(Directed Energy Deposition)' 방식의 3D프린터 모듈을 통합한 제품이다.
- DED는 레이저 빔을 이용해 원 소재를 녹여 부착시키며 모양을 만드는 3D프린팅 방식이다.
- 제품 제작은 하이브리드 가공기에 부착된 주축이 기존 머시닝센터에서 사용하는 공구와 3D프린터 모듈을 필요에 따라 교환하는 방식으로 이뤄진다.
- 금속 절삭이 필요할 땐 기존의 절삭 공구를 이용해 깎은 뒤, 적층 가공이 필요한 상황에서는 3D프린터 모듈로 작업하는 식이다.
- 하나의 기계에서 두 가지 일을 진행하는 방식이어서, 작업시간이 크게 단축될 것으로 기대된다.
- 이전까지 두 작업이 모두 필요한 경우 3D프린터에서 1차적으로 제품을 만든 뒤 이것을 꺼내 공작기계에 넣고 2차 가공을 하는 방식으로 만들어야 했다.

방 문 해 보 기 전국에 있는 무한상상실 중 가까운 곳에 방문하여 체험 해보자.

무한 상상실은 과학기술정보통신부, 교육부, 문화체육관광부, 산업통상자원부, 특허청, 우정사업본부 등 부처의 적극 참여를 통해, 전국 단위의 무한 상상실 공간 인프라 기반을 구축 시설이다. 교육 프로그램에 참여할 수 있고, 3D 프린터, 아두이노 키트, 레이저 커팅기 등 장비를 검색/예약하여 사용할 수 있다.

출처 : 무한 상상실 홈페이지 https://www.ideaall.net

■ 메이커(Maker)란?

만들기 활동을 통하여 작품을 만드는 사람들을 말한다. 디지털 기기와 다양한 도구를 사용하여 창의적인 만들기 활동을 통해 자신의 아이디어를 실현한다.

■ 메이커 운동(Maker Movement)이란?

메이커들이 일상에서 창의적 만들기를 실천하고 자신의 경험과 지식을 나누고 공유하려는 운동이다.

출처 : 무한 상상실 홈페이지 https://www.ideaall.net

무한 상상실 전국 기관 리스트

지역	운영기관	연락처
서울	금천구청	02-2627-2190
	국립현대미술관(서울관)	02-3701-9606
강원	강원도농산물원종장	033-248-6183
	강원지식재산센터	033-749-3330
경기	경기테크노파크	031-500-3000
	국립과천과학관	02-3677-1500
경남	공군교육사령부	055-751-6333
	창원과학체험관	055-267-2676
경북	김천녹색미래과학관	054-421-2861
	포항공과대학교 나노융합기술원	054-279-0263
광주	국립광주과학관	062-960-6141
	바림미디어스페이스	062-228-9876
대구	국립대구과학관	053-670-6114
대전	국립중앙과학관	042-601-7944
부산	국립부산과학관	051-750-2346
	부산인재평생교육진흥원	070-8853-0085
울산	울산과학관	052-220-1700
인천	인천대학교	032-835-4281
전북	완주군 창업보육센터	063-290-2487
충남	우정공무원교육원	041-560-5500
충북	한국교통대학교	043-849-1482

참고문헌

REFERENCE

금속 3D 프린팅 방식(2018). http://www.mfgkr.com/archives/7832 에서 검색했음(2018.12.12.)

무한 상상실 홈페이지(2018). https://www.ideaall.net에서 검색했음(2018.12.12.)

사출 금형에 3D로 금속 프린팅(2018). http://www.mfgkr.com/에서 검색했음(2018.12.12.)

씽기버스(Thingiverse)(2018). http://www.thingiverse.com/ 에서 검색했음(2018.12.12.)

팅커캐드 홈페이지(2018). https://www.tinkercad.com/ 에서 검색했음(2018.12.12.)

3D 프린터(2018). http://www.bloter.net/archives/227257에서 검색했음(2018.12.12.)

3D 프린터 원리(2018). http://www.bloter.net/archives/227257 에서 검색했음(2018.12.12.)

__________________. https://blog.naver.com/l3developer/221023712256) 에서 검색했음(2018.12.12.)

__________________. https://news.joins.com/article/22932789 에서 검색했음(2018.12.12.)

3D 프린터용 재료(2018). http://www.shnsystem.com/printer3D/14876 에서 검색했음(2018.12.12.)

3D 프린터 출력 방식(2018). https://ktech21.com/products/ 에서 검색했음(2018.12.12.)

3D 프린터 출력 방식(2018). http://news.zum.com/articles/47342330에서 검색했음(2018.12.12)

3D 프린터 사용 팁4(Cura 활용)(2018). https://blog.naver.com/3dmango/220952082973 에서 검색했음 (2018.12.12.)

3D 프린터 사용 팁5(Cura 활용)(2018). https://blog.naver.com/3dmango/220952740353 에서 검색했음 (2018.12.12.)

3D 프린터 사진(2018). http://www.3disonprinter.com/product.php 에서 검색했음(2018.12.12.)

3D 프린터 출력방식(2018). https://blog.naver.com/l3developer/221023712256, https://news.joins.com/article/22932789에서 검색했음(2018.12.12.)

4D 프린팅 기술(2018). 산업통상자원부 블로그 (https://m.blog.naver.com/mocienews/221338827627 에서 검색했음(2018.12.12.)

4D 프린팅 기술을 적용한 BMW의 콘셉트카(2018). BMW(www.bmwgroup.com). 에서 검색했음(2018.12.12.)

4D 프린팅 적용 기술(2018). 에어버스(www.airbus.com)에서 검색했음(2018.12.12.)

4D 하이브리드 가공기(2018). 현대위아 공작기계. https://machine.hyundai-wia.com/kr에서 검색했음 (2018.12.12.)

Cura 한글버전 참고 싸이트 : https://blog.naver.com/seona81/221286093572 에서 검색했음(2018.12.12.)

CHAPTER IX

발명 및 창의공학설계 수업의 실제

사물인터넷(IoT)을 활용한 발명 및 창의공학설계

1. 사물인터넷(IoT)을 활용한 발명 및 창의공학설계 작품 만들기

1) 사물 인터넷 작품 만들기 목적

- 창의성과 문제해결 능력 향상을 위하여 코딩 교육과 창의공학설계를 함께 할 수 있는 작품을 제작하고자 한다.
- 사물 인터넷 : 사람과 사물, 사물과 사물 간에 정보를 상호 소통하는 지능형 기술 및 서비스를 말하며 주로 '아이오티(IoT : Internet of Things)'라고 한다.
- 사물 인터넷의 활용 분야 : 헬스케어 분야, RFID 기술을 이용한 분야, 생활 속에서 연결이 필요한 분야, 원격 제어, 안전 관리, 스마트 농업 분야, 스마트 공장 등 다양하며 기존의 인터넷을 기반으로 네트워크 기술(Bluetooth, ZigBee 등)을 활용하면 더 넓게 활용될 수 있다. 사물 인터넷 기술 개발, 센서 개발, 유·무선 네트워크 기술이 융합하여 고부가가치 제품 생산이 가능하다.

2) 사물 인터넷을 활용한 작품 제작에 필요한 기술

(1) 아두이노(Arduino)

아두이노 보드는 오픈 소스를 기반으로 한 마이크로컨트롤러로 완성된 보드를 활용하여 여러 스위치나 센서로부터 값을 받아들여, LED에 나타낼 수도 있고, 모터와 같은 장치들을 제어할 수 있는 작품을 만들 수 있다. 아두이노 통합 개발 환경(IDE)을 제공하며, 이 통합 환경은 편집기, 컴파일러, 업로드 등이 합쳐진 환경이다. 이와 더불어 기타 개발에 필요한 각종 옵션 및 라이브러리 관리를 할 수 있다.

또한 통신모듈을 탑재한 다양한 호환 보드들이 있어 쉽게 확장할 수 있으며 관련 스케치(아두이노 통합개발환경에서 작성된 프로그램)들을 인터넷을 통하여 쉽게 찾을 수 있어 활용하기가 편리하다.

많은 하드웨어 플랫폼도 대부분 아두이노와 호환성을 유지하고 있어 IoT에 도움이 되고 있다. 대표 제품으로는 아두이노 우노(Uno)가 있으며 센서를 결합할 수 있는 아날로그 입력, 조명의 세기 등을 조절할 수 있는 디지털 I/O 핀, USB 연결포트, 리셋버튼 등을 가지고 있어 다양한 환경 감지 및 컨트롤을 할 수 있는 기능을 갖추었다(그림 1 참조). 센서, 통신 모듈 등으로 확장할 수 있는 확장보드('쉴드(Shield)'라 한다) 제품도 풍부하며, 쉴드를 통해 Ethernet, LCD, Bluetooth, Zigbee, GPS 등과 같은 기기를 확장하여 사용할 수 있다. 아두이노의 장점으로는 소프트웨어 개발환경으로 USB를 통해 컴파일 및 업로드를 쉽게 할 수 있으며 통합개발환경(IDE)을 제공해 마이크로 컨트롤러의 전문지식이 없어도 개발과 그 결과물인 실행코드 업로드를 쉽게 해준다는 것이다(스마트과학관, 2018).

아두이노 보드를 활용한 제어 장치 작품은 LED나 모터 등(H/W)을 연결하고, 프로그램(Sketch, S/W)으로 제어(LED, 모터와 같은 전자 장치)할 수 있다. 아이디어 구상에 따라 어떤 센서와 작동 장치를 연결하느냐에 따라 매우 다양한 결과물을 만들 수 있다.

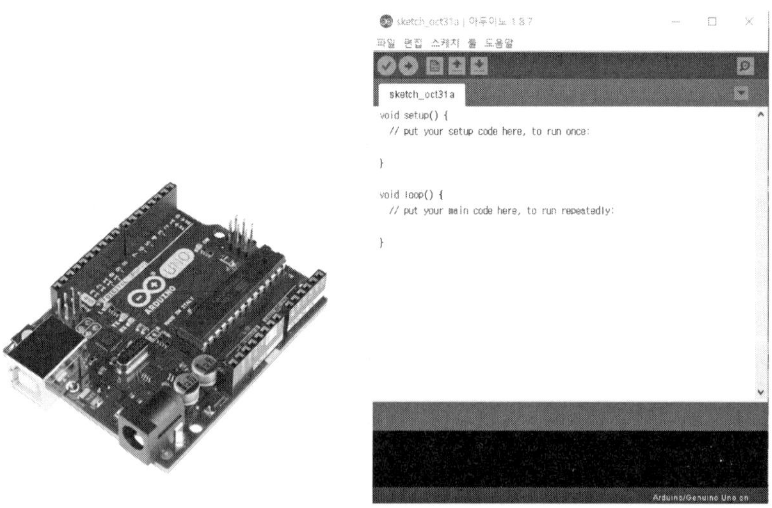

그림 1. 아두이노 하드웨어와 스케치(Sketch) 초기 화면
(출처 : www.mechasolution.com)

■ **아두이노(Arduino) 설치 및 활용하기**

- 아우이노를 활용하려면 먼저 프로그램을 위해 홈페이지(https://www.arduino.cc/)에서 다운로드 한다.

- 설치 환경에 따라 선택(Windows Installer, for Windows XP and up)한 후 무료로 다운로드 한다.

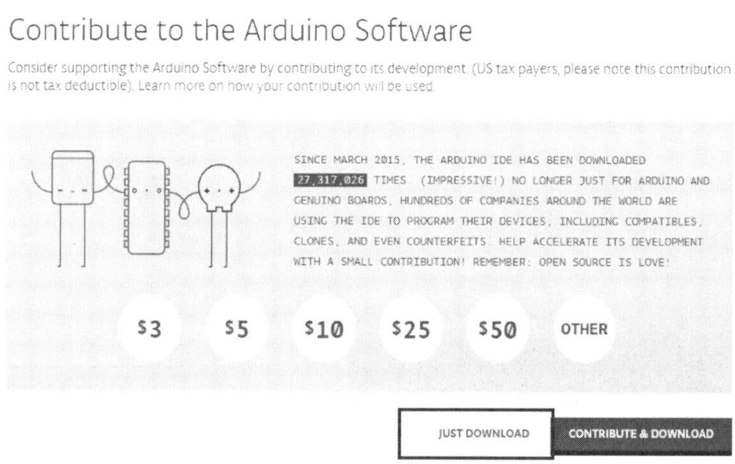

바탕화면에 아래 바로가기 아이콘이 생성되며 아이콘을 클릭하면

- 처음 sketch(스케치)화면은 아래 그림과 같다.

프로그램을 한 뒤에는 컴파일을 클릭하여 프로그램의 에러 여부를 확인하고, 컴퓨터에서 아두이노 보드에 프로그램을 업로드한다.

- 프로그램과 아두이노와의 연결을 위해 usb 케이블을 연결하여야 하는데 연결이 되지 않으면 프로그램에서 아두이노 보드에 up로드를 할 수가 없다. 장치관리자를 확인하면 포트에서 연결되었는지 확인할 수 있다.
- 정품 보드가 아닌 호환 보드를 이용할 때는 호환프로그램을 다운로드하여 설치해야 한다(예 호완 드라이버 CH341SER.Zip)

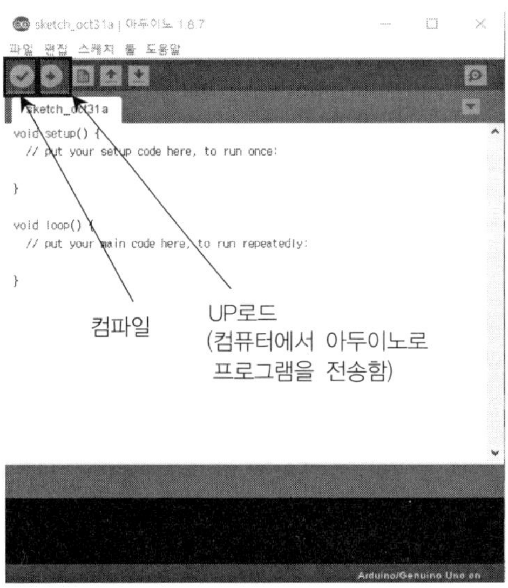

■ **스케치(Sketch) 프로그램 설명**

- 처음 프로그램에는 setup() 함수와 loop() 함수로 구성되어 있다.

- 스케치 프로그램이 실행되면 setup( )함수는 한 번만 실행되고, loop() 함수는 계속 돌아가면서 실행된다.
- 스케치 프로그램을 작성할 때, setup() 함수 내에는 아두이노 보드 설정과 관련된 코드를 입력한다.
- loop( ) 함수 내에는 프로그램이 돌아가면서 반복 실행되어야 하는 코드를 입력한다.

■ **1초 동안 LED가 켜지고, 0.5초 동안 LED가 꺼지는 반복 프로그램을 작성해보자.**

void setup() {	// LED 프로그램 셋업	{ }안은 초기에 한번만 실행
pinMode(11, OUTPUT);	// LED(+)를 보드 11번에 연결하여 출력함	
}		
void loop()		
{	//	{ }안은 계속해서 돌아가면서 순환
digitalWrite(11, HIGH);	// HIGH → 켜짐	
delay(1000);	// 1초 동안 켜짐 유지	
digitalWrite(11, LOW);	// LOW → 꺼짐	
delay(500);	// 0.5초 동안 꺼짐 유지	
}		

■ **프로그램 설명**

■ pinMode (핀번호, mode);

: 핀번호는 LED(+)극과 아두이노와의 연결 번호이다.

: mode는 INPUT, OUTPUT, INPUT_PULLUP 중 하나를 선택한다.

예) pinMode(11, OUTPUT); LED(+)극과 아두이노의 11번 핀번호에 연결하고 출력한다.

■ digitalWrite(핀번호, Value);

: 핀번호는 LED(+)극과 아두이노와의 연결 번호이다.

: Value는 LED의 HIGH(켜짐) 또는 LOW(꺼짐)이다.

예) digitalWrite(11, HIGH); 11번 LED 켜짐이다.

■ delay(ms); 밀리초 단위의 지연 시간

: 지정한 시간(단위 : 밀리초, 1/1000초)만큼 프로그램 실행 일시 명령어이다.

예) delay(1000); 1000밀리초(1초) 동안 실행을 중지한다.

■ 프로그램시 알아야 할 사항

기호	내용
;(세미콜론)	- 프로그램의 끝임을 알려주는 표시이다.
/* ~ */	- 프로그램을 설명하는 부분으로, 실행은 되지 않고 정보만 전달한다. - 중간에 수정하면서 프로그램이 실행되지 않도록 할 수 도 있다.
// ~	- 프로그램 설명 부분으로, 실행은 되지 않고 정보만 전달한다. 프로그램에 대한 내용을 설명하는 부분이다.
{ ~ }	- 프로그램이 실행되는 부분이다.

■ 스케치 프로그램 구성에서 알아야 할 사항

브레드 보드는 빵에 구멍이 있는 것처럼 보인다고 일명 빵판이라고도 하며 위에서 보이는 구멍 안에 부품(LED, 저항, 연결선 등)을 끼우기도 쉽고 잘 빠지지 않는 구조로 되어 있다.간단하게 사용하는 것은 아래와 같이 2종류이다. 내부 구조는 선이 연결된 것처럼 되어 있다고 생각하면 된다.

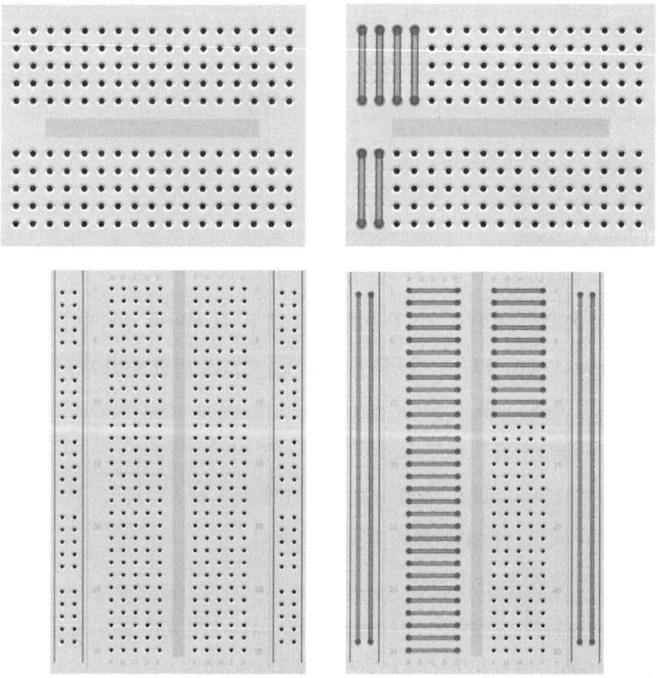

브레드 보드의 종류 및 내부 연결 구조

■ LED로 깜박임 전구 프로그램 만들기

아두이노 보드와 미니 브레드 보드 그림에 빨간색 LED, 노란색 LED, 녹색 LED 각 1개씩과 점퍼선을 연결하는 것을 아래 그림에 그려 보고, 빨간색, 노란색, 녹색 LED 순서대로 각각 1초씩 켜졌다 꺼지는 프로그램이다(단, 빨간색 LED는 13번 핀, 노란색 LED는 11번 핀, 녹색 LED는 9번 핀에 연결하고, 3개의 LED 모두 아두이노의 전원(5V)에 연결한다).

> ※ 아두이노 보드를 이용한 시뮬레이션 프로그램
> Fritzing(프리징) 프로그램은 홈페이지(http://fritzing.org/download/)에서 다운로드 받아 회로도를 그리고, 그 회로도를 바탕으로 연결해서 테스트할 수 있다. 그림과 같이 실제 연결되는 것처럼 보여줄 수 있다.

■ 브레드 보드에 연결방법 1)

- LED (+)극과 아두이노 보드의 핀 번호 연결
- LED (-)극과 GND 연결

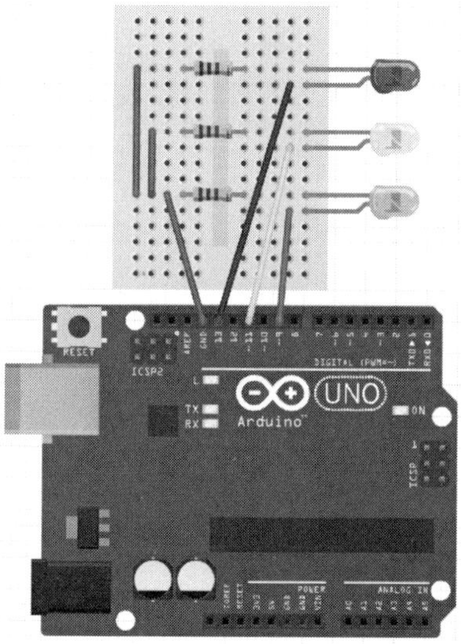

■ 브레드 보드에 연결방법 2)

- LED (+)극과 아두이노 보드의 핀 번호 연결

- LED (-)극과 GND 연결
- 저항이 없어도 가능할 수 있으나 LED가 손상될 수 도 있음.

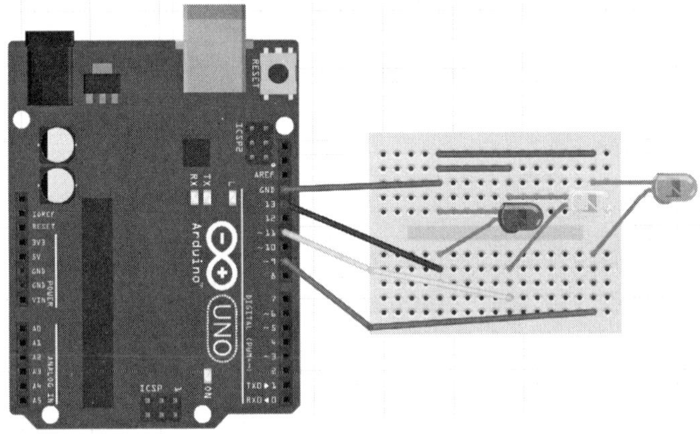

```
void setup() {
  pinMode(13, OUTPUT); // 빨간색 LED (+) 단자에 점퍼선을 꽂고 아두이노 보드의 디지털 13번에 연결
  pinMode(11, OUTPUT); // 노란색 LED (+) 단자에 점퍼선을 꽂고 아두이노 보드의 디지털 11번에 연결
  pinMode(9, OUTPUT);  // 녹색 LED(+) 단자에 점퍼선을 꽂고 아두이노 보드의 디지털 9번에 연결
    }

void loop() {                    // 계속 순환되어 작동
  digitalWrite(13, HIGH);  // 빨간색 LED 켜짐(HIGH:켜짐)
  delay(1000);            // 1초 동안 지연
digitalWrite(13, LOW);     // 빨간색 LED 꺼짐(LOW:꺼짐)
  delay(1000);            // 1초 동안 지연
  digitalWrite(11, HIGH);  // 노란색 LED 켜짐(HIGH:켜짐)
  delay(1000);           // 1초 동안 지연
 digitalWrite(11, LOW);  // 노란색 LED 꺼짐(LOW:꺼짐)
  delay(1000);           // 1초 동안 지연
  digitalWrite(9, HIGH);  // 녹색LED 켜짐(HIGH:켜짐)
  delay(1000);           // 1초 동안 지연
  digitalWrite(9, LOW);  // 녹색LED 꺼짐(LOW:꺼짐)
  delay(1000);           // 1초 동안 지연
}
```

■ 아두이노에 다른 부품을 연결하여 이용하는 방법

- 아두이노를 활용하여서 많은 센서나 부품 등을 연결할 수 있는 예제는 인터넷에서 스케치 프로그램을 찾아보자. 여기서는 LED 활용 예제만 설명한다.

- LED 제어 프로그램 스케치 경로는 '파일' → '예제' → '01. Basics' → 'Blink' 이다. 아래에서 확인해보자.

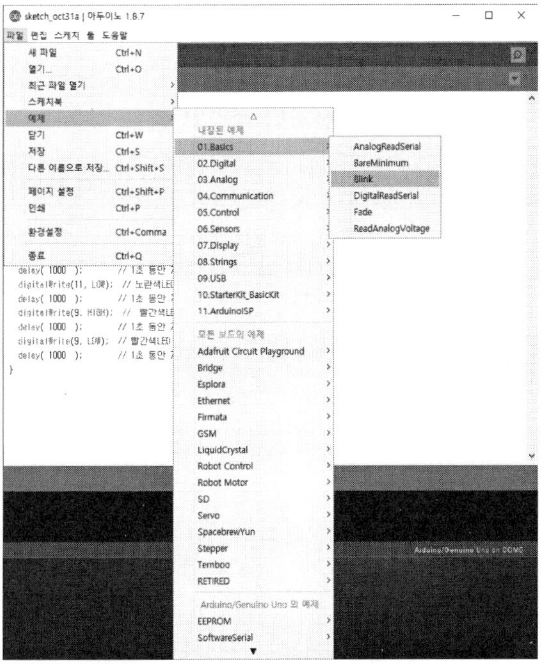

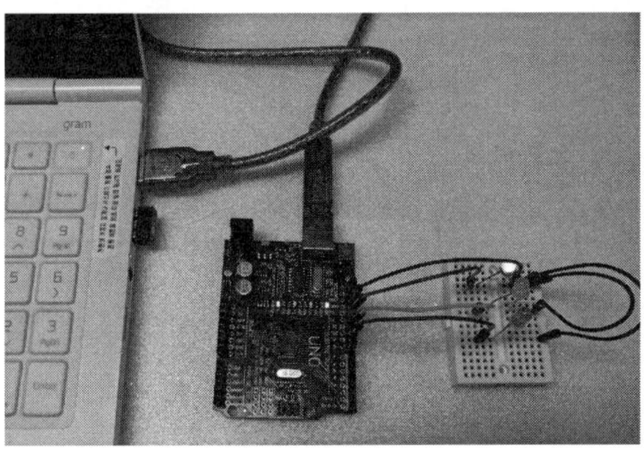

- 인터넷에서 아두이노 예제는 오픈 소스 프로그램이므로 다양하게 찾을 수 있으며, 다양한 작품을 만들 수 있다.

※ 참고 자료 아두이노 강좌(DIY 메카솔류션 오픈랩), http://blog.naver.com/roboholic84

(2) 센서(Sensor) 및 센서 활용 기술

센서는 각종 데이터 값을 측정하고, 측정값을 이용하여 기기의 제어를 담당하는 것을 말한다. 센서의 종류를 다양하고 계속 개발되고 있다. 간단하게 센서의 종류를 알아보면 다음과 같다.

〈표 1〉 센서의 종류와 용도

종류	용도
RGB LED	Red, Green, Blue 3가지 색을 내는 LED 모듈이다.
초음파 센서	초음파를 이용해 거리, 사물의 유무를 측정한다.
적외선 감지 센서	적외선을 이용한 감지 센서이다.
소리감지 센서	소리를 감지하는 센서이다.
온도센서	온도를 감지해 디지털로 출력해준다.
Photo Resistor(포토 레지스터)	빛의 세기를 감지한다.
수분 감지 센서	수분의 상태를 감지한다.
Step Motor(스탭 모터)	일정 각도로 모터를 제어한다.
Servo Motor(서보모터)	회전 각도를 제어한다.
Buzzer(부저)	소리를 통해 알린다.
LCD	디스플레이 장치이다
Switch(스위치)	선택(ON/OFF) 스위치이다.
가변저항	변하는 저항이다.

(3) 네트워크 기술

유선 네트워크도 사용하지만, 무선 네트워크 기술로 많이 사용하고 있는 블루투스(Bluetooth)는 근거리 무선 네트워크를 위한 표준으로 다양한 곳에서 사용하고 있다. 또한 지그비(ZigBee)는 개인이나 가정의 범위 안에 각종 기기 간에 저속 연결을 제공하는 통일 표준(IEEE 802.15.4)이다.

아두이노 블루투스 모듈 슬레이브(Slave), 마스터(Master) 겸용, HC06
(출처 : www.mechasolution.com)

(4) 프로그램 교육

아두이노의 작동은 하드웨어와 연결된 프로그램(소프트 웨어)에 따라서 다양한 작동이 가능하다. 이러한 프로그램은 Sketch에 다양하게 소개되어 있다. 그러나 프로그램에 따라 달라지므로 프로그램에 대한 교육이 필요하다.

3) 스마트 팜(smart farm)

스마트 팜은 이제 농작물을 도시 내에서 생산할 수 있는 스마트 공장으로 변화하고 있다. 스마트 팜은 작물 생육 정보와 환경 정보에 대한 데이터를 기반으로 최적 생육 환경을 조성하여, 노동력·에너지·양분 등을 종전보다 덜 투입하고도 농산물의 생산성과 품질 향상을 위하여 비닐하우스·축사 등 농업분야에 ICT를 접목하여 원격·자동으로 작물과 가축의 생육환경을 적정하게 유지·관리할 수 농장을 말한다.

스마트 팜 운영에 필요한 정보로는 생육환경 유지관리 SW, 환경정보 모니터링, 자동·원격 환경관리 등이 있다. 스마트 팜의 분야별 적용에는 PC 또는 모바일을 통해 온실의 온·습도, CO_2 등을 모니터링하고 창문 개폐, 영양분 공급 등을 원격 자동으로 제어하여 작물의 최적 생장환경을 유지 및 관리하기 위한 스마트 온실, PC 또는 모바일을 통해 온·습도, 기상상황 등을 모니터링하고 원격, 자동으로 관수, 병해충을 관리하는 스마트과수원과 스마트 축사 등이 있다(스마트팜 정보공유 시스템, 2018).

2. 일반적인 창의공학설계 수업 절차

1) 창의공학설계 수업 진행 절차

일반적인 창의공학설계 수업 진행 절차는 그림 2와 같다.

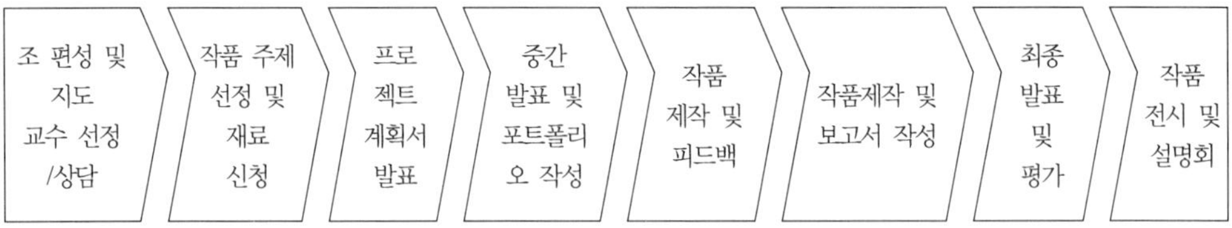

그림 2. 일반적인 '창의공학설계' 수업 진행 절차

2) 조 편성, 작품 주제 및 포트폴리오 작성 안내

인원수에 맞게 조를 편성한 후 전체 프로젝트 담당교수 외에 조별로 지도교수를 선정한 후 작품 주제를 상담한다(<표 2>참조). 작품 주제는 설계 구성 요소 및 제한 조건에 맞게 주제를 선정한다(<표 3> 참조). 포트폴리오에 작성할 내용은 <표 4>와 같다.

〈표 2〉 조 편성 및 작품 주제, 지도교수 선정

조별	조원	작품 주제	지도교수
A조-1	○○○, ○○○, ○○○		○○○
A조-2	○○○, ○○○, ○○○	-	
B조-1	○○○, ○○○, ○○○	-	○○○
B조-2	○○○, ○○○, ○○○	-	
C조-1	○○○, ○○○, ○○○	-	○○○
C조-2	○○○, ○○○, ○○○	-	
D조-1	○○○, ○○○, ○○○	-	○○○
D조-2	○○○, ○○○, ○○○	-	

〈표 3〉 설계 구성 요소 및 제한 조건

설계구성 요소	제한 조건	비고
- 목표 설정 및 기준 : 사물인터넷을 활용한 창의적인 작품 제작. - 분석 : 사물인터넷을 활용한 작품. - 제작 : 모형 작품이나 실용 가능한 시제품. - 시험 : 작품 시험이 가능하도록 제작. - 평가 : 창의성 및 작품 작동 여부.	- 작품 제작에 필요한 부품 및 재료 비용은 주어진 실습비 내에서 학과(학교)에서 신청하여 구입한다. - 작품 제작 후 반납한다.	

〈표 4〉 포트폴리오(회의록 등)에 작성할 내용

포트폴리오 (회의록) 작성 내용	- 작품의 제작을 위한 진행단계는 아이디어 구상에서 기술, 공학, 디자인 등을 포함한 개념 설계, 상세설계, 진행과정, 회의내용, 발표, 전시회까지의 내용 등을 포트폴리오에 작성한다. - 상세 설계도에 따른 작품이 되도록 제작한다. - 작품을 제작하면서 평가기준을 고려한다. - 진행절차에 따라서 사진을 촬영하여 넣도록 한다. 발표시에도 도움이 될 수 있도록 사진을 촬영한다.

3. 스마트 팜 모형 작품 제작 수업 절차 예)

1) 스마트 팜 모형 작품 제작 수업 절차

사물인터넷 기반 스마트 팜 모형 작품 제작 수업은 그림 3과 같이 조원편성(3명) → 지도교수 선정 → 다양한 아이디어 탐색 및 지도교수 상담 → 최적의 아이디어 선정 → 자료조사 → 재료신청 → 계획서 발표 → 중간발표 → 최종 발표 및 평가 → 전시회 → 대외활동 발표 및 참가 순으로 진행하였다. 계획서 발표를 통해 제품 제작 가능성을 검토하였고, 부족한 부분은 수정·보완하도록 하였다. 중간발표를 거쳐 최종발표를 실시하였다. 최종 발표 시 발표, 작품 및 포트폴리오를 평가기준에 따라 평가하였다. 그 후 교내에서 전시회를 개최하여 설명하는 시간을 마련하였고, 최종보고서를 제출하였다. 몇 개 팀은 대외 전시회 등에 참가하였다.

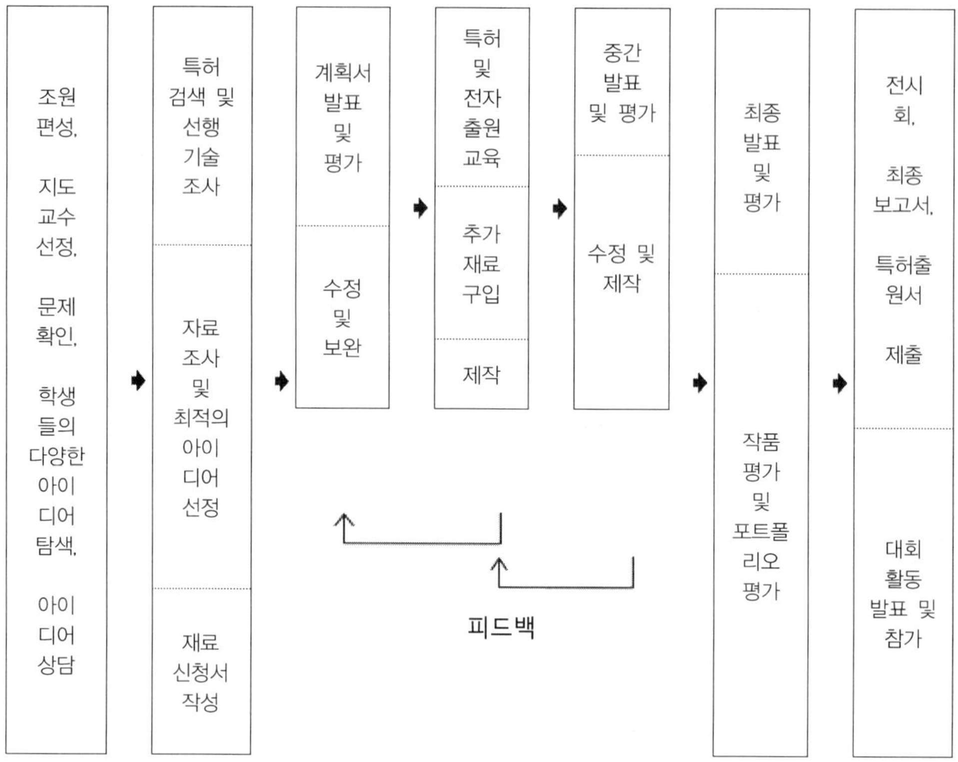

그림 3. 수정한 발명, 창의공학설계 작품 제작 및 특허 출원 수업 절차

작품 제품은 조별로 1개씩의 제품을 제작하였다. 5개의 작품은 라즈베리파이로 사물인터넷 기술을 활용한 친환경 컴퓨터 제작, 사물인터넷에 기반한 스마트 농장, 날씨 정보를 인터넷으로 받아 그 정보로 스트립 LED 네오픽셀의 밝기를 제어하여 보여주는 스마트 조명, 다른 사람이 도어를 열 때 알람이 울리고 조명이 켜지는 기능과 스마트폰을 이용하여 블루투스로 도어락을 제어하는 스마트 도어락, 앱 인벤터와 블루투스를 이용하여 빛의 밝기를 조절하는 무드등과 살균기능을 갖춘 생활 속의 작품이다.

2) 스마트 팜 모형 작품 제작을 위한 부품과 사양

사물인터넷 기반 모형 작품 제작 수업에서 제작한 5개의 작품 중 외부 대회 출전 및 전시회에서 가장 많은 관심을 받았던 '스마트 농장' 모형 작품을 설명한다.

사물인터넷 기반의 모형 제품을 제작하기 위해서 먼저 조원을 편성하고, 수업 담당교수와 상의하여 작품 제작을 위한 지도교수를 선정하였다. 조원들은 먼저 작품 제작을 위한 문제 확인 단계에서 사물인터넷 관련 작품을 선정하였고, 확산적 사고기법을 통한 다양한 아이디어를 구상하고 수렴적 사고기법을 통하여 최적의 아이디어를 선정한 후 제품 제작 지도교수와 상담하였다. 상담을 마친 후 제품 제작을 위한 실습재료 신청서는 제품 제작에 필요한 부품의 용도와 사양을 검토한 후 학교에 제출하여 구입하도록 하였다. 선정된 잘못된 부품이나 제작과정에서 부품을 변경하기도 하였다. <표 5>와 같이 부품의 사양을 포함한 재료신청서를 작성하여 구매하였다.

모형 제작 수업을 마친 뒤 지식 재산권 출원 준비를 위한 교육은 제품 제작 과정에서 실시하고, '특허 검색 및 선행기술조사서'를 작성(그림 4 참조)하면 도움이 된다.

선행기술조사서

발명특허부문 선행기술조사서			
과제명	스마트 팜		
기술요지	사물인터넷을 이용한 온도, 습도, 물 공급, 환기 시스템을 갖춘 스마트 팜		
특허검색사이트	키프리스(www.kipris.or.kr)		
검색 Keyword	스마트 팜, 온습도 제어, 지그비, 사물인터넷		
유사특허 수			
유사특허 1			
출원번호	10-2016-0020865	출원일	2016.02.22
등록번호	1016818910000	등록일	2016.11.28
출원인	박기선	발명자	박기선
발명의 명칭	농장 운영 스마트 시스템		
발명의 요지	농장 운영을 위한 프로그램이 설치된 서버와 상기 서버와 연결되어 상기 서버에서 제공하는 정보를 수신하는 사용자 단말 또는 스마트 단말을 구비하는 농장 운영 스마트 시스템으로서, 비닐하우스 내에 설치되어 내부의 지온, 지습을 측정하는 적어도 하나의 토양환경 센서모듈, 비닐하우스 내에 설치되어 내부에 공급되는 양액의 PH, 용존산소량, 토양의 전기전도도(EC) 및 수온을 측정하는 적어도 하나의 수질환경 센서모듈, 비닐하우스 내에 설치되어 내부의 대기온도 및 대기습도를 측정하는 적어도 하나의 대기환경 센서모듈, 비닐하우스에 설치된 비닐하우스 도어를 개폐시키는 비닐하우스 도어 개폐 모듈, 비닐하우스에 설치되어 온풍을 공급하는 난방기의 온/오프를 제어하는 난방기 조작모듈, 비닐하우스 내부에 설치된 스프링쿨러의 온/오프를 제어하는 스프링쿨러 조작모듈 및 수신된 지온, 지습, 양액의 PH, 용존산소량, 토양의 전기전도도(EC), 수온, 대기온도 및 대기습도 중 적어도 하나의 정보와 미리 설정된 기준값 레벨과 비교하여 비닐하우스 도어 개폐 모듈, 난방기 조작모듈 및 스프링쿨러 조작모듈 중 적어도 하나를 제어하는 통합제어기를 구비하는 농장 운영 스마트 시스템에 관한 것이다.		
유사점 및 차이점	온도습도의 기준값을 정하여 제어하는 것은 유사함 창의설계프로젝트로 모형제작이지만 아두이노 보드를 활용한 제어, 현재온도와 습도 표시 LCD, 솔레노이드밸브를 활용 물 공급에서 차이점이 있음		

아이디어 탐색 및 자료조사 선행기술조사서 작성

그림 4. 특허 검색 및 선행기술조사서 작성

〈표 5〉 '스마트 농장' 작품 제작에 필요한 부품 종류와 사양

부품명	종류/용도	사양	수량(개)	단가	계
아두이노 우노 R3	 사용자 보드와 메인 보드의 센서 작동	- 입력 전압 (권장) : 7~12 V - 입력 전압 (최대) : 6~20 V - 시스템 전압 : 5 V - 크기 : 약 68 x 53 mm	2		
무선통신 Zbee 프로 모듈	 사용자 보드와 메인 보드 사이의 무선 통신	- 정격 전압: 3.3V - 크기 : 24.5x30.5x0.8mm - 주파수 : 2.4GHz	2		
온습도 센서	 메인보드 (온습도 측정)	- 아두이노 호환 - 정격 전압 : 3.3V - 5V - 크기 : 24.5x30.5x0.8mm	1		
솔레노이드 밸브	 물탱크와 튜브 사이에서 수문역할(비닐하우스 안의 습도 조절)	- 아두이노 호환 - 정격전압 : 5V - 5 V 인가시 밸브 OFF, 0 V시 밸브 ON	1		
미니 서보모터	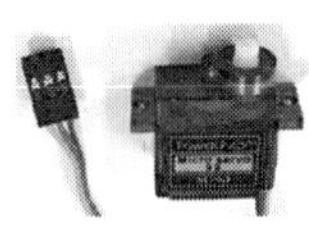	- Torque : 3.0 / 3.5 kg (4.8V/6.0V) - Speed : 0.19 / 0.15 (4.8V/6.0V) - Size : 41 x 20 x 37 mm	1		
지그비 쉴드		- 아두이노 적층용	1		
쿨러	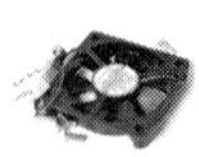 비닐하우스 온도 조절 (입력한 기준 습도 이상 시 쿨러 On, 기준 습도 범위 시 쿨러 Off)	- 아두이노 호환 - 크기 : 50mm - 온습도 센서에서 얻은 데이터를 아두이노에서 연산	2		
LED, Alarm Speaker	 온습도 설정기준 감지 및 알람	- 온습도 설정 기준에 벗어나면 동작	1		
LCD Display	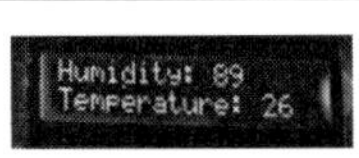 실시간으로 온습도 수치를 보여줌	- LCD에 온습도를 보여줌	1		

(출처 : www.mechasolution.com)

3) 3차원 모델링 및 회로도, 알고리즘 설계

교수·학습 절차에 따라 사물인터넷에 기반한 스마트 팜 모형 제작을 위한 계획표를 작성하여 발표하였다. 조원들은 발표를 통해 3차원 설계가 있으면 좋겠다는 내용과 알고리즘 작성, 회로도 작성 등의 수정·보완이 필요하다는 평가를 받았다. 따라서 그림 5 ~ 6과 같이 제품의 3차원 모델링 및 회로도와 스마트 팜 제어 알고리즘을 작성하였다. 개념설계를 위해서는 아이디어 스케치를 마친 후 3차원 모델링 작업을 실시하였다. 아이디어 구상을 통해 개념설계를 보여줄 수 있는 3차원 모델링 s/w는 다양하게 있지만 무료로 사용할 수 있는 스케치업(Sketch-up)을 사용하였다. 그러나 3차원 모델링 s/w 사용 능력이 미흡하여 모델링을 하는데 상당히 힘들었다. 스케치업(Sketch-up)을 사용한 이유는 2차원 s/w 보다는 사람이 보는 것과 구현할 수 있는 3차원 s/w를 활용하여 보여주어 쉽게 이해할 수 있기 때문이다. 최근 발명 및 모형 모델링은 주로 3차원 s/w를 사용하여 제품을 보여주고 있기 때문에 창의설계 프로젝트나 발명 교육의 활성화를 위해서는 3차원 모델링 교육의 필요성을 보여 준 예이다.

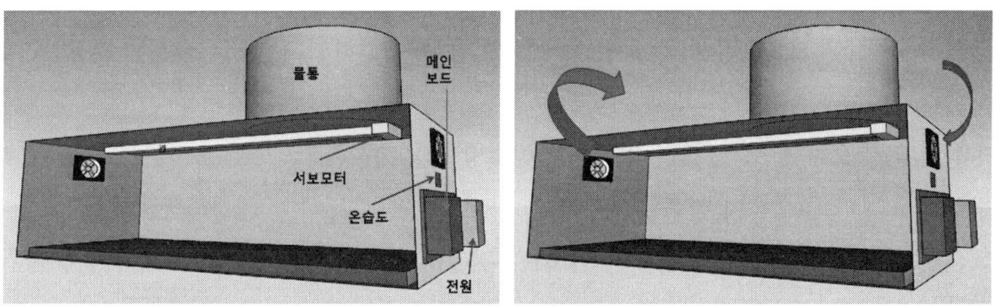

3차원 모델링 및 장치 환기 방법

그림 5. 스마트 팜 구현을 위한 3차원 모델링 및 기능, 환기방법 개념 설계

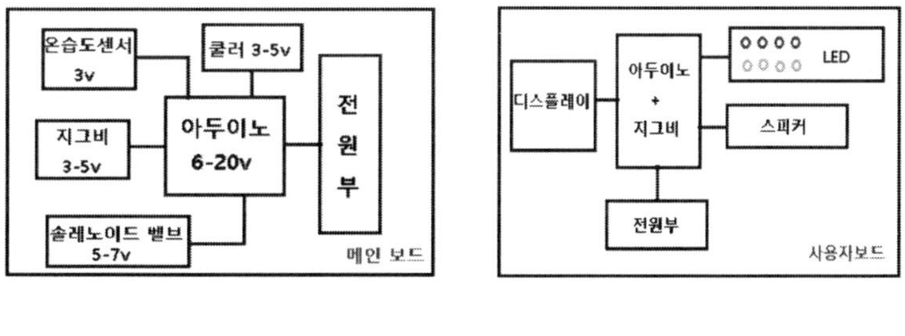

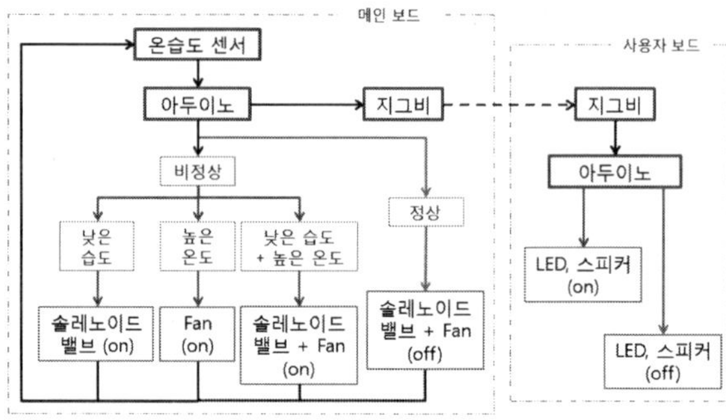

그림 6. 회로도와 알고리즘 설계

문제점	원인	해결방안
지그비 통신 • 올바른 코딩임에도 불구하고 오류 발생	• 소프트웨어 충돌 • 잘못된 부품 구매	• 2개 아두이노 연결을 통한 RX / TX (유선)통신망 구축
솔레노이드 밸브 구현 • 물통과 튜브와 연결시 내구성 문제점 발견	• 설계 문제 • 방수문제로 솔레노이드 밸브 고장	• 서보모터 교체로 방수문제 해결 (외부에서 개폐방식)

그림 7. 오류발생 발생원인 및 해결방안

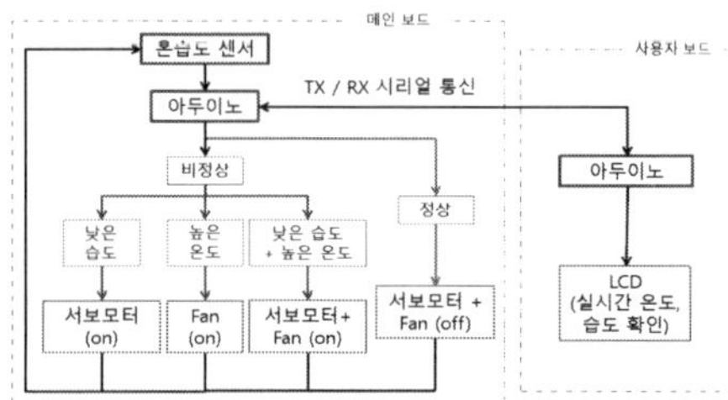

그림 8. 문제점 해결을 위한 알고리즘 변경

모형 작품 제작 과정(제작)에서 설계를 변경하기도 하였고, 프로그램을 수정하기도 하였다.

그림 7은 오류 발생 문제점 및 원인, 해결방법을 제시한 것으로, 올바른 코딩에도 불구하고 오류가 발생하여 부품을 변경하고 프로그램을 수정하여 해결하였으며, 솔레노이드 밸브의 잦은 고장원인이 방수가 안 되는 것을 파악하여 서보모터를 교체하여 방수 문제를 해결하였다. 그림 8은 기존 알고리즘에 문제점이 발생하여 알고리즘을 변경한 것이다. 그림 9는 온도·습도 데이터 및 동작 범위 설정, 지그비 통신망 구축, 온도·습도 확인, 통신망 구축을 위한 코딩 작업 내용이다. 그림 10은 프로그램 코딩, 브레드 보드에 시제품을 구성하여 테스트하는 과정, 스마트 농장 모형 제작, 코딩한 후 최종 완성한 제품을 보여준다. 그림 11은 창의공학설계 발표, 평가, 전시회 모습이다.

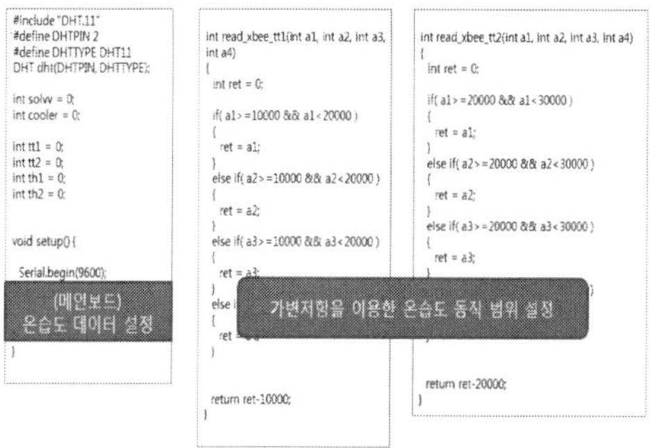

메인보드 온습도 데이터 및 동작범위 설정

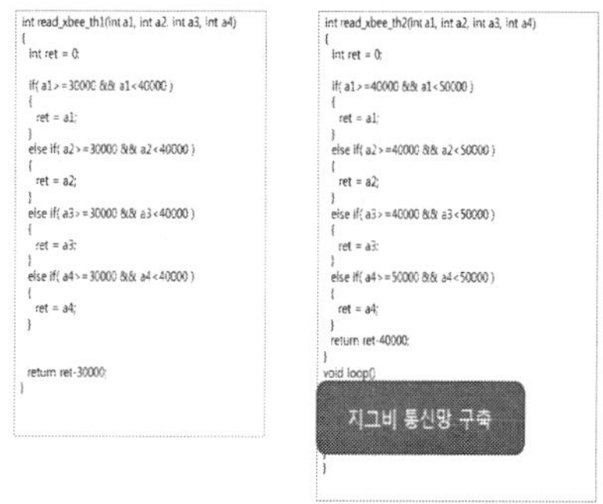

지그비 통신망 구축

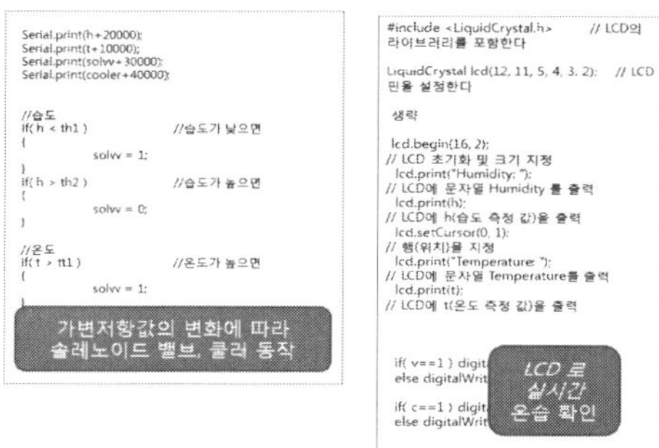

솔레노이드 밸브 및 쿨러 동작,
LCD 로 실시간 온습도 확인

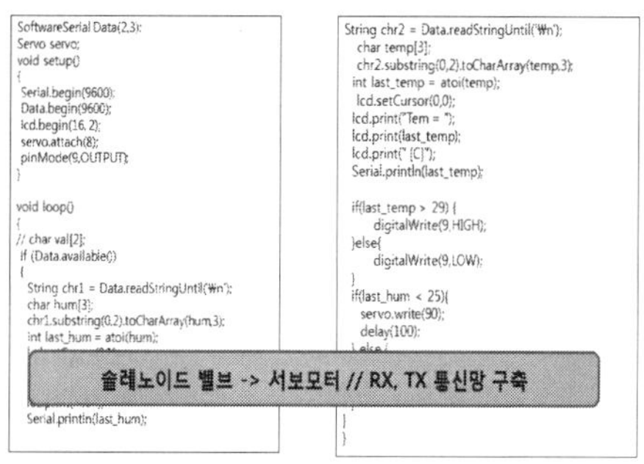

문제점 발생으로 인한 변경사항 수정

그림 9. 스마트 팜 구현을 위한 코딩 및 변경사항 수정 코딩

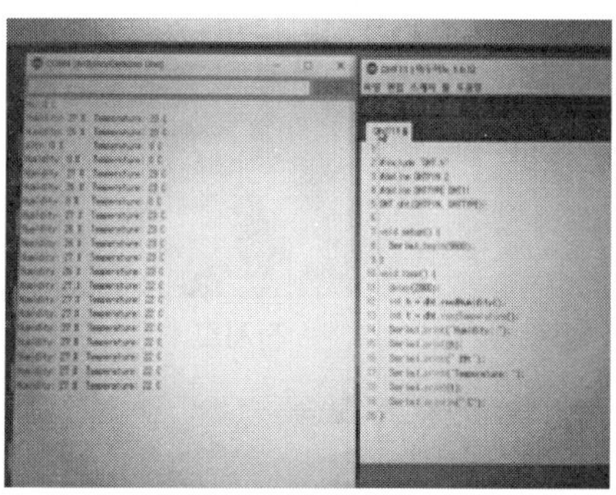

코딩작업

스마트 팜 구성을 위한 테스트

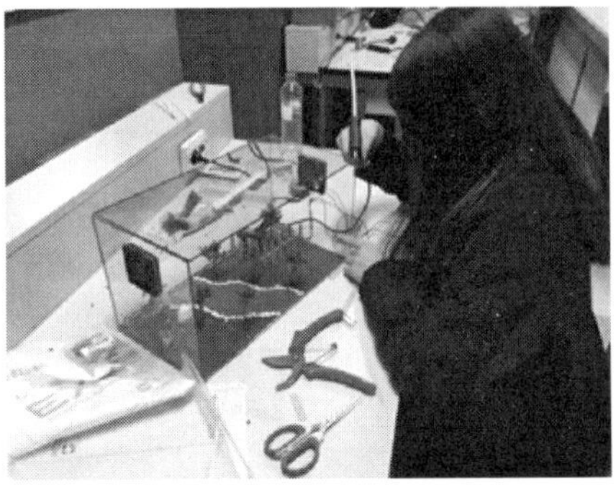

스마트 팜 모형 제작

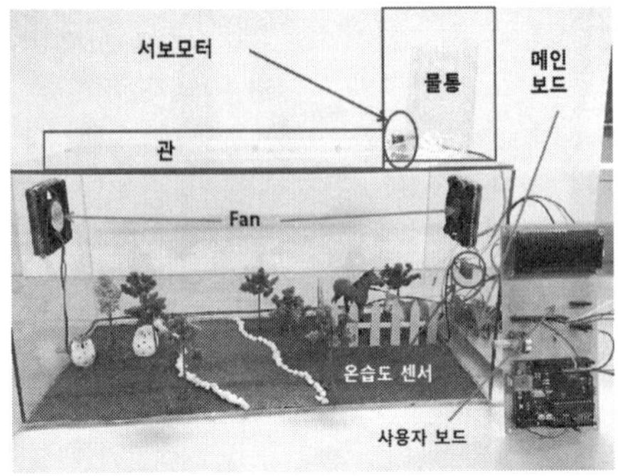

사물인터넷 기반 스마트 팜 모형 제작

그림 10. 스마트 팜 작품을 제작을 코딩 및 제작 과정

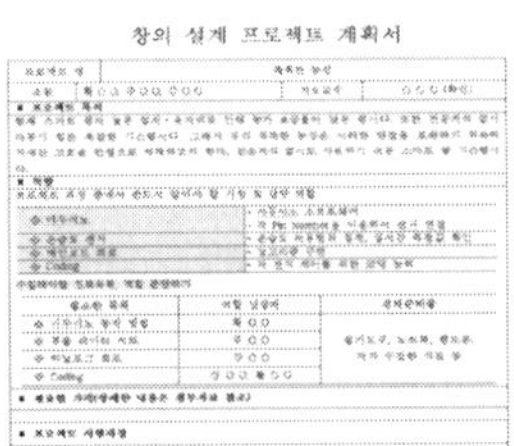

프로젝트 계획서 발표

중간발표체크리스트

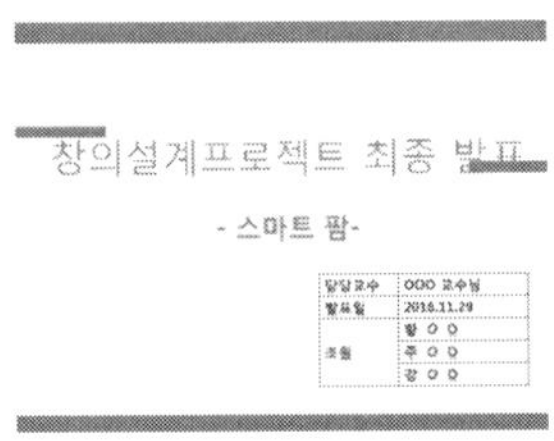

최종발표

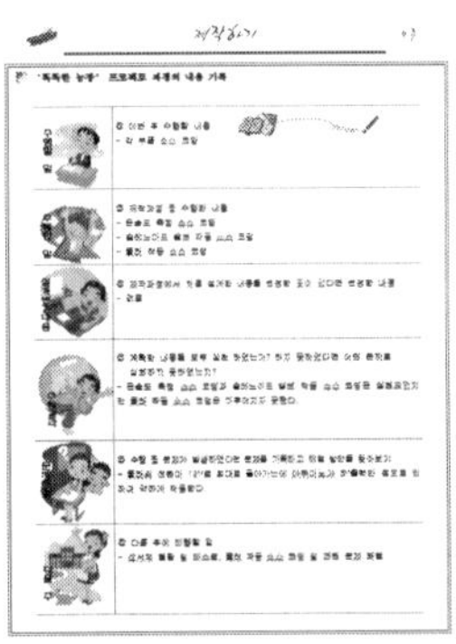

포트폴리오평가(예, 9주)

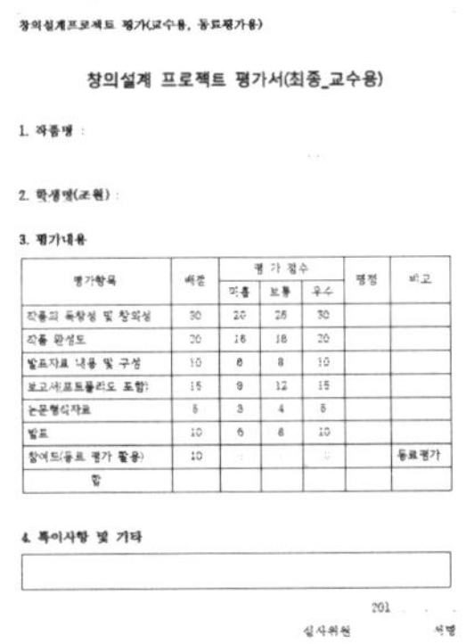

교수평가 및 동료평가

전시회

그림 11. 창의공학설계 발표, 평가, 전시회 모습

■ 발명 및 창의공학설계 프로젝트 일정 계획

진행내용 및 일정	중간발표 전								중간발표 후							
	1주	2주	3주	4주	5주	6주	7주	8주	9주	10주	11주	12주	13주	14주	15주	16주
○ 프로젝트 안내	■															
○ 조 편성(△ 개조)		■														
○ 프로젝트 작품 주제 선정			■	■												
- (아이디어 탐색(확산적 사고기법))																
- 특허 및 선행기술조사																
- 자료 조사 및 최적의 아이디어 선정(수렴적 사고기법)																
○ 부품 및 재료 신청				■												
○ 자료 조사 및 계획서 발표 /계획서 평가 및 수정보완					■	■	■	■								
○ 계획서 제출 보완									■							
○ 작품 제작을 위한 자료 조사 및 연구				■	■	■	■	■	■	■						
○ 지식재산권 교육 및 전자출원교육																
○ 프로젝트 진행상황 점검 및 제작									■	■	■	■				
○ 중간발표 자료 준비 및 중간발표												■	■			
○ 작품 수정 보완														■	■	
○ 지식재산권 출원																
○ 최종 발표/평가, 전시회															■	
○ 포트폴리오 작성 및 수정, 제출																■
○ 보고서 제출																

■ 발명 및 창의공학설계 작품 제작을 위한 공구, 재료, 부품 등

구분	용도	그림	사양
3D 프린터	부품의 3D 출력		FDM방식 PLA출력용
PLA 필라멘트	3D 모델 출력 재료		색상 :아리보리, 1kg
충전드릴	목재의 나사못 체결		18V, 2.0Ah
직쏘	목재와 철판 절단		18V, 2.6Ah
스크롤쏘	목재와 아크릴의 절단 모터속도 : 400~1600rpm		최대절단깊이 : 50mm 테이블 기울기 조정 : -15도 ~ +45도
사각샌더	목재의 샌딩 작업		정격전원입력 : 190W 무부하속도 : 12000rpm
멀티 건타카	목재의 체결		타카 사용심 10, 12mm
홍송 (레드파인 집성목)	목재 작품 제작용	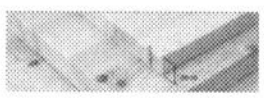	2440mm×1220mm×18mm 2440mm×1220mm×15mm
수동샌더기(Paper holder) 고급형	목재 샌딩 작업		길이 195mm × 70 mm × 높이 60mm
사포(천)	목재의 표면 작업		100번, 500번 (각 50장 1box)
열선절단기	스티로폼 절단기		열절단
글루건	유선 및 충전식	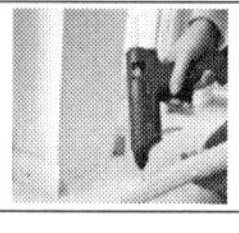	목재, 아크릴 접착용

구분	용도	그림	사양
LED 소자 (반투명)	LED 실습용		빨강(빨간)색 5mm, 초록색 5mm, 주황색 5mm
아두이노점퍼선 (수컷, 수컷)	브레드 보드와 아두이노/각 부품 연결용 점퍼선		브레드보드용MM점퍼케이블6 5핀/
아두이노우노R3 호환보드(CH340 Arduino Uno R3)	사물인터넷 제어 보드		Inputvoltage: 7-12V (제품코드KEV-CH340) 케이블 포함
미니 브레드보드 (흰색)	전선과 전기부품 회로 연결용		4.5cm×3.5cm (제품코드KEV-6802(261)) 170홀
아두이노 앱인벤 터 사물 인터넷 IOT 키트	아두이노 활용 연습을 위한 키트	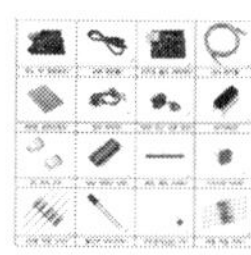	HC-06 아두이노 블루투스 모듈 슬레이브(Slave), 마스터(Master) 겸용 포함
저항	회로 구성용		220Ω
아두이노를 이용한 3색 LED 제어			아두이노 UNO 보드 점퍼선 LED 3개(빨간, 노랑, 초록) 브레드보드

(출처 : 참고문헌 참고)

■ 발명 및 창의공학설계 포트 폴리오, 회의록(샘플)

<table>
<tr><td>회의안건</td><td colspan="3"></td><td>작성자</td><td></td></tr>
<tr><td>일시</td><td colspan="3">20△△년 △월△일 : ~ : 까지</td><td>회의 장소</td><td></td></tr>
<tr><td>회의(작업)내용</td><td colspan="5">■ 작성 시 유의사항
- 팀 내의 역할은 매주 돌아가면서 구성되어야 함(팀의 규범 형성기)
- 회의 내용은 2페이지 내외로 작성할 것.
- 모든 참석자의 개인 의견이 반영되어 함.
- 개념 개발의 주된 목적이나 추가적인 다양한 토의도 필요함.
- 성공적인 그룹의 특징 : 명확하고 도전적인 목표를 가진다.
- 각 구성원의 역할이 명확하고 책임의 정도가 확실히 규정되어 있다.
- 경쟁력 있는 구성원으로 구성한다. 긍정적인 그룹 분위기를 형성한다. 등등
- 토의해야 할 일 : 문제점 정의. 시장분석, 명세사항, 기능분석, 디자인 개념, 상세그림, 모형 구축, 모형시험, 분석 실현가능성 분석, 판매분석, 상품 착수</td></tr>
<tr><td>지도사항/
다음 진행일정</td><td colspan="5"></td></tr>
<tr><td rowspan="2">참석자</td><td>자료조사</td><td>포트폴리오</td><td>제작</td><td></td><td></td></tr>
<tr><td>이름(서명)</td><td></td><td></td><td></td><td></td></tr>
<tr><td colspan="6"></td></tr>
</table>

■ **발명 및 창의공학설계 계획서(발표용)**

<table>
<tr><td>프로젝트 명</td><td colspan="3"></td></tr>
<tr><td>조 원</td><td>○○○, ○○○, ○○○</td><td>지도</td><td>○ ○ ○ (인)</td></tr>
<tr><td colspan="4">● 프로젝트 목적</td></tr>
<tr><td colspan="4">- ~~~ 한다.
- ~~~ 이용할 수 있다.
- ~~~ 만들 수 있다.</td></tr>
<tr><td colspan="4">● 조원의 역할</td></tr>
<tr><td colspan="4">- 포트폴리오 작성 :
- 조립 :
- 자료조사 :
- 제작과정 촬영 :
- PPT작성 및 보고서 작성 :
- 발표 :</td></tr>
<tr><td colspan="4">● 부품 및 재료별 가격(상세한 내용은 첨부자료 참조). 필요공구 등</td></tr>
<tr><td colspan="4"></td></tr>
<tr><td colspan="4">■ 프로젝트 시행 과정 및 일정, 개념 설계 도면(첨부) 등</td></tr>
<tr><td colspan="4">- 장소 :
- 시간 : 매주 요일 ~</td></tr>
</table>

■ 개념 설계 내용과 프리핸드 스케치

● 프로젝트 명	
● 프로젝트 주제에 대한 간략한 설명 :	
● 프로젝트 작품에 대한 프리핸드 스케치	

■ 발명 및 창의공학설계 계획서 평가서(평가자용)

1. 작품명 :

2. 학생명(조원) :

3. 평가내용

평가항목	배점	평 가 점수			평가자			비고
		미흡	보통	우수	A	B	C	
창의성	5	3	4	5				
제작 가능성	5	1	3	5				
자료의 충실성(완성도)	5	3	4	5				
발표 능력	5	3	4	5				
합 계								

4. 수정·보완사항 및 기타

20 . . .

심사위원 (서명)

5. 평가방법

1) 심사위원 점수는 산술 평균하여 반영한다.

2) 발표 평가 점수 : 계획서(20%), 중간발표(20%), 최종발표(50%), 기타(전시, 특허 등 10%,)

■ **상세 설계 조립 및 부품도** (3D/2D)

● 프로젝트 명	
● CAD를 이용하여 상세 설계한 작품을 3D 모델링이나 2차원 설계를 실시한다. : CAD로 그린 도면 삽입(작품 설계 및 사물인터넷 연결 설계도, 제작하고자 하는 상세한 설계 조립도 및 부품도)	

■ **평가 기준**(Rubric)

- 계획서, 중간발표, 최종 발표, 전시/특허에 대한 평가 기준에 따라 평가한다.
- 평가 척도는 우수(상), 중간(중), 미흡(하)으로(로) 하며, 배점(점수)은 달리할 수 있다.

〈발명 및 창의공학설계 계획서 및 중간 발표 평가 기준〉

<table>
<tr><th>구분</th><th>평가 항목</th><th>평가기준</th><th>배점</th></tr>
<tr><td rowspan="14">계획서 평가</td><td rowspan="3">창의성</td><td>• 작품의 창의성이 우수하다</td><td>5</td></tr>
<tr><td>• 작품의 창의성이 보통하다</td><td>4</td></tr>
<tr><td>• 작품의 창의성이 미흡하다</td><td>3</td></tr>
<tr><td rowspan="3">제작 수준 및 가능성</td><td>• 작품의 제작 수준은 높고 가능성도 높다.</td><td>5</td></tr>
<tr><td>• 작품의 제작 수준은 보통이고 가능성이 있다.</td><td>3</td></tr>
<tr><td>• 작품의 제작 수준은 쉽고, 가능성이 미흡하다.</td><td>1</td></tr>
<tr><td rowspan="3">자료의 충실성 (완성도)</td><td>• 계획 및 준비 과정의 자료가 충실하다.</td><td>5</td></tr>
<tr><td>• 계획 및 준비 과정의 자료가 보통하다.</td><td>4</td></tr>
<tr><td>• 계획 및 준비 과정의 자료가 미흡하다.</td><td>3</td></tr>
<tr><td rowspan="5">발표 자료 구성 및 발표 능력</td><td>• 발표 자료 구성 및 발표 능력이 우수하다</td><td>5</td></tr>
<tr><td>• 발표 자료 구성은 우수하나, 발표 능력은 보통이다.
• 발표 자료 구성은 보통이나, 발표 능력은 우수하다.
• 발표 자료 구성과 발표 능력은 보통이다.</td><td>4</td></tr>
<tr><td>• 발표 자료 구성 및 발표 능력이 미흡하다.</td><td>3</td></tr>
<tr style="display:none"></tr>
<tr style="display:none"></tr>
<tr><td rowspan="12">중간 평가</td><td rowspan="3">작품 완성도 (일정 기준)</td><td>• 일정에 따라 작품 완성이 충분히 가능하다.</td><td>5</td></tr>
<tr><td>• 일정에 따라 작품 완성이 가능하다.</td><td>4</td></tr>
<tr><td>• 일정에 따라 작품 완성이 우려된다.</td><td>3</td></tr>
<tr><td rowspan="3">실용성</td><td>• 작품의 실용성이 우수하다.</td><td>5</td></tr>
<tr><td>• 작품의 실용성이 보통이다.</td><td>3</td></tr>
<tr><td>• 작품의 실용성이 미흡하다.</td><td>1</td></tr>
<tr><td rowspan="3">발표 자료 및 포트폴리오 충실성</td><td>• 발표 및 포트폴리오 자료가 충실하다.</td><td>5</td></tr>
<tr><td>• 발표 및 포트폴리오 자료가 보통이다.</td><td>4</td></tr>
<tr><td>• 발표 및 포트폴리오 자료가 보통이다.</td><td>3</td></tr>
<tr><td rowspan="3">동료 평가 (개인별 평가)</td><td>• 동료평가 결과 참여가 적극적이다.</td><td>5</td></tr>
<tr><td>• 동료평가 결과 참여가 보통하다.</td><td>4</td></tr>
<tr><td>• 동료평가 결과 참여가 미흡하다.</td><td>3</td></tr>
</table>

■ 발명 및 창의공학설계 최종 발표 및 전시/특허 평가 기준

구분	평가 항목	평가기준	배점
최종 평가	작품의 창의성	• 작품이 창의성이 우수하다.	10
		• 작품이 창의성이 보통이다.	8
		• 작품이 창의성이 미흡하다.	6
	작품 완성도 및 심미성	• 작품의 완성도와 심미성이 우수하다.	10
		• 작품의 완성도와 심미성이 보통이다.	8
		• 작품의 완성도와 심미성이 미흡하다.	6
	보고서	• 보고서에 포함될 사항을 잘 작성하였다.	5
		• 보고서에 포함될 사항을 작성하였으나, 내용이 약간 미흡하다.	4
		• 보고서에 포함될 사항을 잘 작성하였으나, 내용이 미흡하다.	3
	포트 폴리오	• 포트폴리오에 포함될 사항을 잘 작성하였다.	5
		• 보고서에 포함될 사항을 작성하였으나, 내용이 약간 미흡하다.	4
		• 보고서에 포함될 사항을 작성하였으나, 내용이 미흡하다.	3
	발표자료 및 발표 능력	• 발표 자료를 잘 작성하였으며, 발표 능력도 우수하다.	10
		• 발표 자료를 작성하였으나, 자료와 발표 능력이 보통이다.	8
		• 발표 자료를 작성하였으나, 자료와 발표 능력이 미흡하다.	6
	참여도 (동료 평가 활용)	• 동료평가 결과 참여가 적극적이다.	10
		• 동료평가 결과 참여가 보통하다.	8
		• 동료평가 결과 참여가 미흡하다.	6
전시	전시 작품 및 판넬 제작	• 전시 작품 및 포스터 제작이 우수하다.	5
		• 전시 작품을 설치하였으나 포스터 제작은 보통이다.	4
		• 전시 작품을 설치하였으나 포스터 제작은 미흡하다.	3
	작품 설명	• 작품 설명이 우수하다.	5
		• 작품 설명이 보통이다.	4
		• 작품 설명이 미흡하다.	3
특허	명세서 작성	• 명세서 작성이 기준에 맞게 충실하다.	5
		• 명세서를 작성 하였으나, 내용은 보통이다.	4
		• 명세서를 작성 하였으나, 내용은 미흡이다.	3
	특허 출원	• 특허출원을 기간 내에 제출하였다.	5
		• 특허출원을 기간 내에 제출하지 못하였다.	3

■ 발명 및 창의공학설계 중간 발표 평가서(동료평가)

1. 작품명 :
2. 학생명(조원) :
3. 평가내용

평가항목	배점	평가 점수			평가자			비고
		미흡	보통	우수	A	B	C	
작품 완성도(일정 기준)	5	3	4	5				
실용성	5	1	3	5				
발표 자료 및 포트폴리오 자료의 충실성	5	3	4	5				
동료 평가(개인별 평가)	5	3	4	5				
합 계								

4. 수정·보완사항 및 기타

20 . . .

평가자 (서명)

5. 평가방법

1) 중간 평가는 동료 평가로 실시한다.
2) 동료 평가는 본인을 제외한 조원에 대한 상대평가이며, 동료평가는 개인점수를 입력하므로 같은 조에서도 점수가 다를 수 있다(최종 발표 동료평가지 참조).
3) 발표 평가 점수 : 계획서(20%), 중간발표(20%), 최종발표(50%), 기타(전시, 특허 등 10%)

■ 발명 및 창의공학설계 최종 발표, 전시/특허 평가서(평가자용)

1. 작품명 :
2. 학생명(조원) :
3. 평가내용

평가항목	배점	평가 점수			평가자			비고
		미흡	보통	우수	A	B	C	
작품의 창의성	10	6	8	10				
작품 완성도	10	6	8	10				
보고서	10	3	4	5				
포트폴리오		3	4	5				
발표자료 및 발표 능력	10	6	8	10				
참여도(동료 평가 활용)	10	6	8	10				동료평가
전시/특허	10	6	8	10				
합								

4. 특이사항 및 기타

20 . . .

심사위원 (서명)

5. 평가방법

1) 동료 평가는 학생들의 동료평가를 반영한다.
2) 발표 평가 점수 : 계획서(20%), 중간발표(20%), 최종발표(50%), 기타(전시, 특허 등 10%)

6. 최종 동료평가(본인을 제외한 동료평가)

구분(가나다순) 전체 학생 대상	참여도		
	①보통 참여	② 적극적 참여	③매우 적극적 참여
○○○	6	8	10
○○○	6	8	10
○○○	6	8	10
○○○	6	8	10
○○○	6	8	10
○○○	6	8	10
○○○	6	8	10
평균			

20 . . .

평가자 (서명)

7. 동료 평가방법

1) 본인 외에 동료평가를 실시하며 상하 10%는 최종 평가에서 제외한다.
2) 20%는 매우 적극적 참여, 60%는 적극적 참여, 20%는 보통참여 3단계(6점, 8점, 10점)로 구분하여 최종 평가에 반영한다.

〈중간발표 준비사항〉

구분	중간 발표에 준비할 자료 및 내용
1	창의공학설계 아이디어 구상 과정
2	실습재료 신청서
3	창의공학설계프로젝트 일정
4	창의 공학 프로젝트 계획서
5	회의록(포트폴리오)
6	창의공학설계 작품 상세 설계 설계도 및 회로도
7	계획서의 질의 응답에 대한 피드백 내용
8	선행 기술 조사서 - (유사특허 조사)
9	중간 발표 자료(ppt)
10	현재까지의 제작 과정 내용
11	중간발표 조원 평가표

〈최종발표 준비사항〉

<table>
<tr><th>구분</th><th colspan="2">최종 발표에 준비할 자료 및 내용</th></tr>
<tr><td>1</td><td>창의공학설계 아이디어 구상 과정</td><td rowspan="9">최종 발표 자료(ppt)와 보고서에 포함할 내용</td></tr>
<tr><td>2</td><td>실습재료 신청서</td></tr>
<tr><td>3</td><td>창의공학설계프로젝트 일정</td></tr>
<tr><td>4</td><td>창의 공학 프로젝트 계획서</td></tr>
<tr><td>5</td><td>회의록(포트폴리오)</td></tr>
<tr><td>6</td><td>창의공학설계 작품 상세 설계 설계도 및 회로도</td></tr>
<tr><td>7</td><td>중간발표의 질의 응답에 대한 피드백 내용</td></tr>
<tr><td>8</td><td>선행 기술 조사서 - (유사특허 조사)</td></tr>
<tr><td>9</td><td>UCC 동영상 자료</td></tr>
<tr><td>10</td><td colspan="2">최종 발표 자료(ppt)</td></tr>
<tr><td>11</td><td colspan="2">제작한 작품</td></tr>
<tr><td>12</td><td colspan="2">동료 평가표</td></tr>
<tr><td>13</td><td colspan="2">평가자용 평가표</td></tr>
<tr><td>14</td><td colspan="2">전시회 포스터 출력 자료(양식 참조)</td></tr>
<tr><td>15</td><td colspan="2">작품 제작 보고서(양식 참조, 소감문)</td></tr>
</table>

선행 기술 조사서 예)			
기술조사 명	스마트 팜		
기술의 주요 내용	사물인터넷을 이용한 온도, 습도, 물 공급, 환기 시스템을 갖춘 스마트 팜		
특허검색사이트	키프리스(www.kipris.or.kr)		
검색 Keyword	스마트 팜, 온습도 제어, 지그비, 사물인터넷		
유사특허 수			
출원번호	10-2016-0020865	출원일	2016.02.22
등록번호	1016818910000	등록일	2016.11.28
출원인	박○○	발명자	박○○
발명의 명칭	농장 운영 스마트 시스템		
발명의 요지	- 농장 운영을 위한 프로그램이 설치된 서버와 정보를 수신하는 사용자 단말 또는 스마트 단말을 구비하는 농장 운영 스마트 시스템 - 비닐하우스 내에 설치되어 내부의 지온, 지습을 측정하는 적어도 하나의 토양 환경 센서 모듈. - 비닐하우스 내에 설치되어 내부에 공급되는 양액의 PH, 용존산소량, 토양의 전기전도도(EC) 및 수온을 측정하는 수질 환경 센서모듈. - 비닐하우스 내에 설치되어 내부의 대기온도 및 대기습도를 측정하는 적어도 하나의 대기환경 센서모듈 - 비닐하우스에 설치된 비닐하우스 도어를 개폐시키는 비닐하우스 도어 개폐 모듈. - 비닐하우스에 설치되어 온풍을 공급하는 난방기의 온/오프를 제어하는 난방기 조작 모듈. - 비닐하우스 내부에 설치된 스프링쿨러의 온/오프를 제어하는 스프링쿨러 조작 모듈. - 수신된 지온, 지습, 양액의 PH, 용존산소량, 토양의 전기전도도(EC), 수온, 대기온도 및 대기습도 중 적어도 하나의 정보와 미리 설정된 기준값 레벨과 비교하여 비닐하우스 도어 개폐 모듈. - 난방기 조작 모듈 및 스프링 쿨러 조작모듈 중 적어도 하나를 제어하는 통합제어기를 구비하는 농장 운영 스마트 시스템이다.		
유사점 및 차이점	- 온도, 습도의 기준 값을 정하여 제어하는 것은 유사함. - 창의공학설계 프로젝트로 모형을 제작하는 작품이지만 아두이노 보드를 활용한 제어, 현재온도와 습도 표시 LCD, 솔레노이드밸브를 활용 물 공급에서 차이점이 있음.		

■ 발명 및 창의공학설계 작품 제작 사례

<table>
<tr><td>작품 명</td><td>날씨 정보를 활용한 Smart 조명 시스템 개발</td></tr>
<tr><td>발명 또는 창의공학설계 목적</td><td>수시로 변하는 기상청의 날씨 정보를 받아 날씨 정보를 스마트 조명으로 바로 알 수 있도록 자료 조사를 마치고 아두이노(Arduino uno)와 WIFI 쉴드(WIFI shield)를 이용하여 스마트 조명을 개발하고자 한다.</td></tr>
<tr><td>프로젝트 절차 및 내용
(설계 조건 및 방법)</td><td>

- 다양한 아이디어 탐색을 위해서 브레인스토밍 법을 활용.
- 다양한 아이디어 중에서 최종 선정을 위해 역브레인스토밍법을 이용하여 최종 아이디어를 선정.
- 사용 부품 재료 : 아두이노(Arduino uno), WIFI 쉴드(WIFI shield), 스트립 LED 네오픽셀, 브레드 보드, 아크릴 판 등.

〈프로젝트 절차〉

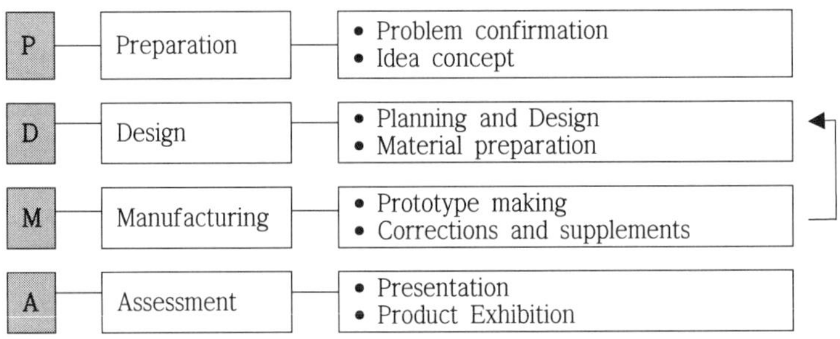

- 날씨정보를 활용한 스마트 조명시스템

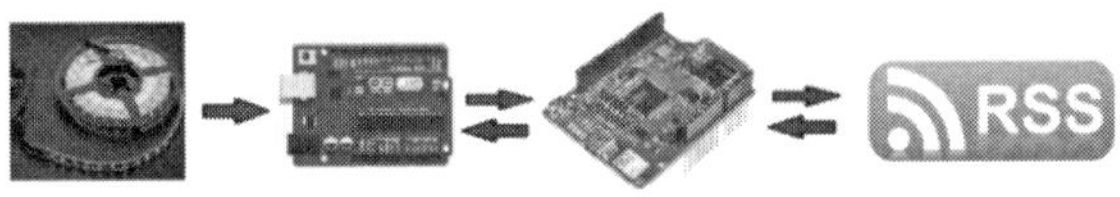

+ Arduino uno + WIFI shield + RSS program

〈작품 제작 결과〉

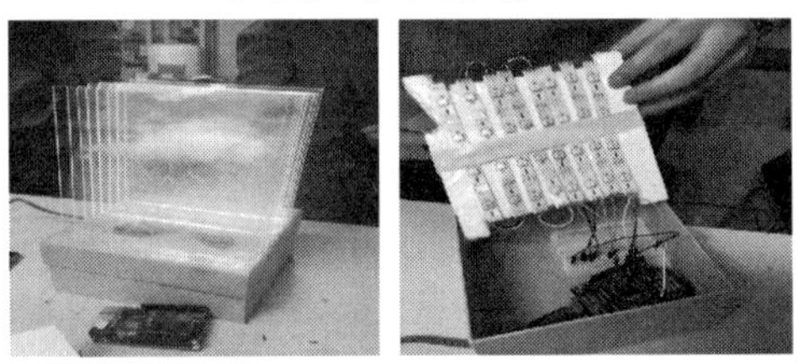
</td></tr>
<tr><td>설계구성 요소 및 제한조건</td><td>구성요소 : 작품 성능 시현, 작품 발표를 통한 창의성 및 실용성.
제한조건 : 정해진 비용에 맞춘 부품 및 재료비, 정해진 시간.</td></tr>
<tr><td>평가 기준</td><td>계획서(20%), 중간발표(20%), 최종발표(작품+보고서+포트폴리오+동료평가=50%), 기타(전시, 특허 등 10%).</td></tr>
</table>

■ 발명 및 창의공학설계 작품 제작 사례

작품 명	앱 설계와 블루투스 통신 제어 및 청소용 로봇 제어
발명 또는 창의공학설계 목적	스마트폰 앱을 제작하여 스마트 폰과 접속된 블루투스 통신 모듈을 이용하여 아두이노 제작한 청소용 로봇 자동차를 제어하고자 한다.
프로젝트 절차 및 내용 (설계 조건 및 방법)	- 다양한 아이디어 탐색을 위해서 브레인스토밍을 활용. - 다양한 아이디어 중에서 최종 선정을 위해 역브레인스토밍법을 이용하여 최종 아이디어를 선정. - 사용 부품 재료 : 아두이노(Arduino uno), 브레드 보드, 아크릴 판, 앱 인벤터 등. 〈프로젝트 절차〉 1) 오픈소스 프로그램을 이용하기 위하여 "안드로이드폰용 앱" 제작. 2) 인벤터에서 제작한 어플을 앱 개발프로그램에 포함되어 있는 QR코드 생성기를 이용하여 QR코드를 생성한 후 앱 인벤터에서 제작한 어플을 옮긴 후 스마트폰 내에 설치를 해준 뒤 실행. 3) 아두 M 봇 외형 섀시 도면 설계 중 지면과 바퀴 사이의 높이, 서브모터 위치, 아두이노의 위치, 청소기능이 있는 기계의 위치 등을 고려하여 구상함. 4) 프리핸드 스케치, 설계도, 캐드 등을 구상하여 여러 번의 시행착오와 참고 자료 등을 통해 연구 목적에 가장 적합한 형태인 모형 구현. - 청소용 로봇 설계 및 3차원 설계 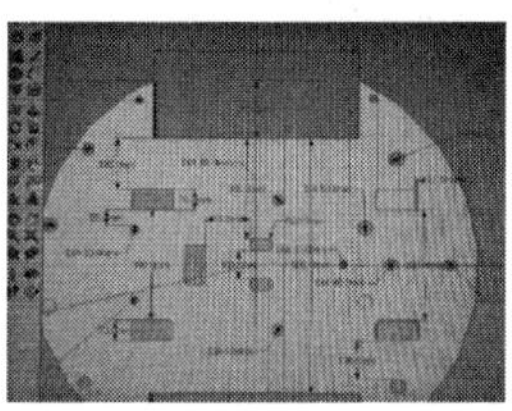 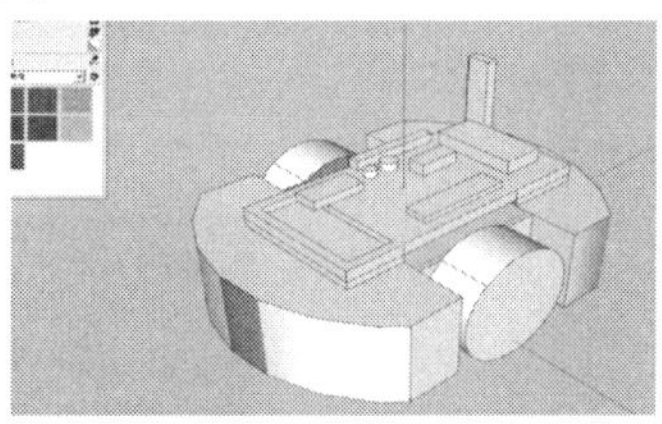 〈작품 제작 과정 및 및 전시회〉  
설계구성 요소 및 제한조건	구성요소 : 앱을 이용한 청소로봇 제어. 제한조건 : 정해진 비용에 맞춘 부품 및 재료비, 정해진 시간.
평가 기준	계획서(20%), 중간발표(20%), 최종발표(작품+보고서+포트폴리오+동료평가=50%), 외부 발표(10%).

■ 발명 및 창의공학설계 작품 제작 사례

작품 명	빛 센서 감지를 이용한 정류장 도착 알람 장치 모형 설계
발명 또는 창의공학설계 목적	학생들은 버스를 자주 이용하기 때문에 졸음으로 인하여 정류장을 지나치는 경우가 많아서 빛 감지 센서를 활용하여 정류장 도착 알람장치 모형을 설계하고 제작하고자 한다.
프로젝트 절차 및 내용 (설계 조건 및 방법)	프로젝트 절차 1) 아이디어 구상. 2) 최적의 아이디어 선정. 3) 작품 제작에 어려움으로 인하여 재 구상. 4) 프로젝트 명을 빛 센서 감지를 이용한 정류장 도착 알람 장치 모형 제작으로 변경. 5) 정류장에 있는 센서를 감지하여 알람장치 제작. - 사용 부품 재료 : 라인트레이서, 알람장치(부저), 빛 발생전구, LED 등. - 아이디어 구상 및 자료조사, 제작 과정. 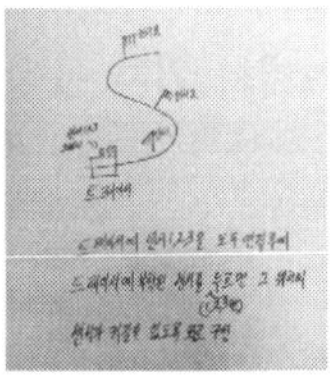  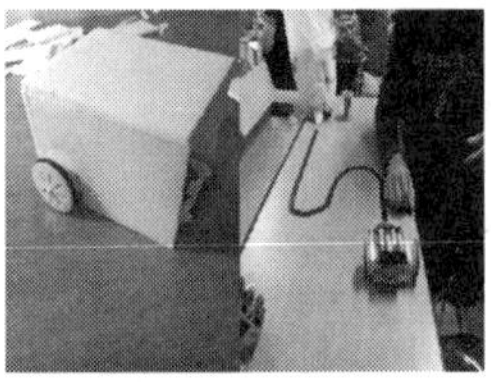 〈작품 제작 결과〉 
설계구성 요소 및 제한조건	구성요소 : 작품 성능 시현, 작품 발표를 통한 창의성. 제한조건 : 정해진 비용에 맞춘 부품 및 재료비, 정해진 시간.
평가 기준	계획서(20%), 중간발표(20%), 최종발표(작품+보고서+포트폴리오+동료평가=50%), 기타(전시, 특허 등 10%).

■ **발명 및 창의공학설계 보고서 작성 안내**

<20_ _년 창의공학설계 최종 보고서 (맑은고딕, 10pt) : 좌정렬>

제목 (맑은고딕, 20pt)

작품 사진 

소 속 : ~ 과(맑은고딕 11pt)

수 업 명 : 창의공학설계(Capstone Design)

조 원 : OOO,OOO,OOO(작성자가 맨 앞, 기여도 순))

제 출 일 : 20_ _ . _ _. _ _

지도교수 : O O O 교수

담당교수 : O O O 교수

목 차 (휴먼명조 13pt 진하게)

〈요약〉

이 보고서는 창의공학설계(Capstone Design) 수업에서 제품 개발을 위하여 아이디어를 구상하고, 스케치 및 상세 설계 단계를 거쳐 개발한 결과이다(휴먼명조, 10p)

--- 중략 ---

주제어: 창의공학설계, 문제해결, 작품(맑은고딕 10p)

Ⅰ. 서론(휴먼명조 13p)

1. 연구(창의공학설계(작품 명), 발명)의 필요성 및 목적(맑은고딕 11p)

우리의 생활 속에서 가장 많이 사용하는 핸드폰의 음악이나 동영상을 듣기 위해 필요한 이어폰을 두 사람이 같이 듣기에는 선의 길이가 너무 짧고, 선의 길어서 보관하기에 너무 불편함을 느끼고 있다. 이를 위해 발명과 창의공학설계 수업을 통하여 창의적인 문제 해결 절차를 통하여 무선 이어폰을 개발하고자 한다. ~ (휴먼명조, 10p)

Ⅱ. 작품 구상 및 설계 과정

아이디어 구상을 위한 교수법은 아이디어 싱킹 교수법을 사용하여 공감하기, 정의하기, 확산적사고고 기법과 수렴적 사고기법을 사용하여 얻은~ 사용하자고 하는 부품의 자세한 내용은 <표 1>과 같다.

〈표 1〉 구입 부품의 자세한 사양(맑은 고딕, 10p)

부품명	종류/용도	사양	수량(개)	단가	계
아두이노 우노 R3	 사용자 보드와 메인 보드의 센서 작동	- 입력 전압 (권장) : 7~12 V - 입력 전압 (최대) : 6~20 V - 시스템 전압 : 5 V - 크기 : 약 68 x 53 mm	2		

Ⅲ. 작품 구상 및 설계 과정

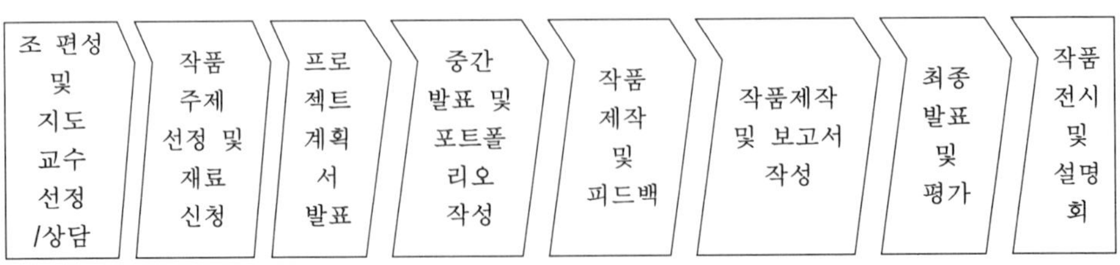

그림 1. 일반적인 '창의공학설계' 수업 진행 절차

사진은 그림으로 [그림 ○] 사진 설명.

Ⅳ. 제작 과정 및 고찰

Ⅴ. 결 론

첫째, 창의공학 설계 프로젝트를 통해서 이론으로 배웠던 지식을 원하는 목적에 맞게 응용하게 할 수 있었고, 아두이노와 블루투스, 어플을 연계한 작품을 제작을 통해 창의력, 문제해결능력 등의 향상을 경험할 수 있는 기회가 되었다.

둘째, ~~~

Ⅵ. 팀 활동 소감문 및 개인별 소감문

작품 제작시 팀 활동하면서 팀원의 역할, 느낀 점 등 팀 활동 소감 및 팀원 전체 개인별 소감을 기록한다.
■ 팀 활동 소감 ■ ○○○ 소감 : ■ ○○○ 소감 :

참고문헌

김성일(2018). 예비기술교사를 대상으로 한 사물인터넷 기반의 모형 제작 수업에 대한 인식 및 '스마트 농장'제작 사례 분석. 대한공업교육학회지. 43(1), 158-176.

노재규 외(2012). 창의적 공학설계 입문. 서울: GS인터비젼.

특허로(2018). http://www.patent.go.kr에서 검색함(2018.12.18).

〈기타 규정〉

① 편집용지 : A4(210×297mm) : 용지여백(위쪽 20, 머리말 10, 아래쪽 20, 꼬리말 15, 왼쪽/오른쪽 30) ② 글자 모양 : 휴먼 명조, 장평 : 90, 자간 : -5 ③ 본문에 참고문헌 표기 방법 : 저서나 논문을 인용하고 보고서에 포함하였으면 괄호 속에 발행연도 또는 발행 연도와 해당 면을 표시한다. ④ 참고문헌은 내용에 있는 것을 제시한다. ⑤ 표의 제목은 상단 좌측에 표로, 그림의 제목은 하단 중앙에 그림의 형태로 제시한다. 표는 <표 1>, 그림은 [그림 1]과 같이 표기한다. 각각 일련번호로 기재한다. ⑥ 집필 요령에 규정되지 아니한 것은 APA 양식을 따른다.

〈발표 전시용 포스터 샘플〉(A1 크기: 594mm×841mm)

미아방지를 위한 Smart 목걸이 개발

Smart Necklace Development for the Prevention a Missing Child

발표자 : OOO, OOO, OOO

개발 필요성 및 목적

- 여가활동의 증가로 놀이시설 등 다양한 곳에서 어린이들이 부모와 떨어져 미아가 되는 경우가 많이 발생하고 있다. 그러나, 미아를 찾기 위해 노력하고 있지만 쉽지 않은 형편임. 따라서 미아 찾기를 위한 방안을 마련하기 보다는 미아가 발생하지 않도록 하는 기술적인 방법이 필요한 실정.
- 미아방지를 위한 예방법으로 주로 이용되는 제품은 이름이 기록된 목걸이, 팔찌를 이용한 GPS 추적장치 등 다양한 종류가 있지만 아직은 위치정보의 정확도가 부족한 실정. 따라서 보호자와 어린이가 멀어지면 경보 신호를 발생하여 감지, 어린이가 위험을 느꼈을 때는 알람 기능, 착용자에 대한 정보 확인 기능이 있는 제품 개발이 요청됨
- 본 연구 목적 : 블루투스와 어플리케이션을 연계한 목걸이를 개발하여 미아발생을 예방하는 시스템 개발.

작품 구상 및 설계 과정

작품구상

- 진행절차 : Fig. 1과 같이 2~3명으로 조를 편성하여 지도교수와의 아이디어 상담 및 프로젝트의 진행과 방법, 문제 해결방법 구상, 설계, 제작, 발표
- 프로젝트에 참여한 학생은 2명
- 아이디어 구상은 창의적인 확산적 사고기법인 '마인드 맵'을 활용하여 위험 예방, 동물 의료, 친환경, 전기 발전, 편리한 생활.
- 구상한 다양한 아이디어 중, 최적의 아이디어를 선정하기 위하여 수렴적 사고기법인 '평가행렬법'을 사용하여 최종적으로 '스마트 미아 방지 목걸이' 아이디어를 선정.

Idea concept — Design — Manufacturing — Presentation

Fig. 1 Project process

- 작품은 아이들이나 노인, 전 연령대가 쓸 수 있도록 고안, 디자인도 3D 프린터를 활용하여 경량화, 작고 가볍도록 하며 심미성을 더한 디자인, 프로그램도 작성.
- 시청각적인 활용과 능동적인 부분에서는 스마트폰과 작품을 연동하여 거리에서 멀어지면 스마트폰과 목걸이에서 울림 발생
- 수동적인 부분은 착용자가 위험을 느꼈을 때 목걸이에 있는 버튼을 누르면 부저가 울리는 시스템.
- 2차로 피해 예방하기 위한 방법으로 QR코드를 스마트폰으로 확인하면 미아 정보 확인 가능.

결과 및 고찰

- 스마트 미아방지 목걸이는 기존의 GPS를 이용한 제품에 비해 미아를 찾는 위치 범위를 좁임.
- 기능의 다양성, 심미성, 대중화 및 실용성을 더하기 위하여 아두이노(Arduino)와 블루투스를 연계하여 제작.
- Fig. 2는 목걸이의 외관 제작 과정이고, 3차원 설계프로그램인 123D로 디자인하여 3D 프린터로 출력하는 것을 보여줌.
- 미아방지 목걸이를 건 착용자와 스마트폰을 가진 보호자간의 거리가 떨어졌을 때, 어플에서도 경보음이 울리고, 작품에서도 경보음이 울리도록 제작.
- 또한, 시각적으로 알아볼 수 있도록 빨강색의 도트매트릭스로 하였으며, 어플로 구현.
- 도트매트릭스는 8×8 모듈을 사용하였고, 블루투스 ON/OFF 스위치와 즉각 경보음 ON/OFF스위치와 경보음 장치 추가.
- Fig. 3은 제작한 스마트폰 어플과 목걸이의 외관.

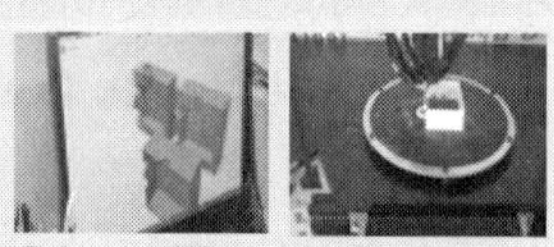

Design using 123D s/w　　3D printing

Fig. 2 Design and printing of exterior

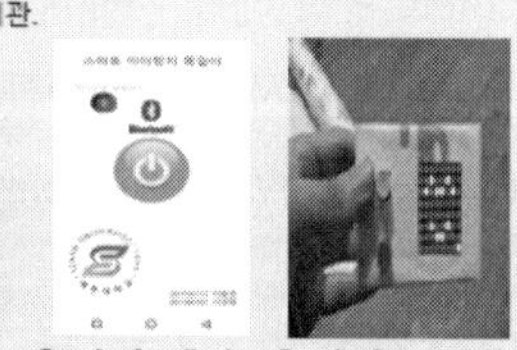

Sample of application　Sample of smart necklace

Fig. 3 App. and smart necklace for the prevention a missing child

결 론

- 미아방지용 스마트 목걸이 제작 후 기존의 제품에 비해 미아를 찾는 위치 범위를 줄였고, 미아 방지 외에도 치매 노인 방지 등 다양한 곳에 응용할 수 작품임.
- 창의공학 설계 프로젝트를 통해서 이론으로 배웠던 지식을 원하는 목적에 맞게 응용하게 할 수 있었고, 아두이노와 블루투스, 어플을 연계한 작품제작을 통해 창의력, 문제해결능력 향상 경험 기회가 됨.

University

〈제작과정, 포스터 전시 및 설명회 사진〉

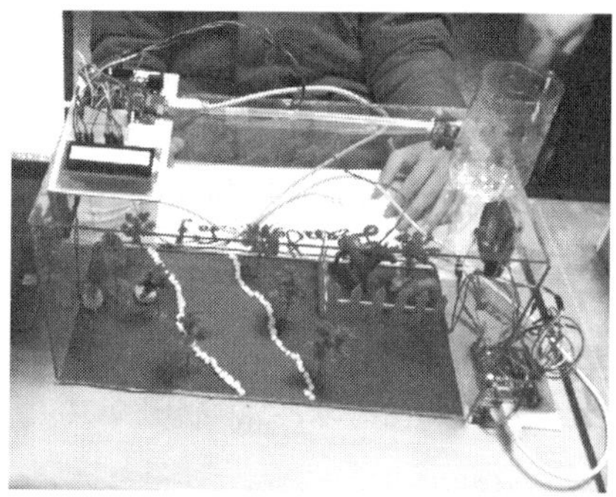

REFERENCE 참고문헌

과학기술정보통신부(구 미래창조과학부, 2014). 초연결 디지털 혁명의 선도국가 실현을 비전으로 사물인터넷 국가전략 수립 보고서.

김성일(2017). 예비 기술교사의 수업 방법 및 전공에 대한 인식. 2017 한국기술교육학회국제기술교육학술대회 학술축전 별책, 31-35.

김성일, 박대광, 김국진(2016). 앱 설계와 블루투스 통신 제어. 2016한국기술교육학회동계학술대회, 215-218.

김성일 외(2016). 빛센서 감지를 이용한 정류장 도착 알람 장치 모형 제작. 2016대한기계학회호남지회춘계학술대회, 34-35.

김성일 외(2017). 날씨 정보를 활용한 Smart 조명 시스템 개발. 2017한국생산제조학회춘계학술대회, 232.

김성일 외(2018). 미아방지를 위한 Smart 목걸이 개발. 2018한국생산제조학회춘계학술대회, 178.

김성일 외(2018). 예비기술교사를 대상으로 한 사물인터넷 기반의 모형 제작 수업에 대한 인식 및 '스마트 농장' 제작 사례 분석. 대한공업교육학회논문집, 43(1), 158-176.

노재규 외(2012). 생각키움 창의적 공학설계. GS인터비젼: 서울.

배지은(2014). Make: 아두이노 DIY 프로젝트. 키모 카르비넨, 테로 카르비넨 원저, 한빛미디어: 서울.

블루투스 모듈(2018). www.mechasolution.com 에서 검색함(2018.12.18.)

서울시(2014). 사물인터넷(IoT) 추진기본계획. 서울.

서울시(2017). '17년 서울 사물인터넷 도시조성 추진계획 보고서. 서울.

선행기술조사(2018). 특허로. http://www.patent.go.kr/jsp/ka/menu/guide/main/GuideMain0207.jsp 에서 검색함(2018.12.18.)

수동 샌더기(2018). https://smartstore.naver.com 에서 검색함(2018.12.18.)

스마트 과학관(2018) http://terms.naver.com/list.nhn?cid=58369&categoryId=58369에서 검색함(2018.12.18.)

스마트팜 정보공유 시스템(2018). http://www.smartfarmkorea.net/main.do 에서 검색함(2018.12.18.)

스크롤쏘 사진(2018). http://shopping.interpark.com 에서 검색함(2018.12.18.)

심규헌, 이상욱, 서태원(2014). 아두이노를 활용한 STEAM 커리큘럼 설계, 적용 및 효과 분석. 컴퓨터교육학회 논문지, 17(4), 23-32.

아두이노 관련 제품 및 부품 출처(2018). www.mechasolution.com 에서 검색함(2018.12.18.)

아두이노 강좌(DIY 메카솔류션 오픈랩)(2018). http://blog.naver.com/roboholic84 에서 검색함(2018.12.18.)

아두이노 및 부품 출처 (2018). www.mechasolution.com 에서 검색함(2018.12.18.)

아두이노 홈페이지(2018). https://www.arduino.cc/

안영원, 오재인(2016). IoT 기술을 활용한 축산사료 측정방법 및 SCM 서비스 방안. 2016 한국경영정보학회 춘계학술대회, 360-367.

열선절단기(2018). http://changnong.co.kr/ 에서 검색함(2018.12.18.)

전동(충전드릴, 유선드릴, 직쏘) 및 글루건(2018). http://www.bosch-do-it.kr/ 에서 검색함(2018.12.18.)

전홍배(2015). 사물인터넷 기술의 개념, 특징 및 전망. Entrue Journal of Information Technology, 14(1), 7-19.

조준동(2015). 창의융합 프로젝트 아이디어북. 한빛아카데미(주) : 서울.

진보영(2014). 사물인터넷(IoT: Internet of Things)의 적용 사례 및 시사점. 전기산업, 9, 1-9.

채철주, 조한진(2016). 사물 인터넷 기반의 농업 융·복합 연구. 한국융합학회논문지, 7(6), 49-54.

타카(2018). http://www.peacekorea.co.kr/product/detail.html?idx=67 에서 검색함(2018.12.18.)

황성일, 주종문, 주성용(2016). 수경인삼 식물공장 사례를 통한 ICT 기반 스마트 팜 팩토리 시스템. 한국통신학회 논문지, 40(4), 780-790.

APA 참고문헌 양식(2018). https://library.khu.ac.kr/seoul/referencingNcitation/apa 에서 검색함(2018.12.18.)

PLA 필라멘트 사진(2018). http://top3d.co.kr/product/ 에서 검색함(2018.12.18.)

I·N·D·E·X 찾아보기

T

ㄱ

ㄴ

ㄷ

ㄹ

ㅁ

ㅇ

ㅈ

ㅊ

ㅋ

ㅌ

ㅍ

ㅎ

■ 저자 약력 ■

김성일 세한대학교 사범계열 기술교육과 교수

학력

- 전북대학교 공과대학 정밀기계공학과 졸업
- 전북대학교 대학원 기계공학과 응용기계 전공(공학석사)
- 전북대학교 대학원 정밀기계공학과 생산공학 전공(공학박사)

자격증 : 기계기술사, 전산응용가공(CAM)산업기사.

저서 및 보고서

- 고등학교 기술·가정 발명, 창의공학설계 분야 집필담당(미래엔) 2018.
- 레저보트목형 가공자동화기술 개발, 세한대학교 해양레저선박기술지원센터, 2006
- 발명교사의 전문성 제고를 위한 운영모형 개발 연구 및 발명교사 직무 매뉴얼: 표준작업분석표를 중심으로[별책 4. 발명교사 직무매뉴얼]. 2012.6~2012.12.
- 발명교사 표준연수 운영매뉴얼. [별책 3. 발명교사 표준연수 운영매뉴얼]. 2012.6~2012.12.
- 발명교원인증제 관리운영편람 [별책 2. 발명교원인증제 관리운영편람]. 2012.6~2012.12.

주요 경력

- LG전자(주) 생산기술연구원 기술개발연구소(자동화기술개발). 연구원 1990.04.~1992.02
- 전북대학교자동차 분야 국책지원사업단 주임연구원. 1996. 1. ~ 1997. 2.
- 일본 동북학원대학 객원연구원. 2000 ~ 2003
- 세한대학교 레저선박산업 지역혁신센터(RIC) 부센터장. 2004.12 ~ 2009
- 우수논문발표상 3회(한국기술교육학회 2010, 한국기계기술학회 2017, 2018)
- 세한대학교 취업 · 창업지원센터장. 2015. 6 ~ 2018.01
- 세한대학교 창업동아리(세한메이커즈) 지도교수 2017. 3~ 현재
- 공과대학 공학인증 평가위원 3회(2011년 이후~)
- 한국연구재단, 산학연, 중기청, 산업기술평가원 평가위원 (2011~ 현재)
- 교원양성기관 평가위원 2017.9.1.~2017.10.31
- 지식재산 일반과정 강의. 발명진흥회, 2017
- 산자부 기술표준원 우수품질인증, 신제품인증 평가위원, 2004~2006
- 발명 및 창의공학설계, 조선, 가공, CAD/CAD 등 100여편 논문 발표
- 한국기술교육학회 부회장 역임(2013.3~2017.2)
- 대한공업교육학회 부회장(2017.9~현재), 한국생산제조학회(2003~현재), 대한기계학회(2010~현재), 한국기계기술학회(2017~현재) 이사 활동 및 한국실과교육연구학회 활동

제4차 산업혁명과 함께 하는

발명 및 창의공학설계 수업의 실제

1판2쇄발행 2021년 11월 25일

지은이 김성일
펴낸이 오판근
펴낸곳 (주) 교우
주 소 서울시 동대문구 약령시로 8 교우빌딩 2층 (주)교우
전 화 02-925-2861 / **팩 스** 02-925-2860. **편집부** 02-925-2825
홈페이지&북스토어 www.kyowoo.co.kr / 이메일 kyowoo@kyowoo.co.kr

등 록 1994년 3월 24일 제1994-000013호
ISBN 979-11-251-0267-0 (93500)

Published by Kyowoo Co., Ltd. Printed in Korea

(주) 교우는 보다 혁신적이고 참신한 도서를 다양하게 기획하고 있습니다.
책으로 펴내고자 하는 아이디어나 원고는 메일로 보내주세요.
(주) 교우는 전과정을 책임지고 최선을 다하겠습니다.

값 24,000원

교우미디어는 (주) 교우의 Imprint 사입니다.
수학정원·과학정원은 (주) 교우의 새로운 브랜드명입니다.

잘못된 책은 구입하신 서점에서 교환해 드립니다.